高等职业教育新形态一体化系列教材
广州铁路职业技术学院"双高计划"项目成果

城市轨道交通车辆电气控制系统

温志强　李瑞荣◎主　编
童巧新　宋　福◎副主编
傅思良　谢述武◎主　审

中国铁道出版社有限公司
CHINA RAILWAY PUBLISHING HOUSE CO., LTD.

内 容 简 介

本书为广州铁路职业技术学院“双高计划”建设成果，也是城市轨道车辆应用技术专业教学资源库配套教材之一。全书根据车辆电气系统相关工作任务与能力要求，按照项目形式编写，共分9个项目，包括高压牵引系统的检查与维护、车辆辅助系统操作与检查、整备控制与故障处理、牵引制动控制、列车照明控制、车辆空调系统控制、控制与监控系统操作与维护、车门系统操作与监控、车辆段五防锁系统与静调电源柜。

本书可作为高职院校城市轨道车辆应用技术专业教材，也可作为城市轨道交通企业列车驾驶及检修技术人员的培训教材，还可供相关行业技术人员参考。

图书在版编目(CIP)数据

城市轨道交通车辆电气控制系统/温志强，李瑞荣主编．—北京：中国铁道出版社有限公司，2022.6(2025.12 重印)
高等职业教育新形态一体化系列教材
ISBN 978-7-113-28473-2

Ⅰ.①城…　Ⅱ.①温…　②李…　Ⅲ.①城市铁路-铁路车辆-电气控制-高等职业教育-教材　Ⅳ.①U239.5

中国版本图书馆 CIP 数据核字(2021)第 213143 号

书　　名：城市轨道交通车辆电气控制系统
作　　者：温志强　李瑞荣

策　　划：张松涛
责任编辑：张松涛　　　　**编辑部电话**：(010)83527746
封面设计：曾　程　高博越
责任校对：孙　玫
责任印制：赵星辰

出版发行：中国铁道出版社有限公司(100054，北京市西城区右安门西街8号)
网　　址：https://www.tdpress.com/51eds
印　　刷：北京联兴盛业印刷股份有限公司
版　　次：2022年6月第1版　2025年12月第3次印刷
开　　本：787 mm×1 092 mm　1/16　**印张**：17.75　**字数**：432千
书　　号：ISBN 978-7-113-28473-2
定　　价：59.00元

前言

截至2021年底，中国共有50个城市开通城市轨道交通运营线路283条（不含港、澳、台），运营线路总长度9 206.8 km，全年累计客运量达237.1亿人次，轨道交通已成为市民便捷出行的最佳选择。

随着我国城市轨道交通运营规模的扩大和运营水平的提高，无人驾驶、智慧检修等轨道交通车辆智慧运维技术发展迅速。智能车载设备与列车自主控制技术日趋成熟，车载信号与车辆控制系统功能深度整合，车辆各子系统与牵引、制动、空调、照明、广播及乘客信息系统的信息交互不断完善，行车安全控制获得了进一步保证。列车走行部监测系统、网轨监测系统、蓄电池监测系统、脱轨监测系统、列车实时状态监测、车门智能监测系统、受电弓状态及车顶图像监测系统、车辆运行品质监测系统、轴温监测系统、电机温度监测系统、轮对尺寸自动测量系统、车底及两侧图像监测系统等车辆关键设备在线监测系统在轨道交通行业得到了广泛的应用。

城市轨道交通行业的发展与智慧运维技术的不断进步，对轨道车辆运用、维护、管理一线人才的能力、素质与知识结构提出了更高的要求。为了满足轨道交通运营、制造企业和职业院校大量的城市轨道交通车辆专业人员的培养和培训需求，广州铁路职业技术学院通过与广州地铁、深圳地铁等骨干企业的多年订单培养合作，在开展城市轨道交通车辆驾驶、检修岗位人才培养方面进行了长期的探索和实践，积累了大量经验，开发了系列化的工学结合教材。本书为广州铁路职业技术学院“双高计划”建设成果，也是我校与相关企业、院校共同开发的广东省城市轨道车辆应用技术专业教学资源库核心课程“轨道交通车辆电气故障分析与处理”的配套教材，主要用于高等职业院校城市轨道车辆应用技术专业的教学，也可用于城市轨道交通车辆运营、制造企业在职员工培训。

本书以工作过程为导向，结合城市轨道交通车辆驾驶、检修作业过程与轨道车辆电气系统功能结构，建立了相应的学习项目，每个项目按照能力目标、任务目标、学习内容的结构进行编写，把作业指导、作业过程、理论分析进行柔性结合，为开展一体化课程教学提供指导性解决方案。在每项学习任务后面，都提供了大量的思考与练习题，供学生进行思考与探索，加深对关键知识与技能的理解。全书分为9个项目，项目一的内容为高压牵引系统的检查与维护，主要介绍城市轨道交通车辆高压系统与牵引系统的构成、主要部件的安装位置与检查要求、牵引逆变器的电气结构常见故障处理、接地系统的构成与要求；项目二的内容为车辆辅助系统操作与检查，主要介绍车辆380 V及110 V辅助供电系统的构成与作用，以及列车激活与关闭、蓄电池充电机的应急启动、空气压缩机的控制；项目三的内容为整备控制与故障处理，介绍司机室占有、受电弓升降弓、高速断路器分合闸等列车出发前的整备作业内容，并对紧急制动安全回路的构成、故障进行重点分析；项目四的内容为牵引制动控制，介绍了牵引制动控制、牵引指令电路与牵引指令封锁时的处理、制动控制、空气制动与停放制动监视、列车连挂与解钩操作、备用模式操作等作业内容及故障处理方法；项目五的内容为列车照明控制，介绍了外部照明的构成及控制、内部照明的构成及控制、紧急照明与普通照明的切换原理；项目六的内容为车辆空调系统控制，介绍了列车空调系统的构成、运转模式、控制原理与操作；项目七的内容为控制与监控系统操作与维护，介绍列车控制与监控系统的构成及控制功能、HMI 操作方法、ATC 构成与操作、CBTC 信号系统的功能、乘客信息系统的构成与功能；项目八的内容为车门系统操作与监控，介绍车门控制系统与车门网络的构成、开门与关门操作与电路原理、车门紧急解锁、车门监控与保护；项目九的内容为车辆段五防锁系统与静调电源柜，介绍车辆段五防锁系统的功能与操作、车间电源装置结构与使用操作。各个项目又分为若干工作任务，每个任务针对特定的作业内容进行描述和分析，为解决实际问题提供指导性的解决方案。本书对在校学生和轨道交通企业员工学习城市轨道交通车辆电气控制知识，研究车辆电气故障产生的原因及解决方法，掌握车辆驾驶及电气检修技能有系统的指导作用。

本书为广州铁路职业技术学院“中国特色高水平高职学院和专业建设计划”建设成果，由深圳地铁运营集团车辆中心、广州铁路职业技术学院共同完成，具体分工为：深圳地铁运营集团车辆中心温志强、广州铁路职业技术学院李瑞荣负责全书框架和编写思路设计，温志强编写项目四、项目九，李瑞荣编写项目一、项目六、项目八，广州铁路职业技术学院童巧新编写项目二、项目三，深圳地铁运营集团车辆中心宋福编写项目五、项目七。全书由深圳地铁运营集团车辆中心傅思良及谢述武负责审阅。

本书在编写过程中，参考了多位专家发表的文章和一些企业的技术资料，得到了广州地铁、深圳地铁等轨道交通企业的大力支持，在此表示衷心感谢。

编　者

2022 年 1 月

目 录

项目一

高压牵引系统的检查与维护

能力目标

1. 掌握城市轨道交通车辆高压牵引系统的构成。
2. 了解高压牵引电气设备的用途及安装位置。
3. 能够结合电路图对车辆电路系统进行检查与故障分析。

任务一　车辆电路图识读

任务目标

1. 了解城市轨道交通车辆电气系统的构成。
2. 掌握城市轨道交通车辆电路图符号系统的规定。

视 频

车辆电气系统的构成

一、车辆电气系统的构成

城市轨道交通车辆电气系统由高压牵引系统(动力系统)、辅助系统和控制系统三部分组成。牵引动力系统属于高压电路,一般为 1 500 V 或 750 V 直流供电,用于向牵引电机供电,驱动轮对旋转,从而实现列车牵引运行。辅助系统一般由三相 380 V 交流电路构成,而控制系统电压通常为 110 V 及以下直流电压。因此,车辆电路系统按其功能及电压等级,可分为高压牵引电路(主电路)、辅助电路、控制电路三部分。厂家在设计时,通常又对其进行功能细分,如中车集团株洲电力机车有限公司(中车株机)生产的城轨车辆按功能组别将电路系统分为主电路、控制电路、辅助电路、列车网络控制/乘客信息系统、照明、空调、第 2 辅助设备、车门控制、特殊设备 9 个部分。

1. 车辆电气设备配置

高压牵引设备配置,如图 1-1 所示。

根据运量需要,城轨车辆通常采用 3 辆、4 辆、6 辆等几种编组方式。图 1-1 是一种 6 辆编组列车的高压牵引设备布置简图,除受电弓和避雷器外,车辆所有的高压、牵引和辅助设备分布在车辆底部。其中,高压牵引设备大部分安装在 B 车和 C 车车下的高压箱和逆变器箱中。

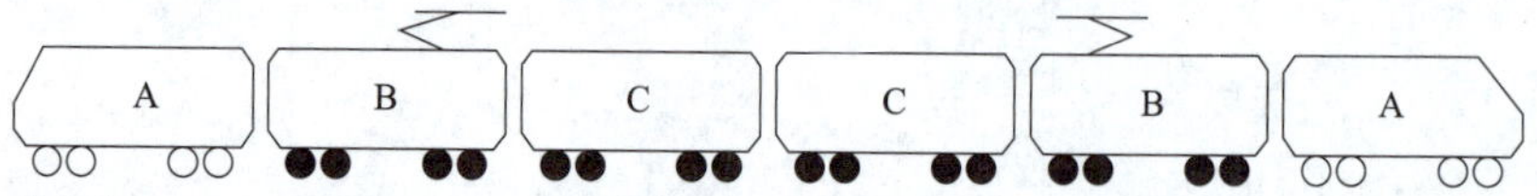

图 1-1　高压牵引设备布置

该列车采用直流 1 500 V 架空接触网供电，每个 3 车单元设一台受电弓，受电弓位于 B 车 2 位顶部。由接触网送来的直流 1 500 V 高压电源经受电弓、车顶高压电缆直接进入 B 车底部的高压箱，然后向牵引逆变器和辅助逆变器供电。高压箱内的高压设备包括线路断路器、三位置隔离开关、带接触器的车间电源插座、熔断器和去耦二极管等。

牵引逆变器由 VVVF 三相变频变压逆变器、控制板和保护元件等设备组成，负责向牵引电机提供变频变压的三相交流电，驱动电机运行。

辅助系统采用 CVCF（定频定压）辅助逆变器（SIV），负责向列车供应三相 50 Hz、380 V 交流电。辅助系统有集中供电和分散供电两种供电方式，图 1-1 所示为分散供电方式，即在每节车中都安装一台辅助逆变器。列车辅助系统也可采用集中供电方式，在一个由 3 辆车组成的半列车单元中，只安装一台容量较大的辅助逆变器。集中供电的辅助逆变器一般安装在 A 车或 C 车中。对于采用辅助逆变器与蓄电池充电机一体的方案，通常将辅助逆变器安装在 A 车。

蓄电池充电机和蓄电池一般位于 A 车，负责向全列车提供直流 110 V 控制电源。蓄电池充电机可独立设置，也可按图 1-1 所示将蓄电池充电机集成于 A 车辅助逆变器中。

2. 车辆高压牵引电路原理

由 2 动 1 拖组成的 3 车单元的车辆高压牵引电路原理如图 1-2 所示。图中，Q1 为受电弓，负责从接触网取得 1 500 V 高压直流电。F1 是避雷器，负责对车辆网侧设备提供过电压保护。Q2 是三位置隔离开关（又叫供电模式开关、刀开关），有正常供电、库用供电、接地三种工作模式。检修车辆时，必须将 Q2 置于接地模式，以防止检修人员遭到触电伤害。

分别安装在 B 车和 C 车车底的牵引逆变器 VVVF 负责向本车的 4 台牵引电机提供变频变压的交流电，驱动列车运行。每台牵引逆变器由一台 HSCB（高速断路器）进行供电和保护。

辅助逆变器负责向列车供应三相 380 V 交流辅助电压（也称中压），供空气压缩机、空调等辅助系统使用。城轨车辆辅助逆变器的配置方案有集中供电（每半列车单元配置 1 台辅助逆变器）和分散供电（每节车配置 1 台辅助逆变器）两种，图 1-1 的方案中采用每节车配置 1 台辅助逆变器的分散供电方案。

蓄电池充电机（BC）负责输出 110 V 直流电，向蓄电池和 110 V 控制电路供电。蓄电池充电机可以是直—直变换装置（DC 1 500 V/DC 110 V），也可以是交—直变换装置（AC 380 V/DC 110 V）。

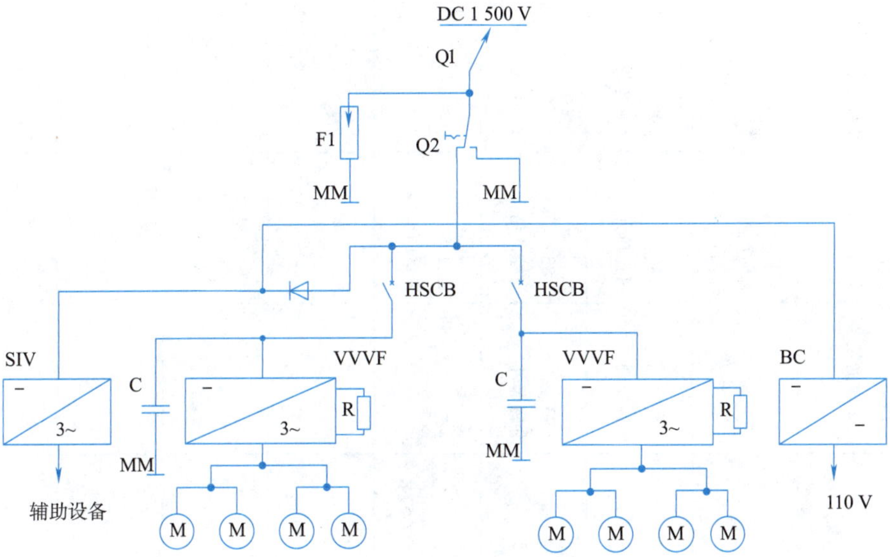

图 1-2　3 车单元车辆电路原理图

Q1—受电弓;F1—避雷器;Q2—三位置隔离开关;HSCB—高速断路器;VVVF—牵引逆变器;
SIV—辅助逆变器;R—制动电阻;C—直流储能电容;
M—交流牵引电机;MM—接地

二、车辆电路图符号系统

城轨车辆电气系统是一个庞大而复杂的综合系统,为了便于电气系统内各种电气元部件的识别,厂家根据相关标准制定电路图符号系统,电气系统中所有元件、导线必须严格遵守符号系统的规定进行标识。图 1-3 是中车株机对车辆电路符号系统的具体规定。

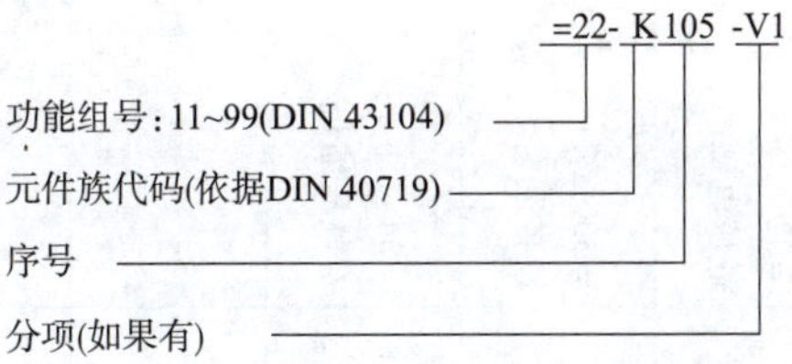

图 1-3　电气元件代号

1. 电气元件代号

如图 1-3 所示,车辆电气元件代号包括功能组号、元件电气文字符号、元件序号、安装位置代号等信息。元件功能组号以“ = ”号开始,表示其后跟的数字为功能组号,用数字 11 ~ 99 表示。功能组又细分为大组和小组,共有 9 个大组(相当于章),每个大组又有若干小组(相当于节,每大组中的小组不多于 9 个)。图 1-3 中的“ =22”表明该元件隶属于“ =20 控制电路”大组中的“ =22 列车控制”小组,详细的功能组号及意义见表 1-1。

表 1-1　功能组号及意义

大组	=10 主电路	=20 控制电路	=30 辅助电路	=40 列车控制网络/乘客信息系统	=50 照明	=60 空调	=70 第 2 辅助设备	=80 车门控制	=90 特殊设备
小组	=11 主电路/接地	=21 主断/ 受电弓控制	=31 辅助电源	=41 列车控制网络	=51 外部照明	=61 空调控制		=81 客室门列车控制	=91 ATO/ATP
		=22 列车控制	=32 低压电源	=42 火灾探测系统	=52 内部照明		=72 车钩控制	=82 门控单元	=92 运输电路
		=23 牵引控制单元	=33 设备风扇		=53 屏柜照明		=73 附属部件	=83 门控网络	=93 863 系统
			=34 空气压缩机	=44 无线电台				=84 客室门监视	
				=45 PIS 系统（音频/地图）					
				=46 安防系统				=86 疏散门监视	
		=27 摩擦制动							
		=28 制动电子控制单元							

功能组号后跟的以“-”开头的代码为元件族代码(即元件的电气文字符号)。元件族代码用英文字符表示,其符号及意义见表1-2。元件族代码后跟3位数字符号组成的元件序号,第1位数字用1~3表示,分别代表A车、B车、C车;第2、3位为元件的流水序号,用01~99表示。

若元件有子元件,则用元件序号后面以“－”开头的代号表示,如图1-3中的“-V1”所示。

表1-2　元件族代码符号及意义

字　母	表示的意义
A	模块(单元)、手柄
B	扬声器、传感器
E	照明灯
F	微型断路器(MCB)、熔断器
G	充电器、蓄电池
H	指示灯
K	接触器、继电器
S	开关、按钮
Y	电磁阀、车钩
V	二极管
P	气压表、电压表、里程计
X	插座

2. 元件主辅项参考、信号源目标参考

元件主辅项参考、信号源目标参考又叫交叉引用标识、参照码。如图1-4所示,元件参考的前2位为功能组号,斜杠后面的数字表示元件在电路图上的位置序号。图1-4中的22/01.7表示该元件或电缆可在电路图22组(第2章第2节,列车控制)第1页第7区(电路图每页纵向分成8个区)找到。

3. 线号

如图1-5所示,电缆编号由6位数字组成,第1、2位为功能组代码,用11~99表示,代表功能组11~99;第3、4位表示该电缆在该功能组中的页码,用01~99表示;第5、6位为导线的连续序号,用01~99表示。一根电缆往往出现在多页电路图中,可用信号源目标参考标识这根电缆在电路图上连接到哪个地方。

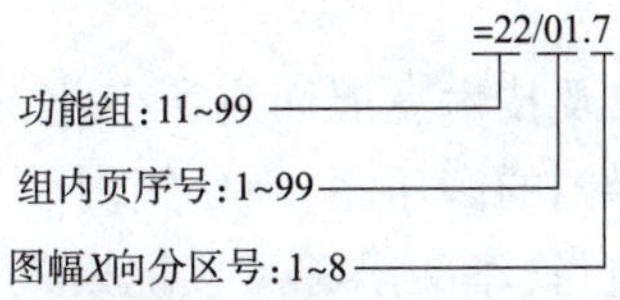

图1-4　元件主辅项参考、信号源目标参考

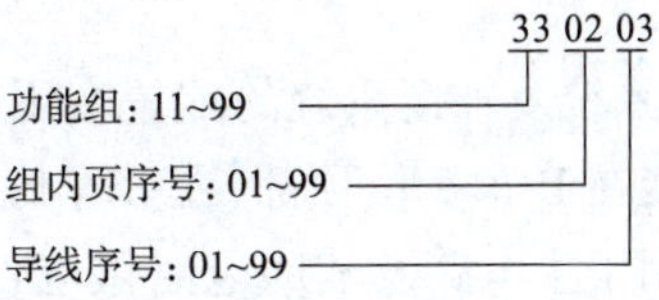

图1-5　线号

4. 位置号

元件在列车上的物理安装位置用位置号表示。如图1-6所示,位置号以“＋”号开头,后

跟3位数字:第1位表示车辆位置,A车=1,B车=2,C车=3;第2、3位为元件在车辆上的安装区域,若安装区域上有多个元件,可用子位置号再进行细分。图中的+115.1表示该元件位于A车继电器柜的1区。具体的位置编号可参阅车辆设备位置编码图。

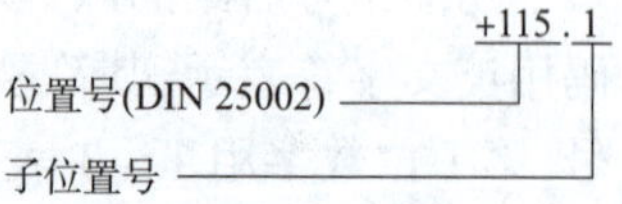

图1-6 位置号

思考与练习

1. 请说明图1-7中各符号表示的意义。

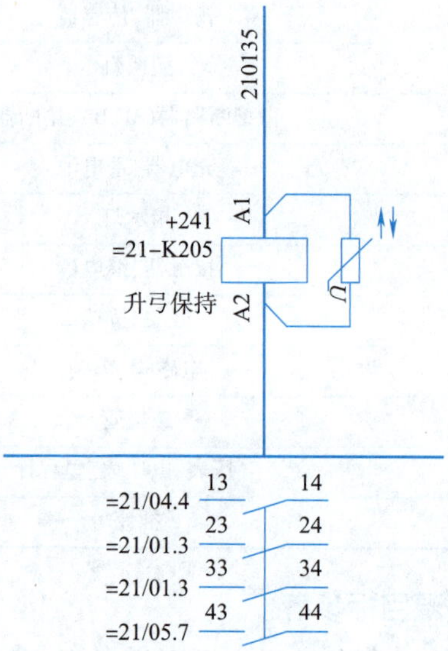

图1-7 题1附图

任务二 高压供电电路的操作与检查

任务目标

1. 熟悉车辆高压电路的设备配置与安装位置。
2. 掌握高压设备的用途与操作检查要点。

高压牵引系统及辅助系统的配置会因用户需求及技术发展而有所变化,如SZML1A车辆,受电弓安装在B车2位顶部,在B车底部设置专门的高压箱,高压箱内设有一个单刀三掷的刀开关,用于主电路及辅助电路供电切换(受电弓、车间电源及接地模式),2台高速断路器也位于高压箱内;B车和C车各设1个逆变箱,充电电路、电抗器及主逆变器均安装于逆变箱内;辅助电路采用分散式供电,在全列6辆车中,每辆车安装1台辅助逆变器。

而SZML1S车辆受电弓也是安装在B车车顶,同时在B车下部设置一个高压箱HVB01,高压箱HVB01内安装有一个用于供电模式转换的双刀三掷刀开关以及2台高速断路器;在

B 车和 C 车设置高压箱 HVB02、牵引逆变器箱、滤波电抗器和制动电阻箱；辅助供电系统采用集中供电方式，在每辆 A 车设 1 台集成蓄电池充电机的辅助逆变器，两台辅助逆变器负责向全车提供 AC 380 V 和 DC 110 V 供电。

视 频

高压供电电路

一、高压供电电路与高压箱 HVB01

SZML1S 列车高压供电电路如图 1-8 所示，该列车由 2 个 3 车单元构成，每个 3 车单元由位于 B 车车顶的一台受电弓负责供电。

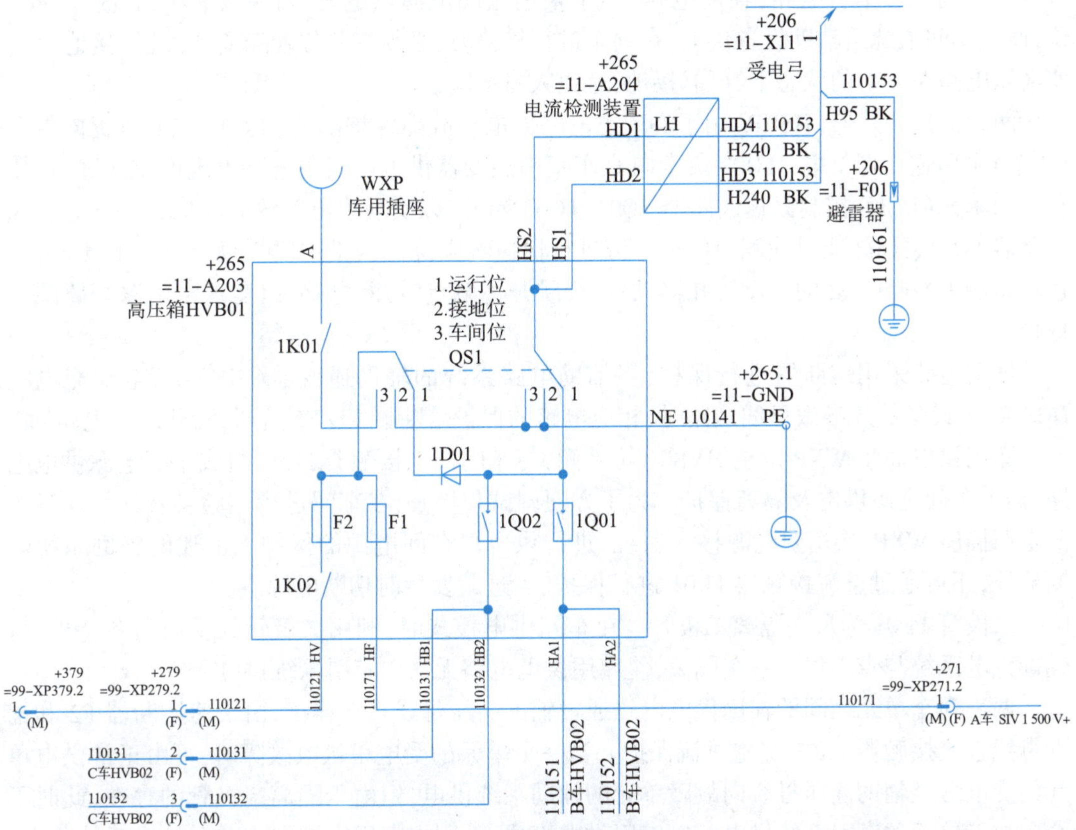

图 1-8　高压供电电路

高压供电电路由位于 B 车车顶的受电弓 =11-X11、浪涌吸收器（避雷器）=11-F01，位于 B 车底部的高压箱 HVB01 =11-A203、HVB02 =11-A202 及滤波电抗器 =11-L201 等设备构成。

安装在高压箱 HVB01 箱内的高压设备包括 1 个双层双刀三掷的三位置隔离开关（供电模式开关）QS1，2 台高速断路器（HSCB）1Q01、1Q02，以及库用供电插座 WXP、库用供电接触器 1K01、辅助母线直流接触器 1K02、快速熔断器 F1 及 F2 等。

位于 B、C 车底部的高压箱 HVB02 安装有预充电电路设备及电压、电流检测设备。用于稳定逆变器直流供电的线路滤波电抗器独立悬挂于车底，而直流侧储能电容（也称 DC-link 电容、支撑电容）则安装于牵引逆变器箱内（见图 1-13 中的 C11）。

受电弓用于将 1 500 V 高压直流电从车顶接触网馈入列车。车顶避雷器用于防止大气过电压(雷击)和操作过电压的损害,保护牵引高压系统设备。按照设计规范,避雷器在受电弓附近就近安装,其低压端与车顶外壳连接,提供雷击电流的短路接地通路,而高压端则通过 95 mm^2 的高压母线连接到受电弓汇流排。当大气过电压作用于车顶高压部分时,避雷器电阻迅速下降,呈短路状态,从而将雷击电流短接到地,避免对列车电气设备造成破坏。

三位置隔离开关 QS1 控制主电路的接通与断开,提供供电模式转换和接地保护转换功能。它有 3 种工作模式:运行模式、车间供电模式和接地模式。这 3 种模式分别实现高压系统由受电弓供电、由车间电源供电或使高压系统接地。列车运行前,应手动将 QS1 置"运行"位,接通相应牵引电路,辅助电路;列车采用车间电源供电时,可手动将 QS1 置"车间"位,通过车间电源给辅助设备供电;在列车进行检修时,必须将三位置隔离开关置"接地"位,使高压电路在无电的状态下,可靠接地,避免人身危险。

两台高速断路器(HSCB)用于实现主电路供电和故障保护功能,其中 1Q01 负责向本车(B 车)牵引逆变器供电,1Q02 负责向 C 车牵引逆变器供电。当主电路出现严重故障时,传动控制单元(DCU)控制高速断路器 1Q01、1Q02 断开,以实现主电路的故障保护。同时高速断路器 1Q01、1Q02 能对检测出的过电流进行快速响应,在主电路中电流大于 1 500 A 时,高速断路器 1Q01、1Q02 的自动脱扣器动作,会跳开主触点,切断电路,以实现主电路短路瞬时保护。

辅助电路采用熔断器进行保护,当辅助电路系统的辅助逆变器(SIV)、蓄电池充电机 DC/DC 等设备故障导致母线短路时,相应电路的保护熔断器 F1/F2 熔断,断开故障电路。

库用供电插座 WXP 位于 HVB01 箱外侧,与车间供电接触器 1K01 组成车间电源供电电路,提供车间电源供电及隔离保护。为了方便调试与检修,在车间进行试验、检修时,通过车间电源插座 WXP,将车间电源接入系统,进行供电。车间电源的保护除上述的辅助系统熔断器外,还可通过直流接触器 1K01 进行保护,当过载发生时切断电源。

二极管 1D01 为反向隔离二极管。在车间供电模式时,利用二极管的反向阻断特性,将辅助供电系统与牵引供电系统隔离,使库用供电电路无法向牵引系统供电。

两半列车单元之间的辅助供电电路通过辅助高压母线直接连接,由快速熔断器 F2 和辅助母线直流接触器 1K02 实施过流保护。当一个单元的受电弓供电故障时,可由正常供电单元的受电弓经辅助高压母线向故障单元的辅助系统供电,但由于隔离二极管的存在,此时不会向故障单元的牵引系统供电。在库用供电模式下,则由库用电源向本单元辅助系统供电,并经辅助母线向另一个单元的辅助系统供电。

在车辆解编时,辅助母线直流接触器 1K02 失电断开,实现辅助母线的隔离。

视频

三位置隔离开关的工作模式

二、三位置隔离开关的工作模式

三位置隔离开关操作界面如图 1-9 所示。三位置隔离开关 QS1 是一个双刀三掷闸刀开关,用于在运行模式(接触网供电模式)、车间供电模式以及接地模式之间进行切换,实现不同工作模式下高压供电的切换。

操作闸刀开关时,首先需要确定列车处于降弓、库用供电插座盖关闭状态,并用高压试电笔验电,确认无电后,才能进行操作。在进行模式转换时,需要拉出锁定手柄进行解锁,然后通过绝缘套筒操作手柄,实施转换。转换完毕后,再按压锁定手柄复位,重新锁定。

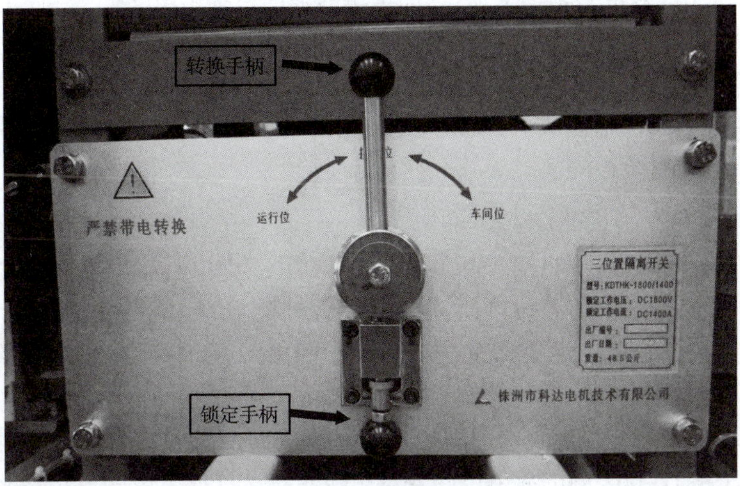

图 1-9　三位置隔离开关

三位置隔离开关在三个工作位置的高压连接功能见表 1-3。

表 1-3　三位置隔离开关功能表

功能	开关状态	被接入的电路	隔离的电路
运行模式	位置“运行”	受电弓,牵引电路,辅助电路	车间电源
车间供电模式	位置“车间”	车间电源,辅助电路	受电弓接地,牵引电路断开
接地模式	位置“接地”	无	受电弓接地,辅助电路接地,牵引电路断开,车间电源断开

1. 运行模式

在运行模式时,闸刀开关 QS1 投向 1 位(“运行”位)。

如图 1-8 所示,1 500 V 接触网电流→B 车车顶受电弓→两根 240 mm^2 高压电缆 110153→QS1 牵引闸刀 1 位触点→汇流排→B 车和 C 车高速断路器,若高速断路器闭合,则高压牵引电流经高速断路器 1Q01、1Q02 分别向 B 车、C 车送入 B 车及 C 车高压箱 HVB02,然后向牵引逆变器供电。高速断路器与高压箱 HVB02 之间采用 2 根 95 mm^2 的高压电缆(110151/110152 线、110131/110132 线)连接。

高压电路的另一路经隔离二极管 1D01→QS1 辅助闸刀 1 位触点→辅助汇流排,再经快速熔断器 F2,然后通过 70 mm^2 的高压电缆 110171 线向 A 车辅助逆变器供电。

同时,辅助供电电路还经辅助供母线与另一单元的辅助电路相连。

在运行模式下,受电弓向牵引逆变器、辅助逆变器供电,车间电源处于隔离状态。

2. 车间供电模式

在库内进行调试和整备作业时,将闸刀开关投向 3 位(“车间”位),启用车间供电模式。

此时,受电弓经牵引闸刀 3 位触点→110141 线→接车体地,实现受电弓的接地。此时,牵引闸刀 3 位点悬空,牵引系统与高压供电母线隔离,牵引系统处于隔离状态。

由车间电源柜送来的 DC 1 500 V 车间电源经车间电源插座 WXP→车间电源接触器

1K01→辅助闸刀3位触点→辅助汇流排,向全车的辅助系统供电。

实施车间电源供电时,车间电源插座盖处于打开状态,牵引信号被封锁,且牵引系统无电,列车无法牵引运行。

综上所述,在车间供电模式下,由车间电源向辅助系统提供DC 1 500 V供电,而受电弓处于接地状态,牵引系统被隔离。

3. 接地模式

在进行列车检修时,需要将闸刀开关投向2位("接地"位),启用接地模式。

此时,受电弓经牵引闸刀2位接地,辅助系统经辅助闸刀2位接地,而牵引系统、车间电源插座处于隔离状态。在接地模式下,受电弓、车间电源、牵引系统、辅助系统都处于隔离状态。

但是,在接地模式下,并未实现牵引逆变器直流侧储能电容的直接接地,储能电容的放电只能依靠高压箱HVB02内的放电电路或牵引逆变器自身放电电路,以及与储能电容并联的放电电阻(见图1-13中的R14)放电,因此,必须在充分放电并用验电设备确认储能电容已经完全放电时,方能进行检修作业。

三、高压箱HVB02

高压箱HVB02是牵引逆变器的前级预处理设备,来自接触网的DC 1 500 V电源经B车高压箱HVB01送到B车和C车高压箱HVB02,经HVB02内部电路进行处理后,送到后级滤波电抗器和牵引逆变器。如图1-10所示,HVB02主要由差分电流传感器(LH1)、充电接触器(KM2)、充电电阻(R1)、短接接触器(KM1)、放电接触器(KM3)、放电电阻(R3)等元件构成。

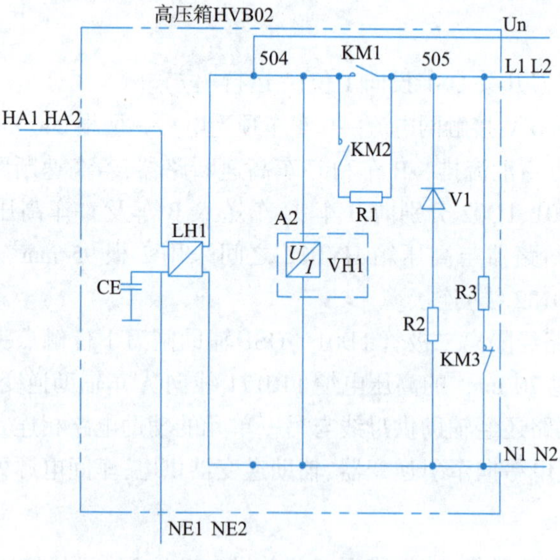

图1-10 高压箱HVB02

HA1/HA2—进线母线;CE—EMC电容;LH1—差分电流传感器;KM1—短接接触器;
KM2—充电接触器;KM3—放电接触器;R1—充电电阻;R2—续流电阻;
R3—放电电阻;V1—续流二极管;VH1—电压传感器

1. 差分电流传感器

差分电流传感器 LH1 用于城轨车辆主电路接地检测。差分电流传感器监测牵引电路的输入电流（线路电流）和回流电流（经钢轨回流变电所的电流）的电流差值，为主电路提供保护信号。正常情况下，输入电流与回流电流应该相等；当有接地情况发生时，回流电流的值将比输入电流的值小，从而产生差值。因此，通过对输入电流与回流电流差值的检测，即可判定接地故障的严重程度。

本系统的接地保护分两个等级。当系统检测到电流差值超过 1 A 时，判定有接地故障存在，将发出警告信号；当检测到电流差值超过 50 A 时，系统判定已经发生严重接地故障，立即发出紧急切断高速断路器（HSCB）信号，通过切断继电器使相应的高速断路器分闸。

2. 预充电电路

VVVF 逆变器属于电压型逆变器，需要由恒压源供电。因此，在 VVVF 的直流中间环节专门并联了一个 2 000 V/4 300 μF 的直流侧储能电容（也称 DC-link 电容、支撑电容），在逆变器工作时由支撑电容向 VVVF 提供恒压供电。由于电容在初始充电时，电容的电压很低，如果采用 1 500 V 电源直接向支撑电容充电，会产生巨大的冲击电流，从而造成严重过流故障，损坏支撑电容和逆变器设备，或使主电路产生错误动作。因此，为了减少列车向支撑电容初始充电时带来的电流冲击，设置了专门的预充电电路。

预充电电路由短接接触器（线路接触器）KM1、充电接触器 KM2 和充电电阻 R1 组成。

预充电电路由牵引逆变器箱内的传动控制单元（DCU）控制，其工作顺序如图 1-11 所示。当高速断路器 HSCB 闭合，且司机给定方向指令后，DCU 发出指令，使充电接触器 KM2 闭合，DC 1 500 V 电源经充电电阻 R1 向牵引逆变器箱内的直流侧支撑电容 C11 充电；当电容经过一定时间的充电且电压上升到一定值时，DCU 控制短接接触器 KM1 闭合，短接接触器闭合 1 s 后，断开充电接触器 KM2，电容充电完成。

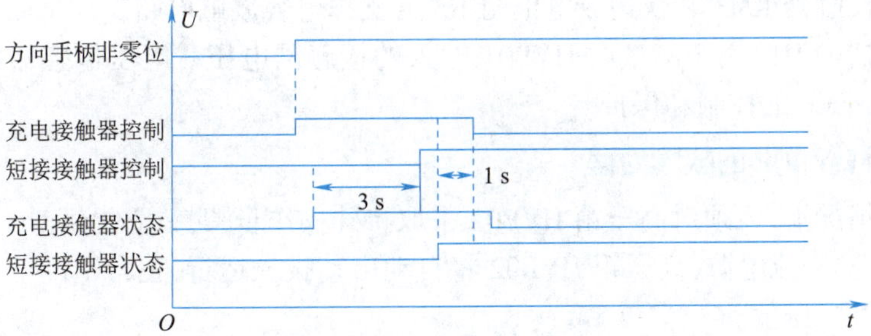

图 1-11　充电电路工作顺序

(1) 充电接触器 KM2 的闭合条件

下述条件都满足时，DCU 输出“充电接触器闭合”有效信号，闭合充电接触器 KM2：

①HSCB 已闭合。

②方向手柄处于非零位。

③网压大于 900 V。

④“斩波开通标志”无效（制动斩波器未开通）。

(2)短接接触器 KM1 的闭合条件

下述条件都满足时,DCU 输出“短接接触器闭合”有效信号,闭合短接接触器 KM1:

①方向手柄处于非零位。

②充电接触器闭合已达 3 s。

③中间电压大于 900 V 且大于网压的 85%。

(3)充电接触器 KM2 的断开条件

下述有任一条件满足时,DCU 撤销“充电接触器闭合”命令,断开充电接触器:

①短接接触器闭合已达 1 s。

②HSCB 断开已持续 1 s。

③“主断允许”无效持续 1 s。

④方向手柄处于零位持续 120 s。

⑤DCU 检测到故障,需跳开充电接触器。

注:断开优先于闭合,充电接触器一旦断开,则至少保持断开 10 s。

(4)短接接触器的断开条件

下述有任一条件满足时,DCU 撤销“短接接触器闭合”命令,断开短接接触器:

①HSCB 已断开持续 1 s。

②“主断允许”无效持续 1 s。

③方向手柄处于零位持续 120 s。

④DCU 检测到故障,需跳开充电接触器。

注:断开优先于闭合,短接接触器一旦断开,则至少保持断开 3 s。

3. 其他元件的作用

续流二极管 V1 和续流电阻 R2 构成续流回路,当高速断路器 HSCB 或短接接触器 KM1 断开时,为后续的储能部件(例如电抗器和牵引逆变器中的支撑电容)提供续流回路,消耗其中剩余的能量。

快速放电接触器 KM3 和快速放电电阻 R3 为支撑电容放电电路。

电压传感器(VH1)用于测量由 HVB01 输入的接触网电压。电压传感器的检测值提供给 DCU,实施 VVVF 的控制和保护。

4. 高压箱 HVB02 的故障处理

正常使用情况下,无须对高压箱 HVB02 采取特殊操作步骤,只需提供 DC 110 V 控制电源和 DC 1 500 V 直流电源,高压箱 HVB02 将自动启动投入运行,正常情况下可以通过司机室网压表查看到网压值。

如果发生充电接触器 KM2、短接接触器 KM1 不能闭合的情况,则应切断高压箱的低压控制电源(断开 B 车继电器柜的 =23-F202),重新检查电缆接线后,再连接电源,检查故障是否已解除。

如果高压箱没有输出电压,则应断电五分钟后打开柜门,检查主电路的电气连接是否正确,排除故障后,再关好柜门,重新接通电源后检查故障是否已经排除。

思考与练习

1. 库用电源接触器安装在哪节车?起什么作用?

2. 高速断路位于哪节车的哪个位置？
3. 受电弓与高压牵引电路之间能通过刀开关隔离吗？
4. 高压箱 HVB01 位于列车哪个位置？由哪些设备构成？
5. 高压箱 HVB02 位于列车哪个位置？由哪些设备构成？
6. 如何判定牵引电路是否发生接地故障？
7. 列车高压主电路有哪些供电模式？由哪个设备进行切换？
8. 预充电电路由哪些设备构成？
9. 预充电在什么条件下开始？在什么条件下充电完成？
10. 支撑电容如何进行放电？
11. 避雷器的作用是什么？

视频

牵引制动电路

任务三　牵引制动电路的构成与常见故障处理

任务目标

1. 熟悉牵引逆变器的构成及各部件的作用。
2. 掌握牵引逆变器与制动斩波器的电路原理。
3. 了解牵引逆变器的常见故障及处理措施。
4. 了解接地电路的构成与保护功能。

图 1-12 所示为 SZML1S 车辆 B 车的牵引制动电路，C 车牵引制动电路与此基本相同。牵引制动系统设备包括高压箱 HVB02（=11-A202）、牵引逆变器箱（=11-A201）、滤波电抗器箱（=11-L201）、制动电阻箱（=11-R201）及牵引电机（=11-M201～=11-M204）。

牵引逆变器箱的内部电路原理图如图 1-13 所示。牵引逆变器箱内的主要设备包括 VVVF 逆变器、直流侧储能电容（又称支撑电容，DK-link 电容）、逆变器控制单元（DCU）及输出电流传感器等设备。

牵引逆变器内部的控制单元 DCU 负责控制 VVVF 逆变器触发脉冲，监督着牵引逆变器的运行。DCU 具有输入和输出接口，可通过输出接口输出预充电控制指令、HSBC 断开指令等控制指令，输入接口侧用于接收电流、电压、温度等检测数据，以及预充电接触器等设备的状态数据。DCU 还带有 MVB 接口和以太网接口，可以通过 MVB 网络与列车中央控制单元 VCU 进行数据交换，而以太网接口则用于连接 PTU，供维修人员下载 VVVF 的运行数据。牵引箱内还设有直流 24 V 电源，负责将 110 V 直流电压转换为 24 V 直流电压，向 DCU、门极驱动单元和相关测量装置提供 24 V 工作电压。

一、线路滤波器

牵引逆变器（VVVF）和辅助逆变器（SIV）均属于电压型逆变器，需要采用恒压源供电，因此，VVVF 和 SIV 都设有由滤波电抗器 L 和直流侧储能电容 C11 组成的线路滤波器。线路滤波器的作用是平抑线路电压瞬变，稳定逆变器直流侧电压，为逆变器提供足够的电流容量，使电压脉动保持在允许的范围内，实现逆变器的精确控制。

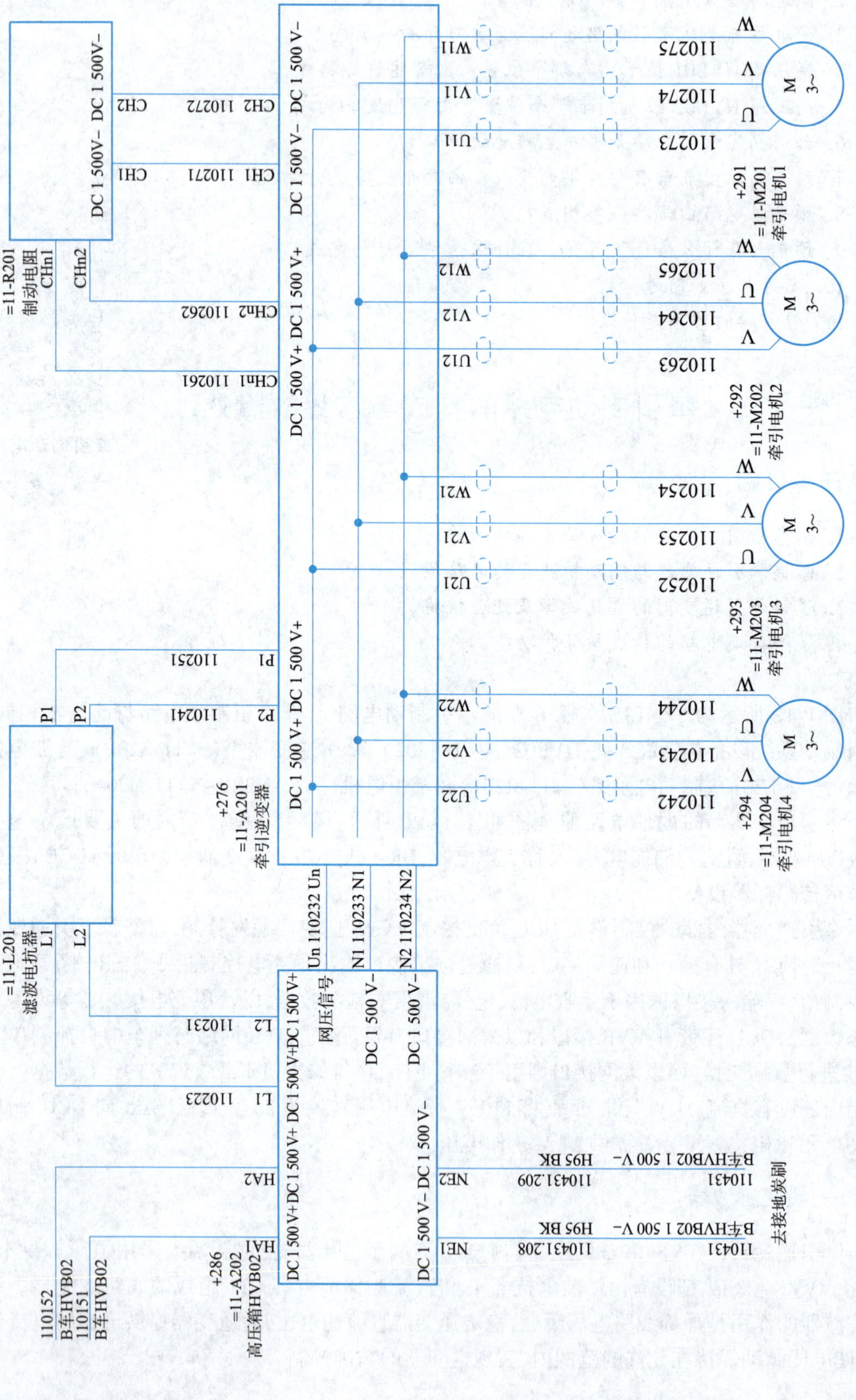
110152
B车HVB02
110151
B车HVB02
+286
=11-A202
高压箱HVB02
HA1
HA2
NE1
NE2
DC 1 500 V+ DC 1 500 V+ DC 1 500 V+ DC 1 500 V+
DC 1 500 V– DC 1 500 V–
110431.208
110431.209
H95 BK
B车HVB02 1 500 V–
110431
去接地炭刷
L1 110223
L2 110231
网压信号
DC 1 500 V–
DC 1 500 V–
Un 110232 Un
N1 110233 N1
N2 110234 N2
+284
=11-L201
滤波电抗器
L1
L2
P1
P2
P1 110251
P2 110241
+276
=11-A201
牵引逆变器
DC 1 500 V+ DC 1 500 V+
DC 1 500 V+ DC 1 500 V+
DC 1 500 V–
+287
=11-R201
制动电阻
CHn1
CHn2
DC 1 500V–
DC 1 500V–
CH1
CH2
CH1 110271
CH2 110272
CHn1 110261
CHn2 110262
U11 V11 W11
U12 V12 W12
U21 V21 W21
U22 V22 W22
110273 110274 110275
110263 110264 110265
110252 110253 110254
110242 110243 110244
M
3~
+291
=11-M201
牵引电机1
+292
=11-M202
牵引电机2
+293
=11-M203
牵引电机3
+294
=11-M204
牵引电机4

图 1-12　牵引制动电路

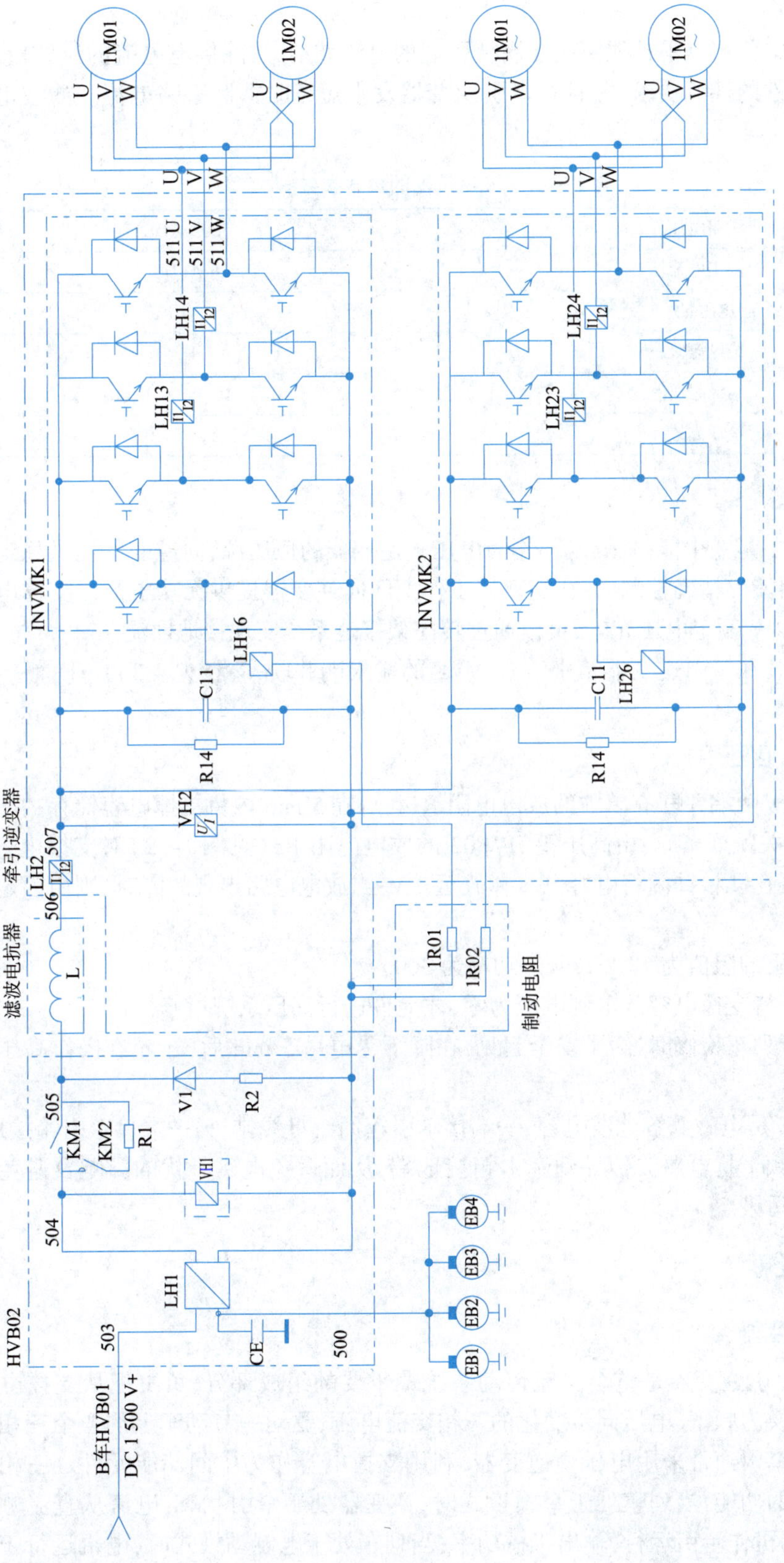

图 1-13　牵引逆变器箱内部电路原理图

1. 滤波电抗器

滤波电抗器的作用是平抑线路电压瞬变引起的电流波动，滤除供电电流的纹波成分，满足逆变器开关元件的换流要求，并且在牵引逆变器发生短路时抑制短路电流。滤波电抗器的技术参数见表1-4。

表1-4　滤波电抗器的技术参数

线路电压	1 500 V(DC)
额定电流	520 A(DC)
电感量	5 mH
绝缘等级	H
绝缘耐压	工频 AC 5 500 V,60 s
冷却方式	强迫风冷

2. 支撑电容

支撑电容C11是一个能量缓冲器，作为电压式逆变器的恒压源，向逆变器提供稳定的直流电压，使逆变器能够精确控制，并在逆变器工作期间向逆变器提供无功电流。支撑电容由电网提供的1 500 V额定电压充电，负极通过转向架接地系统实现接地回流。

支撑电容安装在牵引逆变器箱中，与VVVF的输入端并联，容量为4 300 μF，额定工作为2 000 V。

3. 固定放电电阻

支撑电容C11两端并联有单独的放电电阻R14，可在5 min内将支撑电容储存的电压释放至低于50 V。关闭列车时，由高压箱HVB02的放电电阻R3(见图1-12)对支撑电容C11进行快速放电，可在几秒钟内将电容电压释放至0 V；当放电电路出现故障时，则由固定放电电阻放电。

固定放电电阻的阻值为10 kΩ，额定功率为300 W。

注意：必须等待支撑电容放电到电压为零，才允许进行高压系统检修操作。

因此，在进行列车检修时，为了安全起见，在降下受电弓5 min后，才允许操作高压箱刀开关。

接地电容CE是电磁兼容滤波电容，一端接牵引箱回流母线排，另一端接牵引箱接地端。接地电容能将高频干扰电磁波传导到牵引箱接地端，从而避免电磁干扰的影响及避免对周围环境造成电磁污染。

二、牵引逆变器

1. VVVF逆变器

VVVF三相牵引逆变器是整个交流传动系统最重要的组成部分，负责把从支撑电容获得的直流电压变换为频率、电压同步变化的三相交流电压，驱动一节动车上的4个三相异步牵引电机。交流牵引通常采用电压型逆变器，利用支撑电容作为中间储能元件。三相逆变器具有可逆运行的功能，当列车处于牵引模式时，逆变器处于牵引状态，电流从直流侧流向交流侧，驱动电动机作牵引运行，输出机械功率；当列车处于电制动模式时，电机运行于发电机状态，输出制动转矩，使列车减速，此时电机输出三相交流电，经逆变器变换后，向直流侧输送。

如图 1-13 所示，三相逆变电路由 6 个带无功反馈二极管的 IGBT 组成，电路工作时 6 个开关管顺序导通得到需要的电压波形。为了能够驱动逆变器，需要由 DCU 发出控制脉冲，传送给安装在功率模块上的驱动电路进行功率放大后，驱动逆变器工作。

SZML1S 列车在每辆动车上配置 1 台 TGN51N 型牵引逆变器，为本车的 4 个牵引电机提供三相 VVVF 电源。两个逆变器单元集成在一个牵引箱中，采用了两个通用的 IBBM60G4 型 IGBT 变流器模块，单个模块的输出容量可达 530 kV · A。两套控制器合成在一个 60R-6U 的控制箱中，便于控制和通信。每个逆变器模块负责向同一转向架的两个牵引电机供电。

每个 IBBM60G4 逆变器模块包括 7 个 3 300 V/800 A 的 IGBT 器件，作为三相逆变器的三相桥臂及制动桥臂。另外，模块还包括了热管散热器、温度传感器、门控单元、门控电源、脉冲分配、支撑电容。模块上 IGBT 元件之间及与支撑电容的连接使用了低感母排，减少了线路上的杂散电感，省掉了吸收电路，使电路更为简洁可靠。模块上散热器采用了热管散热技术，靠走行风自然冷却，使系统更简洁，且无环境污染。因此，IBBM60G4 模块具有热管走行风冷、无吸收电路、结构紧凑、体积小、重量轻等优点。

2. 过压/制动斩波器

每个逆变器模块还集成了一个由 IBGT 器件构成的制动斩波器，用于制动时提供能量泄放通路。逆变器直流侧电压（即支撑电容两侧的电压）额定值为直流 1 500 V，正常工作时，允许上升到 1 800 V。在制动运行期间，当逆变器中间侧电压传感器 VH2 检测到直流侧电压超过 1 800 V 时，DCU 向制动斩波器发出启动命令，门极驱动单元启动两个 IGBT，将能量转送到制动电阻 1R01（1R02）中消耗。当直流侧电压降低到允许范围时，制动斩波器关闭。如果直流侧电压上升到高于最大允许等级（1 950 V，也有些项目设置为 1 980 V），逆变器将被关闭。

3. 检测电路

牵引箱中的检测电路包括输入电流检测、输出电流检测、网侧电压检测、直流侧电压检测。

电流传感器 LH2 用于检测直流输入电流。电流传感器 LH13、LH14 用于检测逆变器输出的三相电流。需要注意的是，由于牵引负载为三相平衡负载，只需检测逆变器输出的二相电流，通过计算即可得到第三相电流的数值。

电压传感器 VH1、VH2 分别用于检测网侧电压和支撑电容侧电压（中间回路电压）。

4. 牵引箱及高压箱检修时的注意事项

在进行牵引箱、高压箱及其他高压电路检修时，应严格遵守以下安全规定：

①断开电源。

②防止再次通电。

③确认无电压。

④将设备接地和避免短路。

⑤盖好附近的带电部件或在这些部件周围设置屏蔽。

5. 技术参数

TGN51N 型牵引逆变器主要技术参数见表 1-5。

表 1-5　TGN51N 型牵引逆变器的主要技术参数

输入电压	DC 1 500 V(1 000～1 800 V)
额定输出容量	2×530 kV·A
最大输出容量	2×1 000 kV·A
输出电压	0～1 400 V
输出频率	0～150 Hz
开关频率	500 Hz
额定输出电流	2×262 A
牵引最大输出电流	2×384 A(有效值)
牵引最大输出电流	2×384 A(有效值)
	2×652 A(峰值)(波形畸变系数取 1.2 时计算的结果)
制动最大输出电流	2×534 A(有效值)
	2×906 A(峰值)(波形畸变系数取 1.2 时计算的结果)
额定工作点效率	0.98
防护等级	IP55
制动斩波时开关频率	300 Hz
制动斩波最大电流	800 A
控制方式	VVVF 直接转矩控制
体积	2 400 mm×883 mm×608 mm(长×宽×高)
质量	≤500 kg
冷却方式	热管走行风冷
绝缘电压	高压回路对控制回路、地:AC 4 800 V/50 Hz,1 min
	控制回路对地:AC 1 500 V/50 Hz,1 min

6. 牵引逆变器运行时的故障及处理

牵引逆变器在运行期间的常见故障及处理措施见表 1-6。

表 1-6　牵引逆变器在运行期间的常见故障及处理措施

故障名称	故障定义	故障等级	司机屏显示内容	保护动作	司机处理对策
网压过压	电网电压≥U_{net_max}	中等故障	VVVF 故障,并显示故障内容	跳主断	牵引/制动手柄回零,按复位按钮
网压欠压	电网电压≤U_{net_min}	轻微故障		封逆变器,当网压恢复到 U_ref 时自动恢复运行	不做处理
直流过压	直流电压≥U_{d_max}	中等故障	VVVF 故障,并显示故障内容	跳主断	牵引/制动手柄回零,按复位按钮

续上表

故障名称	故障定义	故障等级	司机屏显示内容	保护动作	司机处理对策
直流欠压	直流电压≤U_{d_min}	轻微故障		封逆变器，当网压恢复到U_ref时自动恢复运行	不做处理
直流过流	直流电流超限I_{d_max}	中等故障	VVVF故障，并显示故障内容	跳主断	牵引/制动手柄回零，按复位按钮
主电路接地	流入直流电流与流出直流电流的差值超过I_{error_max}	中等故障	只显示故障内容	跳主断	故障消除后可自行恢复
模块1元件故障	逆变或斩波IGBT元件故障	中等故障	VVVF故障，并显示故障内容	跳主断	牵引/制动手柄回零，按复位按钮
模块2元件故障	逆变或斩波IGBT元件故障	中等故障	VVVF故障，并显示故障内容	跳主断	牵引/制动手柄回零，按复位按钮
逆变输出过流	逆变输出电流I_a、I_b、I_c超限I_{phase_max}	中等故障	第4次出现时显示VVVF故障，并显示故障内容	封逆变器，延时后自动故障复位	牵引/制动手柄回零，按复位按钮
斩波过流	斩波支路电流超限I_{chop_max}	中等故障	VVVF故障，并显示故障内容	跳主断	牵引/制动手柄回零，按复位按钮
未斩有流	未发斩波脉冲已有斩波电流	轻微故障		仅上报给显示器，控制不做处理	不做处理
斩波无流	已发斩波脉冲没有斩波电流	轻微故障		仅上报给显示器，控制不做处理	不做处理
充电接触器卡分	DCU发"合充电接触器"命令，延时后检测到充电接触器未合，即该合未合	严重故障	VVVF故障，并显示故障内容	跳主断	不可恢复
充电接触器卡合	DCU发"断充电接触器"命令，延时后检测到充电接触器未断，即该断未断	严重故障	VVVF故障，并显示故障内容	跳主断	不可恢复
短接接触器卡分	DCU发"合短接接触器"命令，延时后检测到短接接触器未合，即该合未合	严重故障	VVVF故障，并显示故障内容	跳主断	不可恢复
短接接触器卡合	DCU发"断短接接触器"命令，延时后检测到短接接触器未断，即该断未断	严重故障	VVVF故障，并显示故障内容	跳主断	不可恢复
充电超时	当充电接触器KM2反馈为闭合状态4 s后，中间电压仍低于网压的90%	严重故障	VVVF故障，并显示故障内容	跳主断	不可恢复
网络通信故障	DCU接收不到VCU的生命信号	中等故障		跳主断	网络自恢复

续上表

故障名称	故障定义	故障等级	司机屏显示内容	保护动作	司机处理对策
DCU 内部通信故障	SMC 接收不到 MCC 的生命信号	中等故障	VVVF 故障,并显示故障内容	跳主断	DCU 自恢复
IGBT 模块 1 过热	IGBT 模块过热开关动作(大于 IGBT_Tmax)	轻微故障		降功 50% 运行,故障消除后满功率运行	DCU 自恢复
IGBT 模块 2 过热	IGBT 模块过热开关动作(大于 IGBT_Tmax)	轻微故障		降功 50% 运行,故障消除后满功率运行	DCU 自恢复
DCU 电源故障	DCU 电源故障	严重故障	VVVF 故障,并显示故障内容	跳主断	不可恢复
DCU 插件出位	DCU 插件出位	严重故障	VVVF 故障,并显示故障内容	跳主断	不可恢复
速度传感器故障	速度信号异常超过一定时间	轻微故障		只上报给显示器,不做处理	不做处理
斩波电阻过热	制动电阻能量超过设计值	中等故障		封逆变器	不做处理,温度恢复正常后重新运行
电机三相电流不平衡	电机三相电流有效值的偏差超过设计值	严重故障	VVVF 故障,并显示故障内容	跳主断	检查电机与变流器的接线
电机缺相	电机三相电流中某相电流与其他两相差极大,接近于零	严重故障	VVVF 故障,并显示故障内容	跳主断	检查电机与变流器的接线是否完好
电机过热故障	电机温度超过设定值	轻微故障		报警	不做处理
列车超速保护	列车速度超过 V_{el_max}	中等故障		撤销牵引力	列车减速后自动正常运行

三、接地电路

1. 接地的基本概念

车辆接地系统要保证两个方面的要求:一是保证操作人员及乘客的安全;二是保证设备安全运行,使工作地流能够安全回流牵引变电所。

在设计上,车辆接地系统将中性线(三相交流)和负极导线合并在一起。此外,接地系统还包括设备外壳安全接地的设计。为了乘客和乘务人员的安全,所有金属结构都应与电路系统绝缘隔离,并应安全接地。

接地系统包括三部分:

①保护接地。保护接地为人或设备在故障状态下防止高压接触提供保护。

②运行(牵引)接地。运行接地为车辆提供负极电流经轨道回流牵引变电所的通路。

③EMC 保护。EMC(电磁兼容性)措施保护车辆电子系统和线路侧信号设备免受车辆产生的高频脉冲电流的干涉。

2. 运行接地

如图 1-14 所示为运行接地系统的电路模型。图中 Rc 为接地电缆的电阻,Re 为接地装置(电刷)的电阻,Rp 为车体与回流地之间的保护电阻。由于动车的回流电流很大,例如一些采用辅助系统集中供电,并将辅助逆变器安装于动车的车辆,回流电流的最大值可达 1 046 A。因此在动车的每根轴上都安装一个接地装置,4 条接地回路并联承担回流电流的传导,以减少单条接地回路的工作负荷。实际上,保护接地系统的总电阻还应考虑车体电阻与轨道电阻,但这两项数值很小,在微欧级,因此图 1-14 所示的电路模型中将其忽略了。

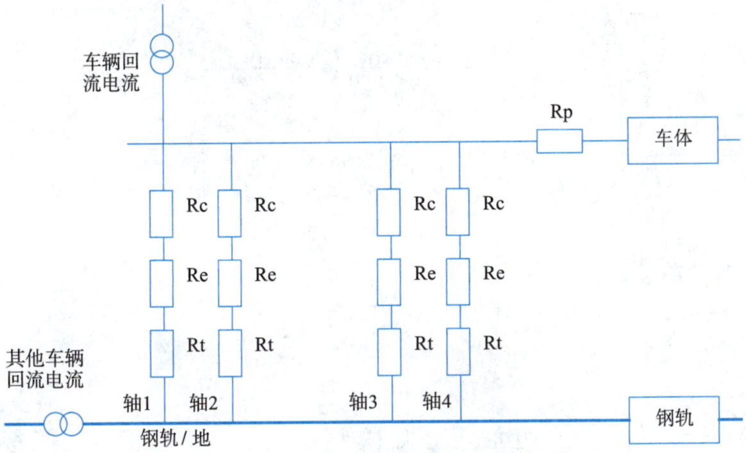

图 1-14　运行接地系统的电路模型

Rc—电缆电阻;Re—接地电刷电阻;Rt—过渡电阻;Rp—保护电阻

图 1-15 所示为 SZML1S 列车接地系统电路图。图中,B 车与 C 车各设置一个与牵引逆变器回流负极连接的绝缘汇流排(图 1-15 中的 =99-XT276 和 =99-XT376)。来自牵引逆变器的牵引回流电汇集到汇流排,再通过接地电缆连接到 B、C 车的 4 个轴端接地装置(图 1-15 中的 =11-X201 ~ =11-X204、=11-X301 ~ =11-X304),再经轮对到达轨道。为避免牵引回流电流直接到达车体,绝缘汇流排不能与车体直接相连,必须通过接地保护电阻(图 1-15 中的 =11-R201/=11-R202 及 =11-R301/=11-R302)与车体连接。由于接地电缆的电阻值比接地保护电阻的电阻值小得多,接地电流被接地电缆直接传导到接地装置,而不会流经车体。另外,接地电阻还起接地保护作用,当电路上任一点发生接地时,可由接地电阻限制接地电流的大小。

按照城轨车辆牵引制动电路设计标准,车体与保护线路(钢轨)之间的电阻值不得大于 50 mΩ,而接地汇流排到轨道之间的单条接地通路的电阻值≤28 mΩ,4 路并联的接地值≤7 mΩ,因此,接地电阻的一般取值为 30 mΩ。这样,车体与保护线路之间的总电阻约为 37 mΩ。

由于接地装置传导的回流电流很大,其作用必须非常可靠。当一个接地装置故障时,同一辆车的其他接地装置流过的回流电流必然大幅增加。

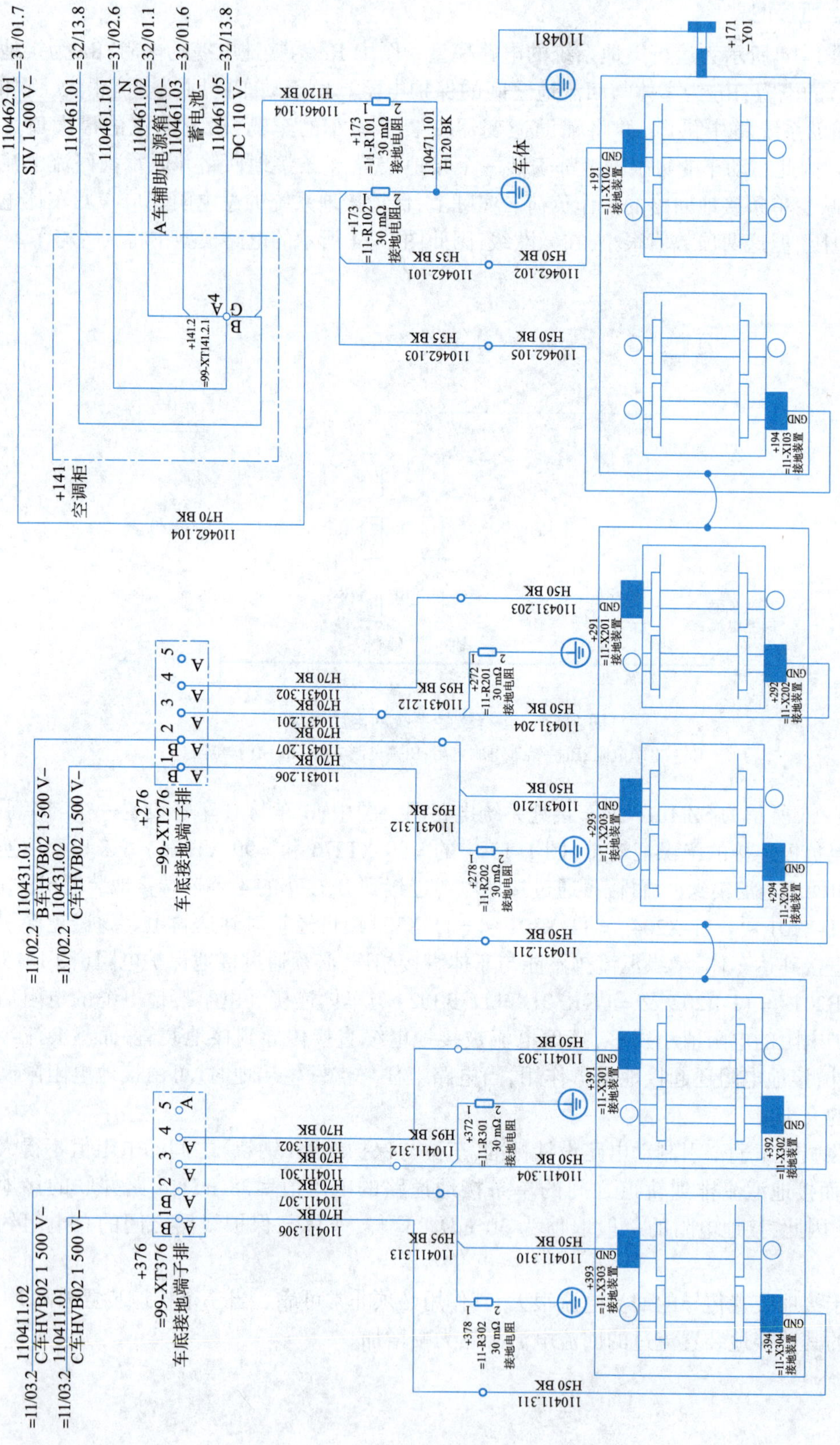

图 1-15　接地系统电路图

3. 保护接地

为了实现保护接地，所有牵引设备和辅助设备的外壳都要连接到车体。车体之间通过等电位电缆连接，使全列车车体成为一个等电位体，而自动车钩也通过等电位电缆连接到车体。

由于辅助逆变器安装在 A 车，SZML1S 车辆 A 车也安装了两个轴端接地装置，辅助逆变器的回流电流经两个轴端接地装置直接回流牵引变电所。而 DC 110 V 系统的所有负极，包括蓄电池负极与充电机输出负极，则连接到辅助汇流排中(图 1-15 中的 =99-XT141.2.1)，AC 380 V 输出的中性线(N 极)也连接到辅助汇流排。辅助汇流排与车体之间，通过 30 mΩ 的接地电阻(图 1-15 中 =11-R101)连接，实现辅助系统的接地保护。接地装置与车体之间，通过另一个 30 mΩ 的接地电阻(图 1-15 中 =11-R102)连接，实现 A 车高压系统的接地保护。

思考与练习

1. 牵引逆变器由哪些部分构成?
2. 滤波电抗器的作用是什么?
3. 支撑电容的作用是什么?
4. 牵引逆变器的电流向哪个方向传输?
5. 制动斩波器在什么时候启动?
6. 制动电阻的作用是什么?
7. 进行高压系统检修时，需要注意哪些安全事项?
8. 支撑电容通过哪些措施进行放电?
9. 牵引逆变器的工作电压范围是多少?
10. 接地电阻的作用是什么?
11. 接地电缆与车体直接相连吗? 为什么?
12. 车底接地端子排与车体直接相连吗?

项目二
车辆辅助系统操作与检查

能力目标

1. 掌握辅助系统的结构及主要设备的作用。
2. 掌握 380 V 及 110 V 供电电路的构成、特点及工作要求。
3. 能够对列车激活、空调、照明电路进行操作、检查与故障分析。

视频

辅助供电系统的配置

任务一　辅助供电系统的配置

任务目标

1. 了解车辆辅助供电系统的构成。
2. 掌握 380 V 辅助供电电路及负载电路的分析检查方法。

一、辅助供电系统的功能

城轨列车辅助系统为列车用电设备提供 AC 380 V、AC 220 V 和 DC 110 V 电源，并在紧急情况下保证能向列车供电至少 45 min。

辅助系统的作用是保证列车主电路设备正常工作，为能自动控制列车提供条件，并使列车具有良好的乘坐条件。

1. 辅助系统应满足的条件

辅助供电系统所采用的供电方案须满足以下条件：

①辅助系统的容量应能满足列车正常运行状态下的要求(包括空调、冷却系统、照明系统、信息系统、空气压缩机等)。

②应考虑有一定的冗余度。

③应考虑在故障状态下(如一台辅助逆变器或一台蓄电池充电机故障)，能保证列车的基本运行功能。

④整个系统应是成熟的、安全可靠的。

2. 辅助供电方案

辅助系统供电方案有分散供电和集中供电两种。

(1)分散供电

城轨列车一般采用 2 动 1 拖 3 节车辆构成一个半列车单元,2 个半列车单元构成一列车的编组方案(6 车编组)。城轨列车辅助系统由输出电压为 AC 380 V 的辅助逆变器提供三相及单相辅助供电,通常有集中供电与分散供电两种辅助系统供电方案。分散供电方案是采用每节车辆均配备一台辅助逆变器的供电方案,如深圳地铁 5 号线列车,每节车配备一台辅助逆变器,每台容量为 73 kV · A。

(2)集中供电

集中供电方案则是采用每半列车单元配置一台辅助逆变器的供电方案。如深圳地铁 1 号线列车,每半列车单元配置 1 台辅助逆变器,每台容量为 220 kV · A。

分散供电冗余度大,容易实现轴重均衡配置,但造价较高,且总重量也会较大。而集中供电冗余度小,每轴配重难以一致,但相对而言,总重较轻,成本较低。分散供电和集中供电两种方案各有优缺点,在城轨列车中都经常被采用。

二、采用分散供电的辅助供电系统

1. 供电网络

辅助系统直接通过由受电弓(或受电靴)从接触网(或第三轨)获得的 1 500 V 高压直流电供电,然后向列车提供 380 V、50 Hz 三相交流电和 110 V 低压直流电,供给辅助设备和控制设备使用。

图 2-1 所示为 SZML5 车辆辅助供电系统示意图。每辆车都设置了 1 台辅助逆变器,全列车共 6 台辅助逆变器,每台逆变器有一组容量为 73 kV · A 的三相 50 Hz、AC 380 V 的输出,位于 A 车的辅助逆变器还包含一个容量为 20 kV · A 的蓄电池充电机(DC/DC 变换器)。所有辅助逆变器的输出都将并联到贯通全列车的 AC 380 V 三相辅助母线上。所有辅助逆变器处于同步运行状态。

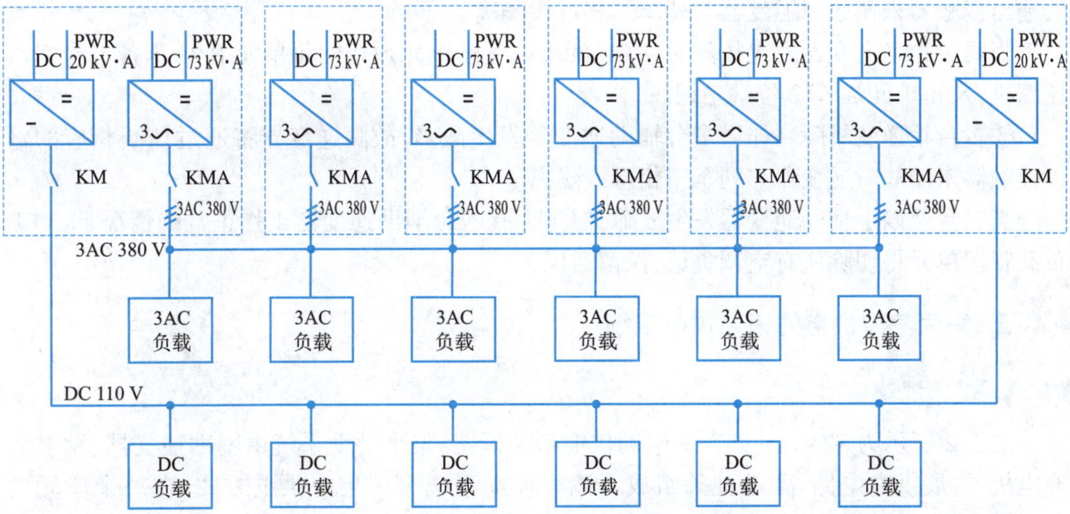

图 2-1　SZML5 车辆辅助供电系统示意图

辅助逆变器负责为全列车上所有三相交流负载提供3AC 380 V、50 Hz 的电源，其中A车带有DC/DC变换器的辅助逆变器为DC 110 V负载供电，并为蓄电池提供DC 110 V的充电电源。

2. 辅助逆变器负载

A车交流负载包括：空调单元1、空调单元2、司机室通风、方便插座。

B车交流负载包括：空调单元1、空调单元2、牵引风机、制动电阻通风机、方便插座。

C车交流负载包括：空调单元1、空调单元2、牵引风机、制动电阻通风机、空气压缩机、方便插座。

3. 辅助系统供电模式

(1)正常供电模式

在正常供电模式下所有的AC和DC负载都得到供电。这种模式在3车单元和6车单元编组列车中都可正常工作。

辅助电源正常工作模式的启动条件：

①当DC 1 500 V高压母线有电且司机控制器未锁闭，或者高压母线在司机控制器锁上后一直保持有电状态。

②辅助设备特别是辅助逆变器和蓄电池充电器没有故障。

(2)辅助逆变器故障时的供电模式

①一台辅助逆变器故障。如果一台辅助逆变器发生故障，故障逆变器将通过切断相应的输出接触器来使故障逆变器与列车三相母线隔离。

当一台辅助逆变器发生故障时原则上不需切除任何交流负载，但当车辆控制单元VCU检测到辅助逆变器输出过流时，VCU负载管理单元将切除两辆A车2位端各一台空调压缩机。

②两台辅助逆变器故障。如果两台辅助逆变器发生故障，故障逆变器将通过切断相应的输出接触器来使故障逆变器与列车三相母线隔离。

当两台辅助逆变器发生故障时，VCU的负载管理单元须切除每单元B/C车各1台空调压缩机，及每单元A车2位端空调。

③多台辅逆变故障。如果多台辅助逆变器发生故障，故障逆变器将通过切断相应的输出接触器来使故障逆变器与列车三相母线隔离。

当三台及以上辅助逆变器发生故障，但至少有两台辅助逆变器工作正常的情况下，VCU负载管理单元将切除所有空调负载，保留通风。

三、采用集中供电的辅助供电系统

1. 供电网络

图2-2所示为SZML1S列车的辅助供电系统框图，整个辅助系统由辅助逆变器、蓄电池充电机、扩展供电电路、蓄电池等组成。该车辅助系统采用集中供电方式，在每个单元的A车装设一台辅助电源箱，内部集成DC 1 500 V/AC 380 V辅助逆变器模块和蓄电池充电机模块。

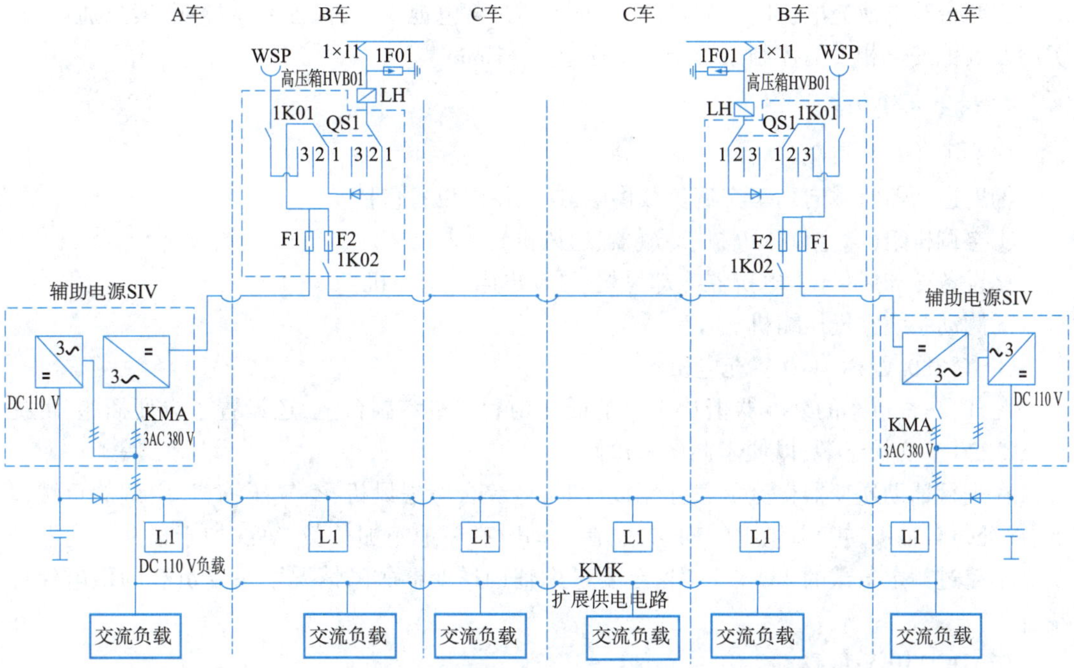

图 2-2　SZML1S 列车辅助供电系统框图

安装在辅助电源箱的辅助电源(SIV)由 AC 380 V 逆变器模块和蓄电池充电机模块构成。AC 380 V 逆变器模块将 DC 1 500 V 直流电压逆变成 AC 380 V 三相交流电压,为空调、空气压缩机、牵引风机、制动风机等提供稳定的三相四线制的交流电压,并向蓄电池充电机模块提供工作电源。

2. 辅助供电母线环路

AC/DC 蓄电池充电机模块将由辅助逆变器供给的 AC 380 V 电压变换成稳定的 DC 110 V 电压,为列车 DC 110 V 负载供电,并向蓄电池充电。

逆变器模块的总容量为 240 kV · A,其中交流输出容量为 215 kV · A,向蓄电池充电机输出的容量为 25 kV · A。蓄电池充电机模块的直流输出功率为 25 kW。

两半列车单元之间设有一条辅助供电母线(供电环),用于实现辅助系统的冗余供电。在 SZML1S 列车中,辅助供电母线分别通过两个 B 车的高压箱 HVB01 中的快速熔断器 F2 及母线接触器(供电环接触器)1K02 导通。列车运行时,1K02 处于闭合状态,保证列车某半列车单元进入无电区时,该单元的辅助逆变器能够通过辅助供电母线由正常供电的半列车单元供电,从而保证全列车辅助供电系统的正常工作。在车间供电模式时,两单元的辅助系统也由该母线连通供电。

3. 蓄电池充电机故障条件下的 DC 110 V 供电

(1)一台蓄电池充电机故障

当一台蓄电池充电机故障时,隔离二极管将相应的蓄电池隔离,保障蓄电池不放电。由正常的蓄电池充电机向全列车的 DC 110 V 负载供电,整列车不切除任何 110 V 直流负载。

(2)两台蓄电池充电机故障

当两台蓄电池充电机同时故障时,列车可通过蓄电池供电,保证基本照明、紧急通风、开关门及其他安全相关的控制系统维持工作至少 45 min。

4. 辅助系统负载

(1)AC 380 V 负载

辅助逆变器负载向列车交流负载供电,这些用电设备包括:

①空调机组(含空调压缩机、冷凝器、通风机)。

②设备冷却风机(含电抗器冷却风机、制动电阻冷却风机)。

③制动系统空气压缩机。

④AC 380 V/DC 110 V 充电机。

此外,在每节车的继电器柜及 A 车的低压柜和司机室副台上,还设置了方便插座,可提供 AC 220 V 交流电源,以便于调试和检修。

在进行辅助逆变器交流负载分配设计时,应综合考虑风机、空气压缩机、空调的负载情况,保证每台辅助逆变器供电的均匀性,在启动时有序地施加负载,每次加于辅助逆变器的负载不超过额定负载的 40%。同时,还要考虑辅助逆变器故障情况下重要负载的供电保证措施。

(2)DC 110 V 负载

DC 110 V 系统由蓄电池充电机负责供电。正常运行时,两台蓄电池充电机处于冗余运行状态,任一台蓄电池充电机都能保证全列车 DC 110 V 系统的正常供电。

DC 110 V 负载包括车辆内的各个控制器单元、直流照明、信号灯、列车广播等直流负载,以及单元内的蓄电池。直流负载分为常规负载、延时负载(即照明负载)、永久负载三类。其中永久负载用于列车激活和监控环路。该环路必须始终与直流供电母线相连,只要蓄电池有电,即可完成激活操作。常规负载则指其余的全部 DC 110 V 负载,如列车控制环路、子系统设备等。延时负载负责在两台蓄电池充电机都不能工作时,通过蓄电池提供列车的紧急照明。

5. 辅助逆变器故障时的供电模式

列车设置了一条中压扩展供电电路,列车辅助逆变器通过扩展供电电路进行冗余,具有配置灵活、冗余度高的优点。

在正常运行时,两半列车单元的中压母线互相隔离,两台辅助逆变器向各自的半列车单元的交流负载供电。当检测到一个单元的辅助逆变器故障时,通过扩展供电接触器将两半列车单元的中压母线连通,由正常逆变器单元向全列车提供 AC 380 V 供电,使通风机、压缩机等关键设备能够正常运行,保证列车基本运行不受影响。

此时,每辆车的一台空调压缩机停止运行,列车空调处于减载状态。

思考与练习

1. 辅助系统的作用是什么?
2. 辅助供电系统主要提供什么电源?
3. 辅助系统有哪些负载?

4. 什么是辅助系统集中供电？
5. 什么是辅助系统分散供电？
6. 辅助供电母线有什么作用？
7. 采用集中供电方式的辅助系统，如何实现中压供电扩展？

任务二　AC 380 V 辅助系统供电与控制

任务目标

1. 掌握列车辅助供电电路的构成原理。
2. 掌握中压扩展供电控制电路的控制原理。
3. 掌握车间电源插座盖、刀开关监视电路原理及故障处理对策。
4. 掌握库用供电的操作方法与控制原理。

视频

辅助供电电路

一、AC 380 V 供电

1. AC 380 V 辅助供电

如图 2-3 所示，采用集中供电方式的 SZML1S 车辆在每个半列车单元的 A 车设置一台辅助电源箱(=31-A01)，内部集成了 DC 1 500 V/AC 380 V 辅助逆变器 SIV，负责向中压母线(310131、310132、310133、110461)输出三相四线制的 AC 380 V 交流电。在一个半列车单元内部，AC 380 V 中压母线通过车端连接器连通，并在各车低压柜内进行供电分配，向空调机组、设备通风机、空气压缩机、LCD 屏、Wi-Fi 等用电设备供电。

在司机室副台、司机室继电器柜、A/B/C 车低压柜内设置了方便插座，提供检修用 AC 220 V 电源。AC 220 V 电源取自中性线 110461 和任意一条母线(310131、310132、310133)。为保证各相负载的均衡性，A/B/C 车的 AC 220 V 相电源分别由 W 相/V 相/U 相提供。

2. 中压扩展供电控制

为了保证通风机、空气压缩机等辅助设备在任意一个单元的 SIV 发生严重故障时仍能正常运行，列车设置了中压扩展供电控制电路。

中压扩展供电控制电路由 380 V 扩展接触器 =31-K332 及交流输出检测接触器 =31-K309、=31-K310 构成。在每个半列车单元内部，各有一段 AC 380 V 供电母线，=31-K332 用于两段供电母线的连接与分断，=31-K309、=31-K310 分别检测 1 位端单元、2 位端单元的 AC 380 V 输出。扩展供电控制通过硬线电路和网络监控同时完成。

当两个半列车单元的 SIV(=31-A01)都正常供电时，380 V 扩展接触器 =31-K332 处于打开状态，分处两个半列车单元的两段中压母线互相隔离，由两台 SIV 负责向各自半列车单元的交流负载供电。

当一台 SIV 发生严重故障时，由 TCMS 控制扩展接触器 =31-K332 闭合，两段中压母线连通，由另一台工作正常的 SIV 提供整列车的负载需求。

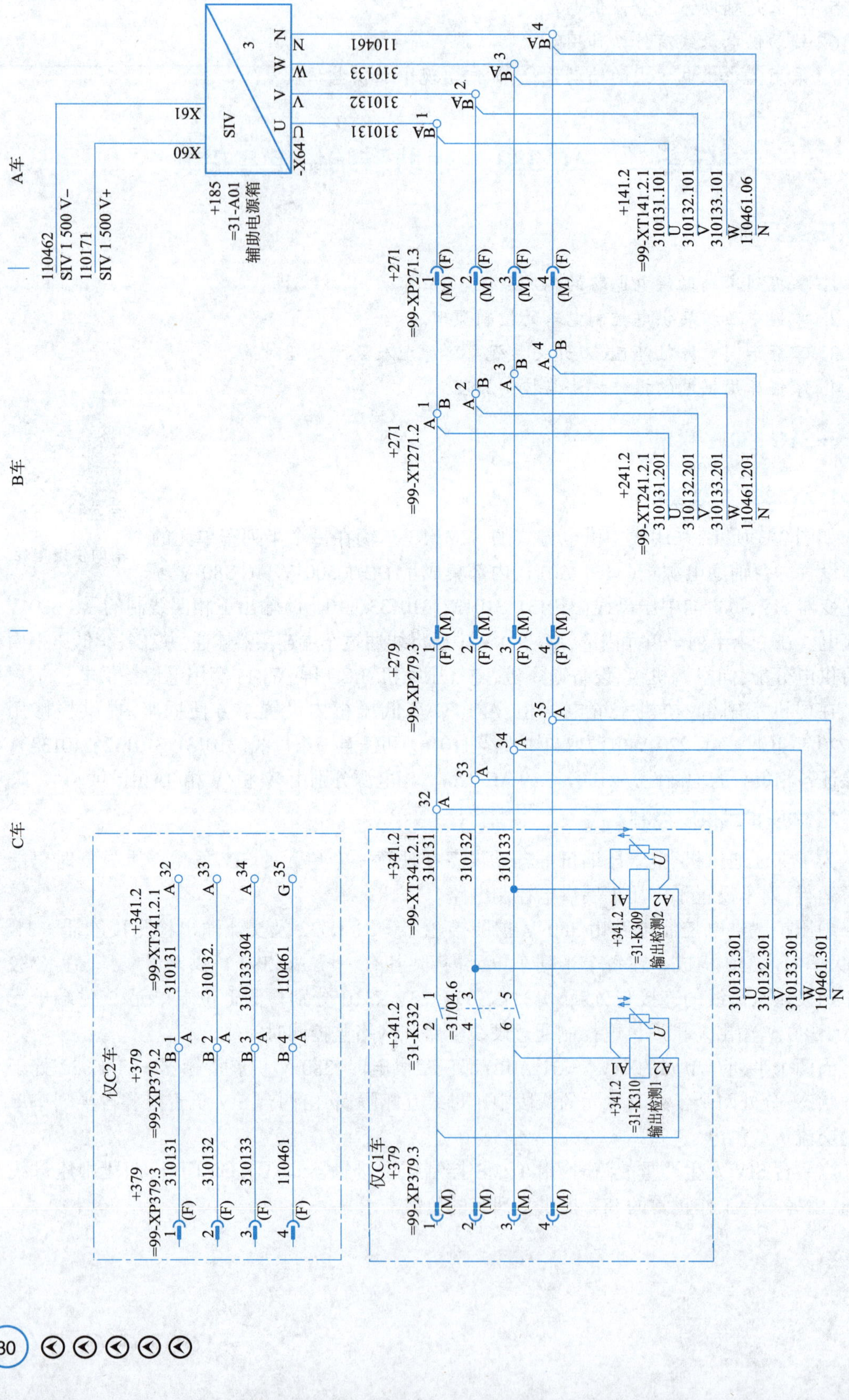

图 2-3 AC 380 V 辅助供电电路

扩展供电接触器的控制原理如图 2-4 所示。在两个单元的辅助逆变器都正常供电时，由 =31-K309 和 =31-K310 联锁触点构成的两段正反互异串联电路（异或逻辑）都断开，310461 线与 310463 线不导通，380 V 扩展接触器 =31-K332 线圈失电，其主触点打开，如图 2-3 所示的两段中压母线被隔离。

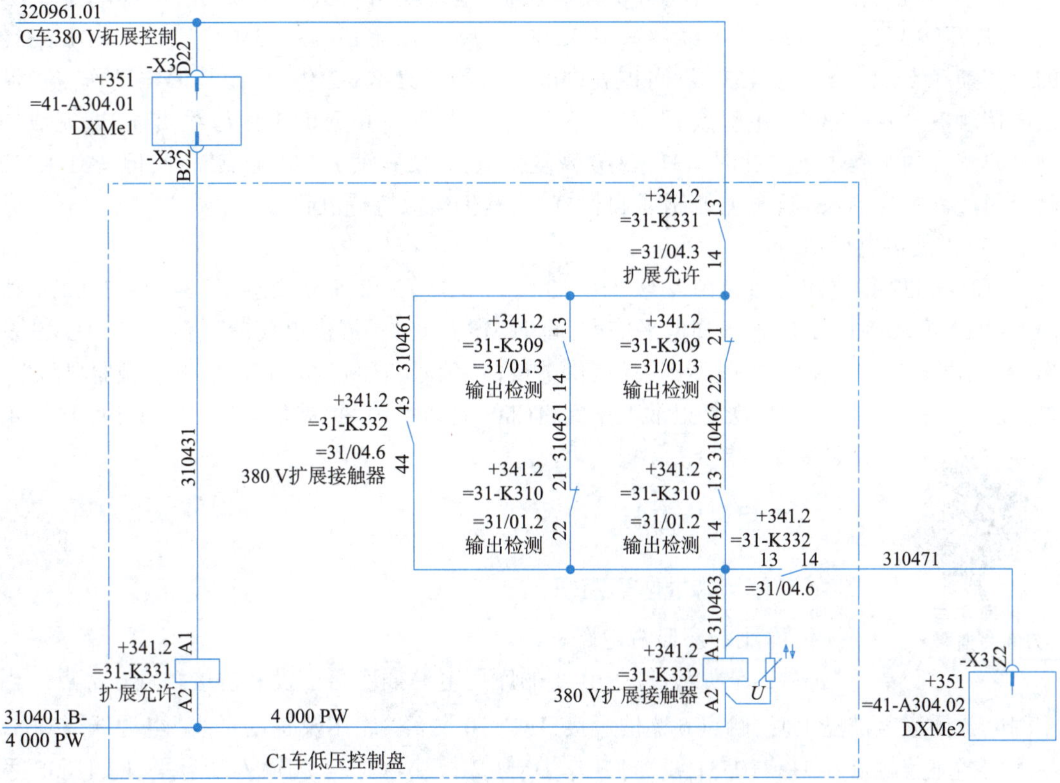

图 2-4　扩展供电控制

（1）扩展供电允许

当一个单元的 SIV 严重故障时，如 2 位端 SIV 严重故障，为了防止工作正常的 SIV 在向全列车供电时导致过载保护，TCMS 在扩展供电之前，先发出“减载”指令给空调系统，当空调系统负载减半后，才发出“扩展供电”指令。若空调系统减载不成功，则将减载不成功信息发送到显示屏，同时 TCMS 自动将空调系统设置为通风模式，再进行扩展供电。

在以下条件同时满足时，TCMS 通过 DXM 模块输出“扩展供电”指令（高电平有效）：

①当网压稳定 20 s 后，任一台 SIV 的 SIV_OK 输出信号无效；

②空调反馈减载成功；

③如果在 15 s 内接收不到空调完成减载的反馈，再将空调设置为通风模式（空调在与网络通信中断的情况下，必须保证不得处于全载工况）。

当空调处于半载或者通风工况下，TCMS 通过 DXM 模块输出“扩展供电”指令（高电平有效）。

TCMS 发出“扩展供电”指令，DXMe1 模块 X3：D22 与 X3：B22 接通，“C 车 380 V 拓展控制”DC 110 V 电源线 320961 经 DXMe1 向 310431 线输出高电平，向扩展允许继电器 =31-

K331 线圈供电,使其得电动作。

(2)380 V 扩展接触器控制

由于 2 位端单元 AC 380 V 母线失电,“输出检测 1”接触器 =31-K310 线圈失电,其常闭触点 21-22 也闭合,而 1 位端单元 AC 380 V 母线有电,“输出检测 2”接触器 =31-K309 线圈得电,其常开触点闭合。由“C 车 380 V 拓展控制”电源线 320961→“扩展允许”继电器 =31-K331 常开触点 13-14→310461 线→ =31-K309 的常开触点 13-14→310451 线→ =31-K310 的反联锁触点 21-22→310463 线,向扩展供电接触器 =31-K332 供电,使其得电动作。扩展供电接触器 =31-K332 的主触点 1-2/3-4/5-6 闭合,将两个单元的中压母线贯通,即完成辅助电源系统的扩展供电。此时 =31-K310 恢复得电,其反联锁 21-22 触点断开,但 =31-K332 已经通过其本身的 43-44 触点形成了自保持,故其仍然保持得电状态。

(3)扩展供电反馈

=31-K332 得电闭合后,110 V 经 310463 线→ =31-K332 正联锁触点 13-14→310471 线向 DXMe2 模块-X3:Z2 脚输入高电平信号,向 TCMS 系统“扩展供电反馈”信号。若 TCMS 发出“扩展供电”指令后 4 s 内收不到“扩展供电反馈”信号,TCMS 报“扩展供电接触器故障”。

当 SIV 恢复正常工作后,TCMS 立即撤销“扩展供电”指令,5 s 后再撤销“空调减载”指令。

视频

库用插座与刀开关监视

二、库用供电控制

1. 车间电源插座盖监视

(1)库用插座监视电路

如图 2-5 所示,位于 B 车的库用电源插座盖上设有桥接触点 6-7 点。当车间电源插座盖被盖上时,触点 6-7 被短接,DC 110 V 经“库用及辅助母线”电源线 320681→库用插座盖触点 6-7→310531 线,向 B 车 DXMe2 模块-X3:Z4 脚输入高电平,向 TCMS 系统发送“库用插座盖”闭合反馈信号,由 VCU 对库用插座盖状态进行监视。当库用插座盖打开时,VCU 将封锁牵引,不允许列车启动运行。

(2)库用插座监视电路旁路操作

在 A 车司机室继电器柜设置有库用插座监视旁路旋钮开关(=31-S102),在插座盖故障(如 6-7 触点接触不良、盖子丢失)但已经确认安全的情况下,可将占有端司机室继电器柜“插座监视旁路”旋钮 =31-S102 拨向“合”位,向 A 车 DIMe 模块的-X3:Z12 脚输入高电平信号,TCMS 系统通过软件屏蔽库用插座盖的监视功能,允许列车启动运行。

2. 刀开关监视

供电模式刀开关用于实现正常供电、车间供电和接地三种供电模式的转换。刀开关的位置与设定工作模式必须严格对应,否则会造成严重问题。例如,如果刀开关在接地位置(2 位),却错误地升起受电弓,就会产生严重的接地短路故障,将会导致接触网烧断,更严重的是,会造成人员伤亡事故。因此,必须设置严格的刀开关监视电路,保证各种工作模式下,不会产生高压电路短路接地、错误向无电区供电等严重故障。通过刀开关监视电路,可以实现如下逻辑:

①刀开关在运行位(正常供电模式)时,允许受电弓升起,但库用供电接触器不允许得电。

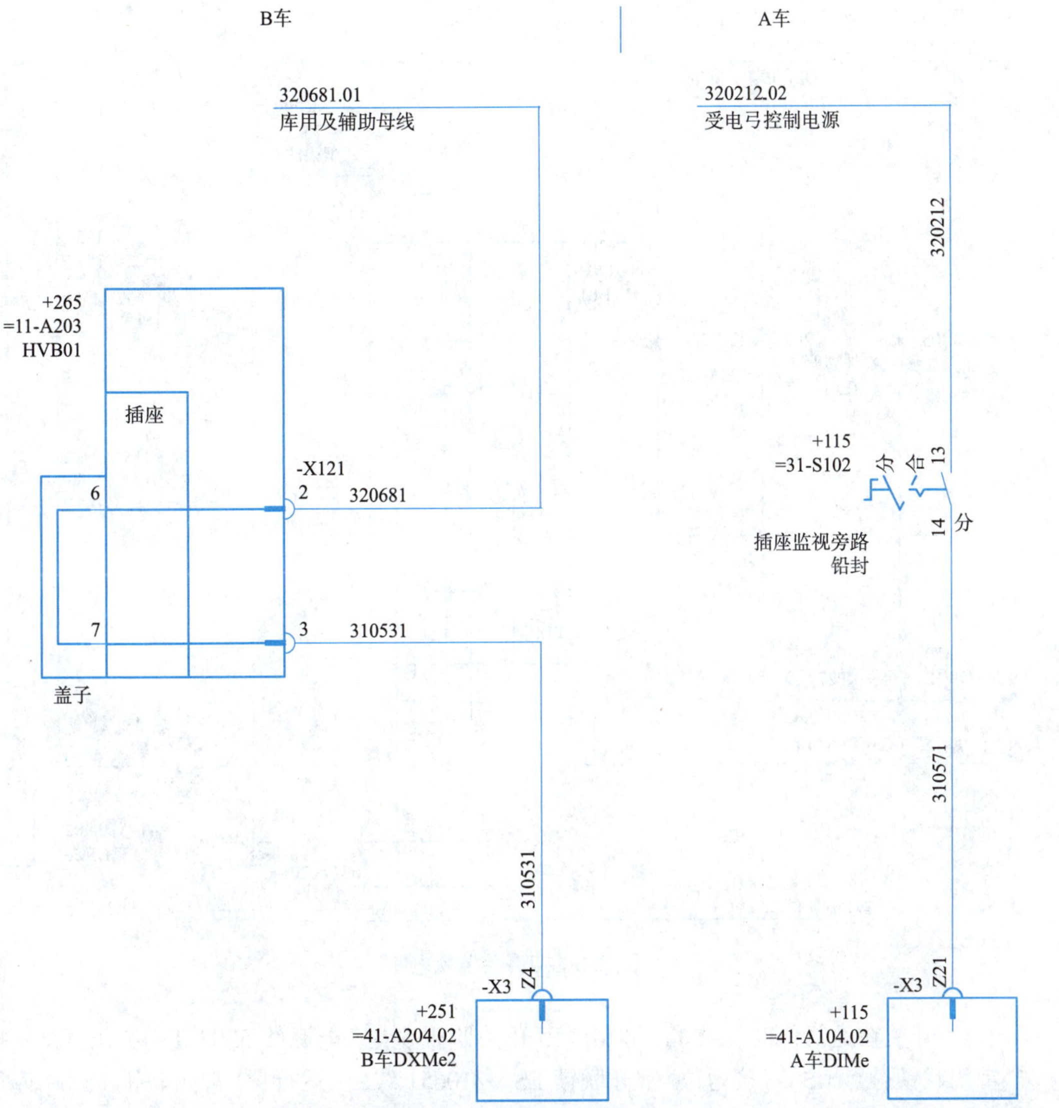

图 2-5　库用插座监视电路

②刀开关在接地位置时，受电弓不得升起，库用供电接触器也不允许得电。

③刀开关在车间位（车间电源供电模式）时，库用供电接触器可以得电闭合，但受电弓不允许升起。

刀开关监视电路由本地刀开关监视电路和列车刀开关监视回路构成。其原理如图 2-6 所示。

(1)“本地刀开关在运行位”监视电路

“本地刀开关在运行位”监视电路用于监视一辆 B 车的刀开关状态，由刀开关联锁触点、“本地刀开关在运行位”继电器 =31-K203 及 B 车 DXMe2 模块 =41-A204.02 等构成。该电路由 4 个串联逻辑构成，即刀开关在非操作位、刀开关不在接地位、刀开关在运行位、刀开关不在车间位。当 4 个逻辑均成立时，发出“本地刀开关在运行位”信号。

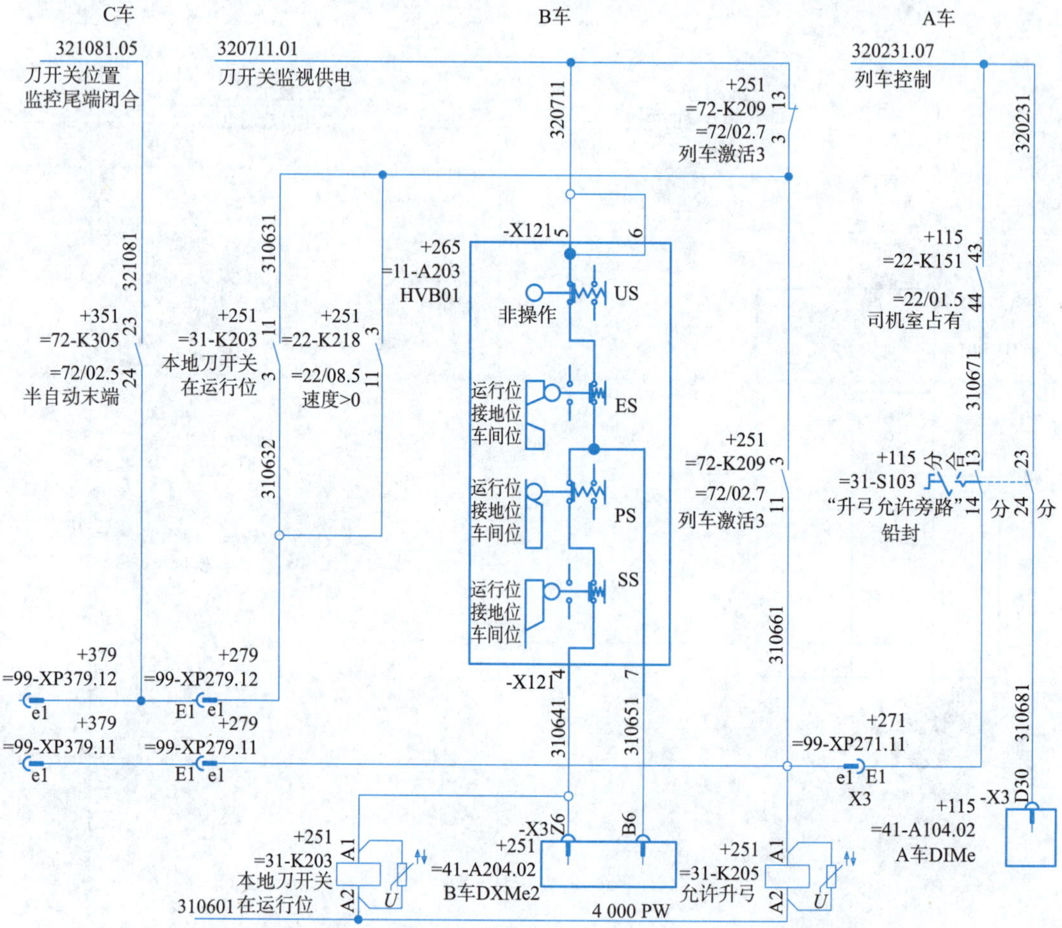

图 2-6　刀开关监视电路

当刀开关在运行位时，DC 110 V 由"刀开关监视供电"电源线 320711→刀开关"非操作"常闭联锁触点 US→"接地位"常开联锁 ES→310651 线→"运行位"常闭联锁 PS→"库用位"常闭联锁 SS 向 310641 线供电，使"本地刀开关在运行位"继电器 =31-K203 线圈得电，并向 B 车 DXMe2 模块-X3：Z6 脚输入高电平信号，通过 MVB 总线向 TCMS 系统发送"本地刀开关在运行位"信号。同时，经 310651 线向 DXMe2 模块-X3：B6 脚输入高电平信号，通过 MVB 网络向 TCMS 发送"本地刀开关不在接地位"信息。

(2)"列车刀开关在运行位"监视电路

"列车刀开关在运行位"监视电路用于监视全列车的刀开关是否均处于运行位。当两个单元 B 车的刀开关都在运行位时，各自的 =31-K203 得电闭合，DC 110 V 由非激活端 A 车(若在 1 位端激活列车，则为 2 位端 A 车)"刀开关监视供电线"320711→"列车激活 3"继电器 =72-K209 常闭触点 13-3→310631 线→"本地刀开关在运行位"继电器 =31-K203 常开触点 11-3→310632 线→车端连接器 =99-XP279.12→…→激活端 A 车 310632 线→激活端"本地刀开关在运行位"继电器 =31-K203 常开联锁 3-11→310631 线→"列车激活 3"继电器 =72-K209 常开联锁 3-13→310661 线→"允许升弓"继电器 =31-K205 线圈得电，允许本端受电弓升起。同时,310661 列车线信号传输到非激活端单元 B 车,使该车的“允许升弓”继电器也得电,从而允许另一端受电弓升起。

(3)刀开关监视电路的“有速旁路”功能

由于列车运行过程中,不可能人为改变刀开关位置,为了避免在列车运行过程中,因刀开关监视电路故障而导致列车在区间降弓迫停,设置了“有速旁路”功能。列车启动以后,通过“速度>0”继电器 =22-K218 常开联锁 3-11,将 310631 线与 310632 线短接。运行过程中,若“本地刀开关在运行位”继电器发生故障,由于“速度>0”继电器保持得电,使“允许升弓”继电器 =31-K205 能够保持得电,不会导致受电弓降落。但一旦列车停车,“速度>0”继电器 =22-K218 失电,其常开触点打开,“列车刀开关在运行位”监视电路断开,“允许升弓”继电器失电,受电弓将无法升起。

(4)刀开关监视电路故障时的升弓允许旁路

列车停车以后,若检查证实两端刀开关位置均在正常运行位,由于刀开关监视环路故障导致无法升弓时,可以闭合占有端 A 车继电器柜内的“升弓允许旁路”铅封开关 =31-S103,DC 110 V 由“列车控制”电源线 320231→“司机室占有”继电器 =22-K151 常开联锁 43-44→310671 线→ =31-S103 常开触点 13-14→310661 线→向“允许升弓”继电器 =31-K205 线圈供电,从而允许受电弓升起。同时经 320231 线→ =31-S103 常开触点 23-24→310681 线→向 A 车 DIMe 模块-X3:D30 脚输入高电平信号,向 TCMS 系统发送“升弓允许旁路”操作信息。

(5)半列车运行时的“列车刀开关在运行位”监视电路

半列车运行时,通过按下 C 车继电器柜内的“车尾闭路”按钮 =72-S302,使“半自动末端”继电器 =72-K305 线圈得电,由“刀开关位置监控尾端闭合”电源线 321081→ =72-K305 常开触点 23-24 向 310632 线供电,再经 =31-K203 常开联锁 3-11→310631 线→“列车激活3”继电器 =72-K209 常开联锁 3-13→310661 线向“允许升弓”继电器 =31-K205 线圈供电,构成半列车运行时的“列车刀开关在运行位”监视电路。此时,若本地刀开关处于运行位,则允许半列车单元受电弓升起。

视频

库用供电与辅助母线控制

3. 库用供电及辅助母线控制

库用供电又称车间电源供电。库用供电的条件是:三位置隔离开关(刀开关)在 3 位(车间位),库用插座盖打开,库用电源插头插入库用插座,库用供电接触器 1K01 得电闭合。

(1)库用供电控制过程

如图 2-7 所示,当本单元刀开关在“库用位”时,一旦库用插头被插上,来自车间电源柜的 DC 110 V+通过插座 1 点位输入,通过刀开关的“库用位”常闭联锁触点,使库用供电接触器 1K01 线圈得电。1K01 闭合后,通过其常开联锁触点将 DC 110 V 信号由插座 2 点位输出,反馈至车间电源。车间电源收到该反馈信号后,即通过插头向列车库用插座主触点(见图 1-8 的 A 点)输入 DC 1 500 V 电源,向辅助电源系统供电。

(2)库用供电接触器监视

库用供电接触器 1K01 闭合后,其联锁触点闭合,由 DC 110 V 经 320681 线→1K01 常开触点→310752 线→DXMe2 模块-X3:D6 针输入高电平信号。该信号通过 MVB 网络送到 TCMS,由 TCMS 系统对 1K01 的状态进行监视。

(3)辅助母线控制

当库用供电启动后，首先向本端的辅助系统供电。当两端刀开关同时在“运行”位或同时在“库用”位时，TCMS系统发出“辅助母线接触器闭合允许”指令，DC 110 V信号经“辅助母线接触器”电源线320672→DXMe1模块-X3：D22-X3：B22脚→310761线→“紧急停车B”继电器=22-K208常开触点5-7→310762线，使“辅助母线接触器允许”继电器=31-K215线圈得电，=31-K215常开联锁触点闭合，DC 110 V电源由“辅助母线接触器”电源线320672线→=31-K215常开联锁触点3-11→310753线，使高压箱HVB01内的辅助母线接触器1K02线圈得电。分别位于两个B车的辅助母线接触器1K02的主触点均闭合，将全列车的辅助母线贯通(见图1-8)。可以由任意一端的受电弓或库用插座向两个单元的辅助逆变器同时供电。

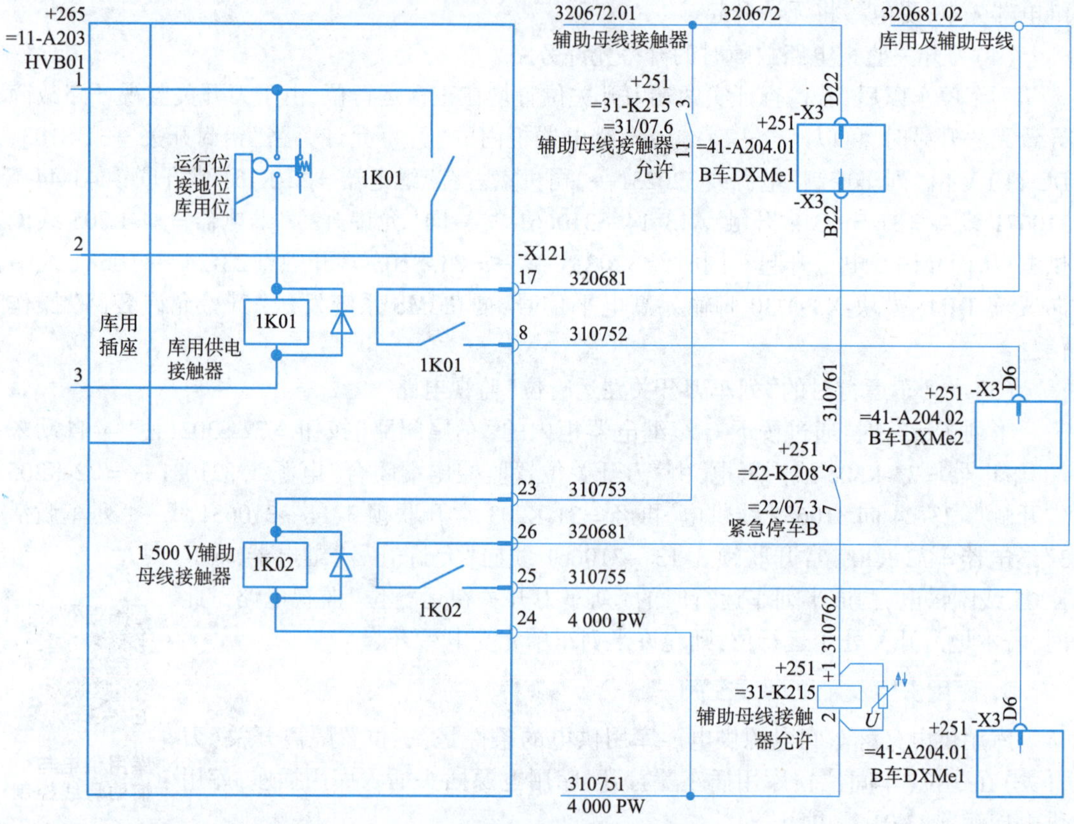

图2-7 库用供电及辅助母线控制电路

(4)辅助母线接触器监视

1K02闭合后，由“库用及辅助母线”320681→1K02常开触点→310755→DXMe1模块-X3：D6脚，通过MVB将辅助母线接触器闭合信号发送给TCMS，由TCMS对辅助母线接触器1K02的状态进行监视。

思考与练习

1. SZML1S中压系统怎样实现扩展供电？
2. 车间电源插座盖打开时，限制哪些操作？
3. 刀开关监视电路实现哪些控制逻辑？

4. 刀开关锁定手柄解锁时，受电弓能升起吗？
5. 库用供电的实现过程是怎样的？
6. 辅助母线接触器在什么条件下可以闭合？
7. 辅助母线接触器闭合后提供哪些线路的供电？

任务三　辅助逆变器的构成与检查

任务目标

1. 了解辅助逆变器的构成、基本原理及功能。
2. 掌握蓄电池充电机的应急启动方法。

辅助逆变器用于将来自接触网或接触轨的 DC 1 500 V 直流电转换成恒频恒压的 AC 380 V 三相交流电，向全列车的辅助设备供电。目前，城轨车辆使用的辅助逆变器大都采用绝缘栅双极型晶体管 IGBT（或 IPM）模块来构成。其方案有：

①斩波稳压再逆变，加变压器降压隔离。

②三点式逆变器加变压器降压隔离。

③电容分压两路逆变，加隔离变压器构成 12 脉冲。

④二点式逆变器加滤波器与变压器降压隔离。

⑤直—直变换与高频变压器隔离加逆变。

⑥二点式逆变器加滤波器构成 6 脉冲。

这些方案各有其特点，而且都能满足地铁或轻轨车辆的要求。

一、SZML1S 国产化辅助电源系统

1. DC 1 500 V/AC 380 V 逆变器

SZML1S 列车辅助电源系统采用集中供电方案，其国产化辅助逆变器（SIV）集成了蓄电池充电机，容量为 240 kV · A，安装于 A 车的辅助电源箱。其中，辅助逆变器采用两电平逆变电路，三相四线输出，额定电压为 3AC 380 Vrms/220（1 ±5%）Vrms，容量为 215 kV · A；蓄电池充电机采用三相整流 AC/DC + 高频 DC/DC 变换电路，额定电压为 DC 110（1 ±3%） V，容量为25 kV · A。

DC 1 500 V/AC 380 V 逆变器的电路原理如图 2-8 所示。DC 1 500 V 直流输入高压经直流滤波电抗器（FL）、电容器充电电路（RC、KM2）、直流滤波电容器（FC），送至 IGBT 逆变器进行逆变后输出 PWM 波交流电压，再经输出变压器（TR1）进行电压隔离、降压，交流电容器（ACC）滤波得到低谐波含量的三相准正弦电压，输出三相 380 Vrms/50 Hz 电压。

（1）输入滤波电路

输入滤波由直流滤波电抗器（FL）、滤波电容器（FC）组成 LC 滤波电路。

LC 滤波电路的作用是吸收直流输入端的谐波电压，对输入电源网络的高频信号和电压尖峰干扰有抑制作用，同时又能抑制逆变器对输入电源网络的干扰，并使 FC 电压保持稳定，并将电压波动限制在允许范围内。

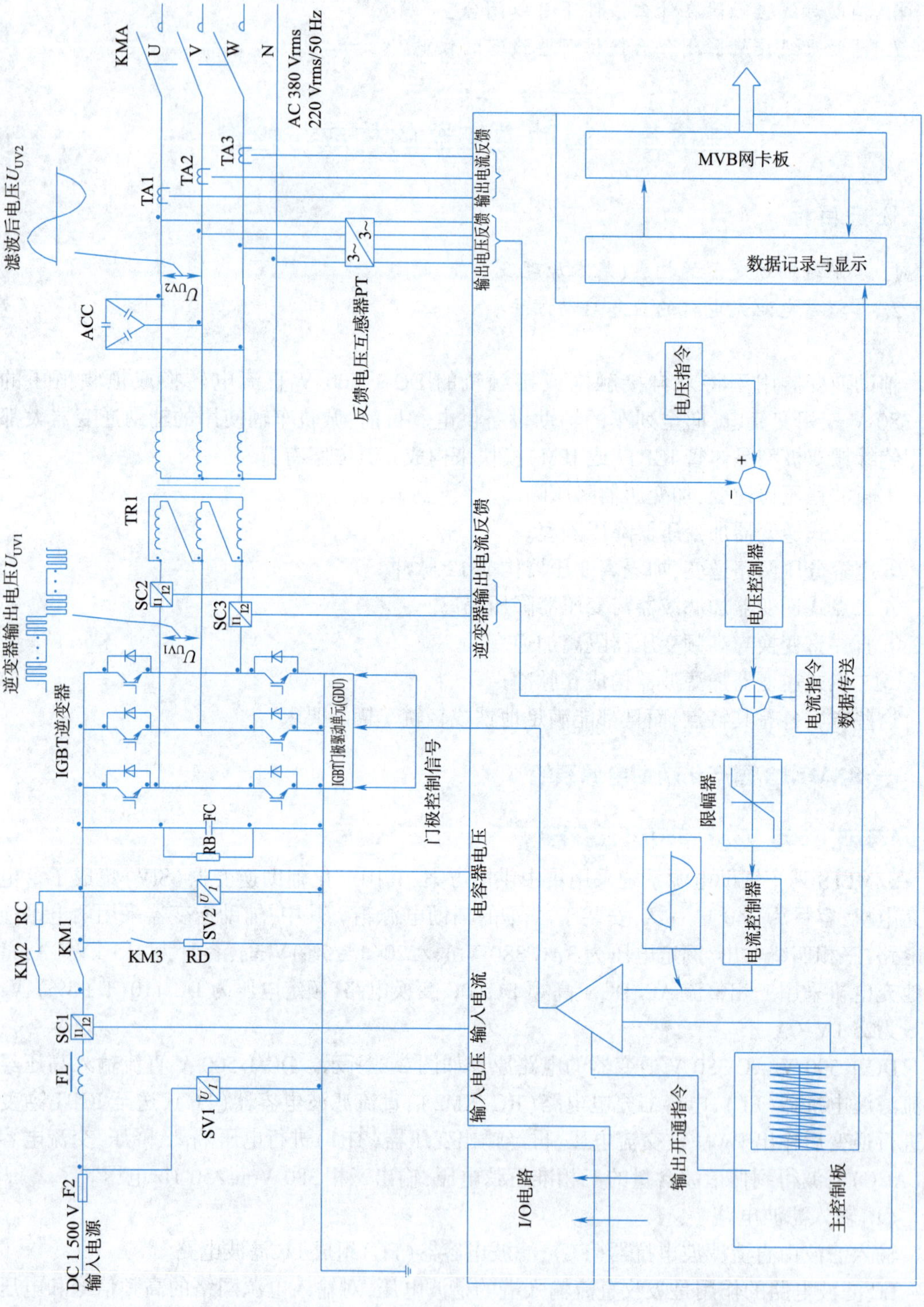

图 2-8　辅助逆变器电路原理

(2)电容器充放电电路

电容器充电电路由充电电阻(RC)、充电接触器(KM2)及短接接触器(KM1)等组成。

电容器放电电路由电容器并联放电电阻(RB)构成,通过放电电阻可在5 min内将电容器电压放电到50 V以下。

SIV经受电电路受流后,闭合充电接触器(KM2),电容器先通过电阻(R1)预充电,当其电压充电到一定电压值时闭合KM1而短接电阻R1,从而减小电容器的充电电流,降低对电容器的冲击,延长电容器的使用寿命。

(3)逆变模块电路

逆变电路采用模块化设计,模块集成了翅片散热器、滤波电容器FC、三相桥臂所需的6个IGBT元件、低感复合母排、门极驱动单元(GDU)、驱动电源模块、脉冲分配电路、温度继电器、光纤等。逆变器模块采用低感复合母排设计,杂散电感小,不需要吸收电路。

IGBT元件的ON/OFF由GDU进行控制。GDU具有过流或短路自保护功能及IGBT元件故障检测功能。

(4)输出变压滤波电路

输出变压滤波电路由变压器(TR1)和滤波电容器(ACC)组成。利用变压器漏感和电容组成LC滤波器,将IGBT逆变器输出的PWM电压经过低通滤波后得到接近正弦波的三相电压。

输出变压器(TR1)为△/Y形接法,将三相电压变换为三相四线制的380/220 Vrms/50 Hz输出电压,并提供DC 1 500 V高压电源与交流输出电压间的电气隔离。

(5)输出接触器

当SIV逆变电路输出的380 V电压正常后,三相交流接触器(KMA)闭合,将三相380/220 Vrms/50 Hz电源送入负载。为满足扩展供电需求,设置了交流互锁功能,当KMA后端有交流AC 380 V存在时,KMA不能闭合。

2. AC 380 V/DC 110 V蓄电池充电机

AC 380 V/DC 110 V蓄电池充电机电路原理如图2-9所示。从辅助逆变器输出的稳定的3AC 380 V输出电压输入三相整流桥AF1整流,经电抗器DL1、电容器CF1与CF2滤波后,得到直流电压(中间电路电压)。中间电路电压经半桥变换电路变换为高频矩形波电压,经高频变压器TR2进行隔离、降压后,再经高频整流桥AF2整流,再通过电抗器DL2、电容器CF3构成的滤波电路滤波后,得到稳定的DC 110 V电源。

(1)充电机模块

110 V充电机电路采用三相全波整流+IGBT半桥式高频DC/DC电路。其工作原理为:从辅助逆变电路输出的稳定的3AC 380 V输出电压经过空气开关(QF11)、预充电电阻(RD1、RD2)后,输入到三相整流桥整流,经电抗器、电容器滤波后得到直流电压(中间电路电压)。当中间电路滤波电容电压达到一定值后,闭合接触器KM11短接预充电电阻RD1、RD2。中间电路电压经半桥变换电路高频变换为矩形波电压,经高频变压器进行隔离、降压后,再经高频整流桥整流,电抗器、电容器滤波后得到稳定的DC 110 V电源。

110 V充电机电路集成为1个模块,包括主电路各元件及IGBT门极驱动单元。模块采用低感复合母排设计。对于高频变压器和输出电抗器等发热元件,为保证其散热,采用了电子硅胶灌注工艺,并直接安装在散热器上。

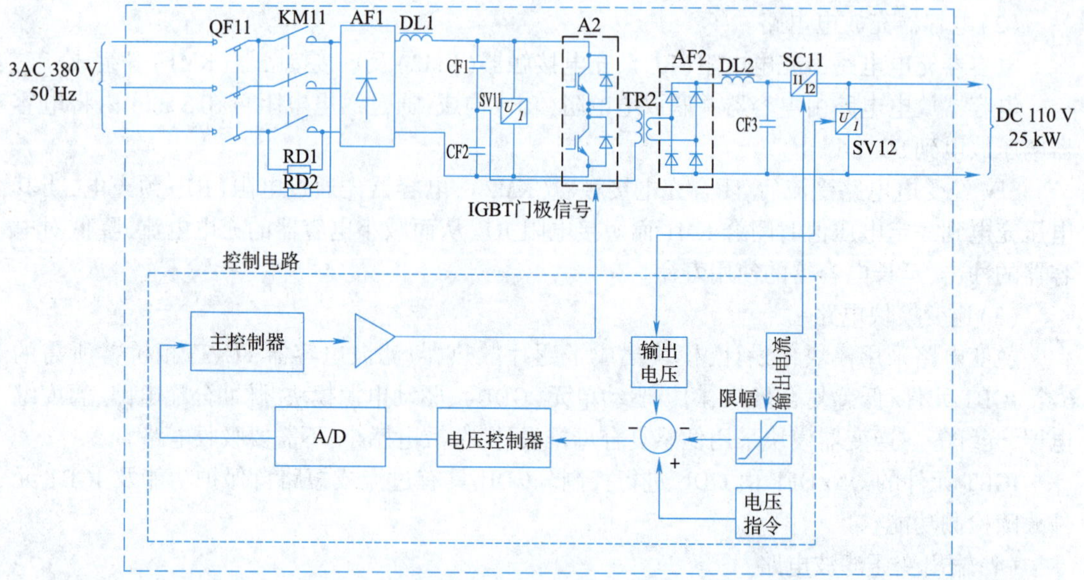

图 2-9　蓄电池充电机电路原理

(2)应急启动电路

应急启动功能是在列车主蓄电池欠压或主蓄电池故障情况下,由应急启动电源工作输出 DC 110 V,供辅助电源工作。如图 2-10 所示,应急启动电路由熔断器 FU1、应急启动电源、司机室应急启动按钮组成。

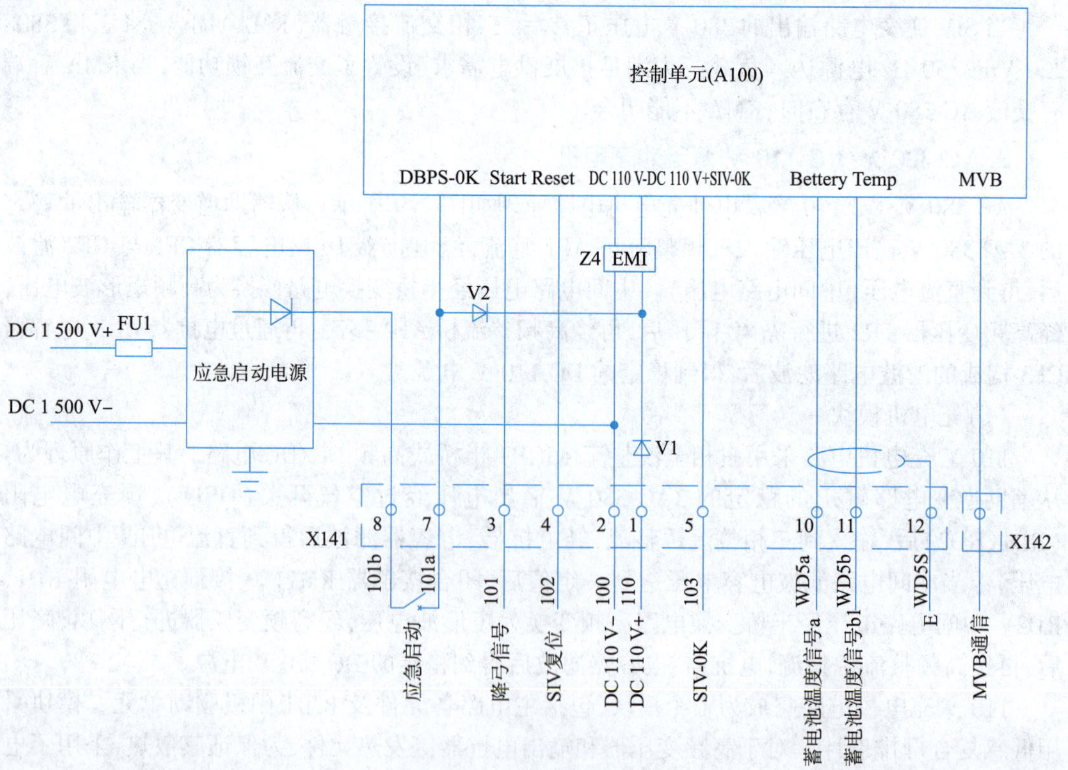

图 2-10　应急启动电路

应急启动电源 DBPS 额定输入电压为 DC 1 500 V，输入电压范围为 DC 1 000 ~ 2 000 V，额定输出电压为 DC 110 V。

二、蓄电池充电机应急启动

1. 蓄电池充电机启动条件

如图 2-11 所示为 SZML1S 列车实际的蓄电池充电机应急启动控制电路。在满足以下条件时，充电机启动：

①接通 DC 110 V 控制电源，即 320272 线有正常的 DC 110 V 电压输入；

②受电弓升起，支撑电容 > 电压 DC 420 ~ 650 V；

③SIV 散热风机正常工作；

④无严重故障和轻微故障发生；

⑤KM11 闭合，SIV 正常输出 AC 380 V。

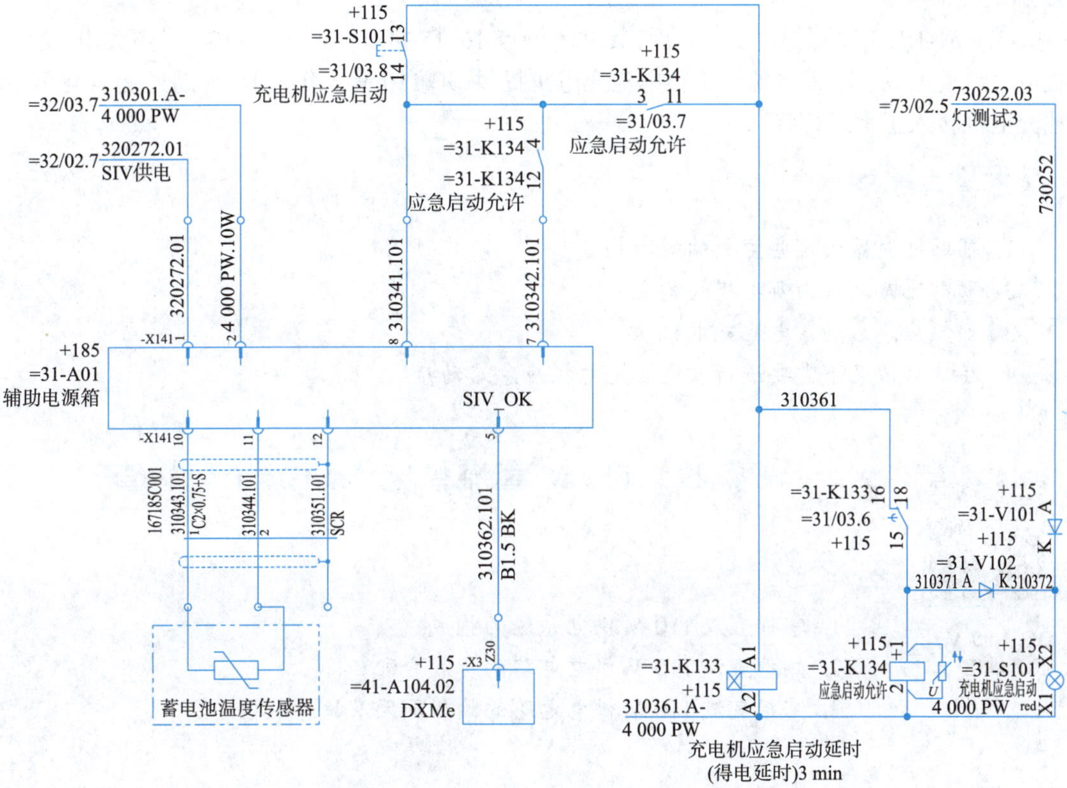

图 2-11　蓄电池充电机应急启动控制电路

2. 蓄电池充电机应急启动操作

当蓄电池电压低于 DC 85 V 时，列车无法激活。此时，需进行蓄电池应急启动。

①采用“有风无电”或“无风无电”方法升起受电弓；

②按压继电器柜“充电机应急启动”按钮 =31-S101，紧急启动充电机；

③充电机启动后，采用常规方法激活列车（见任务五）；

④解锁司机台，按压副台升弓按钮 =21-S02（见图 3-13）；

⑤蓄电池充电机应急启动 3 min 后，应急启动停止。

3. 蓄电池应急启动电路分析

①如图 2-11 所示，闭合继电器柜“充电机应急启动”按钮 =31-S101，由辅助电源箱内紧急蓄电池→310341 线→ =31-S101 触点 14-13→310361 线→充电机应急启动延时继电器 =31-K133 常闭触点 16-15→310371 线，使“应急启动允许”继电器 =31-K134 线圈得电，并使“充电机应急启动”按钮 =31-S101 红色指示灯点亮。

② =31-K134 线圈得电后，其常开触点 3-11 短接 310341 线与 310361 线，使 =31-K134 进入自持状态。

③ =31-K134 线圈得电后，其常开触点 4-12 短接 310341 与 310342 线，由紧急蓄电池提供充电机 DC 110 V 工作电源，充电机开始应急启动。

④在 =31-K134 线圈得电的同时，“充电机应急启动延时”继电器 =31-K133 也经 310361 线得电。

⑤ =31-K133 线圈得电 3 min 后，其常闭触点 16-15 打开，使 =31-K134 线圈失电，充电机应急启动完成。辅助电源箱由蓄电池充电机提供 DC 110 V 工作电源，辅助逆变器与蓄电池充电机转入正常运行状态。

思考与练习

1. 辅助逆变器由哪些主要的模块构成？
2. 蓄电池充电机由哪些模块构成？
3. 如何应急启动蓄电池充电机？
4. 在什么情况下需要进行蓄电池充电机应急启动？

视频

DC 110 V 直流供电

任务四　110 V 直流供电电路操作与检查

任务目标

1. 掌握直流 110 V 供电系统的构成。
2. 熟悉直流 110 V 供电电路的负载分配。
3. 掌握直流 110 V 供电电路的故障原因及故障监控方法。

列车 110 V 控制电压由蓄电池及蓄电池充电机提供，蓄电池充电机的任务有两项，一是向 110 V 负载电路供电，二是向蓄电池充电。

一、110 V 直流供电系统的构成与功能

1. 直流 110 V 供电系统的组成

SZML1S 列车 110 V 直流供电网络简图如图 2-12 所示。从图中可以看出，列车 110 V 供电电源共有两路，分别位于两端的 A 车中。每路由 1 组独立的容量为 160 A · h 的 DC 110 V

蓄电池组和1台蓄电池充电机组成。每一路直流供电系统能够独立提供列车全部的直流负载,实现100%的冗余功能。在DC 1 500 V接触网供电中断,或两台蓄电池充电机不能工作等紧急情况下,所有蓄电池能够为紧急照明、紧急通风等负载提供45 min的紧急供电。蓄电池组及蓄电池充电机均位于A车。

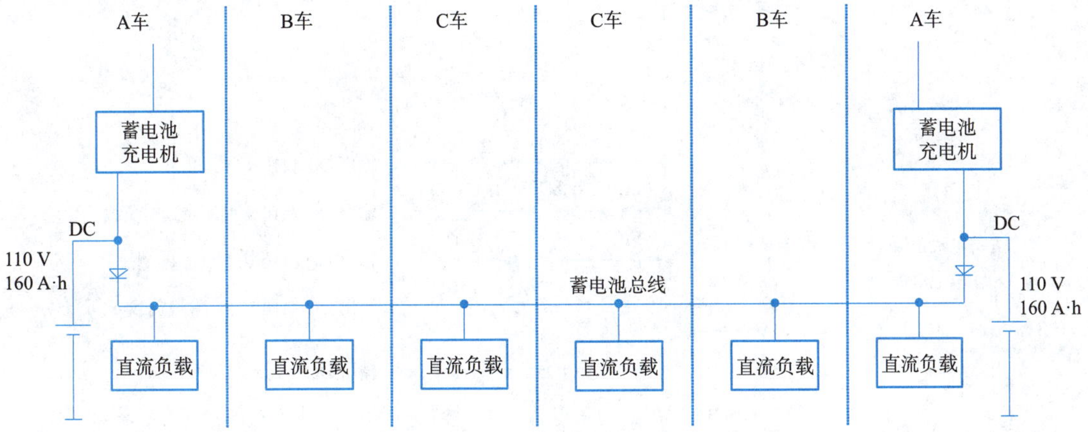

图2-12　列车蓄电池供电系统

2. 直流110 V供电系统的功能

直流供电系统用于提供全列车的直流110 V供电。升弓前,由蓄电池提供正常负载和紧急负载的供电;升弓后由蓄电池与蓄电池充电机共同提供正常负载的供电,同时,蓄电池充电机对蓄电池进行充电。

3. 主要设备

(1)蓄电池组

SZML1S列车采用"丰日"牌混合胶体阀控式密封铅酸蓄电池,型号为DTM-160-2,额定电压为2 V,容量为160 A·h。所有蓄电池安装在A车底架下的两个蓄电池箱中,其中蓄电池箱1内共有23个电池单元,蓄电池箱2内共有30个电池单元,整个蓄电池组共有53个蓄电池单体,总标称电压为110 V。

(2)蓄电池充电机

蓄电池充电机集成于辅助逆变器SIV中,安装于A车底架的辅助电源箱。在运行时负责向蓄电池充电,并与蓄电池一起向蓄电池总线(即所有的直流设备)供电。

(3)带熔断器的蓄电池闸刀开关

蓄电池闸刀开关位于A车蓄电池箱,额定通过电流为200 A;共有3组触点,1-2用于蓄电池正极过流保护,5-6用于蓄电池负极过流保护,3-4空置备用。

4. DC 110 V供电分配

直流110 V供电系统的供电分配电路如图2-13所示。充电机共有两路输出连接,一路连接到蓄电池正极(+B),第二路连接到负载输出(+BN)。

负载输出又分为三路:

①第一路输出到"永久负载"。该路输出不经过任何接触器,不受列车激活控制,也不受

欠电压检测控制。该路输出总保持有电状态,除非蓄电池电压耗尽,或 F05 保险线熔断,因此也称之为“永久电”。

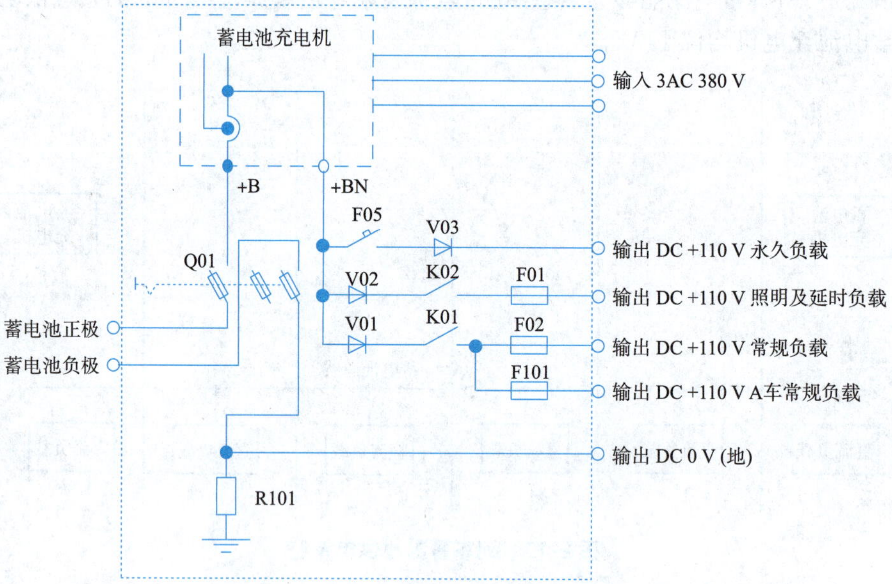

图 2-13　直流 110 V 供电系统的供电电路图

②第二路输出到“常规负载”。该路输出经蓄电池供电接触器 K01,受列车激活控制,也受列车欠电压检测控制,必须在蓄电池电压足够、列车激活两个条件均满足时,该路输出才会有电。

③第三路输出到“照明及延时负载”。该路输出经蓄电池供电接触器 K02,受欠压检测控制,但不受列车激活控制,这样,在列车激活之前,司机可以打开照明。

蓄电池供电控制电路中,设置了一个欠压检测继电器用于蓄电池电压的检测,当蓄电池电压低于 85 V 时,将蓄电池供电接触器断开,停止永久负载以外的负载供电,避免蓄电池因过度亏电而损坏。

当外部电源未接入列车之前,由蓄电池提供列车所需的 DC 110 V 工作电源。在列车激活前,DC 110 V 电源由蓄电池正极经蓄电池闸刀 Q01→充电机 + B 端→充电机内部连接→充电机 + BN 向外部负载输出,再经由微型断路器 F05 和低压柜二极管 V03,输出 DC + 110 V,向永久负载线(320121 线)供电。因永久负载线总是带电,通常也被称作所谓的“永久电”。

照明及延时负载受欠电压检测控制,当蓄电池电压足够时,不需激活列车也能开启照明及延时负载,只有当电压不足时,该路输出才会关闭。

常规负载、A 车常规负载必须在蓄电池电压足够,且列车正常激活后,才会启动供电。对于两单元编组的列车来说,当合上 A 车设备柜上的“列车激活”旋钮后,激活列车,使 K01 得电动作,其主触点闭合,从而向常规负载供电。若蓄电池电压低于 85 V 时,欠压检测继电器低压保护动作,使 K01 失电,蓄电池停止向常规负载输出。

当有外部高压电源接入车内时,如升起受电弓,把来自接触网的电源接入 SIV 时,蓄电池充电机启动工作,由充电机输出 DC 110 ~ 126 V(取决于蓄电池温度),经 + BN 端向各路负载供电，同时，经带熔断器的蓄电池闸刀 Q01 向蓄电池充电。此时，蓄电池处于边充电边放电的状态，此工作状态称为浮充电。

此时，蓄电池相当于一个大电容，起到平抑电压波动的作用。浮充电状态有利于直流工作电压的稳定，但对蓄电池本身不利。蓄电池的充放电是一个可逆过程，但长时间的浮充电会导致蓄电池的活性物质无法恢复，破坏了这个可逆过程，导致蓄电池容量变低。因此，需要对蓄电池进行定期维护，使蓄电池容量恢复到规定的水平。

二、DC 110 V 直流供电电路输出控制

1. 蓄电池充电机与蓄电池的输出

列车 DC 110 V 供电电路如图 2-14 所示，若辅助逆变器有 DC 1 500 V 输入，则 AC/DC 蓄电池充电机直接启动，输出 DC 110 ~ 126 V（取决于蓄电池温度），经 =31-A01：X66（+BN）向 320132 线供电，供给永久负载、常规负载、照明及延时负载；同时经 =31-A01：X65（+B）向 320131 线供电，经带熔断器的蓄电池闸刀开关 =32-Q01 向蓄电池 =32-G01 及 =32-G02 充电，蓄电池处于浮充电状态。

若无 DC 1 500 V 输入，蓄电池作为备用控制电源，由 320172 线→=32-Q01 触点 1-2→320131 线→=31-A01：X65（+B）→=31-A01：X66（+BN）→320132 线，向蓄电池总线（包括永久电、照明及延时负载、常规负载）供电。

蓄电池闸刀开关的 1-2 端熔断器对蓄电池正极进行串联保护，5-6 端熔断器对蓄电池的负极进行串联保护。当蓄电池的正极点或负极端熔断器断路时，蓄电池都能从电路中脱离，从而实现蓄电池的过流保护。

采用蓄电池正极端和负极端同时保护的好处是，无论负载接地、短路，还是蓄电池自身短路接地，都能实现蓄电池保护。若仅在蓄电池正端串联熔断器进行过流保护，当蓄电池本身短路接地时（如 320172 线或 320173 线接地），由于过流电流不会流过 1-2 端熔断器，无法对蓄电池形成有效保护。

2. 永久负载线（“永久电”）320121 的控制

由蓄电池 =32G02 正极→320172 线→蓄电池闸刀开关 =32-Q01 触点 1-2→320131 线→=31-A01：X65（+B）→=31-A01：X66（+BN）→320132 线→“永久负载”微型断路器 =32-F05 触点 1-2→320151 线→低压柜二极管 =32-V03→320121 线，使永久负载线保持有电。

微型断路器 =32-F05 用于永久负载的保护，跳闸电流整定值为 6 A。

当蓄电池充电机启动后，由蓄电池及充电机同时向永久负载供电。

注意：只要不断开蓄电池闸刀 =32-Q01，永久负载列车线 320121 将一直保持有电，即使蓄电池电压不足，也不会停止供电。

3. 照明及延时负载线 320111 的控制

（1）当辅助电源系统无 DC 1 500 V 输入时

当蓄电池闸刀 =32-Q01 正常闭合时，由蓄电池提供的直流电压经 320151 线向欠压检测继电器 =32-K03 线圈保持供电，若蓄电池电压高于 85 V 时，则 =32-K03 吸合。

DC 110 V 电压经 320151 线→=32-K03 常开联锁触点 4-12→“输出控制 2”接触器 =32-K04 线圈得电。

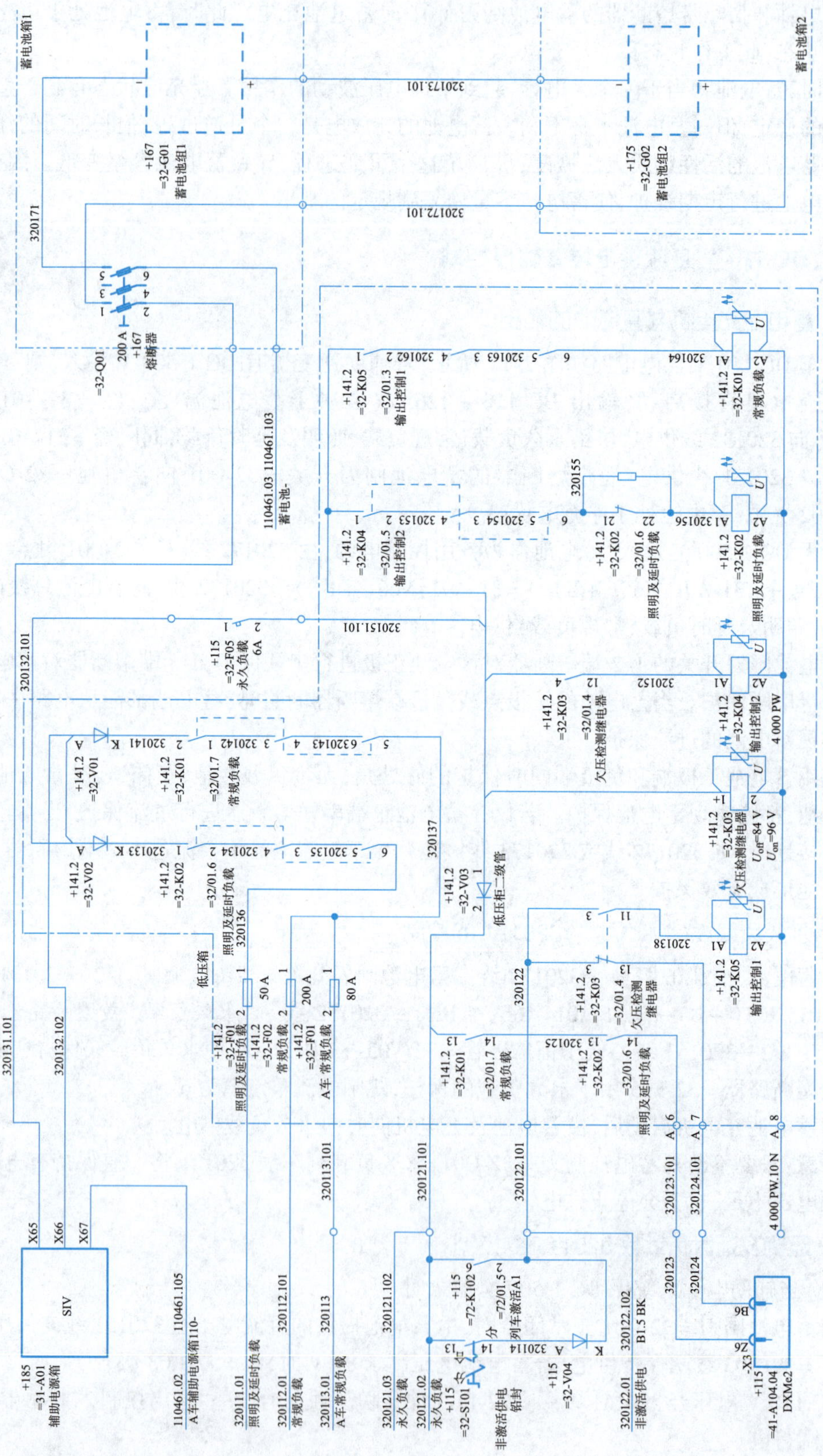

图 2-14 蓄电池与充电机供电电路

=32-K04 吸合后,由 320151 线→=32-K04 常开触点 1-2→4-3→5-6→320155 线→“照明及延时负载”接触器=32-K02 常闭联锁触点 21-22→320156 线,DC 10 V 电压直接施加到“照明及延时负载”接触器=32-K02 线圈,使=32-K02 迅速吸合。当=32-K02 得电吸合后,其常闭联锁触点 21-22 打开,320155 与 320156 线之间限流电阻接入,以降低=32-K02 线圈长期工作的电流损耗。

“照明及延时负载”接触器=32-K02 吸合后,由蓄电池=32-G02 正极→320172 线→蓄电池开关=32-Q01 触点 1-2→320131 线→=31-A01:X65(+B)→=31-A01:X66(+BN)→320132 线→低压柜二极管=32-V02→=32-K02 常开触点 1-2→4-3→5-6→320136 线→“照明及延时负载”熔断器=32-F01(50A)→“照明及延时负载”列车线 320111 线,向全列车照明及延时负载供电。

=32-K01、=32-K02 输出电路采用三对主触点串联连接,在断开负载时降低每对触点的开断电压(相当于触点开距增加 3 倍,开断电压降为 1/3),从而有效提高接触器的灭弧能力,延长接触器的使用寿命。

(2)当辅助电源系统有 DC 1 500 V 输入时

当辅助电源系统有 DC 1 500 V 输入时,蓄电池充电机启动,输出 DC 110~126 V 电压:一路由=31-A01:X66(+BN)向 320132 线供电,再供向“照明及延时负载”列车线 320111 线;另一路由=31-A01:X65(+B)端输出,对蓄电池进行浮充电。

从以上分析可知,只要蓄电池电压>85 V,不管列车是否激活,也不管蓄电池充电机是否启动,电源系统都可以向照明及延时负载供电。

4. 常规负载线 320112 及 A 车常规负载线 320113 的控制

(1)列车激活正常时的常规负载供电

当闭合 A 车继电器柜的列车激活旋钮=72-S101,激活列车后,“列车激活 A1”继电器=72-K102 线圈得电,由永久负载线 320121→=72-K102 常开联锁触点 6-2→320122 线→欠压检测继电器=32-K03 常开联锁触点 3-11→“输出控制 1”继电器=32-K05 线圈,=32-K05 得电闭合。

=32-K05 闭合后,由 320151 线→=32-K05 常开触点 1-2→4-3→5-6→“常规负载”=32-K01 接触器得电。

=32-K01 得电后,由蓄电池充电机=31-A01:X66(+BN)→320132 线→二极管=32-V01→=32-K01 常开触点 2-1→3-4→6-5→320137 线,一路经“常规负载”熔断器=32-F02(200A)向常规负载线 320112 供电,另一路经“A 车常规负载”熔断器=32-F101(80A)向 A 车常规负载线 320113 供电。

从以上分析可知,常规负载必须在蓄电池电压>85 V,且列车激活后,才会得到 110 V 供电。

(2)列车无法正常激活时的常规负载供电

当“列车激活 A1”继电器=72-K102 的 2-6 触点无法闭合,列车无法正常激活时,为了启动列车运行,可在确认安全,且请示行调同意后,闭合 A 车继电器柜的“非激活供电”铅封旋钮开关=32-S101,启动非激活供电,强行向低压负载提供 DC 110 V 电源。此时,由永久负载线 320121→=32-S101 常开触点 13-14→二极管=32-V04→320122 线,使“输出控制 1”继电器得电,从而启动常规负载的供电控制。

5. 直流供电监控

(1)蓄电池欠压监控

列车提供了蓄电池电压监控功能,当列车成功激活后,或在因列车激活失败而启用非激活供电时,若欠压检测继电器 =32-K03 检测到蓄电池电压不足 85 V,其衔铁将在弹簧反力作用下退回,其常闭联锁触点闭合,发出蓄电池电压不足信号。

此时,由永久负载线 320121→=72-K102 常开联锁触点 6-2(或 =32-S101 常开触点 13-14→=32-V04)→320122 线→欠压检测继电器 =32-K03 常闭联锁触点 3-13→320124 线→DXMe2 模块-X3:B6 脚,通过 MVB 网络将蓄电池电压不足信号发送给 TCMS 进行故障记录和诊断。司机可以通过车辆显示屏查看到蓄电池欠压故障。

(2)负载正常供电监控

照明及延时负载、常规负载(包括常规负载和 A 车常规负载)是 DC 110 V 系统的主要负载。此供电负载也通过 DXMe 模块和 MVB 网络进行监控。

当"照明及延时负载"接触器 =32-K02 及"常规负载"接触器 =32-K01 吸合后,开始向负载供电,此时,其常开联锁触点也随之闭合,由永久负载线 320121→=32-K01 常开触点 13-14→=32-K02 常开联锁触点 13-14→320123 线→DXMe2 模块-X3:Z6 脚,通过 MVB 网络向 TCMS 发出常规负载正常信号。当常规负载断开时,此信号中断,司机同样可以通过车辆显示屏查看到故障信息。

思考与练习

1. 蓄电池主开关(断路器)=32-Q01 有什么作用?有哪些分支?
2. 全列车有几台蓄电池充电机,几台蓄电池组,位于哪里?
3. 两台蓄电池组及蓄电池充电机怎样向蓄电池总线供电?
4. 蓄电池直流输出分哪几路?
5. 永久负载线、照明及延时负载线、常规负载线起什么作用,得电条件有什么不同?
6. 在列车未激活时,照明系统能启动工作吗?
7. 列车如何对蓄电池电压不足进行监控?
8. 列车如何对常规负载进行监控?

视频

列车激活

任务五　列车激活与关闭

任务目标

1. 掌握列车激活与关闭的操作方法与要求。
2. 对列车激活电路进行检查与故障分析。

一、列车激活

司机在进行列车操纵前,首先要通过列车激活开关闭合蓄电池常规负载供电接触器,使蓄电池向全列车 110 V 电路供电,这一过程称为列车激活。列车激活后,列车进入蓄电池预备模式,可以进行司机台解锁、升弓、闭合高速断路器和进一步的驾驶操作。

动画

列车激活

1. 列车激活的条件

①蓄电池电压在 85 V 以上;

②蓄电池箱盖关好,蓄电池供电闸刀开关闭合;

③蓄电池熔丝正常；

④车钩连接电路正常。

2. 列车激活操作

操作目标：使蓄电池供电接触器闭合，向全列车 110 V 常规负载供电。

操作设备："列车激活"瞬时旋钮开关 =72-S101（位于司机室右后端墙的继电器柜内）。

操作方法：用司机主钥匙打开司机室继电器柜，旋转"列车激活"瞬时旋钮开关 =72-S101 到右侧，当蓄电池电压表 =72-P101 显示电压在 85 V 以上时，松开"列车激活"瞬时旋钮开关 =72-S101，旋钮回到中间位，若电压表指针能保持在原位，表明列车激活成功。

"列车激活"瞬时旋钮开关 =72-S101 用于接通或关闭整列车的蓄电池供电接触器，使蓄电池向常规负载供电。它有"合-0-分"三个位置。右则为"合"位，用于列车激活操作；左则为"分"位，用于列车锁闭操作。"合""分"位不能持久，放手后回到"0"位。

3. 列车激活后提供的功能

（1）自动连接的设备

①在列车两端的红色运行灯。

②在列车两端的红色头灯。

③无线电通信。

④辅助系统。

⑤空调系统保持开启。

（2）有接触网或车间供电时以下设备自动启动

①辅助逆变器。

②蓄电池充电（经 DC/DC 变换器）。

③空气压缩机。

④220 V 交流电源（在设备柜上的插座）。

（3）激活后提供的其他功能

①蓄电池电压表有指示。

②可用乘务员钥匙开门。

③受电弓和高速断路器的紧急断电（叩击式按钮 02S07 和 02S08）。

④客室内照明。

⑤车间电源。

⑥空调单元关闭（指示灯按钮可以操作）。

⑦在用接触网或车间电源供电时：挡风玻璃加热。

4. 列车激活电路分析

从方便司机操作、保障列车安全的角度，列车激活电路的设计一般要满足以下条件：

①在任意一端司机室都能进行列车激活操作。

②当列车激活后，在任意一端司机室都能进行列车关闭操作。

③在激活列车的同时，通过列车回路对列车连挂状态进行检查，一旦列车连挂状态存在故障，不允许激活列车。

列车激活电路原理如图 2-15 所示，以下分析假定司机在 A1 车操作。

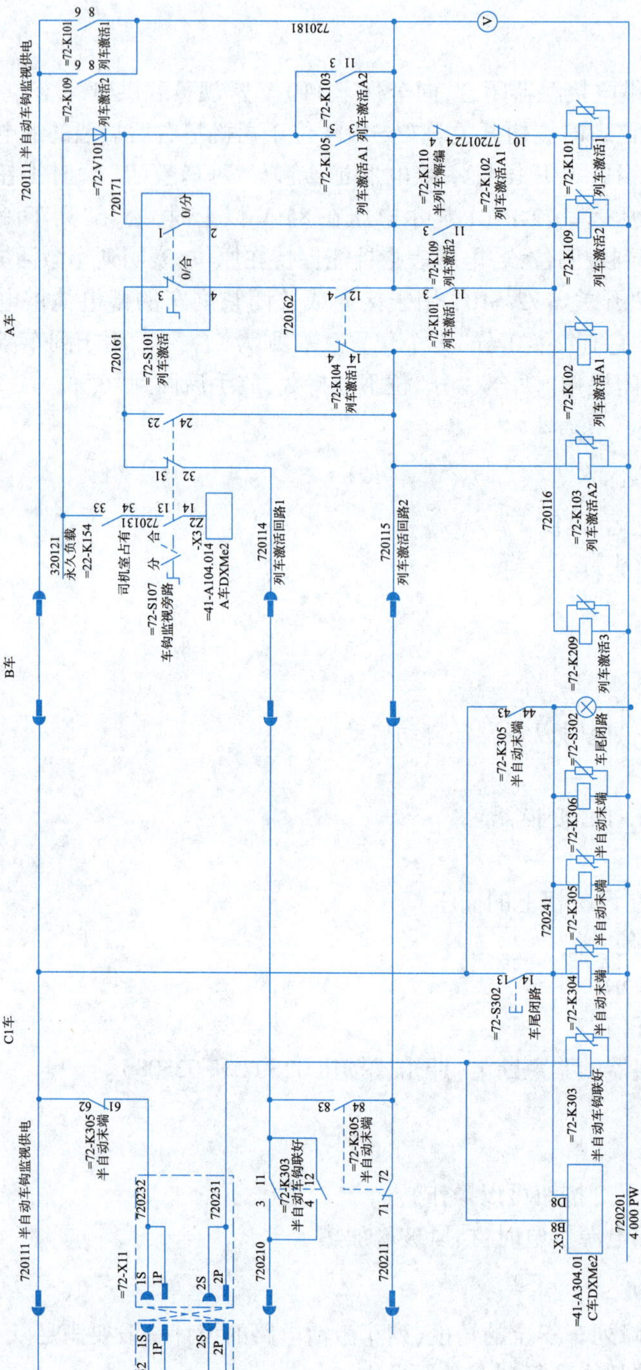

图 2-15　列车激活及车钩监视电路

(1)激活启动

在分析电路前,首先要明确“列车激活”瞬时旋钮开关 =72-S101 的触点闭合表定义:

①“0”位:触点 1-2 断开,触点 3-4 闭合。

②“合”位:触点 1-2 闭合,触点 3-4 闭合。

③“分”位:触点 1-2 断开,触点 3-4 断开。

当司机将 A1 车“列车激活”瞬时旋钮开关拨到“合”位时,DC 110 V 电源由永久负载线 320121→=72-V101→720171 线→“列车激活”瞬时旋钮开关 =72-S101 触点 1-2→720181 线,首先向蓄电池电压表 =72-P101 供电,电压表指示蓄电池当前电压值。

接着,DC 110 V 由 720181 线→“半列车解编”继电器 =72-K110 常闭触点 4-14→720172 线→“列车激活 A1”继电器 =72-K102 常闭触点 7-10→720116 线,使“列车激活 1”继电器 =72-K101 及“列车激活 2”继电器 =72-K109 线圈同时得电。同时,720116 线电压还传送到 B 车,使 B 车“列车激活 3”继电器 =72-K209 得电。

(2)列车激活时的半自动车钩解编检查功能

SZML1S 列车在列车激活时对半自动车钩的连挂状态进行检查,一旦发生列车解编分离事故,禁止列车激活。

两个 C 车之间采用半自动车钩连挂,位于 C 车的两个并联的“半自动车钩行程开关” =72-X11、=72-X12 用于监视半自动车钩的连挂状态,在默认状态下(半自动车钩解编时),两个行程开关的 11-12 触点处于常闭状态。如图 2-16 所示,当两个 C 车连挂后,半自动车钩行程开关常闭联锁触点被压接,处于断开状态,使 A 车“半列车解编”继电器 =72-K110 失电,其常闭触点接通 720181 线与 720172 线,允许列车激活操作。

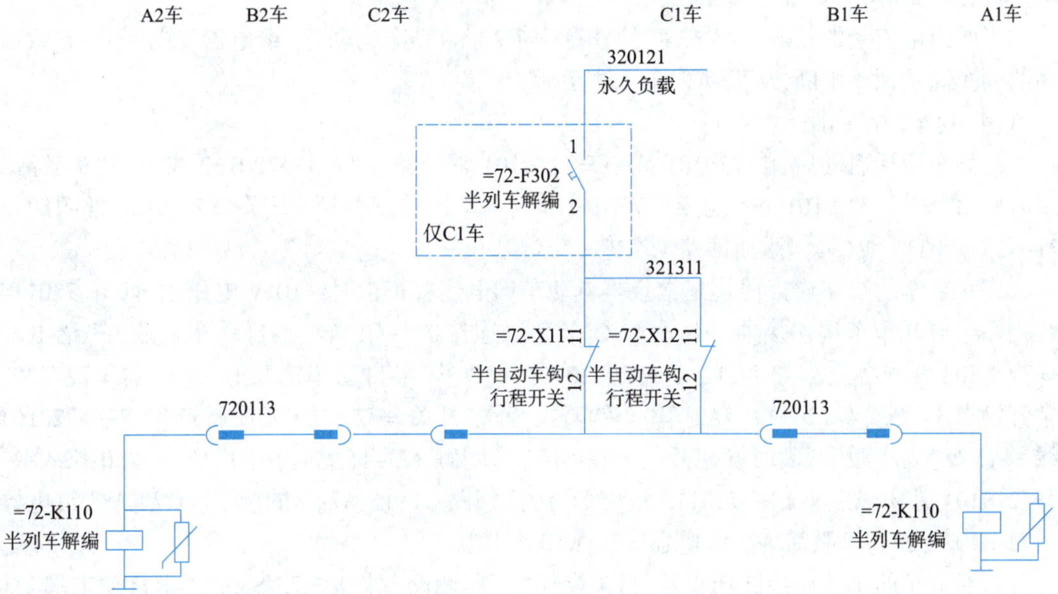

图 2-16　半自动车钩解编监视电路

一旦半自动车钩解钩,两个半自动车钩行程开关的常闭触点闭合,由永久负载线提供的 DC 110 V 电压经 320121 线→C1 车“半列车解编”微型断路器 =72-F302→321311 线,再经并联的两个半自动车钩行程开关 =72-X11/ =72-X12，然后经过 3 节车之间的车端连接电路，使 A 车“半列车解编”继电器 =72-K110 线圈得电，其常闭触点断开，进行列车激活操作时，720116 线无法得电，从而禁止列车激活。

因此，此电路实际上用于在激活操作期间自动检查半自动车钩的机械连挂状态。需要注意的是，此电路仅在激活操作期间有效，一旦列车已经激活，因各激活继电器通过后述的自持电路保持得电，此检查电路便失去功能，也就是说，在运行过程中，半自动车钩行程开关的动作不会导致列车关闭。

(3)半自动车钩监视电路

半自动车钩监视电路通过对 C 车半自动车钩的电连接的监视，确认两 C 车半自动车钩是否正常连挂，一旦电连接异常，即时断开两边 A 车的蓄电池供电输出。同时，由于半自动车钩监视电路由永久负载线供电，且经过 A 车激活继电器联锁后供向两个 C 车，因此，该电路也对各车之间的车端连接器进行监视。

如图 2-15 所示，当列车编组完成后，若两个 C 车之间的半自动车钩连挂正常，半自动车钩的 4 个电连接(2 针 2 孔)互相实现交叉连接供电，则由 720181 线→ =72-K101 常开触点 8-6(或 =72-K109 常开触点 8-6)→720111 线(半自动车钩监视供电线)→C2 车“半自动末端”继电器 =72-K305 常闭触点 62-61→C2 车 720232 线→C2 车半自动车钩电连接→C1 车半自动车钩电连接→C1 车 720231 线，向 C1 车“半自动车钩联好”继电器 =72-K303 线圈供电，并将“半自动车钩连挂好”信号输入 DXMe2 模块，通过 MVB 网络送向 TCMS，由 TCMS 持续监视半自动车钩的连挂状态。

与此同时，按同样的方式，由 720111 线→C1 车 =72-K305 常闭触点 62-61→半自动车钩电连接，向 C2 车 =72-K303 线圈供电。

当两组电连接的任意一组故障，使任意一个“半自动车钩联好”继电器失电，都会导致后述的列车激活回路中断，从而使列车无法激活。

(4)列车激活回路

当列车激活启动后，由 720181 线→ =72-K101 常开触点 12-4→720162 线→“列车激活”瞬时旋钮开关 =72-S101 触点 4-3→720161 线→“车钩监视旁路”开关 =72-S107 常闭触点 31-32→720114 线(列车激活回路 1)。

当 6 节车的车端连接器均正常且半自动车钩电连接正常时，110 V 电压由 A1 车 720114 线→A 车与 B 车车端连接器→B 车与 C 车车端连接器→C1 车“半自动车钩联好”继电器 =72-K303 常开触点 11-3 或 12-4→720210 线→C2 车“半自动车钩联好”继电器 =72-K303 常开触点 3-11 或 4-12→…→A2 车“车钩监视旁路”开关 =72-S107 常闭触点 32-31→720161 线→A2 车“列车激活”瞬时旋钮开关 =72-S101 常闭触点 3-4(此时在“0”位)→720162 线→ =72-K104 常闭触点 4-14→720115 线(列车激活回路 2)，使 A2 车的“列车激活 A1”继电器 =72-K102 及“列车激活 A2”继电器 =72-K103 得电。

在 6 节车的车端连接器均正常，且未操作“车尾闭路”按钮 =72-S302，“半自动末端”继电器未得电时，DC 110 V 电压由Ⅱ端 720115 线→C2 车“半自动末端”继电器 =72-K305 常闭触点 72-71→720211 线→C 车与 C 车车端连接器→C1 车 =72-K305 常闭触点 71-72→1 位端 720115 线，列车激活回路 2 传输完成，使 A1 车 =72-K102 及 =72-K103 也同时得电。

=72-K102 及 =72-K103 继电器的两对并联的常开触点短接 720171 线与 720181 线，至此，通过 320121 线（永久负载线）→ =72-V101→720171 线→ =72-K105 常开触点 5-3（或 =72-K103 常开触点 3-11）→720181 线→ =72-K101 常开触点 3-11（或 =72-K109 常开触点 3-11）→720116 线，向 =72-K101、=72-K109 及 =72-K103 保持供电，而 720181 线通过列车激活回路 1 及列车激活回路 2，使 720115 线保持得电，实现了 =72-K101、=72-K109 与 =72-K102、=72-K103 的自持。

两端的“列车激活 A1”继电器使各自的常规负载接触器 =32-K01 得电闭合，蓄电池向常规负载线供电。至此，列车激活完成，司机可放开“列车激活”瞬时旋钮开关，“列车激活”瞬时旋钮开关自动回到“0”位，激活继电器保持自持状态，直到进行关闭列车操作。

在一端激活列车后，由于“列车激活 A1”继电器 =72-K102 保持得电，两端的激活启动电路均断开，重复激活动作将不再有效。“列车激活 A1”继电器的设置，实现了两端司机室之间的激活操作互锁。“半列车解编”继电器常闭触点也设置在激活启动串联电路中，起相似的联锁作用，一旦列车解编，无法激活列车。

列车运行过程中，通过“列车激活回路 1”与“列车激活回路 2”对全列车的车端连接器和半自动车钩进行持续的监视，一旦因列车分离等原因造成激活回路中断，“列车激活 A1”继电器失电，蓄电池供电接触器 =32-K01、=32-K02 断开，列车立即关闭。

5. 列车激活故障原因及处理建议

（1）闭合“列车激活”瞬时旋钮开关，蓄电池电压表 =72-P101 显示 0 V

列车激活电路及蓄电池电压表由永久负载线供电，若闭合“列车激活”瞬时旋钮开关 =72-S101 时，蓄电池电压表 =72-P101 显示 0 V，很可能是两端司机室设备柜的“永久负载”微型断路器 =32-F05 因过载而同时跳闸，可将其复位后重试，若 =32-F05 再度发生跳闸，则需要检查永久负载电路有无过载、接地。

（2）闭合“列车激活”瞬时旋钮开关时，电压表显示电压低于 85 V

由于蓄电池电压低于 85 V 时，欠压检测继电器 =32-K03 无法吸合，导致常规负载、照明及延时负载接触器不能得电，造成列车无法激活。

当蓄电池电压表显示电压低于 85 V 时，需要启动“有气无电”或“无气无电”升弓程序，升弓后，按压司机室继电器柜“充电机应急启动”按钮 =31-S101，进行蓄电池充电机紧急启动，再进行列车激活操作。

（3）闭合“列车激活”瞬时旋钮开关时电压表有显示，但放手后电压表显示不能保持

电压表显示不能保持，说明列车激活和列车激活 A 继电器不能进入自持状态，可能的原因是：

①激活端 C 车半自动车钩行程开关未压接好。=72-X11 及 =72-X12 之一未断开，造成“半列车解编”继电器 =72-K110 得电，列车激活无法启动。在确认安全的前提下，可将 C1 车微型断路器 =72-F302 断开，使“半列车解编”继电器 =72-K110 无法得电，将其联锁旁路。

②车端连接器或半自动车钩电连接异常。由于电连接异常，造成列车激活回路开路，使列车激活继电器无法进入自持状态。此时，可在确认安全的前提下，闭合“车钩监视旁路”开关 =72-S107，将列车激活回路旁路，强行激活列车。若仍然无法激活，在紧急情况下请示行调同意后，闭合“非激活供电”铅封旋钮开关 =32-S101，进行紧急供电。

具体的列车激活故障处理建议见表2-1。

表2-1 列车激活故障处理建议

序号	故障现象	处理建议	说　明
1	电压表电压显示0 V	检查操纵端A车微型断路器32-F05是否闭合,如有跳闸则复位	=32-F05位于司机室继电器柜
2	电压表电压显示低于85 V	通知DCC。如在备用线,先报行调,再按照"有气无电"升弓程序进行升弓。如同时主风缸压力低于3.0 bar①,按"无气无电"升弓程序进行升弓,升弓后通知OCC	
3	闭合"列车激活"瞬时旋钮开关时电压表有显示,但放手后电压表显示不能保持	在确认安全前提下: ①断开C1车微型断路器=72-F302,旁路半列车解编电路。 ②闭合"车钩监视旁路"开关=72-S107,旁路车钩监视回路。 ③若故障不能解除,请示行调同意后,闭合"非激活供电"铅封旋钮开关=32-S101,进行紧急供电	=32-S101、=72-S107位于司机室继电器柜 可能原因: ①半列车解编电路故障 ②车钩监视回路故障 ③列车激活继电器=72-K101、=72-K109同时故障

①1 bar = 10^5 Pa。

二、半列车运行时列车激活

1. 半列车单元启动条件

①蓄电池电压在85 V以上;

②蓄电池箱盖关好,蓄电池供电闸刀开关闭合;

③蓄电池熔丝正常;

④C车车钩电路连接器已经解开。

2. 半列车激活操作程序

①将C1车半自动车钩的按钮盖关好,使行程开关=72-X11、=72-X12断开;或者将C1车微型断路器=72-F302断开,使"半列车解编"继电器=72-K110失电。

②按下C车继电器柜内的"解钩"按钮=72-S302。

③闭合"列车激活"瞬时旋钮开关=72-S101,直到蓄电池电压表电压显示稳定保持在85 V以上。

3. 电路分析

(1)断开半列车解编监视电路

参看图2-16,在半列车激活时,由于半自动车钩解开,行程开关=72-X11及=72-X12处于闭合状态,进而使"半列车解编"继电器=72-K110得电,导致列车无法激活。因此这时首先需要令"半列车解编"继电器=72-K110失电。对于C1车,可以将半自动车钩行程开关按钮盖关闭,使行程开关受压接而断开;或者直接将C1车半列车解编微型断路器断开,切断供电电源。对于C2车,由于"半列车解编"继电器供电电源来自C1车,解编后自然断电,无须进行该项操作。

(2)闭合C车车尾闭路指示灯按钮

如图2-15所示,将“列车激活”瞬时旋钮开关=72-S101置“合”位,另一人按压C车“车尾闭路”按钮=72-S302后,DC 110 V由永久负载线320121→=72-V101→720171线→激活开关=72-S101触点1-2→720181线→=72-K101常开触点8-6(或=72-K109常开触点8-6)→半自动车钩监视供电线720111→“车尾闭路”按钮=72-S302触点13-14→720241线,使“半自动末端”继电器=72-K304、=72-K305、=72-K306得电,同时使按钮白色指示灯点亮,并通过=72-K305常开触点43-44实现自持。

由=72-K305常开触点83-84将C车720114及720115线短接,从而构成半列车激活回路。

其余激活过程与6车编组情况相似,不再累述。

三、列车关闭

1. 关闭列车操作

操作目标:使蓄电池接触器断开,蓄电池停止向列车110 V电路供电。

操作设备:“列车激活”瞬时旋钮开关=72-S101。

操作方法:在断开高速断路器,降下受电弓,关闭司机台后,旋转“列车激活”瞬时旋钮开关=72-S101到左侧“分”位,直到蓄电池电压表=72-P101显示为0 V,列车关闭。

2. 列车关闭电路分析

当=72-S101向左拨到“分”位时,其常闭触点3-4断开,列车激活回路断电,使“列车激活A1”继电器=72-K102及“列车激活A2”继电器=72-K103线圈同时得电,=72-K102常开触点使“输出控制1”接触器=32-K05失电,从而停止向常规负载输出,列车进入关闭状态。

=72-K102及=72-K103失电后,列车激活继电器自持电路被终止,=72-K101及=72-K109线圈失电,为下次激活做准备。

思考与练习

1. 怎样激活列车?
2. 怎样激活半列车单元?
3. 怎样关闭列车?
4. 列车激活的实质是什么?
5. 列车运行中,半自动车钩行程开关动作(松开),会造成110 V电路失电吗?
6. 列车运行中,半自动车钩电连接断开,会造成110 V电路失电吗?
7. 列车激活成功的标志是什么?
8. 蓄电池电压不足时如何激活列车?
9. 蓄电池电压>85 V,但无法激活列车,原因是什么?
10. 车端连接器异常,紧急情况下如何激活列车?
11. 启动非激活供电,蓄电池能正常输出的条件是什么?

任务六　空气压缩机控制

任务目标

1. 掌握供风模块的构成与压缩机控制原理。
2. 掌握辅助压缩机的作用与控制原理。

一、空气压缩机的控制

1. 供风模块的构成与作用

列车空气制动系统、悬挂系统、受电弓等设备使用的压缩空气由供风模块供给。SZML1S 列车供风模块的组成及管路布置如图 2-17 所示，其电气控制原理如图 2-18 所示。

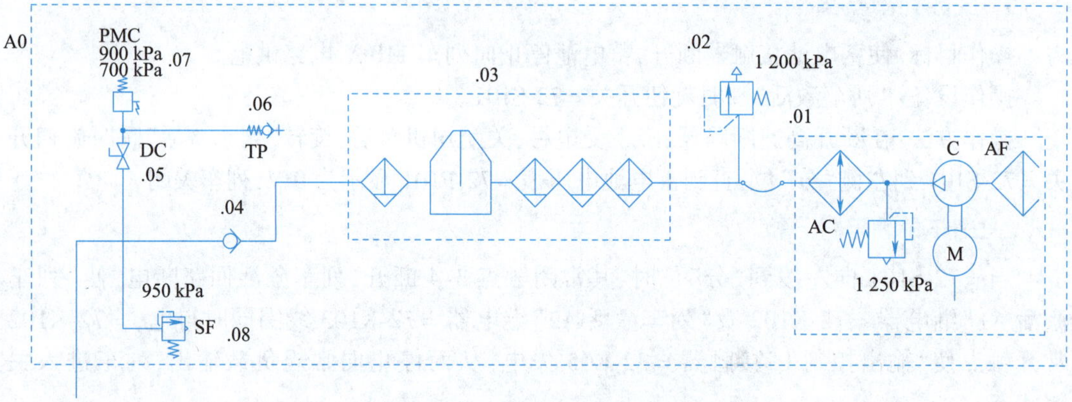

图 2-17　供风模块的组成及管路布置

A0—供风模块；01—螺杆式空气压缩机；02—高压安全阀；03—双塔式空气干燥器；04—单向阀；05—截断塞门；06—测试接口；07—压力开关；08—高压安全阀

供风模块安装在 3 车单元的 C 车，包括螺杆式空气压缩机、双塔式空气干燥器及安全阀、压力开关等设备。螺杆式空气压缩机由 SIV 提供的三相 380 V 辅助电源供电。空气压缩机采用单、双日工作制，C2 车单日工作，C1 车双日工作（注：在其他的一些项目中，也有采用尾端工作制的设计，即在 1 位端驾驶时，C2 车压缩机工作，而在 2 位端驾驶时，C1 车压缩机工作）。空气干燥器负责把空气压缩机生产的压缩空气干燥后输出，内部有控制组件和 2 个电磁阀控制空气干燥器的干燥和再生工作过程。总风压力由压力开关和压力传感器监视。

图 2-18 中，三相接触器 =34-K301 用于空气压缩机电机的供电控制，空气开关 =34-F302 用于压缩机电机的过流和过热保护。供风模块 DC 110 V 工作电源由 C 车常规负载“空气压缩机控制”电源线 320981 提供，用于空气干燥器控制组件和电磁阀控制，DXMe1 模块输出接口则用于压缩机的启停控制。

2. 压缩机启动条件

①压缩机每日首次启动（单日为 C2 车，双日为 C1 车）；

②或总风压力低于 680 kPa；

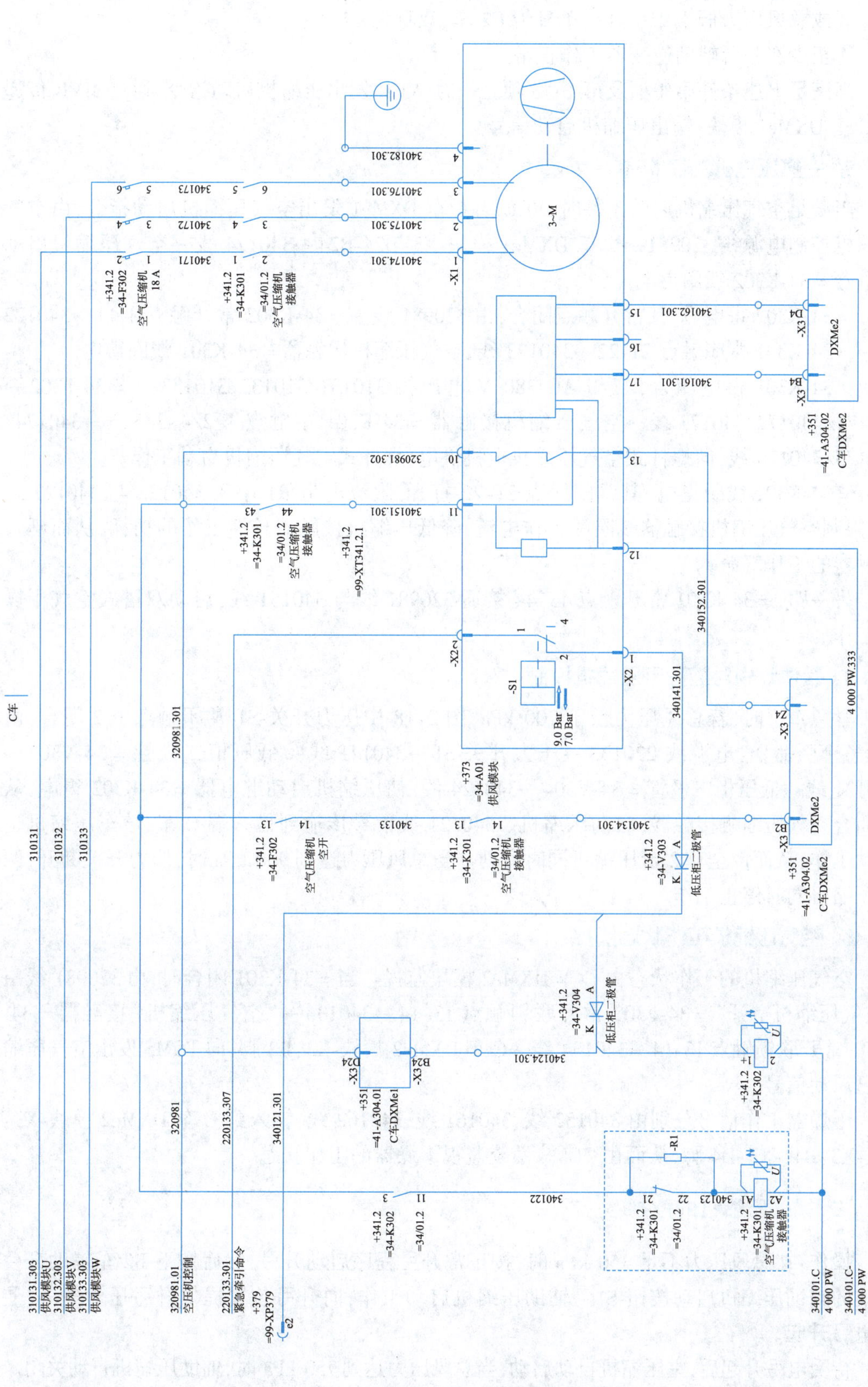
C车
310131.303
供风模块U
310132.303
供风模块V
310133.303
供风模块W
320981.01
空压机控制
220133.301
紧急牵引命令
+379
=99-XP379
340101.C
4 000 PW
340101.C-
4 000 PW
3~M
+341.2
=34-F302
空气压缩机
18 A
+341.2
=34-K301
=34/01.2
空气压缩机
接触器
-X1
-X2
-X3
DXMe2
DXMe1
+351
=41-A304.02
C车DXMe2
=41-A304.01
C车DXMe1
+373
=34-A01
供风模块
-S1
9.0 Bar
7.0 Bar
=99-XT341.2.1
空气压缩机
空开
=34-V303
低压柜二极管
=34-V304
=34-K302
-R1
4 000 PW.333

图 2-18 供风模块电路

③或总风压力低于 750 kPa,单日为 C2 车,双日为 C1 车;

④至少有一台辅助逆变器工作正常。

当满足上述条件第 4 项及第 1 ~ 3 项之一时,VCU 发出压缩机启动指令,通过 MVB 传递到 C 车 DXMe1 模块,输出压缩机启动信号。

3. 空气压缩机的控制

当满足空气压缩机启动条件时,VCU 向 C 车 DXMe1 发出空气压缩机启动指令,由空气压缩机控制电源线 320981→C 车 DXMe1 模块-X3:D24-B24→340124 线→空气压缩机启动继电器 =34-K302 线圈得电。

=34-K302 得电后,其常开触点闭合,由 320981 线→=34-K302 常开触点 3-11→340122 线→=34-K301 常闭触点 21-22→340123 线,空气压缩机接触器 =34-K301 线圈得电。

=34-K301 得电闭合,三相 AC 380 V 电源线 310131/310132/310133→=34-F302→340171/340172/340173 线→空气压缩机接触器 =34-K301 主触点 1-2/4-3/5-6→340174/340175/340176 线,向螺杆式空气压缩机电机供电,螺杆式空气压缩机启动工作。

=34-K301 线圈得电,其常闭触点 21-22 打开,限流电阻 R1 串入 340122 与 340123 之间,限制空气压缩机接触器线圈的工作电流,降低压缩机接触器长期工作的功耗,从而延长接触器的工作寿命。

另一路,=34-K301 常开触点 43-44 接通 320981 线与 340151 线,启动双塔式空气干燥器工作。

4. 紧急牵引时的空气压缩机控制

紧急牵引时,若总风压力低于 700 kPa,图 2-18 中压力开关-S1 常闭触点 1-2 闭合,由"紧急牵引命令"电源线 220133→压力开关-S1→340141 线→低压柜二极管 =34-V303→340121 线→低压柜二极管 =34-V304→340124 线,使压缩机启动继电器 =34-K302 得电,从而闭合空气压缩机接触器,启动压缩机。340121 线信号传输到另一端 C 车,该车压缩机也启动工作,从而使全车 2 台压缩机同时启动。当总风压力达到 900 kPa 时,压力开关断开,两台压缩机同时停止工作。

5. 空气压缩机工作状态监视

空气压缩机的工作状态由 C 车 DXMe2 模块监视。当 =34-K301 闭合时,由 320981 线→"空气压缩机空开" =34-F302 常开联锁触点 13-14→340133→"空气压缩机"接触器 =34-K301 常开联锁触点 13-14→340134 线→C 车 DXMe2 模块-X3:B2 脚,向 TCMS 发出空气压缩机已启动信号。

干燥器工作信号分别由 340152 线、340161 线、340162 线,输入到 C 车 DXMe2 模块-X3:Z4、-X3:B4、-X3:D4 脚,从而由 TCMS 系统监视干燥器的工作状态。

二、辅助压缩机的控制

操作:在总风压力不足 450 kPa 时,按正常升弓程序启动升弓,然后按下 B2 车辅助升弓模块的辅助压缩机启动按钮-S1。辅助压缩机启动工作,向升弓装置提供升弓压力空气,使受电弓升起。

待受电弓升起后,主压缩机自动启动,当总风压力达到 750 kPa 时,辅助压缩机自动关闭。

在 B2 车设置了一台由 DC 110 V 供电的辅助压缩机，用于总风压力不足时，向升弓装置提供压缩空气。

辅助升弓模块的电路原理如图 2-19 所示。当司机启动升弓时，270811 线得电，若总风压力大于 450 kPa，B2 车 PW2 压力开关 =27-A05 常开触点闭合，则由 270811 线→PW2 压力开关 =27-A05 常开触点 1-3→210130 线→升弓电磁阀 =21-Y01，使升弓电磁阀 =21-Y01 线圈得电，开通升弓气路，总风送入升弓装置，使受电弓升起。

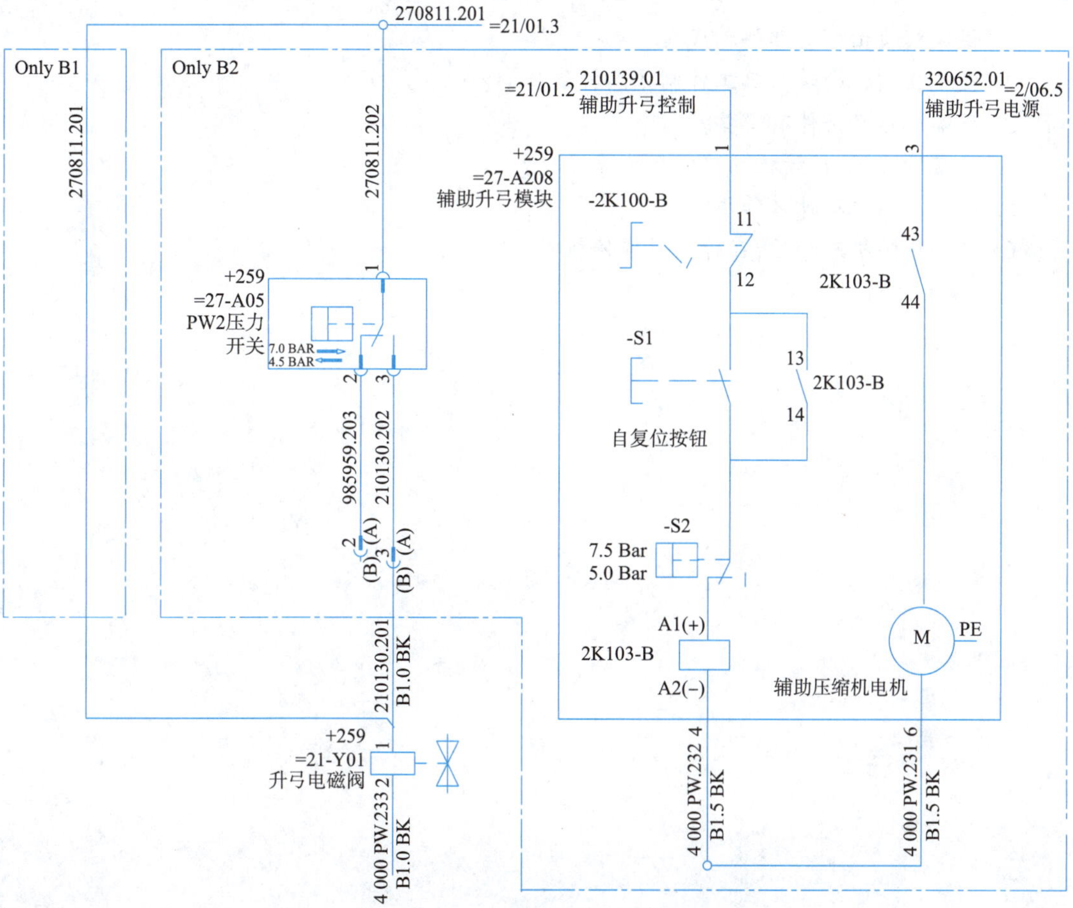

图 2-19　辅助升弓模块电路原理

若总风压力低于 450 kPa，PW2 压力开关 =27-A05 断开，此时升弓电磁阀无法得电。

此时，按下 B2 车辅助升弓模块的辅助压缩机启动按钮-S1，由辅助升弓控制电源线 210139（按下副台升弓按钮后，此线保持得电）→辅助升弓模块停止按钮-2K100-B 常闭触点 11-12→-S1 常开触点→压力开关-S2 常闭触点→辅助升弓继电器 2K103-B，辅助升弓继电器得电并自持。

然后，由辅助升弓电源线 320652→辅助升弓继电器 2K103-B 常开触点 43-44→辅助压缩机电机，启动辅助压缩机，向升弓装置输送压缩空气，当升弓风缸压力达到 700 kPa 时，PW2 压力开关常开触点 1-3 闭合，使升弓电磁阀 =21-Y01 得电，开通升弓风路，升起受电弓。

B2 车受电弓升起后，SIV 启动工作，两 C 车空气压缩机同时启动，向总风管供风，使 B1

车受电弓也升起。

当升弓风压达到750 kPa后，压力开关-S2常闭触点断开，使辅助升弓继电器2K103-B失去自持，停止辅助压缩机工作。

若辅助压缩机无法自动停止，可按下辅助升弓模块停止按钮-2K100-B，使辅助升弓继电器失电并失去自持，从而停止辅助压缩机工作。

思考与练习

1. 供风模块由哪些部件构成？
2. 空气压缩机的单双日工作制是怎样编排的？
3. 压缩机启动条件有哪些？
4. 正常情况下，压缩机的启停压力是多少？
5. 辅助压缩机有什么作用？
6. 辅助压缩机启动后，在什么时候停机？

项目三
整备控制与故障处理

能力目标

1. 能够熟练地进行司机室占有、受电弓升降、高速断路器分合等操作。
2. 能够在列车模拟器上熟练地启动列车。
3. 能够对整备控制电路进行检查与分析。
4. 能够对整备控制电路故障进行排除或紧急切除。

动画

司机台占有

任务一　司机室占有操作

任务目标

1. 掌握司机室占有、关闭及换端操作方法。

2. 掌握司机室占有电路检查与故障分析、处理方法。

一、司机台控制设备

司机室是轨道交通列车司机操纵驾驶列车的工作区。以 SZML1S 列车为例，在司机室前端，中间设有逃生门(疏散门)，右侧是主司机台，左侧是副司机台。在司机座椅后端，安装有继电器柜，在副台后端，安装有电子柜。司机室包含驾驶列车所需的全部开关、按钮、指示灯等。A 车电子柜和继电器柜的设备也在司机室进行操作。

1. 主司机台

如图 3-1 所示，主司机台上安装了驾驶时必需的、易于接近的操纵设备。如用于驾驶控制的司机控制器、各种按钮、选择

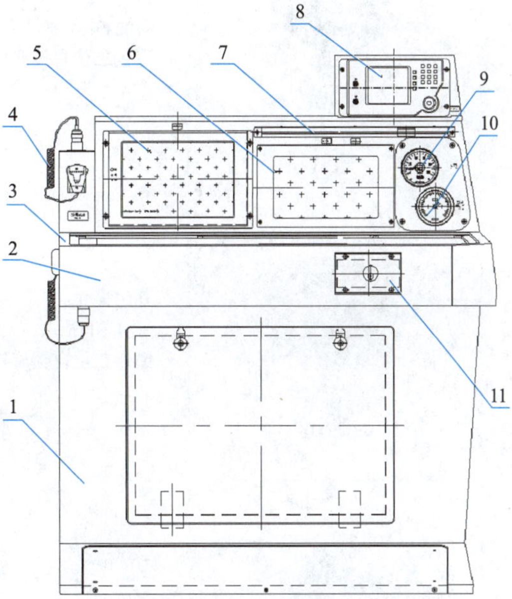

图 3-1　主司机台结构

1—主司机操纵台下部骨架；2—主司机操纵台上部骨架；3—主台控制面板；4—无线电受话器；5—网络控制 HMI；6—ATC HMI；7—阅读灯；8—无线电控制盒；9—速度表；10—压力表；11—司控器钥匙锁

开/关、两个彩色显示器(司机显示屏和 ATC 显示屏)、两个指针式仪表(速度表和压力表)和对讲机。如图 3-2 所示为主司机台控制面板布置图。

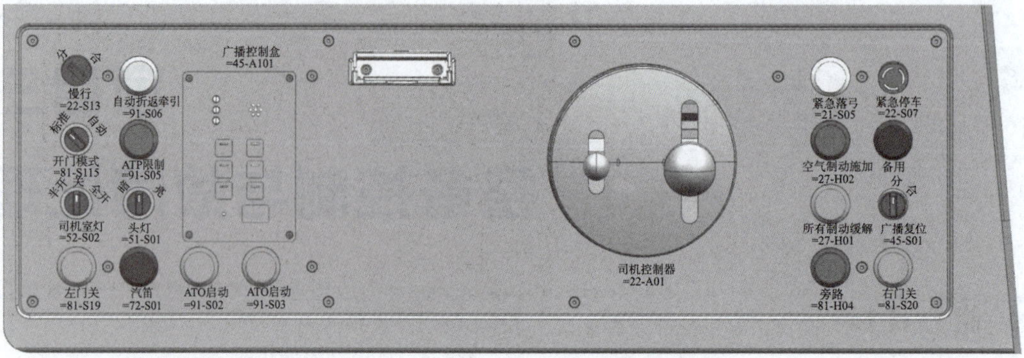

图 3-2　主司机台控制面板布置图

主司机台操纵设备的代号与功能见表 3-1。

表 3-1　主司机台操纵设备的代号与功能

位置	按钮/旋钮/指示灯	描述	使用
1		慢行 =22-S13 黑色二位自锁旋钮开关,加保护盖	用于选择慢行(洗车)模式
2		开门模式 =81-S115 黑色二位自锁旋钮开关	在"标准"和"自动"之间进行选择开门模式
3		司机室灯 =52-S02 黑色三位自锁旋钮开关	选择开关司机室的三盏顶棚灯。 开:三盏灯全亮 关:三盏灯全灭 半开:副台上方的灯亮

续上表

位置	按钮/旋钮/指示灯	描述	使用
4	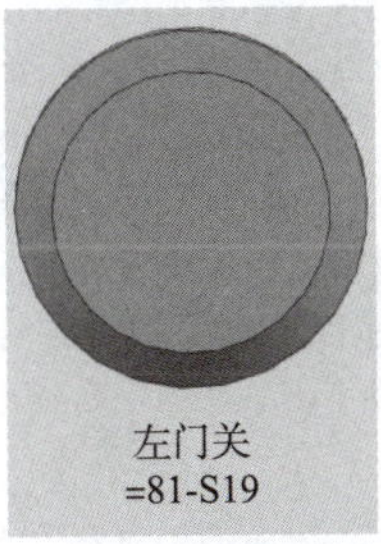	左门关 =81-S19 带绿灯的自复位按钮	关闭列车上所有左侧客室门，当所有左侧客室门关闭且锁定时，指示灯点亮
5	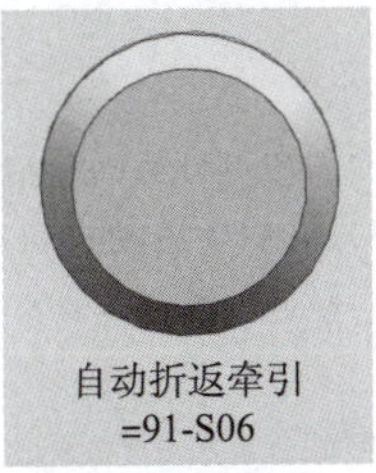	自动折返牵引 =91-S06 带黄灯的自复位按钮	用于进入自动折返模式
6	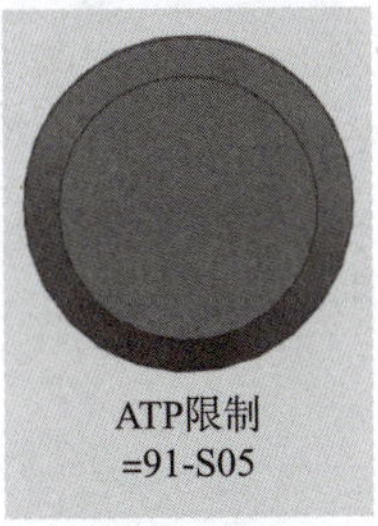	ATP 限制 =91-S05 带红灯的自复位按钮，加保护盖	用于进入 ATP 限制模式
7		头灯 =51-S01 黑色二位自锁旋钮开关	用于选择头灯的亮暗光(远近光)
8	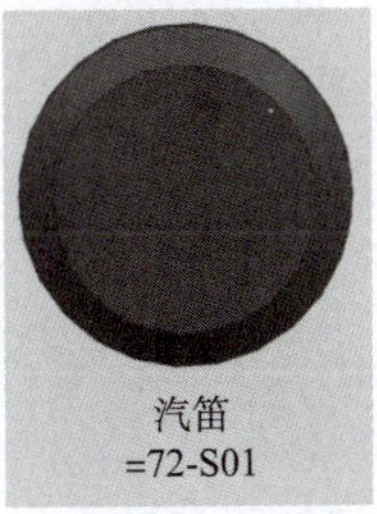	汽笛 =72-S01 黑色自复位按钮	使用汽笛按钮进行鸣笛

续上表

位置	按钮/旋钮/指示灯	描述	使用
9	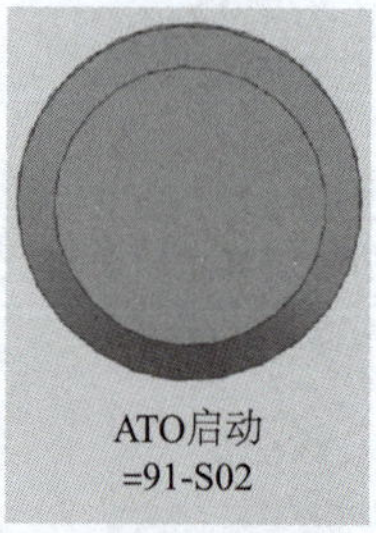	ATO 启动 =91-S02 带绿灯的自复位按钮	同时操作 ATO 启动按钮（=91-S02）与 ATO 启动按钮（=91-S03）列车以自动模式启动
10	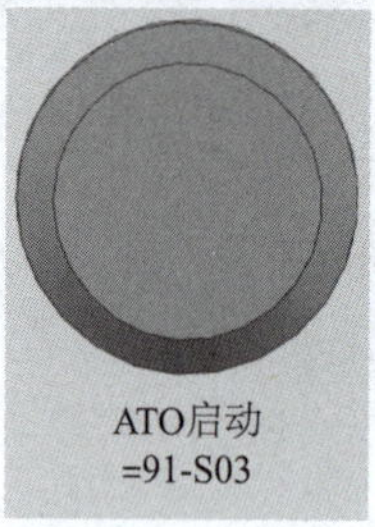	ATO 启动 =91-S03 带绿灯的自复位按钮	同时操作 ATO 启动按钮（=91-S02）与 ATO 启动按钮（=91-S03）列车以自动模式启动
11	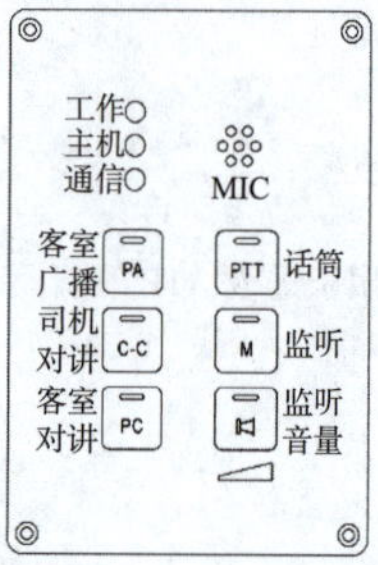	广播控制盒 =45-A101	详见项目七中乘客信息系统部分说明
12	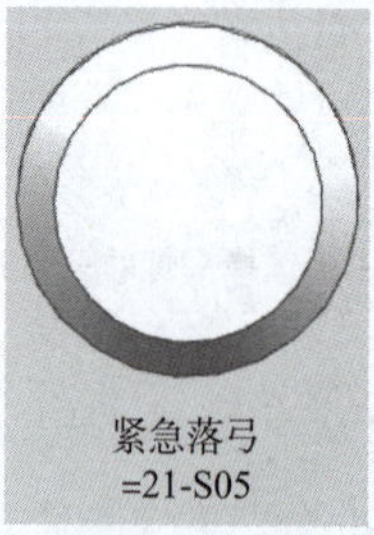	紧急落弓 =21-S05 白色自复位按钮，加保护盖	用于受电弓降弓
13		空气制动施加 =27-H02 红色指示灯	空气制动施加时，指示灯点亮

续上表

位置	按钮/旋钮/指示灯	描述	使用
14	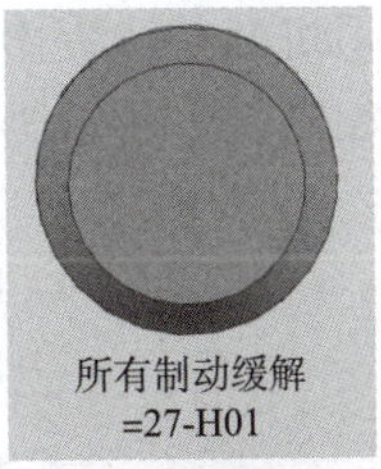	所有制动缓解 =27-H01 绿色指示灯	所有制动缓解时,指示灯点亮
15	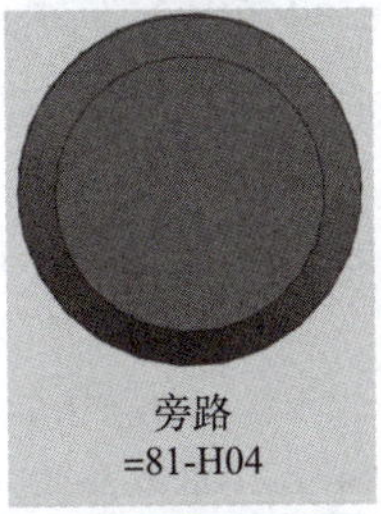	旁路 =81-H04 红色指示灯	旁路开关状态监视,当列车有旁路操作时,指示灯点亮
16		紧急停车 =22-S07 红色自锁蘑菇按钮	紧急情况下启动紧急制动,使列车停稳
17		备用 面板塞	
18		广播复位 =45-S01 黑色二位自复位旋钮开关,加保护盖	在广播系统不正常的情况下使用,主要是断掉本端司机室广播主机和广播控制盒的电源并重启,客室内不受影响,复位时间为10~20 s
19	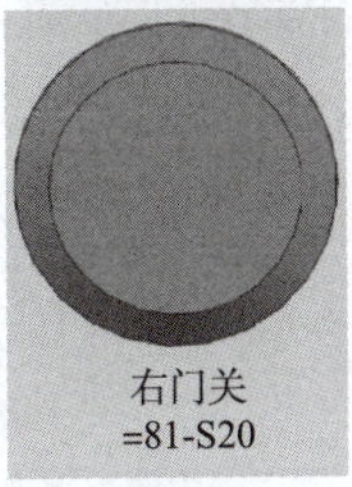	右门关 =81-S20 带绿灯的自复位按钮	关闭列车上所有右侧客室门,当所有右侧客室门关闭且锁定时,指示灯点亮

2. 副司机台

如图 3-3 所示，副司机台上安装了用于整备控制的操纵按钮，如“升弓”和“降弓”按钮，以及特殊情况下应用的设备，如“紧急停车”按钮。这些按钮不是司机驾驶过程中经常操作的设备，但所有的操作和控制单元都必须清楚布置且易于接近。如图 3-4 所示为副司机台控制面板布置图。

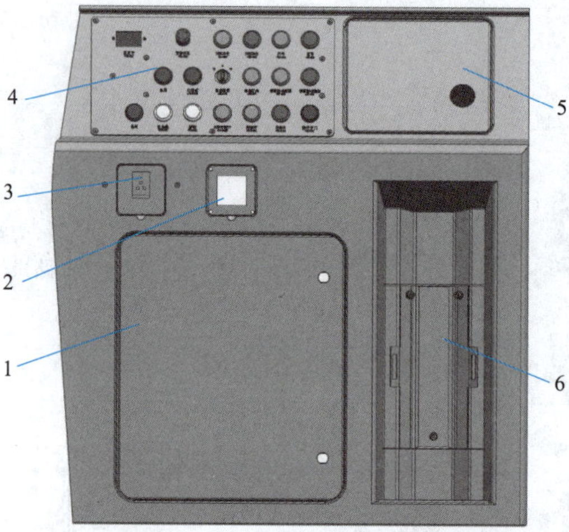

图 3-3　副司机台操纵设备

1—副台检修门；2—刮雨器水箱注水口；3—方便插座(=31-X103)；
4—副台控制面板；5—工具箱；6—灭火器

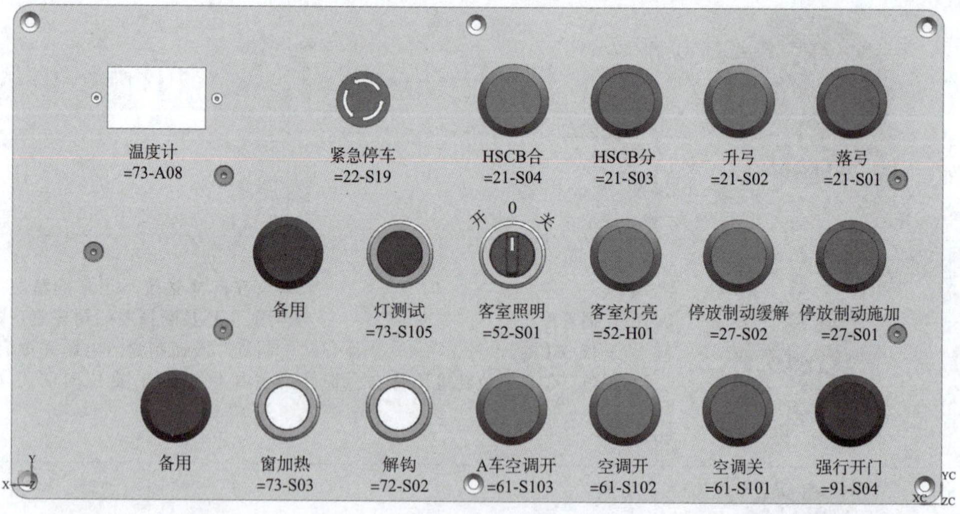

图 3-4　副司机台控制面板布置图

副司机台操纵设备的代号与功能见表3-2。

表3-2 副司机台操纵设备的代号与功能

位置	按钮/旋钮/指示灯	描述	使用
1	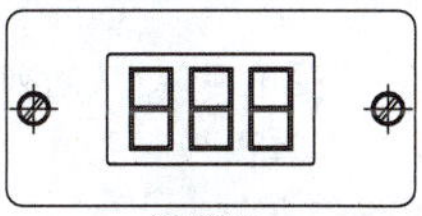 温度计 =73-A08	温度计 =73-A08	
2		紧急停车 =22-S19 红色自锁蘑菇按钮	紧急情况下启动紧急制动，使列车停稳
3		HSCB 合 =21-S04 带绿灯的自复位按钮	用于接通列车中的所有高速断路器(HSCB)，当列车中所有高速断路器均接通(ON)时，指示灯点亮
4		HSCB 分 =21-S03 带红灯的自复位按钮	用于断开列车中的所有高速断路器(HSCB)，当列车中所有高速断路器均断开(OFF)时，指示灯点亮
5	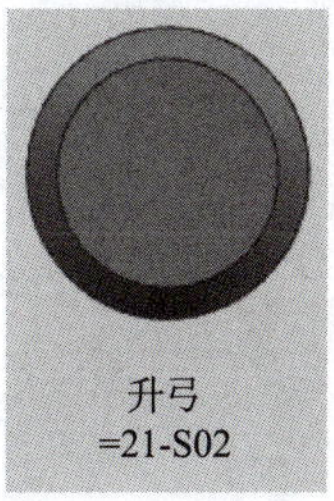	升弓 =21-S02 带绿灯的自复位按钮	用于受电弓升弓，当列车上的所有有效受电弓均升起时，指示灯点亮

续上表

位置	按钮/旋钮/指示灯	描述	使用
6	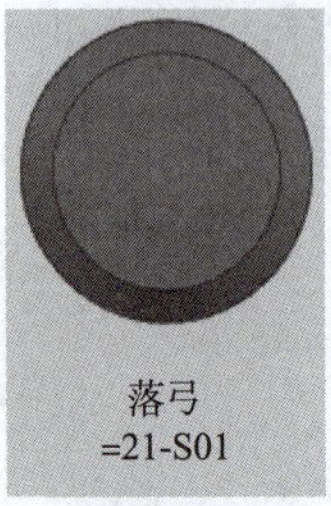	落弓 ＝21-S01 带红灯的自复位按钮	用于受电弓降弓，当列车上的所有有效受电弓均落下时，指示灯点亮
7	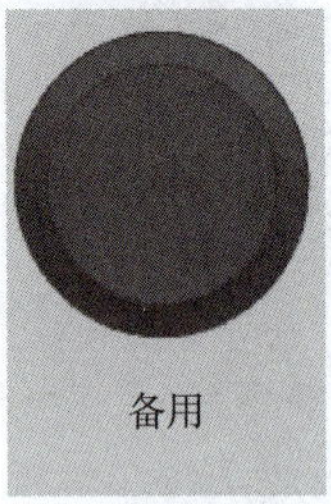	备用 面板塞	
8		灯测试 ＝73-S105 黑色自锁按钮	测试司机台上的所有指示灯
9		客室照明 ＝52-S01 三位置自复位旋钮开关	开启/关闭客室照明
10	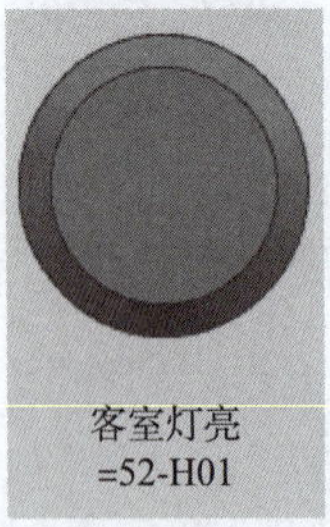	客室灯亮 ＝52-H01 绿色指示灯	客室照明开启时灯亮

续上表

位置	按钮/旋钮/指示灯	描述	使用
11	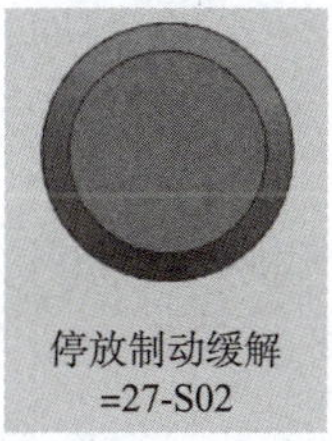	停放制动缓解 =27-S02 带绿灯的自复位按钮	缓解停放制动，所有停放制动均缓解时指示灯点亮
12	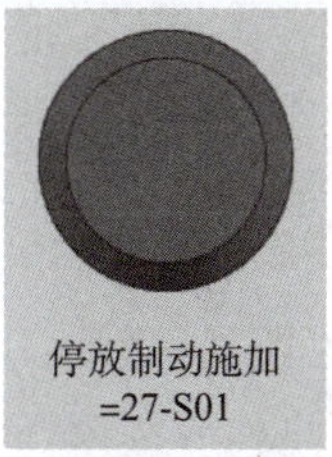	停放制动施加 =27-S01 带红灯的自复位按钮	施加停放制动，所有停放制动均施加时指示灯点亮
13	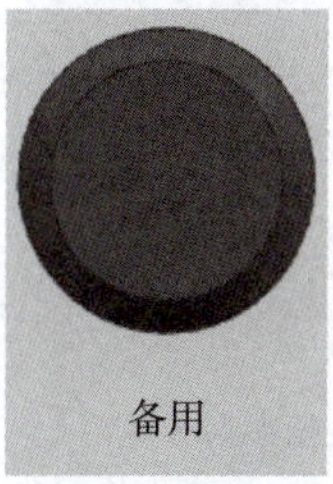	备用 面板塞	
14		窗加热 =73-S03 带白灯的自复位按钮	开启前窗玻璃除霜器 延时断开
15		解钩 =72-S02 带白灯的自复位按钮，加保护盖	两列车连挂时解开本端全自动车钩

续上表

位置	按钮/旋钮/指示灯	描述	使用
16		A 车空调开 =61-S103 带绿灯的自复位按钮	开启本端 A 车空调
17	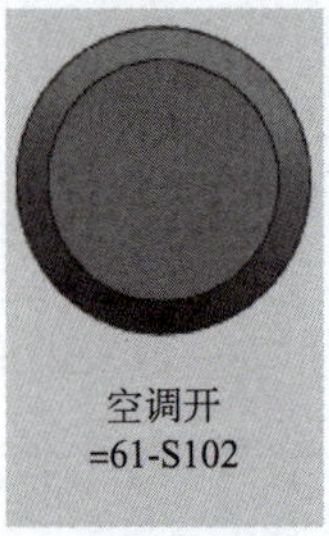	空调开 =61-S102 带绿灯的自复位按钮	开启整列车空调
18		空调关 =61-S101 带红灯的自复位按钮	关闭整列车空调
19		强行开门 =91-S04 黑色自复位按钮,加保护盖	操作该按钮,司机可以强解 ATP 的输出"车门释放";按压两次此按钮将使 ATP 忽略丢失的车门关闭指示信号,直到列车运行至下一车站

3. 门控按钮

门控按钮布置图如图 3-5 所示。门控按钮位于司机室左、右侧门立柱旁,用于手动控制客室车门的开、闭。门控按钮的代号与功能见表 3-3。

图 3-5　门控按钮布置图

表 3-3　门控按钮的代号与功能

位置	按钮/旋钮/指示灯	描述	使用
1		再关门 =81-S16 黑色自复位按钮	关闭列车上所有右侧客室门
2		右门开 =81-S12 带红灯的自复位按钮	同时操作“右门开”按钮(=81-S12)与“右门开”按钮(=81-S14)开启右侧客室门
3	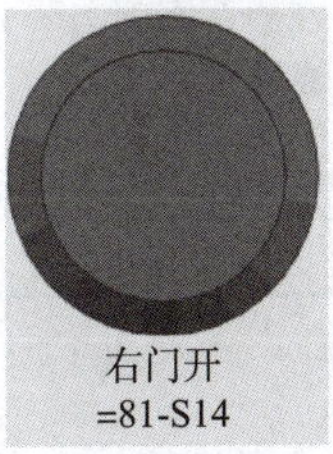	右门开 =81-S14 带红灯的自复位按钮	同时操作“右门开”按钮(=81-S12)与“右门开”按钮(=81-S14)开启右侧客室门

续上表

位置	按钮/旋钮/指示灯	描述	使用
4	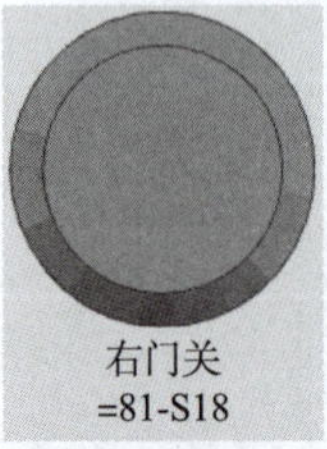	右门关 =81-S18 带绿灯的自复位按钮	关闭列车上所有右侧客室门，当所有右侧客室门关闭且锁定时，指示灯点亮
5		再关门 =81-S15 黑色自复位按钮	关闭列车上所有左侧客室门
6	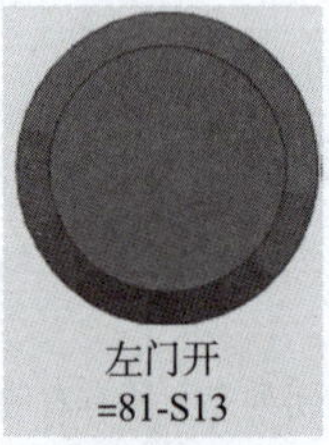	左门开 =81-S13 带红灯的自复位按钮	同时操作“左门开”按钮（=81-S13）与“左门开”按钮（=81-S11）开启左侧客室门
7	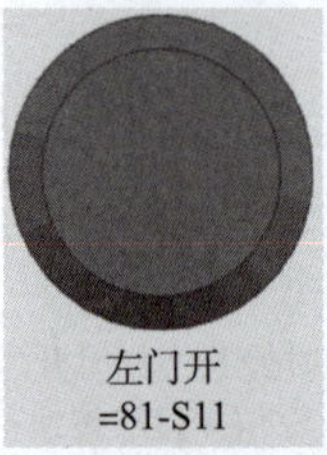	左门开 =81-S11 带红灯的自复位按钮	同时操作“左门开”按钮（=81-S13）与“左门开”按钮（=81-S11）开启左侧客室门
8	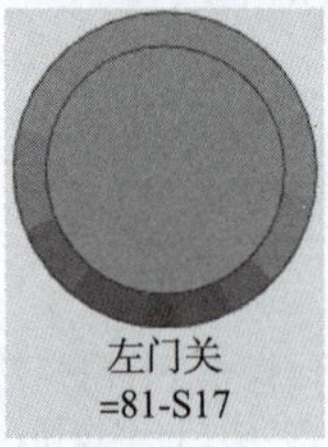	左门关 =81-S17 带绿灯的自复位按钮	关闭列车上所有左侧客室门，当所有左侧客室门关闭且锁定时，指示灯点亮

4. 继电器柜

A 车继电器柜安装于司机台后方间壁墙上。继电器柜由机械锁锁闭，从司机室或客室内用主控器钥匙能锁闭和解锁。如图 3-6 所示，继电器柜的上部是微型断路器（MCB）面板，

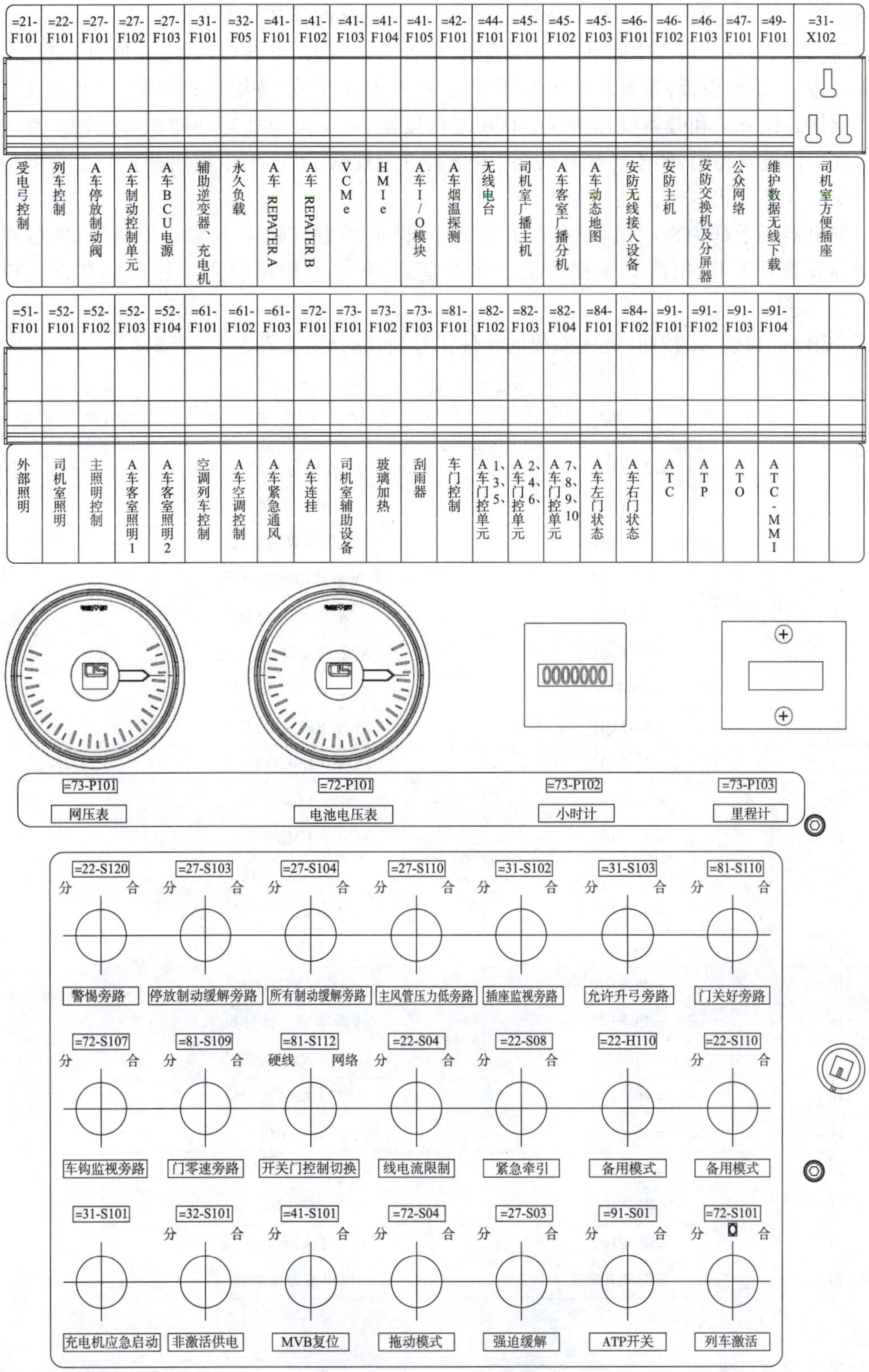

图 3-6　继电器柜操作元件

主要布置有控制电路中的微型断路器,起保护控制电路的作用,AC 220 V 方便插座也布置在 MCB 面板的右上角。中间部分为仪表板,布置了网压表、电池电压表、小时计和里程计。下部是按钮/旋钮面板,布置了列车激活开关、拖动模式开关、备用模式开关、ATP 开关等重要的操作旋钮开关和旁路旋钮开关,MVB 复位按钮、充电机应急启动按钮等按钮。继电器柜上部采用玻璃柜门,便于对操作设备、电压表进行观察,可以用主控钥匙打开上部的玻璃门,对 MCB、选择开关等进行操作。

继电器柜下部为密闭结构,要打开它的下部,必须首先锁上上部的玻璃门,然后通过转动插锁打开下部,用两只手提起盖。在客室侧,继电器柜可以用主控钥匙和方孔钥匙打开。

MCB 板、仪表板、按钮/旋钮面板的元件代号、名称分别见表 3-4 ~ 表 3-6。

表 3-4　A 车继电器柜 MCB 板元件表

序号	断路器代号	名称	备注
1	=21-F101	受电弓控制	第一行
2	=22-F101	列车控制	
3	=27-F101	A 车停放制动阀	
4	=27-F102	A 车制动控制单元	
5	=27-F103	A 车 BCU 电源	
6	=31-F101	辅助逆变器、充电机	
7	=32-F05	永久负载	
8	=41-F101	A 车 REPEATER A	
9	=41-F102	A 车 REPEATER B	
10	=41-F103	VCMe	
11	=41-F104	HMIe	
12	=41-F105	A 车 I/O 模块	
13	=42-F101	A 车烟温探测	
14	=44-F101	无线电台	
15	=45-F101	司机室广播主机	
16	=45-F102	A 车客室广播分机	
17	=45-F103	A 车动态地图	
18	=46-F101	安防无线接入设备	
19	=46-F102	安防主机	
20	=46-F103	安防交换机及分屏器	
21	=47-F101	公众网络	
22	=49-F101	维护数据无线下载	
23	=31-X102	司机室方便插座	

续上表

序号	断路器代号	名称	备注
24	=51-F101	外部照明	第二行
25	=52-F101	司机室照明	
26	=52-F102	主照明控制	
27	=52-F103	A 车客室照明 1	
28	=52-F104	A 车客室照明 2	
29	=61-F101	空调列车控制	
30	=61-F102	A 车空调控制	
31	=61-F103	A 车紧急通风	
32	=72-F101	列车连挂	
33	=73-F101	司机室辅助设备	
34	=73-F102	玻璃加热	
35	=73-F103	刮雨器	
36	=81-F101	车门控制	
37	=82-F102	A 车门控单元 1、3、5	
38	=82-F103	A 车门控单元 2、4、6	
39	=82-F104	A 车门控单元 7、8、9、10	
40	=84-F101	A 车左门状态	
41	=84-F102	A 车右门状态	
42	=91-F101	ATC	
43	=91-F102	ATP	
44	=91-F103	ATO	
45	=91-F104	ATC-MMI	

表 3-5　A 车继电器柜仪表板元件表

序　　号	代　　号	名　　称
1	=73-P101	网压表
2	=72-P101	电池电压表
3	=73-P102	小时计
4	=73-P103	里程计

表 3-6　A 车继电器柜按钮/旋钮元件表

序号	代　号	名　　称	说　　明	使　　用
1	=22-S120	警惕旁路	二位自锁旋钮开关 加盖，铅封，红色把手	
2	=27-S103	停放制动缓解旁路	二位自锁旋钮开关 加盖，铅封，红色把手	
3	=27-S104	所有制动缓解旁路	二位自锁旋钮开关 加盖，铅封，红色把手	

续上表

序号	代　号	名　　称	说　　明	使　　用
4	=27-S110	主风管压力低旁路	二位自锁旋钮开关 加盖,铅封,红色把手	
5	=31-S102	插座监视旁路	二位自锁旋钮开关 加盖,铅封	
6	=31-S103	升弓允许旁路	二位自锁旋钮开关 加盖,铅封,红色把手	
7	=81-S110	门关好旁路	二位自锁旋钮开关 加盖,铅封,红色把手	
8	=72-S107	车钩监视旁路	二位自锁旋钮开关 加盖,铅封	
9	=81-S109	门零速旁路	二位自锁旋钮开关 加盖,铅封	
10	=81-S112	开关门控制切换	二位自锁旋钮开关 加盖,铅封	切换控制门的方式,硬线或网络控制
11	=22-S04	线电流限制	二位自锁旋钮开关 加盖,铅封	
12	=22-S08	紧急牵引	二位自锁旋钮开关 红色把手	
13	=22-H110	备用模式	红色指示灯	
14	=22-S110	备用模式	二位自锁旋钮开关 红色把手	
15	=31-S101	充电机应急启动	带红灯的自复位按钮	当蓄电池欠压不能激活列车(同时也不能为充电机控制器供电)时,应急启动充电机,从而激活列车,并给蓄电池充电
16	=32-S101	非激活供电	二位自锁旋钮开关 加盖,铅封	在列车未被激活的情况下提供部分电气设备电源
17	=41-S101	MVB 复位	黑色自复位按钮	重新给所有 MVB 设备分配地址
18	=72-S04	拖动模式	二位自锁旋钮开关	
19	=27-S03	强迫缓解	二位自复位旋钮开关 加盖,铅封	
20	=91-S01	ATP 开关	二位自锁旋钮开关 加盖,铅封,红色把手	
21	=72-S101	列车激活	三位自复位旋钮开关	激活列车控制电源

5. 锁系统

列车的锁系统由方孔钥匙与主控钥匙组成:方孔钥匙用来锁闭或打开司机室侧门、司机室门、电子柜及继电器柜;主控钥匙用于激活司机台和操作乘务员钥匙开关。

司机室右侧门：将方孔左旋打开、将钥匙右旋锁闭。

司机室左侧门：将方孔右旋打开、将钥匙左旋关闭。

司机室门（间壁门）装有双圆柱门锁，可使用方孔钥匙从垂直位置旋转到水平位置将门打开。电子柜和继电器柜的锁安装于柜门上，用主控钥匙从司机室侧和客室侧均能将其锁闭和打开，通过外拉手柄末端然后侧转手柄来打开电子柜和继电器柜。主控钥匙在两个位置均能取出。

6. 司机控制器

司机控制器是用于操纵城轨列车运行的主令控制器，它通过操纵控制电路的低压电气设备间接控制主电路的电气设备，从而实现列车的向前、向后和牵引、制动等控制作用。

如图 3-7 所示，司机控制器面板上设有控制手柄和方向手柄两种操作机构，控制手柄上部设置了一个警惕按钮，在控制手柄下部安装了一个电位器，用于牵引、制动电流参考值的输出控制。司机控制器设有机械锁。

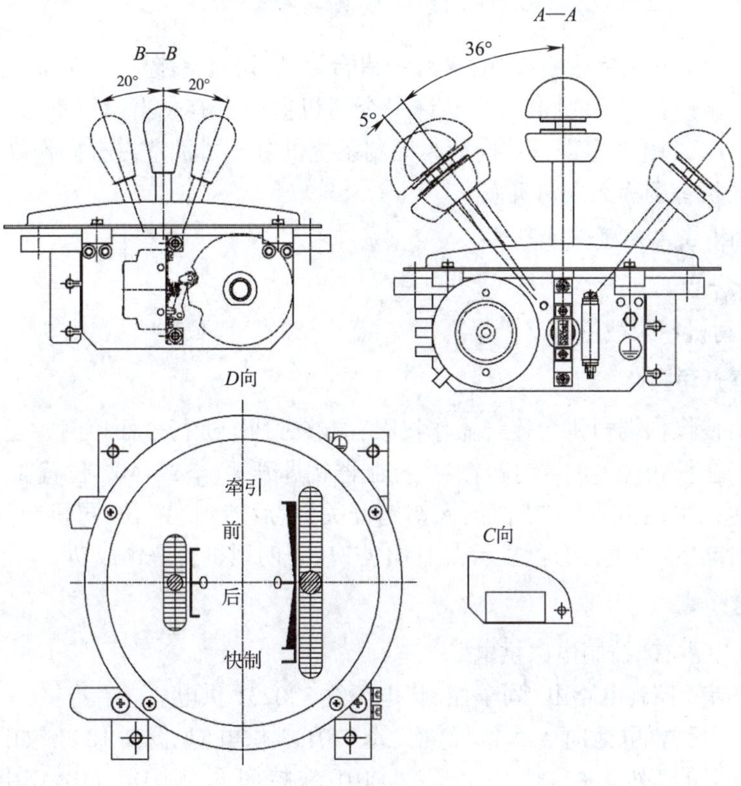

图 3-7　司机控制器

（1）司机控制器各部分的作用

钥匙开关：机械锁有“0”“1”两个位置，用主控钥匙操作。机械锁打开后，才可以操作方向手柄和控制手柄，开锁的同时，接通列车控制电路。钥匙可以在“0”位取出。

方向手柄：共有“向前”“0”“向后”三个挡位，在各挡位均有定位（在该位置上有到位手感）。

控制手柄：共有“牵引”区、“0”位、“制动”区、“快速制动”位四个挡位（区）。控制手柄在“牵引”最大位、“制动”最大位、“快速制动”位均有定位，在“牵引”区、“制动”区可无级调整。

警惕按钮：位于控制手柄顶端，人工驾驶时只有按下警惕按钮并推动控制手柄，列车才能启动。若松开警惕按钮超过 3 s(延时时间可调，有些公司规定是 5 s)，列车会产生紧急制动。

给定电位器：在控制手柄底部连接一个 1 043 Ω×2 电位器，当控制手柄从零位移向“牵引”或“制动”区时，输出 0～20 mA 的给定控制电流，作为牵引或制动给定指令信号。

(2)司机控制器的机械联锁关系

①先打开机械锁，才能操作方向手柄和控制手柄；

②控制手柄在“0”位时，方向手柄方可操作；

③方向手柄在非“0”位时，控制手柄方可操作；

④方向手柄只有在“0”位时，机械锁方可锁闭司机控制器。

视频

司机室占有

二、司机室占有(司机台解锁)操作

司机室占有操作，又称司机台解锁、司机室激活，实质是取得列车操纵权限。在同一时间内，只允许一个司机室被占有。当司机室占有操作完成后，DC 110 V 电源系统向列车控制系统供电。司机室占有操作端也称有人司机室，非操作端司机室则称无人司机室。

1. 进行司机室占有操作的条件

①列车激活；

②另一个司机室未被占有。

2. 司机室占有操作

操作目标：使操作端司机台接管操作权限，能够对列车进行全面控制。

操作设备：主控钥匙(78 号钥匙)及主控制器钥匙开关(=22-A01-位置 3)。

操作方法：把主控钥匙由“0”位插入钥匙开关，然后转到“1”位，司机台开始启动操作，当 VCU 完成启动后，司机台彩色显示器 HMI 点亮，表明司机台解锁成功。

3. 电路分析

(1)“司机室占有”控制电路供电

“司机室占有”控制电路由“列车控制”电源线 320231 供电。

当列车激活后，蓄电池向 A 车常规负载线 320113 供电(见图 2-18)。如图 3-8 所示，若司机室继电器柜的“列车控制”MCB =22-F101 保持闭合，则 DC 110 V 由 320113 线→=22-F101 触点 1-2→320231 线，向司机室占有控制电路供电。

(2)司机室占有控制

如图 3-9 所示，当主控钥匙开关转到“1”位后，其联锁触点 =22-A01-S01 闭合，DC 110 V 由“列车控制”电源线 320231→主钥匙开关联锁触点 =22-A01-S01→二极管 =22-V101→220172 线→“列车占有”继电器 =22-K102 常闭触点 7-10→220161 线，使 5 个“司机室占有”继电器 =22-K101、=22-K151、=22-K152、=22-K153、=22-K154 同时得电。=22-K101 得电以后，其常开触点 23-24 短接 220172 线与 220161 线，使 =22-K101 自持。

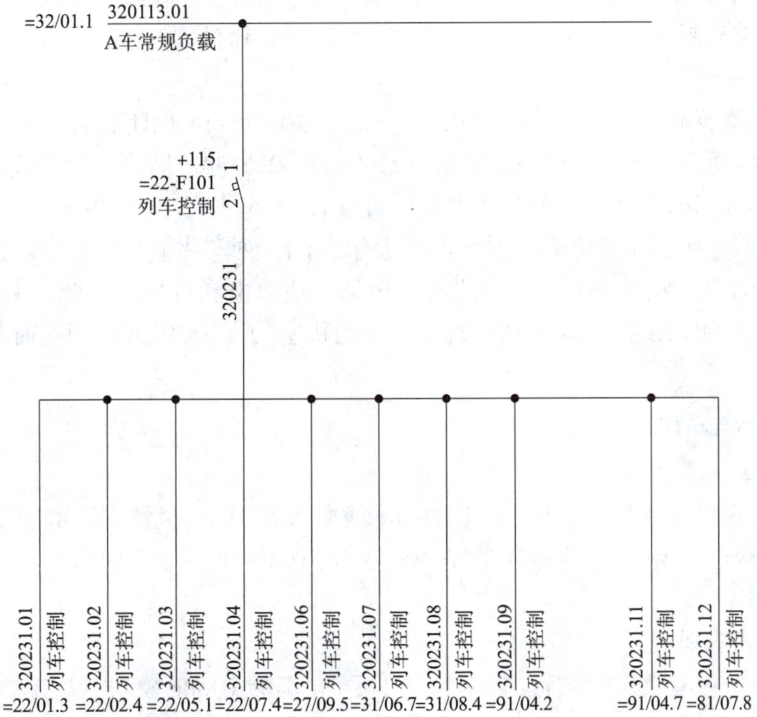

图 3-8　列车控制供电

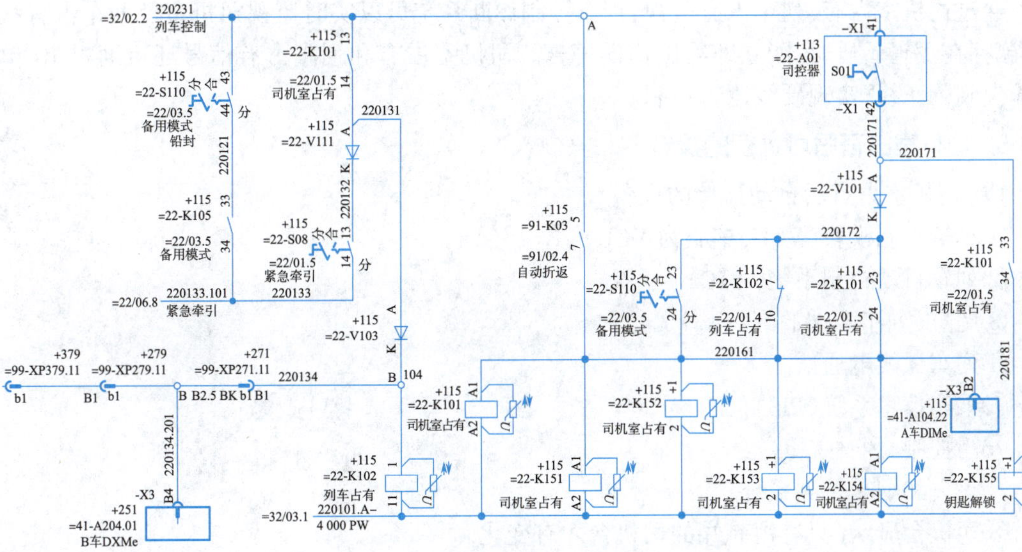

图 3-9　司机室占有控制电路

司机室占有操作成功后，=22-K101、=22-K151、=22-K152、=22-K153、=22-K154 均闭合，向列车控制系统供电，列车控制计算机（VCU）启动，激活端的司机显示器 HMI 点亮，司机室占有操作完成。正常情况下，由司机室占有操作开始到 HMI 正常输出显示的时间不超过 1 min。

“司机室占有”继电器 =22-K152、=22-K153 分别激活空气制动、停放制动和车门监控指示电路，使空气制动、停放制动、车门按钮指示灯指示当前状态。

(3)列车占有控制

司机室占有操作完成后，=22-K101 另一常开触点 13-14 也闭合，DC 110 V 由 320231 线→=22-K101 常开触点 13-14→二极管 =22-V103→220134 列车线(列车线是指通过车端连接器连通全列车的控制线)，使列车两端司机室的“列车占有”继电器 =22-K102 线圈同时得电。这样，即使在另一端司机室进行占有操作，由于“列车占有”继电器 =22-K102 得电，其反联锁触点 7-10 断开，该司机室的占有继电器无法得电和自持。因此，“列车占有”继电器 =22-K102 及列车线 220134 电路实现了两个司机室的互锁，保证在同一时刻只有一个司机室被占有。

4. 列车占有监视

(1)司机室占有监视

进行本端司机室占有操作时，通过 220161 线向 A 车 DIMe 模块-X3:B2 脚输入司机室占有信号，该信号通过 MVB 总线输送给 TCMS，这样，TCMS 就可以实时监控在哪端进行了司机台激活操作。

(2)列车占有监视

进行司机室占有操作时，通过 220134 线向两 B 车的 DXMe 模块-X3:B4 脚输入列车占有信号，这两个信号传送到 VCU 进行逻辑计算，只要有一个信号为高电平，便认为列车占有操作已经实施。

通过司机室占有、列车占有监视，列车控制诊断系统可以实时监视司机室及列车占有状态，当存在逻辑矛盾时，能立即给出错误警告。司机室占有和列车占有信号还可通过 IO 单元输出到列车线，实现硬线逻辑控制。

5. 司机室占有后可进行的操作

(1)司机室占有后自动连接的设备

①车辆控制模块(VCU，核心为 VCU)。

②列车自动控制系统(ATC)。

③尾灯(列车两端的红灯)。

④列车无线电通信。

⑤乘客信息系统(PIS)。

⑥门控制。

⑦火灾和烟雾探测系统。

⑧司机台显示(只有占有端的司机台才有变化)。

(2)司机室占有后可操作的设备

①受电弓升弓或降弓。

②高速断路器(HSCB)合闸或分闸。

③缓解或施加停放制动。

④自动车钩解钩。

⑤集中控制门的开、关和再开闭。

⑥风笛操作。

⑦司机台阅读灯。

⑧空调单元的打开和关闭。

6. 司机室占有操作故障的处理

若接通司机控制器钥匙开关，但司机显示器仍保持黑屏，说明司机室占有操作失败。可按以下步骤进行检查：

①检查另一端的司机室是否被占有，如果被占有应将其关闭，才能进行本端司机室占有操作。

②检查 A 车继电器柜上用于 VCU 供电的“VCUe”微型断路器 =41-F103 及用于 HMI 供电的“HMIe”微型断路器 =41-F104 是否跳闸。

③检查 A 车继电器柜上的“列车控制”微型断路器 =22-F101 是否跳闸。

④当排除以上原因后，可重启一次，若 HMI 能点亮，表明司机台正常解锁，司机室占有操作完成（注意，司机台重启的时间间隔不能少于 10 s）。

三、换端操作

1. 司机台关闭

在第一个司机室里：

①按下副司机台上的“停放制动施加”按钮 =27-S01，使列车施加停放制动（由于锁闭司机台时，会自动产生紧急制动，若短间隔地更换司机室，这步可省略）。

②旋转主控制器上的钥匙开关（=22-A01-位置 3）到“0”位，使该司机台锁闭，然后拔出钥匙。

此时：

- 蓄电池保持接通。
- 受电弓保持升起。
- HSCB 保持接通。
- 客室车门保持原来的状态。

2. 换端操作

换到另一个司机室：

①把主钥匙插入钥匙开关（=22-A01-位置 3），把钥匙开关旋转到“1”位，使司机台解锁。

②按压“停放制动缓解”按钮 =27-S02，缓解列车停放制动。

注意，锁闭和解锁司机室之间的时间最少要 10 s，否则 DCU 的电源模块会发生故障。

思考与练习

1. 如何进行司机室占有操作？
2. 司机台占有操作成功的标志是什么？
3. 当司机台占有操作不成功时，应如何处理？
4. 如何进行换端操作？

5. 进行换端操作时，需要关闭列车吗？为什么？
6. 进行换端操作应注意什么问题？
7. 换端操作时，列车哪些设备保持在工作状态？
8. 根据电路图，分析解锁司机台操作时控制电路的工作过程。
9. 控制电路如何保证同一时刻只有一端司机室能处于占有状态？
10. 司机台关闭后应等待多少时间才能重新解锁？
11. 通过哪条电路保证两司机室不能同时占有？

视频

受电弓升降控制

任务二　受电弓升降控制

任务目标

1. 掌握受电弓升降弓操作方法。
2. 对受电弓升降弓电路进行检查与故障分析。

一、受电弓的作用

1. 受电弓的安装位置

受电弓把电流从架空接触线传导到车辆上。如图 3-10 所示，受电弓一般安装在 B 车车顶 2 位端（也有些地铁列车受电弓安装在 A 车车顶）。

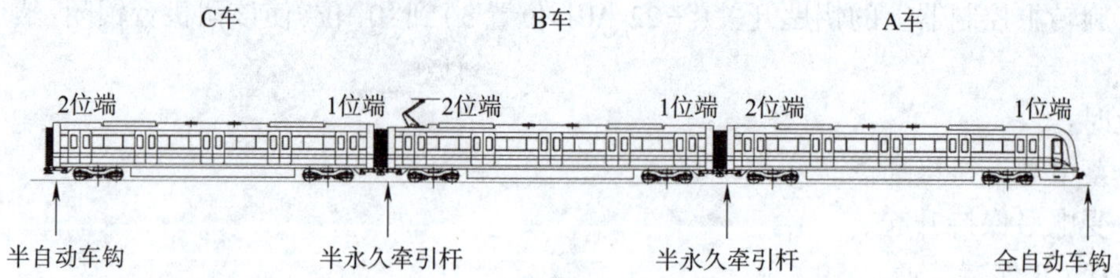

图 3-10　半列车编组及其标志

2. 受电弓的作用

如图 3-11 所示为 TSG18E 型受电弓的结构图。该受电弓是一种采用双气囊升弓装置的单臂式受电弓，由底架、下臂杆、上框架、拉杆、弓头组装、平衡杆和双气囊升弓装置等组成，具有占用车顶空间小、重量轻、弓头归算质量小等特点。其中，弓头归算质量小有利于受流和适应更高的运行速度。当双气囊升弓装置充风时，通过钢丝绳拉动拉杆，使受电弓升起，受流头（弓头）滑板与接触网接触，把架空接触网的直流 1 500 V 高压传导到车辆内部。当双气囊升弓装置内空气排出后，受电弓在重力作用下降落。

3. 主要参数

型号：TSG18E(01)。

工作电流：1 050 A。

最大工作电流：1 600 A。

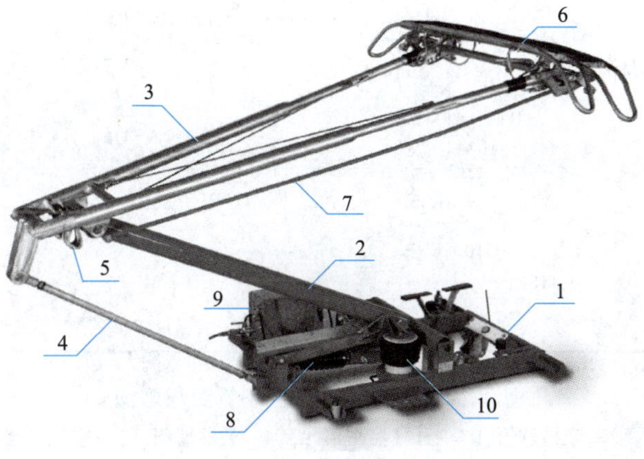

图 3-11　受电弓结构

1—底架;2—下臂杆;3—上框架;4—拉杆;5—电流连接组装;
6—弓头组装;7—平衡杆;8—阻尼器;9—气阀箱装置;10—双气囊升弓装置

车辆静止时最大电流:460 A。

额定电压:DC 1 500 V。

电压范围:DC 1 000～1 800 V。

运行速度:100 km/h。

最低工作高度(从落弓位置滑板面起):140 mm。

最高工作高度(从落弓位置滑板面起):2 058 mm。

最大升弓高度(从落弓位置滑板面起):≥2 098 mm。

绝缘子高度:80 mm。

标称静态力:(120±10) N。

静态力的可调节范围:100～140 N。

额定工作气压:约 550 kPa。

气源的工作压力:435～900 kPa。

升弓时间:≤9 s。

降弓时间:≤8 s。

动画

升弓

二、升弓操作

1. 升弓条件

为了使受电弓升起,必须向升弓装置充入压缩空气。如图 3-12 所示为 SZML1S 列车受电弓升弓控制管路原理图,因全列车有 2 台受电弓,故图 3-12 所示的升弓控制管路系统也有 2 套,分别位于两个 B 车。正常情况下,升弓用压力空气由总风管供给;当总风管压力低于 550 kPa 时,可通过启动辅助电动泵 U13(仅 B2 车有)打风,向 B2 车供给升弓用压力空气;在无直流供电时,则可通过脚踏泵人工打风,提供升弓用压力空气。

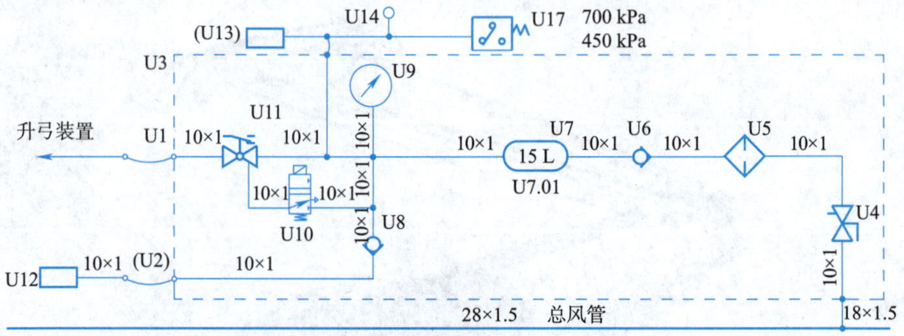

图 3-12　受电弓升弓控制管路原理图

U1,U2—连接软管;U3—升弓控制单元;U4—截断塞门;U5—空气过滤器;
U6,U8—止回阀;U7—风缸;U9—压力表;U10—电磁阀;U11—二位三通阀;
U12—脚踏泵;U13—电动泵;U14—测试接口;U17—压力开关

升弓风源与升弓装置之间的气路通断由电磁阀控制。正常运行时,只要保持升弓电磁阀得电,使风源与升弓风缸之间通路保持畅通,即可使受电弓处于升弓状态。在启动列车时,若蓄电池电压不足,可以将二位三通阀 U11 转到旁通位(非正常位),压缩空气可以越过电磁阀直接向升弓装置供风,使受电弓升起。

因此,为了使受电弓能正常升起,需要满足两个条件:一是要有 550 kPa 以上的升弓压力空气;二是电磁阀能正常得电,即蓄电池电压正常,并成功激活列车和解锁司机台,向升弓控制电路供电。这时按下受电弓"升弓"按钮,就可以控制受电弓升起。

注:空气压力的标准单位应为 Pa 或 kPa,由于技术引进的历史原因,企业也经常使用 bar 这个非标单位作为空气压力单位,请读者在使用中注意这个问题,1 bar = 100 kPa。

2. 升弓操作

操作目标:向升弓电磁阀 U10 的吸合线圈 =21-Y01 供电,使受电弓升起。

操作设备:"升弓"按钮 =21-S02。

操作方法:按下副司机台上的"升弓"绿色指示灯按钮 =21-S02,使六车编组列车的两台受电弓同时升起。受电弓应在 9 s 内升起。受电弓升起后,可以通过指示灯按钮 =21-S02 的灯光颜色(绿色)和 HMI 显示器观察受电弓的状态。

对于 3 车单元构成的半列车,用同样的按钮(=21-S02)升起一台受电弓。

3. 升弓控制电路

如图 3-13 所示,受电弓控制电路由 A 车受电弓控制

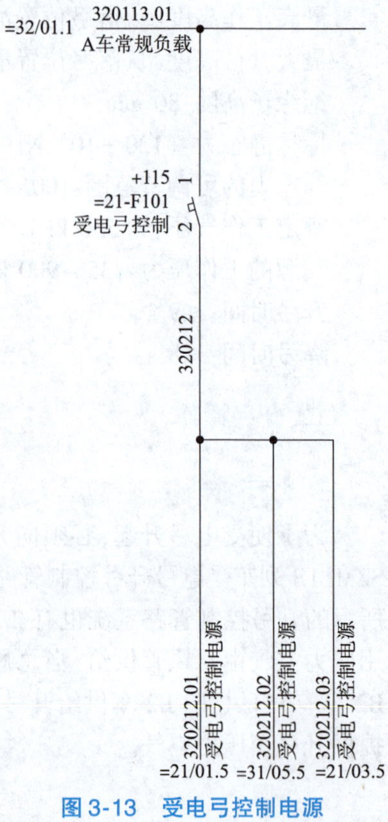

图 3-13　受电弓控制电源

电源线供电。当列车激活后,若 A 车继电器柜 MCB“受电弓控制” =21-F101 闭合正常,则 DC 110 V 由 A 车常规负载线 320113→=21-F101 触点 1-2→受电弓控制电源线 320212,向受电弓控制电路供电。

(1)升弓指令的发出

受电弓控制电路原理如图 3-14 所示。按下副台上的“升弓”绿色指示灯按钮 =21-S02,DC 110 V 由受电弓控制电源线 320212→“紧急停车 A”继电器 =22-K108 常开触点 3-11→210171 线→“司机室占有”继电器 =22-K151 常开触点 13-14→210172 线→副司机台“落弓”按钮 =21-S01 常闭触点 21-22→210162 线→主台“紧急落弓”按钮 =21-S05 常闭触点 21-22→210164 线→副司机台“升弓”按钮 =21-S02→升弓列车线 210161,向两 B 车受电弓升弓保持电路发出升弓指令。

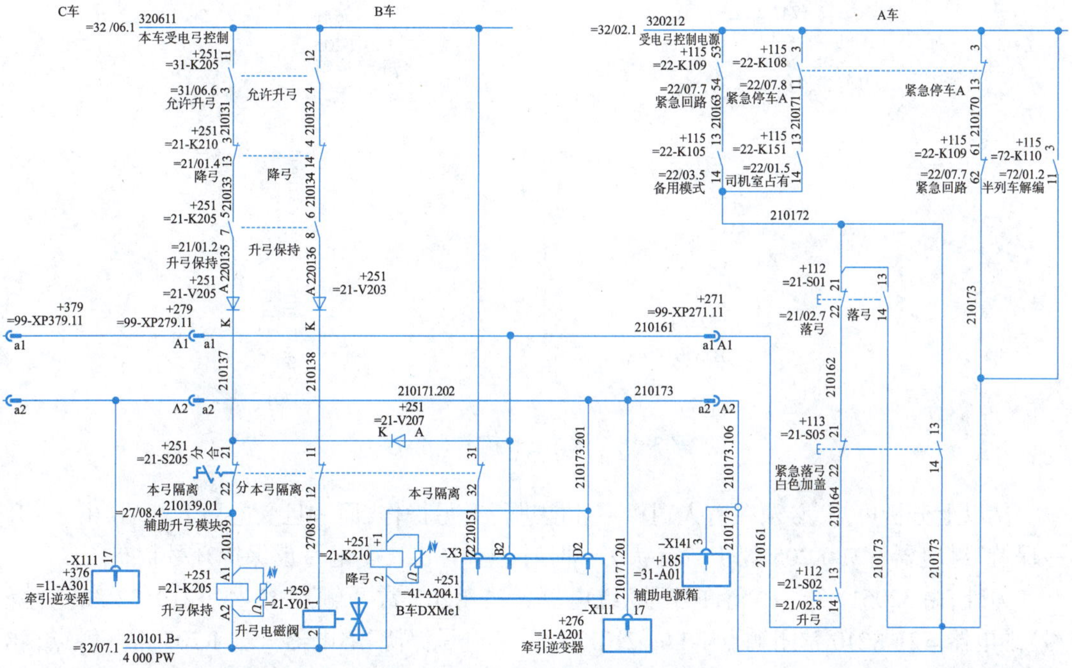

图 3-14　受电弓控制电路原理

从以上分析可知,升弓指令只能从已激活列车的有人司机室发出,并且需满足没有激活紧急停车回路、没有按下“落弓”按钮、没有按下“紧急落弓”按钮等逻辑条件。

(2)升弓保持控制电路

如图 3-15 所示,DC 110 V 电源经常规负载线 320112 传送到 B 车,经 B 车常规负载快熔 =32-F201 后,经受电弓控制 MCB =21-F201 分配给 320611 线,由 320611 线负责向升弓保持控制电路供电。

如图 3-14 所示,若“本弓隔离”开关 =21-S205 处于正常状态(“分”位),由 210161 线→二极管 =21-V207→210137 线→B 车“本弓隔离”开关 =21-S205 常闭触点 21-22→210139 线,向“升弓保持”继电器 =21-K205 线圈供电,使“升弓保持”继电器得电闭合。

若两 B 车的三位置隔离开关均在“运行”位,或半列车运行时 B 车刀开关在“运行”位,满足允许升弓条件,则“允许升弓”继电器=31-K205得电(参阅项目二中关于刀开关监视电路的讨论)。“升弓保持”继电器=21-K205得电后,一路由320611线→“允许升弓”继电器=31-K205常开触点11-3→210131线→“降弓”继电器=21-K210常闭触点3-13→210133线→“升弓保持”继电器=21-K205常开触点5-7→220135线(原图如此,此线号标为210135更合理)→二极管=21-V205→210137线,经“本弓隔离”开关=21-S205常闭触点21-22向“升弓保持”继电器=21-K205线圈保持供电,实现=21-K205的自持。

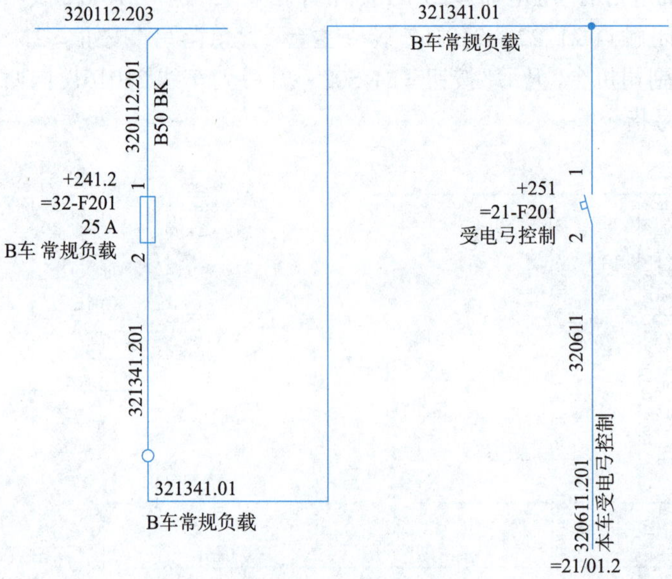

图3-15　本车受电弓控制电源

从以上分析可知,必须在有人司机室才能进行升弓操作,而一旦受电弓升起后,由于“升弓保持”继电器=21-K205处于自持状态,即使锁上司机台,受电弓也保持升弓状态。

另外,由320611线→“允许升弓”继电器=31-K205常开触点12-4→210132线→“降弓”继电器=21-K210常闭触点4-14→210134线→“升弓保持”继电器=21-K205常开触点6-8→220136线→二极管=21-V203→210138线→“本弓隔离”开关=21-S205常闭触点11-12→270811线,向“升弓”电磁阀=21-Y01供电(参看项目二任务六及图2-23),使受电弓升起。

4. 受电弓隔离功能

当受电弓存在故障,不能升弓时,可启用受电弓隔离功能。将B1或B2车的“本弓隔离”开关=21-S205置“合”位,其常闭触点打开,断开=21-K205线圈及=21-Y01线圈供电,本端受电弓被隔离,进行升弓操作时,该受电弓不会升起。同时,由于=21-S205常闭触点31-32断开,B车DXMe1模块-X3:Z2脚变为低电平,通过MVB向TCMS发送该端受电弓已被隔离诊断信息。

5. 升弓列车线监视

当按下“升弓”按钮,使升弓列车线210161线得电时,一方面启动升弓保持电路,另一方面使B车DXMe1模块-X3:B2脚置高电平,经MVB向TCMS发送“升弓指令有效”反馈信息。

6. 备用模式下升弓

当司机室占有控制电路存在故障时，会导致 =22-K151 失电；在紧急制动安全回路故障时，会导致 =22-K109 失电。在这两种情况下，320212 线与 210172 线断开，升弓指令电路无法工作。在紧急情况下，可以将继电器柜 ATP 开关置“切除”位，闭合备用模式开关 =22-S110，启用备用模式激活司机台，确认备用模式指示灯已点亮，再按下“升弓”按钮 =21-S02，启动升弓操作。此时，由 320212 线→“紧急回路”继电器 =22-K109 常开触点 53-54→210163 线→“备用模式”继电器 =22-K105 常开触点 13-14→210172 线，向升弓指令电路提供工作电源，得以紧急升起受电弓。

动画

降弓

三、降弓操作

1. 降弓操作

操作目标：停止向升弓电磁阀吸合线圈 =21-Y01 供电，使受电弓降下。

操作设备：副司机台“落弓”按钮 =21-S01。

操作方法：按下副司机台上的“落弓”指示灯按钮 =21-S01，使 6 车编组的两个受电弓同时降下，当两个受电弓完全降落到位后，“落弓”按钮上的红灯点亮。

2. 降弓控制电路

（1）降弓指令的发出

如图 3-14 所示，按下“落弓”按钮 =21-S01，其常闭触点 21-22 断开受电弓升弓列车线 210161 的供电，保证优先执行降弓指令。同时，经 210172 线→副司机台“落弓”按钮 =21-S01 常开触点 13-14→210173 线→210171 线（注：此处原图存在错误，一条逻辑导线使用了 2 个线号，读者可根据企业后续修改对此进行更新），发出降弓指令。

（2）停止升弓保持电路，降弓

210173 线使“降弓”继电器 =21-K210 得电，其常闭触点 3-13 断开“升弓保持”继电器 =21-K205 的自持电路，使 =21-K205 失电。另外，=21-K210 常闭触点 4-14 及 =21-K205 常开触点 6-8 均断开，使 270811 线失电，断开升弓电磁阀 =21-Y01 供电电路，受电弓降落。

3. 降弓列车线监视

降弓列车线 210173（210171）向 B 车 DXMe1 模块-X3：D2 脚发送高电平，通过 MVB 向 TCMS 系统发送降弓指令有效信号。

210173 高电平信号也发送到 A 车辅助电源箱-X141：3 脚，使辅助逆变器及蓄电池充电机停止工作。此外，该信号还发送到 B、C 车的 4 个牵引逆变器的-X111：17 脚，关闭牵引逆变器。

4. 非正常降弓

（1）紧急回路动作引起的紧急降弓

在正常模式下（备用模式开关 =22-S110 断开），当敲击“紧急停车”按钮，或其他原因导致紧急制动回路断路时，“紧急停车 A”继电器 =22-K108 失电，DC 110 V 电源由 320212 线→ =22-K108 常闭触点 3-13→“紧急回路”继电器 =22-K109 常闭触点 61-62（ =22-K109 线圈在备用模式下得电）→210173 线，发出降弓指令，从而使两端受电弓降下。

在备用模式下(闭合备用模式开关 =22-S110),“紧急回路”继电器 =22-K109 由“紧急停车”按钮常闭联锁及备用模式继电器常开联锁触点构成的串联电路供电,一旦敲击“紧急停车”按钮,=22-K109、=22K-108 失电(见图 3-23),同样使 210173 线得电,发出降弓指令。

动画

紧急降弓

从以上分析可知,在任何工作模式下,在任意司机室,通过敲击“紧急停车”按钮,都可以实现紧急降弓。

(2)紧急落弓

在有人司机室,按压主司机台“紧急落弓”白色加盖按钮 =21-S05,也可实现受电弓紧急落弓。

此时,由受电弓控制电源线 320212→“紧急停车 A”继电器 =22-K108 常开触点 3-11→210171 线→“司机室占有”继电器 =22-K151 常开触点 13-14→210172 线→“紧急落弓”按钮 =21-S05 常开触点 13-14→210173 线,发出降弓指令,实现两端受电弓紧急落弓。

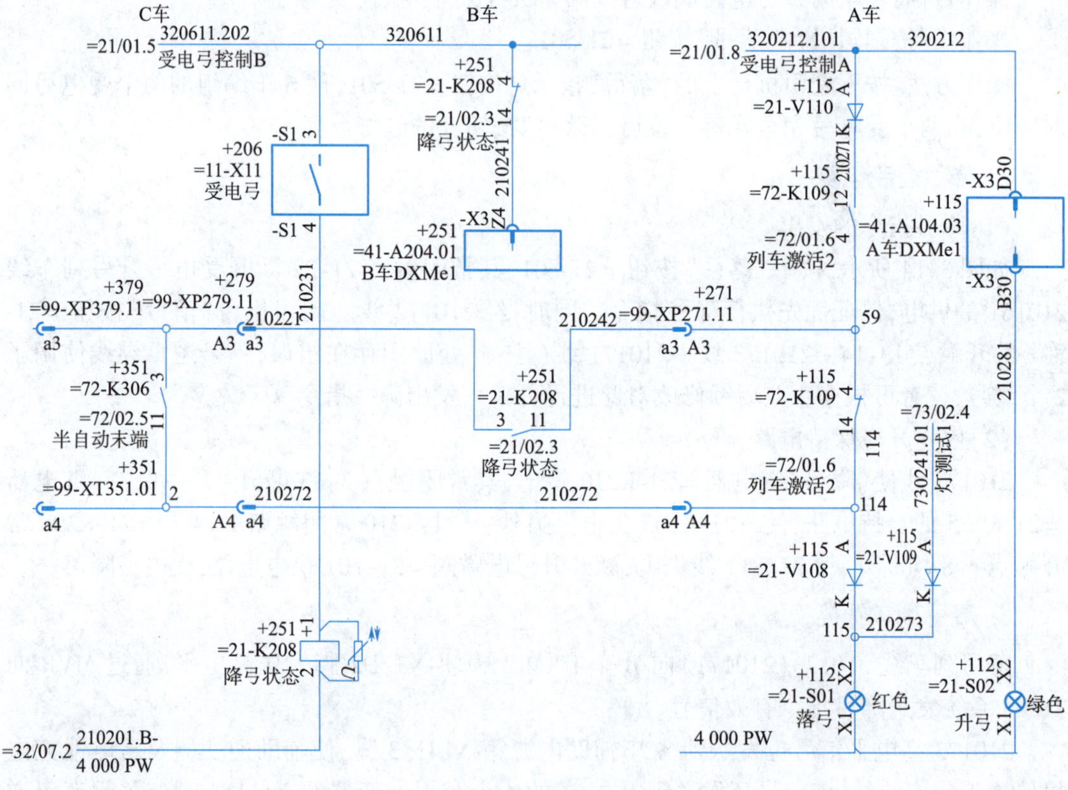

图 3-16　受电弓监视

四、升降弓状态监视

1. 降弓监视

(1)降弓位置检测

如图 3-16 所示,受电弓位置信息由受电弓降弓位置传感器(=11-X11-S1)进行检测。降弓位置传感器安装于受电弓底架上,用于检测受电弓是否处于降弓位置。当受电弓处于降弓位置时，=11-X11-S1 接点 3-4 接通，通过 320611 线→降弓位置开关 =11-X11-S1 常开触点 3-4→210231 线，使“降弓状态”继电器 =21-K208 得电，其常闭联锁触点 4-14 打开，向 B 车 DXMe1 模块-X3：Z4 发出“受电弓降下”信息，降弓信息经 MVB 传送到 TCMS 系统，由 TCMS 系统监视。

(2)降弓监视回路(“落弓”按钮灯显示)

受电弓降到位时，“降弓状态”继电器 =21-K208 得电，DC 110 V 由“受电弓控制 A”电源线 320212→ =21-V110→列车激活操作端 A 车“列车激活 2”继电器 =72-K109 常开触点 12-4→210242 线→B 车“降弓状态”继电器 =21-K208 常开触点 11-3→210221 线→另一单元 B 车“降弓状态”继电器 =21-K208 常开触点 3-11→210242 线→列车非激活操作端 A 车“列车激活 2”继电器 =72-K109 常闭触点 4-14→210272 线→ =21-V108→210273 线，使非激活操作端 A 车副司机台“落弓”红色按钮灯 =21-S01 点亮。

列车线 210272 将列车降弓监视信息传送回列车激活操作端 A 车，使其“落弓”红色按钮灯也点亮。

只要有一台受电弓状态未降到位，相应 B 车的“降弓状态”继电器 =21-K208 失电，两端副台的“落弓”按钮灯均熄灭。

在半列车运行模式下，由“受电弓控制 A”电源线 320212→ =21-V110→列车激活操作端 A 车 =72-K109 常开触点 12-4→210242 线→B 车“降弓状态”继电器 =21-K208 常开触点 11-3→210221 线→C 车半自动末端继电器 =72-K306 常开触点 3-11→210272 线，使本端“落弓”红色按钮灯点亮。

2. 升弓监视

当受电弓升起，离开降弓位置传感器 =11-X11-S1 时，接点 3-4 断开，使“降弓状态”继电器 =21-K208 线圈失电，于是，DC 110 V 经 320611 线→ =21-K208 常闭触点 4-14→210241 线，使 B 车 DXMe1 模块-X3：Z4 脚置高电平，经 MVB 向 TCMS 发送本车受电弓升起状态信号。当 TCMS 检测到两个 B 车的升弓状态信息时，生成列车受电弓升起信息，并经 A 车 DXMe1 模块输出。这样，由 320212 线→A 车 DXMe1 模块-X3：D30-B30→210281 线，使副司机台上的“升弓”按钮 =21-S02 绿色指示灯点亮。

当按钮 =21-S02 绿灯亮时，仅表示整列车的两个受电弓升起。但是，“升弓”并不意味着受电弓已接触到电网，它只说明受电弓已经离开“落下锁定”位置。必须通过 HMI 上的网压指示确认受电弓是否已接触到电网。

若有 1 台受电弓未离开落弓位，TCMS 系统通过 A 车 DXMe1 模块发送给 210281 线的信号变为秒脉冲信号，“升弓”按钮灯 =21-S02 变为闪烁状态。

按下试灯按钮(=73-S105)时，DXMe1 也向 210281 线发送高电平信号，使“升弓”按钮灯点亮。

五、受电弓故障检查

1. 故障检查程序

当发生受电弓升弓故障时，可按图 3-17 所示流程进行检查处理。

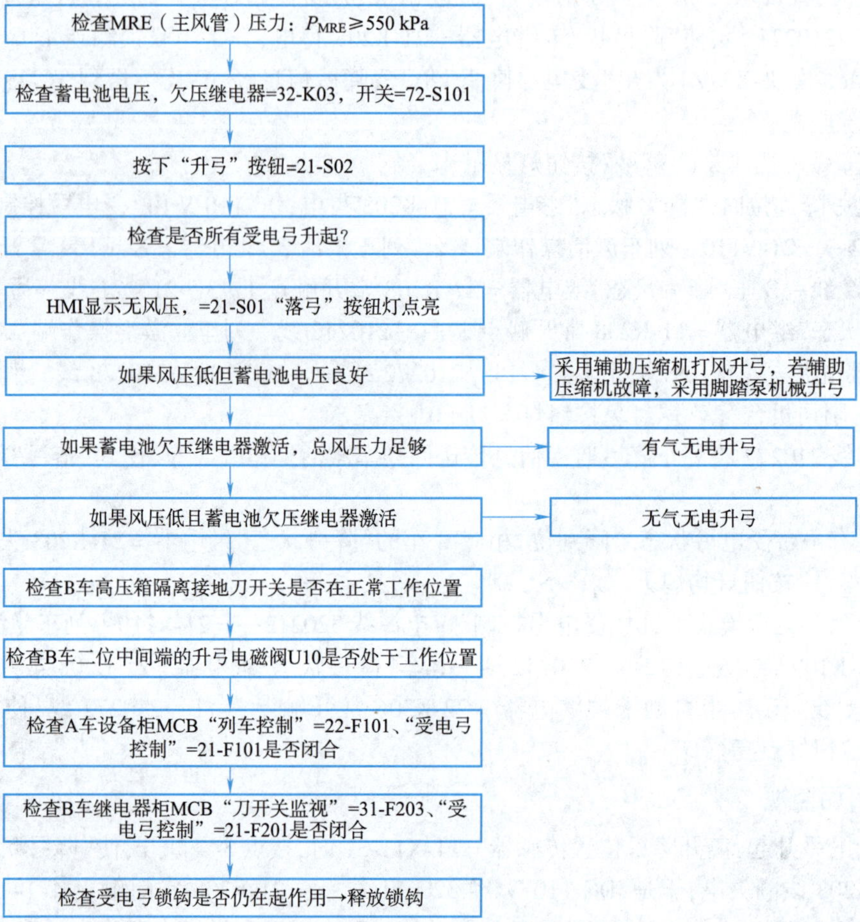

图 3-17　受电弓故障检查流程图

2. 司机台开锁后受电弓不能升弓的原因

①主风缸压力小于 550 kPa；

②“紧急制动”按钮按下，或紧急制动回路发生断路；

③操纵端 A 车继电器柜 MCB“受电弓控制”=21-F101 跳下；

④两 B 车继电器柜上的 MCB“受电弓控制”=21-F201 均跳下；

⑤两端 B 车升弓模块上的折断塞门“U4”关闭(受电弓升弓风源关断)；

⑥三位置隔离开关未在正常位置，或 B 车“刀开关监视”MCB=31-F203 跳下。

六、故障条件下的升弓办法

1.“有电无气”的升弓办法

升弓气压≥550 kPa 时，才能正常升弓。当风压不足时，可以采用“有电无气”的升弓办法，用辅助压缩机打风，进行升弓。

①按下“升弓”按钮=21-S02，使升弓电磁阀=21-Y01 得电。

②确认 B2 车受电弓柜内气压表指数低于 500 kPa；否则对受电弓辅助风缸进行手动排

气，使压力低于 500 kPa。

③将 B2 车受电弓柜内电动泵电源开关拨至“合”位，按下辅助压缩机启动按钮 =27-A208-S1（见图 2-23），启动辅助压缩机，向升弓风缸送风，使受电弓升起。

④当升弓压力达到 750 kPa 时，辅助压缩机会自动停止运转，若出现辅助压缩机无法运转的极端情况，可按压停止按钮 =27-A208-2K100-B（见图 2-23），强制停止辅助压缩机。

2. “有气无电”的升弓办法

当蓄电池电压不足（蓄电池欠压检测继电器 =32-K03 激活，但总风压力足够）时，采用“有气无电”的办法升弓。

①打开 B 车升弓管路柜，将图 3-12 所示的二位三通阀 U11 置垂直位（旁路位），使主风缸压力空气绕过升弓电磁阀 U10（即 2Y01），直接向升弓风缸供风，使受电弓升起。

②受电弓升起之后，回到 A 车，按下司机室继电器柜上的“充电机应急启动”按钮 =31-S101（见图 2-15），启动蓄电池充电机。

③启动蓄电池充电机后，等待充电机工作 5 min 以上，激活列车，解锁司机台，再按下“升弓”按钮 =21-S02，直到其绿色指示灯点亮，确认主风缸压力达到 550 kPa 以上。

④将 B 车升弓管路柜二位三通阀 U11 置正常位，复原升弓管路柜，并打好铅封。

3. “无气无电”的升弓办法

当车辆蓄电池电压低于 90 V，主风缸压力低于 550 kPa 时，采用“无气无电”的升弓办法。

①将 B 车二位三通阀 U11 置旁路位。

②拉出 B 车上的脚踏泵，进行人工升弓（一般踩几十下）。在库内也可使用车间辅助供风进行升弓。

③受电弓升起之后，按下司机室继电器柜上的“充电机应急启动”按钮 =31-S101，启动蓄电池充电机。

④启动蓄电池充电机后，激活列车，解锁司机台，再按下“升弓”按钮 =21-S02，直到其绿色指示灯点亮。

⑤将 B 车升弓管路柜二位三通阀恢复正常位，复原升弓管路柜。

思考与练习

1. 为什么升弓后关闭司机台，受电弓能否保持？
2. 有气无电情况下怎样升弓？
3. 有电无气情况下怎样升弓？
4. 无气无电情况下怎样升弓？
5. 解锁司机台后不能升弓的原因有哪些？
6. 按压“升弓”按钮后，指示灯不亮，可能的原因有哪些？
7. 按压“降弓”按钮后，指示灯不亮，可能的原因有哪些？
8. 怎样判断受电弓升弓到位？
9. 受电弓按钮绿灯点亮，是否表明受电弓已经升弓到位？
10. 列车通过什么设备检测受电弓是否升起？

11. 如何启用备用模式升弓？

12. 在什么情况下会实施紧急降弓？

视频

高速断路器控制

任务三　高速断路器分合控制

任务目标

1. 掌握高速断路器分合闸作业方法。
2. 掌握高速断路器的保护功能。
3. 对高速断路器分合闸电路进行检查与故障分析。

动画

高速断路器合闸控制

一、高速断路器合闸操作

高速断路器(HSCB)用于高压供电线路到牵引逆变器的开关切换。在过流发生时，高速断路器代替线路接触器起过流跳闸作用，以切断牵引逆变器直流侧与供电线路的连接。每台牵引逆变器都由一台 HSCB 保护。

SZML1S 列车通过安装在 B 车车顶的受电弓从架空接触网获得直流 1 500 V 高压电源(另一种常用的受电方式是第三轨受流)。电流从受电弓终端传送到位于 B 车底架下部的高压箱(HVB01)，然后经由高压箱内的两台 HSCB 分别通向 B 车和 C 车的高压箱2(HVB02)，向牵引逆变器供电。高速断路器用作 1 500 V 高压电路的线路断路器，能快速分、合高压大电流牵引制动主电路，并具有完善的保护功能，当流过 HSCB 的电流大于1 500 A 时，高速断路器主触点会自动断开。

辅助逆变器(输出 380 V 3 N/AC)也由高压箱供电，并带有熔断器进行保护，但没有设置线路接触器(即受电弓一旦升起，辅助逆变器就获得电网供应的 1 500 V 高压)。SZML1S 蓄电池充电机的设计较为特殊，其输入电源由辅助逆变器提供的 AC 380 V 电源供给。因此辅助逆变器与充电机的供电仅与受电弓有关，HSCB 的动作不会影响辅助逆变器与充电机的供电。

1. 合闸条件

①司机台已解锁(=22-K151 闭合)。

②受电弓已升起(由降弓位置传感器检测，并通过 DX 模块向 TCMS 发送)。

③“紧急停车”按钮没有被拍下。

④TCMS 收到高速断路器合闸指令。

⑤TCMS 没有收到高速断路器分闸指令。

当以上条件满足时，将控制高速断路器闭合并保持。

2. 高速断路器合闸操作

操作目标：控制 HSCB 线圈，进行合闸操作。

操作设备：副台“HSCB 合”绿色带灯按钮 =21-S04。

操作方法：按下副司机台上的“HSCB 合”绿色带灯按钮 =21-S04，闭合 HSCB，当全车的 4 台 HSCB 闭合后，=21-S04 绿色指示灯点亮。

3. 控制原理

HSCB 的合闸和分闸由列车控制模块 VCM(即 VCU 单元)和牵引逆变器控制单元 DCU(又称逆变控制单元 ICU)控制。HSCB 控制指令的传输过程如图 3-18 所示。当司机按下有人司机室副台上的合闸按钮时,发出合闸指令(DC 110 V 信号);合闸指令经硬线电路传送到 B 车和 C 车牵引逆变器的 DIO 接口,转换为符合 MVB 协议的合闸请求信号;合闸请求信号通过 MVB 总线传送回 VCU;当 VCU 收到 HSCB 合闸指令后,若满足合闸条件,VCU 发出合闸执行指令,通过 MVB 发送到 B 车和 C 车 DCU,通过 DIO 接口输出 DC 110 V 的"HSCB 允许"信号和"HSCB 合"信号,执行合闸操作。其中"HSCB 允许"信号是一个持续信号,当"HSCB 允许"信号存在时,允许 HSCB 闭合,当"HSCB 允许"信号消失时,HSCB 将断开;而"HSCB 合"信号是一个持续 1 s 的短时信号,用于合闸启动时,短接串联在 HSCB 合闸线圈的限流电阻,使合闸线圈获得较大的励磁电流,从而使 HSCB 迅速而可靠地闭合。

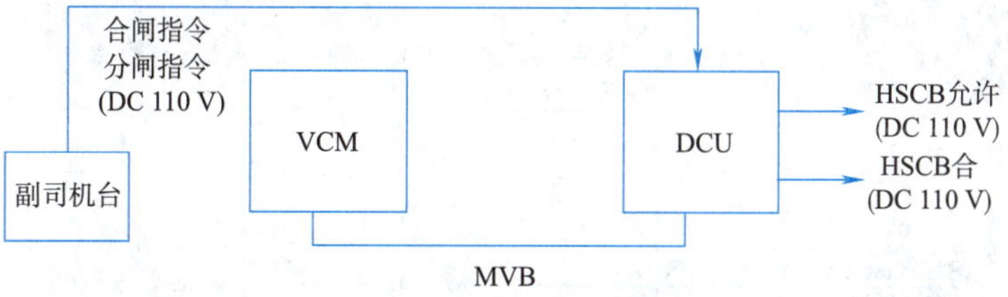

图 3-18　HSCB 控制指令的传输过程

4. 合闸控制过程

(1)合闸指令的发出

如图 3-19 所示,按下副司机台"HSCB 合"绿色带灯按钮 =21-S04,DC 110 V 由 A 车"受电弓控制电源"线 320212→"紧急停车 A"继电器 =22-K108 常开触点 4-12→210351 线→"司机室占有"继电器 =22-K151 常开触点 23-24→210352 线→"HSCB 分"按钮 =21-S103 常

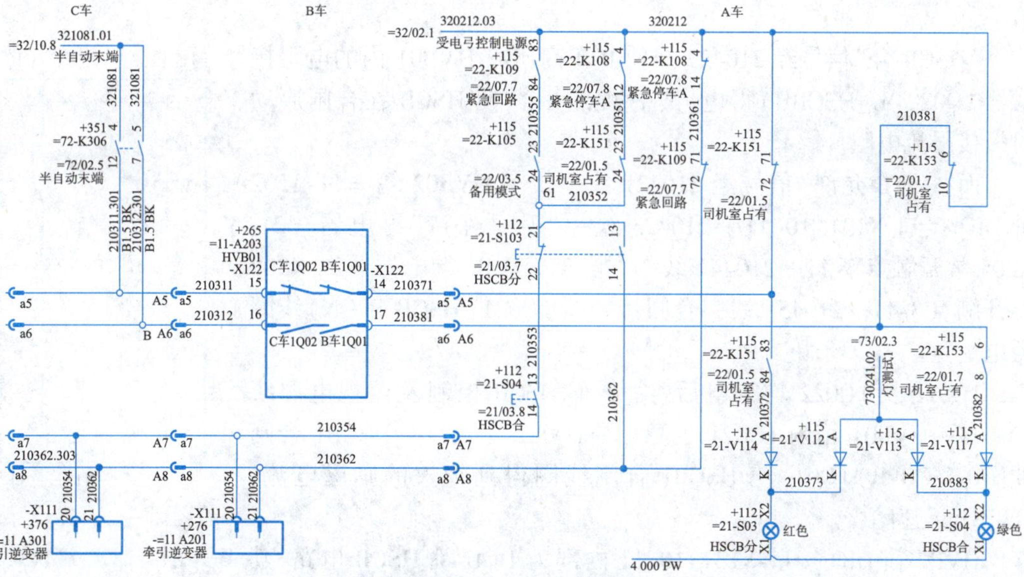

图 3-19　HSCB 指令及监视

闭触点 21-22→210353 线→“HSCB 合”按钮 =21-S04 常开触点 13-14 使合闸列车线 210354 得电,210354 线高电平信号输入 B 车及 C 车牵引逆变器的 DIO 接口 X111:20,通过接口单元转换成合闸请求信号(MVB 信号),通过 MVB 总线把合闸请求信号发送到 VCU。

(2)合闸过程

如图 3-20 所示,VCU 接收到 HSCB 合闸指令后,若满足合闸条件,VCU 发出合闸执行指令,通过 MVB 传送到 B 车牵引逆变器箱 =11-A201,经其 DIO 接口-X112:8 及-X112:9 输出“HSCB 允许”信号和“HSCB 合”信号。

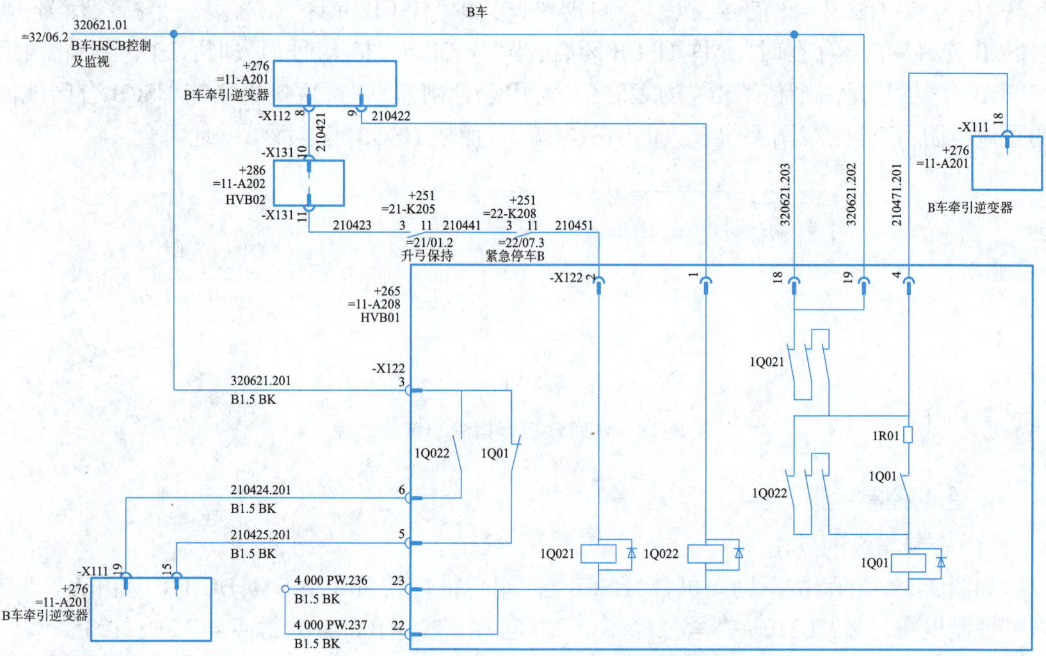

图 3-20　B 车 HSCB 控制

“HSCB 合”信号经 210422 线使 B 车高压箱 HVB01 内的电阻接触器 1Q022(L_HSCBR)得电,其主触点闭合,使 HSCB 在合闸启动时短接限流电阻。

而“HSCB 允许”信号经 210421 线→B 车 HVB02 箱 =11-A202 的 DIO 接口-X131:10-11→210423 线→“升弓保持”继电器 =21-K205 常开触点 3-11→210441 线→“紧急停车 B”继电器 =22-K208 常开触点 3-11→210451 线→合闸接触器 1Q021(HSCB B ON)线圈得电。

1Q021 及 1Q022 均得电后,由 B 车 HSCB 控制及监视电源线 320621→HVB01 箱内 1Q021 主触点→1Q022 主触点→HSCB1 合闸线圈(HSCB B)1Q01,使 HSCB1 合闸线圈得到较大的励磁电流,HSCB1 迅速闭合。

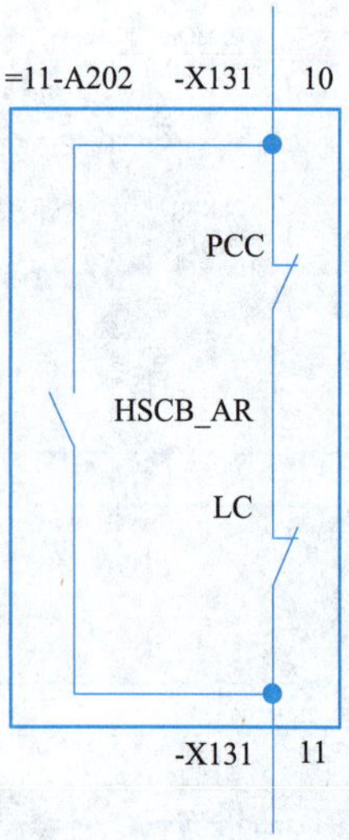

图 3-21　DCU 跳 HSCB 电路原理

HVB2 箱 DIO 接口-X131:10-11 内部为 DCU 跳 HSCB 电路,其原理如图 3-21 所示。PCC 为预充电接触器,LC 为线路接触器,

HSCB_AR 为辅助跳闸继电器。列车启动时,预充电接触器与线路接触器均处于失电状态,其反联锁闭合,从而将-X131:10-11 接通。当 HSCB 闭合后,辅助跳闸继电器 HSCB_AR 闭合。而当方向手柄离开零位后,启动预充电,PCC 得电;预充电完成后, LC 得电,PCC 失电。此期间,电路仅由 HSCB_AR 常开触点维持闭合。当牵引逆变器发生严重故障时,DCU 发出指令,使 HSCB_AR 断开,将-X131:10-11 间电路断开,从而断开 1Q021 接触器供电,继而使 HSCB 跳闸。

(3)合闸保持

高速断路器 HSCB1 闭合过程中,“HSCB 合”信号仅保持 1 s,用于大电流闭合 HSCB,1 s 后该信号撤销,1Q022 失电,经 320621→1Q021 主触点→限流电阻 1R01→1Q01 联锁触点→HSCB1 合闸线圈(HSCB B)1Q01,使限流电阻串入 HSCB1 合闸线圈 1Q01 供电电路,从而限制合闸线圈的保持电流,避免 HSCB 线圈因长期流过大电流而造成过热损坏。

在电路中,在分压电阻支路串联 1Q01 联锁触点,若合闸启动时,1Q022 无法闭合,则 HSCB 合闸线圈不会得电,避免 HSCB 在合闸启动故障时,因合闸电流不足而造成的反复重合闸,引发主电路故障。

(4)HSCB2 闭合控制

HSCB2 的控制与 HSCB1 类似,由于 HSCB2 用于 C 车牵引逆变器供电和保护,因此“HSCB 允许”信号、“HSCB 合”信号由 C 车牵引箱 DIO 输出,DCU 跳 HSCB 信号也由 C 车高压箱 HVB2 提供。

如图 3-22 所示,HSCB1 闭合 1 s 后,VCU 通过 MVB 向 C 车牵引逆变器箱发送合闸指令,C 车 DCU 通过 DIO 接口发出“HSCB 允许”信号和“HSCB 合”信号,使 HSCB2 闭合。

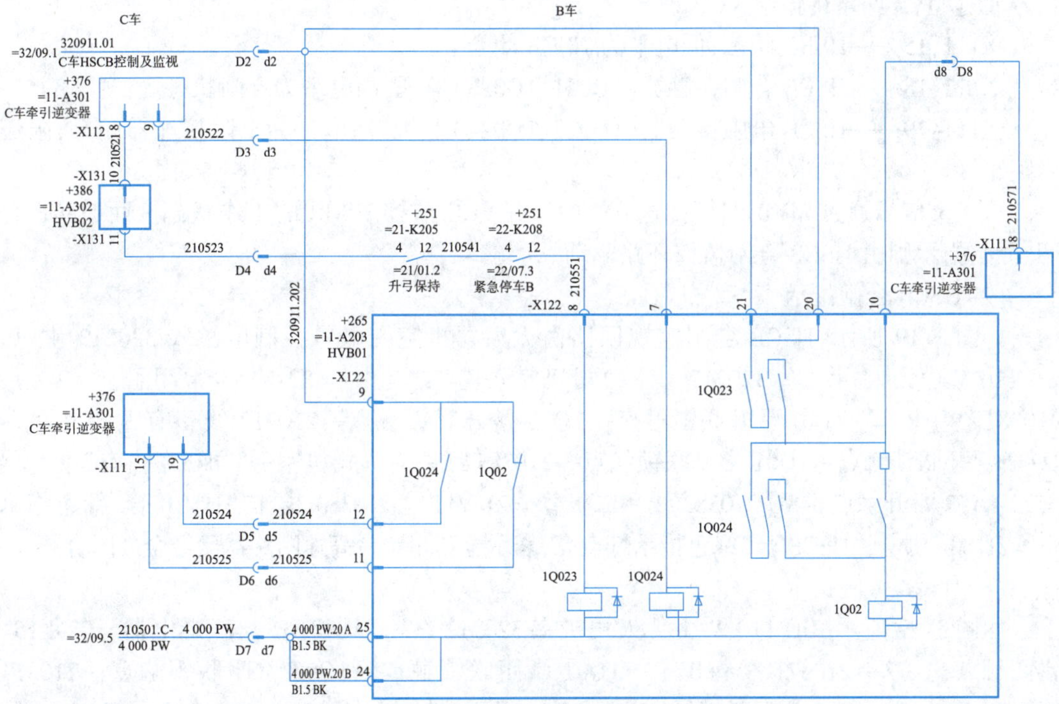

图 3-22　C 车 HSCB 控制

C 车“HSCB 合”信号经 210522 线→车端连接器→B 车高压箱-X122:7,使内部的电阻接触器 1Q024(L_HSCB R)得电,其主触点闭合,在 HSCB2 合闸启动时短接限流电阻。

C 车“HSCB 允许”信号由 C 车牵引逆变器 = 11-A301 的 DIO 接口-X112:8→210521 线→C 车 HVB2 箱 = 11-A302 的 DIO 接口-X131:10-11→210523 线→车端连接器→B 车“升弓保持”继电器 = 21-K205 常开触点 4-12→“紧急停车 B”继电器 = 22-K208 常开触点 4-12→210551 线→B 车高压箱 HVB1 的-X122:8 脚,使 HSCB2 合闸接触器 1Q023(HSCB C ON)线圈得电。

与 HSCB1 的控制作用相同,当 1Q023 及 1Q024 同时得电动作时,DC 110 V 由 C 车 HSCB 控制及监视电源线 320911→HVB01 箱内 1Q023 主触点→1Q024 主触点→HSCB2 合闸线圈(HSCB C)1Q02,使 HSCB2 合闸线圈得到较大的励磁电流,HSCB2 迅速闭合。

1 s 后,C 车“HSCB 合”信号取消,1Q024 失电,经由 320911→1Q023 主触点→限流电阻 1R02→1Q02 联锁触点→HSCB2 合闸线圈(HSCB C)1Q02,限流电阻串入 HSCB2 合闸线圈供电电路,使 HSCB2 合闸线圈在长时工作中保持较低的维持电流。

当高速断路器闭合后,牵引设备还没有电压。在选择驾驶方向后,VCU 启动预充电装置,DC-link 电容开始预充电,经过大约 1.5 s 后,牵引设备具备电压,车辆准备启动。

高速断路器闭合后,司机在发出驾驶命令前要等待大约 15 s。这段时间用来自动激活所有逆变器、牵引逆变器通风机,同时 DCU 检查风机运转情况。

5. HSCB 合闸监视

(1)HSCB 工作状态监视

HSCB 控制电路向 B、C 车牵引逆变器箱 DIO 模块分别输入 3 个数字量检测信号,这些信号通过 MVB 网络传输给 VCU。

-X111:15——HSBC 状态,低电平为 HSCB 闭合。

-X111:18——HSCB 合闸接触器(1Q021、1Q023)监视,高电平为合闸状态。

-X111:19——HSCB 电阻接触器(1Q022、1Q024)监视,高电平为电阻接触器闭合,限流电阻短接。

这 3 个信号通过 MVB 网络传送到 VCU,由 VCU 监控 HSCB 的工作状态。而 HSCB 合闸、分闸指示则由 HSCB 合闸监控环路驱动。

(2)HSCB 合闸指示

如图 3-19 所示,HSCB 合闸监视回路由无人司机室受电弓控制电源线 320212 供电。DC 110 V 由无人司机室 320212 线→“司机室占有”继电器 = 22-K153 常闭触点 10-6→210381 线→B 车→1Q01 常开联锁触点→1Q02 常开联锁触点→210312 线→有人端 B 车→1Q02 常开联锁触点→1Q01 常开联锁触点→210381 线→有人司机室→“司机室占有”继电器 = 22-K153 常开触点 6-8→210382 线→二极管 = 21-V117→210383 线,向“HSCB 合”绿色指示灯 = 21-S04 供电,“HSCB 合”绿色指示灯点亮,表示全列车 4 台高速断路器已经全部闭合。

(3)HSCB 分闸指示

如图 3-19 所示,DC 110 V 由无人司机室 320212 线→“司机室占有”继电器 = 22-K151 常闭触点 71-72→210371 线→B 车→1Q01 常闭联锁触点→1Q02 常闭联锁触点→210311 线→有人 B 车→1Q02 常闭联锁触点→1Q01 常闭联锁触点→210371 线→有人司机室→“司机室占有”继电器 = 22-K151 常开触点 83-84→210372 线→二极管 = 21-V114→“HSCB 分”

红色指示灯 =21-S03,“HSCB 分”红色指示灯点亮,指示全列车 4 台高速断路器已经全部断开。

从上述分析可以看出,仅在有人司机室的“HSCB 合”“HSCB 分”按钮灯会点亮。

当全列车 4 台 HSCB 状态不一致时,有人司机室“HSCB 合”绿色指示灯 =21-S04 和“HSCB 分”红色指示灯 =21-S03 都处于熄灭状态。

(4)半列车运行时的 HSCB 分、合闸指示

半列车运行时,按下 C 车继电器柜“车尾闭路”按钮 =72-S302,使“半自动末端”继电器 =72-K305 得电自持(见图 2-19)。

如图 3-19 所示,在高速断路器闭合时,DC 110 V 由 C 车半自动末端供电线 321081→“半自动末端”继电器 =72-K306 常开触点 5-7→210312 线→C 车 1Q02 常开联锁触点→B 车 1Q01 常开联锁触点→210381 线→A 车“司机室占有”继电器 =22-K153 常开触点 6-8→210382 线→二极管 =21-V117→“HSCB 合”绿色指示灯 =21-S04,“HSCB 合”绿色指示灯点亮,指示半列车的 2 台高速断路器已经全部闭合。

在高速断路器分断时,DC 110 V 由 C 车半自动末端供电线 321081→“半自动末端”继电器 =72-K306 常开触点 4-12→210311 线→C 车 1Q02 常闭联锁触点→B 车 1Q01 常闭联锁触点→210371 线→A 车“司机室占有”继电器 =22-K151 常开触点 83-84→210372 线→隔离二极管 =21-V114→“HSCB 分”红色指示灯 =21-S03,“HSCB 分”红色指示灯点亮,指示半列车的 2 台高速断路器已经全部断开。

二、高速断路器分闸操作

动画

高速断路器分闸控制

1. 分闸操作

操作目标:使 HSCB 线圈失电,高速断路器分闸。

操作设备:“HSCB 分”按钮 =21-S03(红色指示灯按钮)。

操作方法:按下副司机台上的“HSCB 分”红色指示灯按钮 =21-S03,使 HSCB 分闸,当全车的 4 台 HSCB 分闸后,=21-S03 红色指示灯点亮。

2. 分闸控制电路

从高速断路器控制系统的设计上,可以通过两个方面控制高速断路器分断:一是通过 VCU 主动控制高速断路器分断;二是当牵引逆变器发生过流等严重故障时,通过 DCU 控制辅助跳闸继电器失电,从而使高速断路器实施保护分断。

通过按压“HSCB 分”按钮 =21-S03 实施高速断路器分断,实际就是由司机向 VCU 发送分闸请求指令,再由 VCU 把分闸执行指令发送牵引器箱,通过其 DIO 接口取消 HSCB 允许信号,从而实现高速断路器分闸。

如图 3-19 所示,按下副台“HSCB 分”红色指示灯按钮 =21-S03 后,DC 110 V 由 A 车“受电弓控制电源”线 320212→“紧急停车 A”继电器 =22-K108 常开触点 4-12→210351 线→“司机室占有”继电器 =22-K151 常开触点 23-24→210352 线→“HSCB 分”按钮 =21-S03 常开触点 13-14→210362 线,210362 线高电平信号输入 B 车及 C 车牵引逆变器 DIO 接口 X111:21,发出分闸请求。再通过 MVB 总线把司机发出的“HSCB 分”指令发送给 VCU。

如图 3-20 所示,VCU 收到司机的分闸请求指令后,通过 MVB 向牵引逆变器发出分闸执行指令,取消 HSCB 允许信号,B 车、C 车牵引逆变器 DIO 接口-X112:8 输出都变为低电平,从而使 B 车 HSCB B ON 接触器 1Q021 和 C 车 HSCB C ON 接触器 1Q023 均失电,进而使 HSCB1 电磁线圈 1Q01 及 HSCB2 电磁线圈 1Q02 失电,全列车 4 台高速断路器同时分闸,=21-S03“HSCB 分”红色指示灯点亮。

三、高速断路器的保护分闸

1. HSCB 过流时自动跳闸

当流过 HSCB 主触点的电流严重过流时,HSCB 分闸电磁铁线圈流过足够大的电流(预设值为 1800A),分闸电磁铁动作,使主触点退回,HSCB 分闸。

2. 牵引逆变器严重故障时触发 DCU 跳闸

①当牵引逆变器发生 IGBT 损坏等严重故障,或有接地发生时,DCU 发出跳闸指令,使 DCU 辅助跳闸继电器失电,导致 1Q021 或 1Q023 失电,从而使高速断路器跳闸。

②主电路发生接地、短路(HVB02 箱内的接地故障传感器检测到差动电流超过 50A)时,DCU 发出跳闸指令,使 DCU 辅助跳闸继电器失电,导致 1Q021 或 1Q023 失电,从而使高速断路器跳闸。

③当检测到牵引逆变器过流、过热时,DCU 命令逆变器关闭,若逆变器无法关闭,则 DCU 发出跳闸指令,使 DCU 辅助跳闸继电器失电,导致 1Q021 或 1Q023 失电,从而使高速断路器跳闸。

④按下“紧急停车”按钮,或其他原因造成紧急制动安全回路中断时,B 车“紧急停车 B”继电器 =22-K208 失电,其常开触点断开,使 1Q021、1Q023 失电,高速断路器跳闸。

⑤按下降弓按钮,或其他原因发出降弓指令时,“升弓保持”继电器 =21-K205 失电,导致 1Q021 或 1Q023 失电,从而使高速断路器跳闸。

⑥当受电弓降下以后,由 VCU 发出分闸指令,取消 HSCB 允许信号,使高速断路器跳闸。

四、高速断路器故障检查

按下副司机台上“高速断路器合”按钮 =21-S04,若司机显示器 HMI 有故障显示,或 =21-S03“高速断路器断开”按钮仍为红色,则:

①检查“升弓”功能是否激活,受电弓是否处于“升”的位置;

②检查位于 A 车司机座椅后面继电器柜里的 MCB“受电弓控制” =21-F101 是否跳下;

③检查位于 B 车继电器柜里的 MCB“HSCB 控制” =21-F202、“B 车 DCU” =21-F201、“B 车高压箱 2” =23-F202 或 C 车继电器柜里的 MCB“HSCB 控制” =21-F301、“C 车 DCU” =23-F301、“C 车高压箱 2” =23-F302 是否跳下。

思考与练习

1. 高速断路器闭合的条件是什么?
2. 运行中引起高速断路器分断的原因有哪些?
3. 换端操作时需要关闭 HSCB 吗?

4. 关闭司机台时,高速断路器会断开吗?
5. 关闭司机台后,要断开已闭合的高速断路器,该如何操作?
6. MVB 通信故障会影响高速断路器的开闭吗?
7. 高速断路器控制电路上的限流电阻起什么作用?什么时候接入?
8. B 车两台高速断路器闭合的间隔时间相差多少?
9. 高速断路器不能闭合的原因有哪些?

任务四　紧急制动安全回路检查与操作

视　频

紧急制动安全回路

动　画

紧急制动安全回路

任务目标

1. 掌握列车安全回路的构成及保护功能。
2. 掌握零速监控电路的保护作用。
3. 掌握列车安全回路的检查及故障分析。

一、安全回路的功能

使用自动式制动机的列车,存在一条贯通全列车的列车制动管,当列车发生断钩事故时,制动管紧急排风,通过三通阀(或分配阀、控制阀等)的作用,引起全列车紧急制动,这就是我们常说的断钩停车保护功能。

现代的城轨车辆、动车组一般采用电控直接作用式电空制动机,取消了制动管,当列车断钩分离时,不能靠制动管的排风来紧急制动停车。为了使列车具备断钩保护功能,专门设置了一条列车紧急制动安全回路(110 V 硬线电路),利用列车安全回路与制动系统的紧急阀配合,当发生列车分离等事故时,安全回路断路,使"紧急制动"列车线激活(失电),导致制动单元的紧急电磁阀失电,进而引起列车紧急制动作用。

二、安全回路的构成及保护

1. 6 车编组模式时的安全回路

列车安全回路是贯通全列车的环回电路,并将车钩、"紧急停车"按钮等安全相关部件串联在电路中,当电路中任意一点断开时,都引起安全回路断路,从而触发紧急制动。

如图 3-23 所示,紧急制动安全回路由列车控制电源线 320231 供电。假设列车 1 位端为列车激活操作端,则 1 位端 A 车列车激活继电器得电,2 位端 A 车列车激活继电器失电,DC 110 V 控制电压由 2 位端 A 车"列车控制"线 320231→"列车激活 2"继电器 =72-K109 常闭触点 9-5→220771 线→"连挂延时"继电器 =72-K09 常闭触点 15-18→220761 线→主司机台"紧急停车 1"按钮 =22-S07 常闭触点 11-12→220762 线→副司机台"紧急停车 2"按钮 =22-S19 常闭触点 11-12→220763 线→B 车车端连接器 =99-XP271→B 车车端连接器 =99-XP279,进入 C 车,此段电路为 2 位端安全回路 1。

此电路再经 C 车车端连接器 =99-XP379(半自动车钩电气连接器),进入 1 位端单元,经 B 车车端连接器传送到 1 位端 A 车,经副台"紧急停车 2"按钮 =22-S19 常闭触点 12-11→主台"紧急停车 1"按钮 =22-S07 常闭触点 12-11→"连挂延时"继电器 =72-K09 常闭触点 18-

15→1 位端 A 车 220771 线，此段电路为 1 位端安全回路 1。1 位端和 2 位端安全回路构成了连接全列车的“列车安全回路 1”（去线）。

列车安全回路 1 经 1 位端“列车激活 2”继电器 =72-K109 常开触点 5-7→220781 线，220781 线经车端连接器连接全列车，220781 线电路为“列车安全回路 2”（回线）。安全回路 2 负责向安装在 A 车及 B 车的紧急停车继电器 =22-K108、=22-K208 供电，一旦安全回路 1 上的任意一点断路，都会使安全回路 2 失电，从而断开紧急停车继电器的供电，触发紧急制动、受电弓降弓和高速断路器分闸，停止列车牵引。

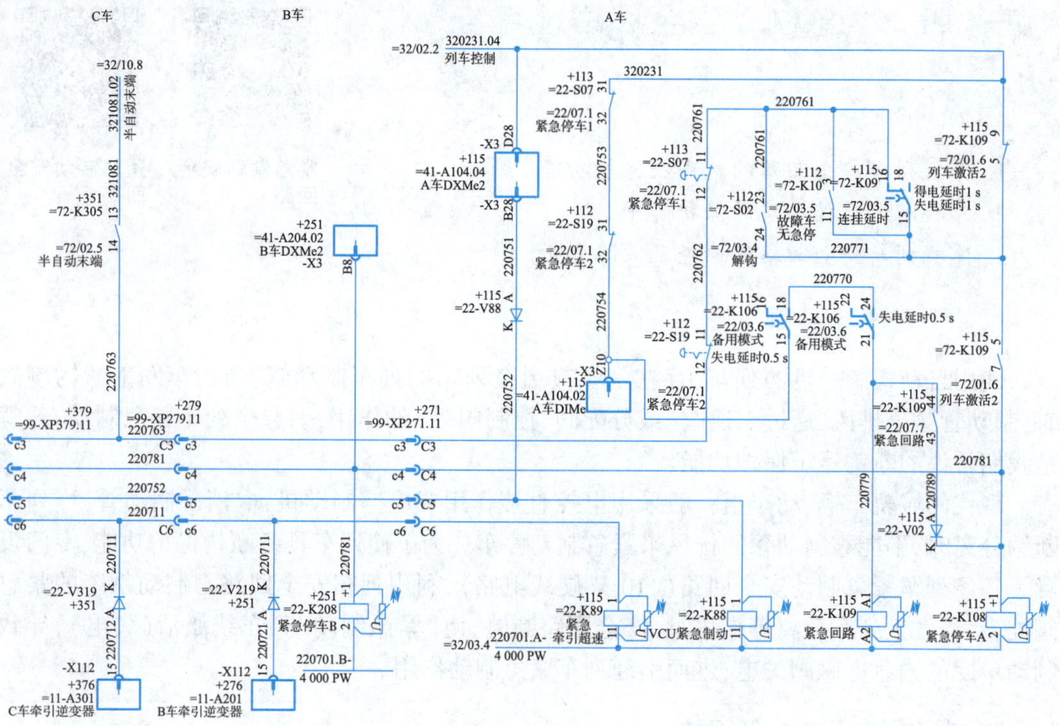

图 3-23　紧急制动安全回路

上述电路中，若为 6 车编组的正常牵引状态，两端 A 车全自动车钩“连挂延时”继电器 =72-K09 及“故障车无急停”继电器 =72-K10 均处于失电状态，由 =72-K09 常闭触点 15-18 接通 220771 线与 220761 线，连通安全回路；若为牵引—拖拉模式，则连挂端 =72-K09、=72-K10 均得电，通过 =72-K10 常开触点 11-3 接通 220771 线与 220761 线，使被拖拉列车的辅助安全回路接入牵引列车的安全回路。

从以上分析可知，此列车的安全回路是一种简化的列车安全回路，电路只对全车 4 个“紧急停车”按钮及车端连接器进行监控，而不监控半永久牵引杆及半自动车钩的连挂状态，其对半自动车钩的监控任务改由列车激活/车钩监控电路执行。

2. 安全回路的保护作用

当可触发安全回路动作的所有断点正常时（所有的“紧急停车”按钮都没按下，车端连接器正常连接，没有发生断线故障），由 220781 线向 A 车“紧急停车 A”继电器 =22-K108 及 B 车“紧急停车 B”继电器 =22-K208 供电。当按下司机台叩击按钮 =22-S07、=22-S19，或车端连接器断路、非激活操作端司机室"列车控制"MCB＝22-F101 跳闸时,都会导致 220781 失电,从而使 A 车和 B 车紧急继电器同时失电。

A 车"紧急停车 A"继电器＝22-K108 失电,导致"紧急制动命令"列车线 220535 失电,使制动系统产生紧急制动(见图 4-12),同时,发出紧急降弓指令(见图 3-14),使全列车受电弓落下。

B 车"紧急停车 B"继电器＝22-K208 失电,使合闸继电器 1Q021(见图 3-20)、1Q023(见图 3-22)失电,使全列车 4 台高速断路器断开。

3. 引起安全回路断路的一般原因

①人为按下"紧急停车"按钮。需要注意的是,在非操纵端按下"紧急停车"按钮,同样引起安全回路中断,产生紧急停车。

②A 车全自动电子钩头(在拖拉模式时)、两 C 车之间的半自动电子钩头、A 车与 B 车及 B 车与 C 车之间的车端连接器(E-连接器)接触故障或断线。

③非激活操作端司机室继电器柜"列车控制"MCB＝22-F101 跳闸,造成安全回路供电中断(见图 3-8)。

4. 3 车编组模式时的安全回路

若为 3 车编组模式,列车激活时需要由司机按压 C 车的"车尾闭路"按钮＝72-S302,使半自动末端继电器得电。此时,由半自动末端电源线 321081→"半自动末端"继电器＝72-K305 常开触点 13-14→220763 线→B 车车端连接器＝99-XP279、＝99-XP271→副台"紧急停车 2"按钮＝22-S19 常闭触点 12-11→主台"紧急停车 1"按钮＝22-S07 常闭触点 12-11→"连挂延时"继电器＝72-K09 常闭触点 18-15→Ⅰ端 A 车 220771 线→"列车激活 2"继电器＝72-K109 常开触点 5-7→220781 线,再经车端连接器连通到 B 车、C 车,从而构成半列车运行时的列车安全回路。

视频

救援模式下的安全回路

三、拖动模式时的列车安全回路

列车救援时,通常由一列正常的列车牵引另一列故障列车回车辆段。当两列车连挂好以后,把救援列车连挂端"拖动模式"开关＝72-S04 向右旋转到"闭合"位,激活拖动模式。此时,被救援列车处于被牵引模式,其辅助安全回路加入救援列车的安全回路中。行车时,敲击被救援列车的任意一个紧急按钮,都会使救援列车安全回路中断,触发列车紧急制动。

拖动模式下故障车急停回路如图 3-24 所示。当司机闭合救援列车连挂端(为方便描述,以下称 A 列 2 位端 A 车)"拖动模式"开关＝72-S04 后,DC 110 V 由("A 车常规负载"320113 线→"列车连挂"微型断路器＝72-F101→)"列车连挂"320461 线→"拖动模式"开关＝72-S04 触点 13-14→720351 线→自动车钩电钩头＝72-Y01-008 端子→被救援列车连挂端(以下简称 B 列 1 位端 A 车)＝72-Y01-108→720361 线,使 B 列 1 位端 A 车"故障车连挂端"继电器＝72-K11 线圈得电,＝72-K11 常闭触点 11-12 断开 720342 线与 720313 线的连接。

由 720351 线→A 列 2 位端 A 车＝72-Y01-011 端子→B 列 1 位端 A 车 72-Y01-111 端子→720342 线→B 列 1 位端 A 车主台"紧急停车 1"按钮＝22-S07 常闭触点 22-21→副台"紧急停车 2"按钮＝22-S19 常闭触点 22-21→720312 线→B 列 2 位端 A 车副台"紧急停车 2"按

钮 =22-S19 常闭触点 21-22→主台“紧急停车 1”按钮 =22-S07 常闭触点 21-22→720312 线→“故障车连挂端”继电器 =72-K11 常闭触点 11-12→“故障车急停回路 2”720313 线→B 列 1 位端 =72-Y01-012 端子→A 列 2 位端 =72-Y01-112 端子→720353 线→“故障车无急停” =72-K10 线圈得电，其常开联锁触点闭合，此电路构成故障车急停回路（辅助安全回路）。

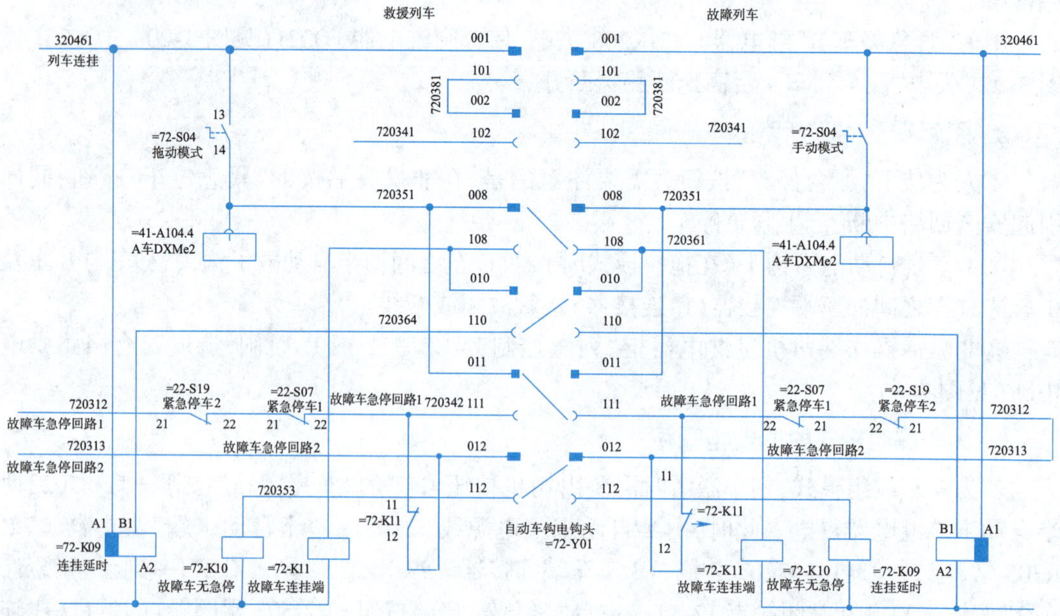

图 3-24　故障车急停回路

图 3-24 中，“连挂延时”继电器 =72-K09 为双线圈时间继电器，当两个线圈同时得电时，其常闭联锁触点延时断开，而当任一线圈失电的同时，其常闭触点延时闭合。此时，A 列 2 位端 A 车“连挂延时”继电器 =72-K09 的 A1 线圈由“列车连挂”电源线 320461 直接供电。另一路，由 720351 线→A 列 2 位端 =72-Y01-008→B 列 1 位端 =72-Y01-108→720361 线→B 列 1 位端 =72-Y01-010→A 列 2 位端 =72-Y01-110→720364 线，向 A 列 2 位端 A 车“连挂延时”时间继电器 =72-K09 的 B1 线圈供电电，延时 1 s 后，其常闭联锁触点打开。

这样，图 3-23 中救援列车连挂端 220761 线与 220771 线之间改由 =72-K10 常开触点 3-11 导通，从而将故障车急停回路加入救援车紧急制动安全回路中。在运行过程中，敲击故障车任意一个“紧急停车”按钮 =22-S07、=22-S09，都会导致故障车急停回路断开，从而使救援车连挂端“故障车无急停” =72-K10 失电，使援救车紧急制动安全回路断开，使列车发生紧急制动。

此外，由于 =72-K09 的得电延时与失电延时属性，救援列车连挂时，不会产生紧急制动，而救援列车解挂时，必然产生紧急制动。

四、备用模式时的急停控制

在 ATP 切除、总风压力可用（总风压力 >7.0 bar）的条件下，通过闭合继电器柜上的备用模式开关 =22-S110，启动备用模式时，备用模式继电器 =22-K106 线圈得电（见图 4-10）。

如图 3-23 所示，在备用模式下，DC 110 V 由列车控制电源线 320231→主台“紧急停车”

按钮 =22-S07 常闭触点 31-32→220753 线→副台紧急停车按钮 =22-S19 常闭触点 31-32→220754 线→“备用模式”继电器 =22-K106 常开触点 15-18→ =22-K106 常开触点 24-21→220779 线，使“紧急回路”继电器 =22-K109 线圈得电。

=22-K109 常开触点闭合，由 220779 线→ =22-K109 常开触点 43-44→220789 线→隔离二极管 =22-V02→220781 线得电，向“紧急停车 A”及“紧急停车 B”继电器供电，从而将紧急制动安全回路旁路。此时除敲击有人司机室急停按钮外，安全回路任意一点断路，包括敲击无人司机台的急停按钮、车端连接器断线，都不会产生紧急制动。

此时，若敲击有人司机室的急停按钮，将使 220781 失电，实现紧急制动保护。若发生列车断钩事故，则通过断开列车激活回路(即断开蓄电池供电)，实现紧急停车保护。

五、速度 >0 信号

当警惕装置动作，或发生紧急制动时，都必须等列车停车后，才能恢复。因此系统中设置了速度 >0 检测电路。

如图 3-25 所示，速度信号由 A 车与 C 车制动控制装置检出。当速度 >0 时，A 车、C 车制动控制装置输出高电平，向 220882 线供电，使 A 车速度 >0 继电器 =22K-118 及 C 车速度 >0 继电器 =22K-318 线圈得电，输出速度 >0 信号。

当列车停车时，A 车、C 车制动控制装置均输出低电平，220882 线失电，A 车速度 >0 继电器 =22K-118 及 C 车速度 >0 继电器 =22K-318 线圈失电，从而输出零速信号。

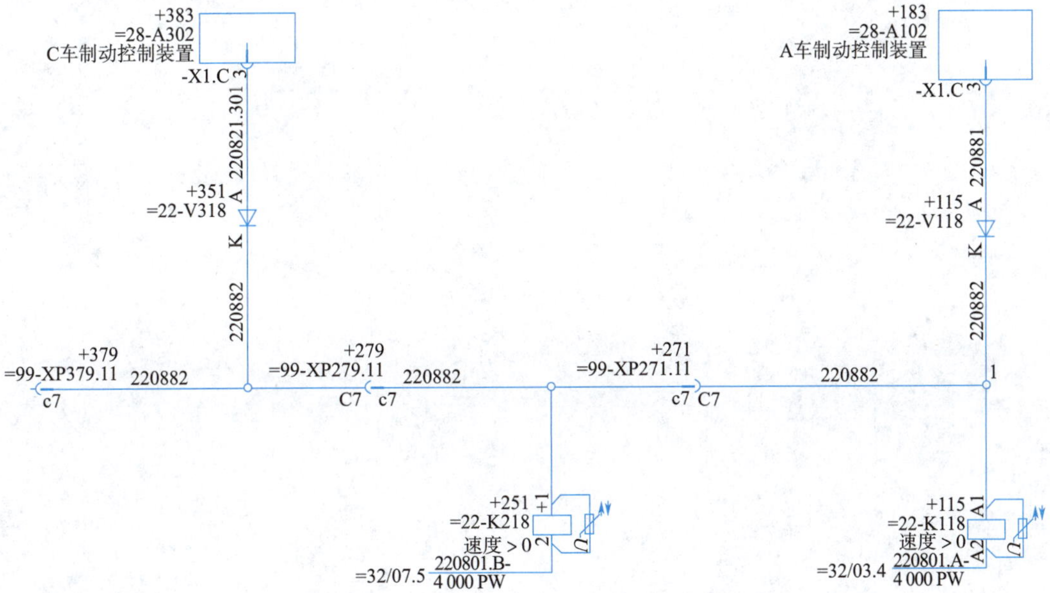

图 3-25　速度 >0 信号

思考与练习

1. 紧急安全回路起什么作用？
2. 有哪些原因会引起列车安全回路中断？

3. 安全回路中断后,会发生什么现象?
4. 安全回路中断后,如何处理?
5. 牵引-拖拉模式下,按压被牵引车“紧急停车”按钮,能产生紧急制动作用吗?
6. 被牵引车处于非激活状态,安全回路起作用吗?
7. 安全回路中断后,故障解除,安全回路能立即恢复吗?
8. 在备用模式下,如何实现紧急停车?
9. 若救援车处于备用模式,会存在什么问题?

项目四
牵引制动控制

能力目标

1. 能够熟练设置列车方向,操作警惕按钮,并能判定电路工作是否异常。
2. 能够熟练牵引与制动运行操作。
3. 能够准确判断牵引指令封锁的原因,及时准确给出处理对策。
4. 能够熟练进行紧急牵引、备用模式启动、列车连挂操作。

视 频

牵引方向控制

任务一　牵引方向控制

任务目标

1. 掌握司机控制器钥匙开关、方向手柄、主控手柄之间的联锁关系及司机控制器联锁触点在电路图中的表示方法。

2. 掌握列车牵引方向控制电路的构成条件。

一、认识司机控制器

1. 司机控制器结构与逻辑功能

(1)司机控制器的结构

司机控制器设有主控手柄和方向手柄两种操作机构,主控手柄顶部设置警惕按钮。司机控制器设有机械锁,需要用司机钥匙(77 号钥匙)解锁后方可操作方向手柄和主控手柄。

司机控制器属于凸轮型电器,内部换向控制器和主控制器设置了两组凸轮,每组凸轮与一组自净式速动开关元件配合,形成组合开关。推拉方向手柄可推动换向凸轮旋转,推拉主控手柄则可驱动控制凸轮旋转,从而通过凸轮的升程或降程驱动相应的触点动作。换向控制器和主控制器内部如图 4-1 所示,换向凸轮上布置有 7 片凸轮,与 7 个自净式速动开关元件配合,实现列车向前、向后运行控制;而主控凸轮上有 9 片凸轮,与 9 个自净式速动开关元件配合,实现牵引制动指令控制。操作方向手柄、主控手柄时,驱动换向凸轮、主控凸轮转动,从而通过凸轮压缩或释放自净式速动开关元件,输出相应的控制指令。操作主控手柄时,还同步驱动参考值设定电位器旋转,向电子柜输出用于牵引力和制动力控制的电压参考信号。

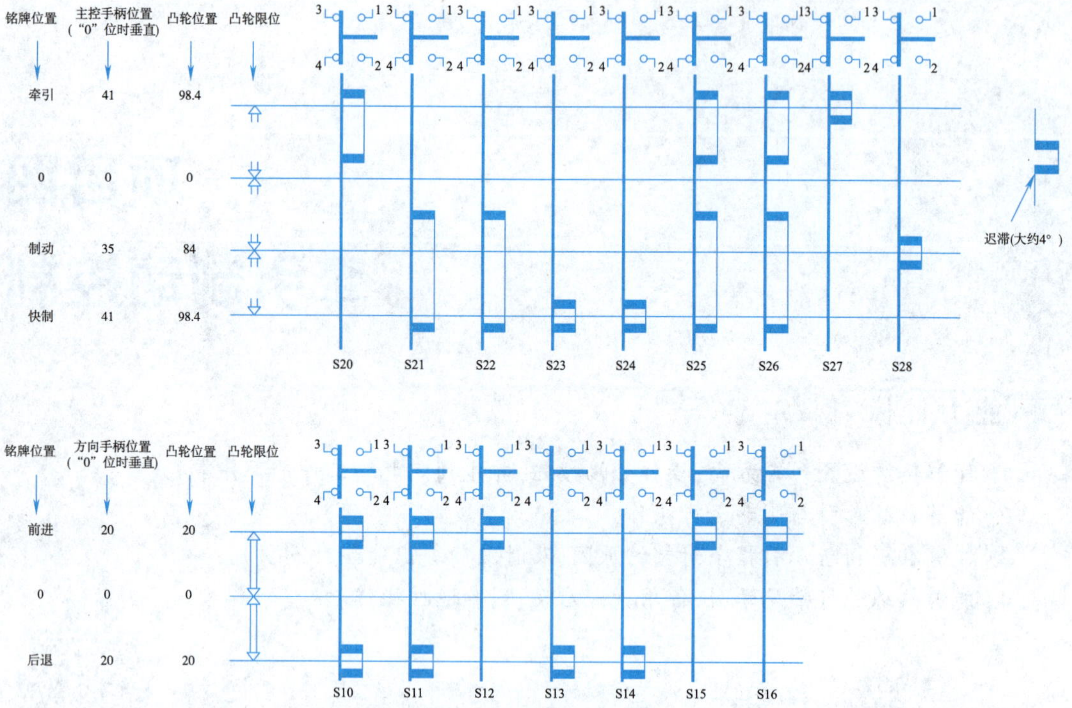

图 4-1　司机控制器内部逻辑图

司机主控手柄顶部还装有一个警惕按钮，通过传动顶杆驱动按钮开关动作。手动驾驶时，必须按下此按钮，若松开此按钮超过 3 s(此延时时间可根据地铁公司要求调整)，将触发紧急制动作用。

司机控制器内部换向开关、主控开关、警惕按钮开关、钥匙开关及电位器电路如图 4-2 所示。

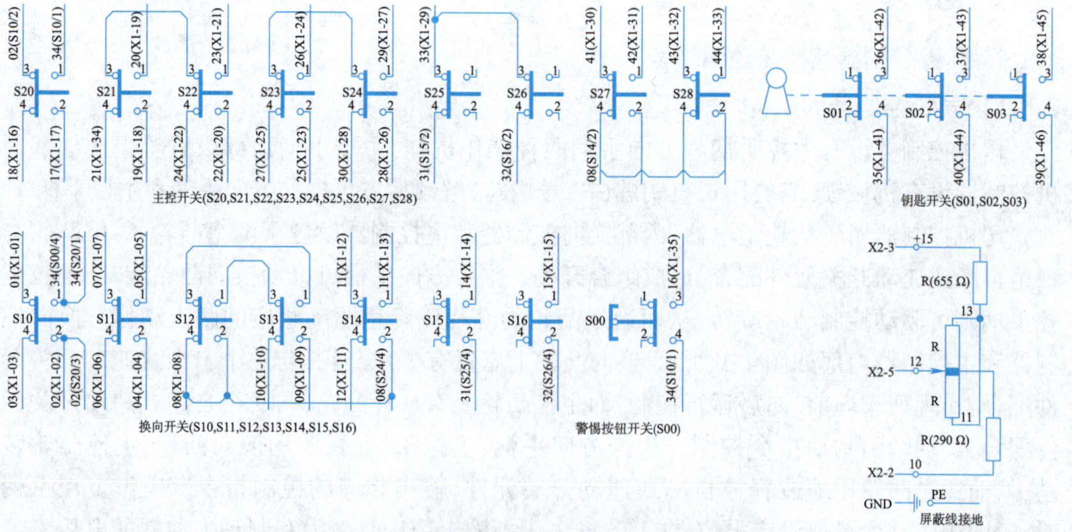

图 4-2　司机控制器内部开关与电位器电路

(2)司机控制器的联锁关系及要求

①主控手柄有"牵引"区、"0"位、"制动"区、"快速制动"位四个挡位。

②方向手柄有"向前"、"0"、"向后"三个挡位。

③主控手柄和方向手柄相互联锁(即:主控手柄在"0"位时,方向手柄方可操作;方向手柄在非"0"位时,主控手柄方可操作)。

④方向手柄只有在"0"位时,机械锁方可锁闭司机控制器。

⑤主控手柄在"牵引"最大位、"制动"最大位、"快速制动"位均有定位,在这些挡位之间为无级调节。

⑥方向手柄在各挡位均有定位,使方向手柄稳定在相应的挡位中。

(3)主要参数

①触点型号:S826a/L、S826e/L、S826c/L。

②触点额定工作电压(U_e):DC 110 V。

③触点额定工作电流(I_e):DC 1 A。

④触点约定发热电流(I_{th}):DC 10 A。

⑤触点防护等级:IP40(触点)、IP00(接线)。

⑥给定电位器型号:PW70(1 043 Ω×2)。

⑦调整电阻器型号:RX20-10 274 Ω 4 W、RX20-10 28 Ω 4 W。

2. 司机控制器电路图识读

司机控制器在电路图中的代号是=22-A01,内部所有联锁触点统一编号。如警惕按钮触点编号为S00,钥匙开关触点编号为S01~S03,方向手柄触点编号为S10~S16,牵引手柄触点编号为S20~S28。

运行方向设定、牵引制动指令及参考值给定,以及司机台解锁、警惕响应等指令均通过司机控制器发出。通过对主控凸轮及换向凸轮的凹、凸角度设置,可以使手柄在每个工作位置控制多个电器触点同时开闭,从而使多条电路支路同时动作,互相配合。主控凸轮和换向凸轮上开关元件的开闭,均按图4-1所示逻辑关系进行动作。如方向手柄在"0"位时,S10正联锁触点1-2断开,S10反联锁触点3-4闭合;当方向手柄置"前"位时,由于凸轮有一个升程,推动微动开关,S10正联锁触点1-2闭合,而S10反联锁触点3-4断开。

在具体的电路图中,司机控制器各联锁触点分布在各个不同的控制支路中,用如图4-2所示的逻辑图表达很不方便,为了在具体应用电路中清楚表示每个触点的开闭关系,使用了如图4-3所示的表示方法。

在图4-3中,用方框表示凸轮在该位置产生升程,压迫了联锁开关(即在此位联锁开关有动作),此时,常开触点闭合,常闭触点断开。反之,若该位置没有方框,凸轮无升程,没有压迫联锁开关,因而在该位置常开触点断开,常闭触点闭合。

如图4-3所示,方向开关S10的常开触点在"F"(向前)位、"R"(向后)位闭合,在"0"位断开。

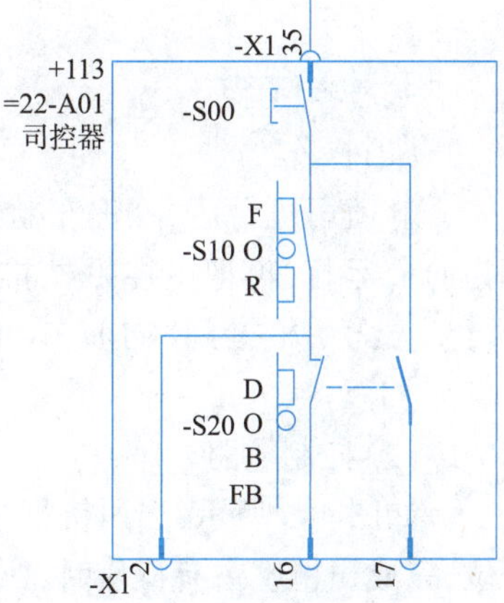

图4-3　司机控制器触点开闭逻辑表示方法

动 画

牵引方向控制

主控开关 S20 的常闭触点在“0”位、“B”(制动)区、“FB”(快制)位均无方框,表示该联锁触点在这些位置均闭合,而在“D”(牵引)区画有方框,表示此常闭联锁触点在此位断开。

二、牵引方向控制

1. 牵引方向控制原理

由于采用交流传动控制系统,要设定运行方向,只需向牵引逆变器 VVVF 发出“向前”或“向后”指令信号,由逆变器控制单元控制 VVVF 改变输出相序,即可实现牵引方向的改变。如图 4-4 所示,SZML1S 列车采用两根贯通全列车的向前、向后列车线进行方向指令的传递。向前列车线与向后列车线把方向指令信号输入 A 车 DIMe 模块,通过 MVB 把方向指令传递到 VCU 单元。向前、向后列车线还把方向指令传送给每台牵引逆变器的控制单元,实现牵引方向指令的网络传输与硬线传输。由于两个半列车单元为背对背布置方式,两单元的向前、向后列车线在两 C 车连接处通过车端连接器实现交叉。向前、向后信号同时通过网络和列车线传递,在正常工况下,牵引控制单元优先选取网络传递的向前、向后信号,只有在紧急牵引工况下选取向前、向后列车线的信号。

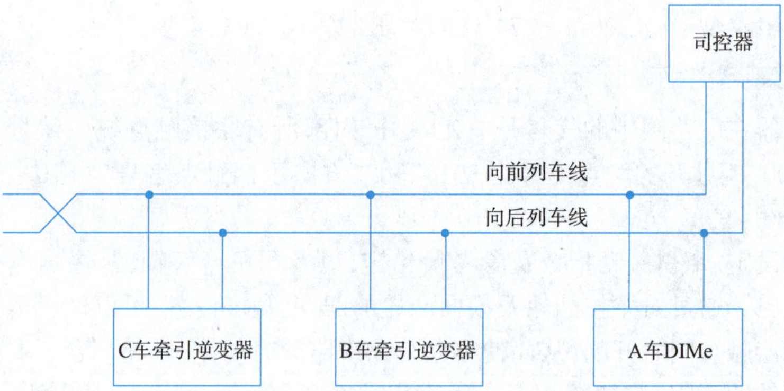

图 4-4　牵引方向控制原理

2. 向前运行

(1)操作

解锁司机台后,在停车状态下,将方向手柄推到“向前”位,即设定了列车的牵引方向为向前运行,再把主控手柄推向“牵引”区,或通过 ATO 系统操作,即可实现向前牵引运行。方向手柄推到“向前”位时,列车前端的前照灯点亮,后端的红色运行灯和红色尾灯点亮。

(2)控制电路

如图 4-5 所示,当司机把主控钥匙(78 号钥匙)插入司机控制器钥匙开关,并旋转到“1”位,完成司机室占有操作时,“钥匙解锁”继电器 =22-K155 得电(参阅图 3-9),其常开触点 3-11 闭合,使“方向及牵引指令电源”线 220271 得电,准许司机在有人司机室操作司机控制器方向手柄,设定运行方向。

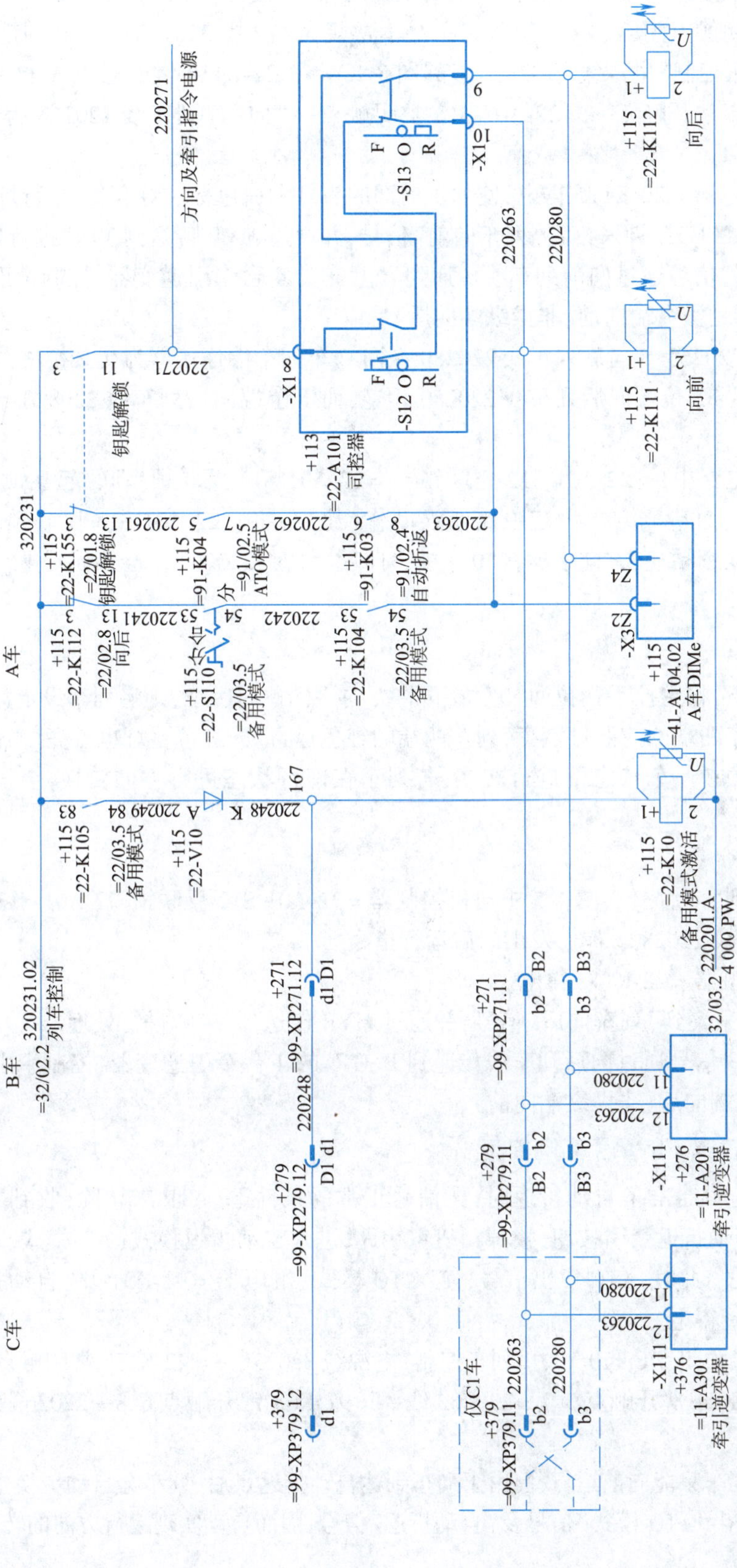

图 4-5　牵引方向控制电路

若方向手柄推到“向前”位,司机控制器方向手柄联锁开关 =22-A01-S12 常开触点、=22-A01-S13 常闭触点闭合,DC 110 V 由“A 车常规负载”线 320113→“列车控制”MCB =22-F101→“列车控制”电源线 320231(参阅图 3-8)→ =22-K155 常开触点 3-11→220271 线→ =22-A01-S12 常开触点→ =22-A01-S13 常闭触点→“向前”列车线 220263 得电,从而实现:

①“向前”继电器 =22-K111 得电,使列车前部的头灯和白色标志灯、白色运行灯点亮。

②DIMe 模块-X3:Z2 脚采集到“列车向前”信号,并通过 MVB 传送到 VCU 进行处理。

③“列车向前”信号通过向前列车线传递到 B、C 车的 4 台牵引逆变器,控制牵引电机实现向前运行(实际是操纵端向前,非操纵端向后)。

向前列车线 220263 与向后列车线 220280 在两 C 车的车端连接器为交叉接法,1 位端向前列车线 220263 与 2 位端向后列车线 220280 相连,而 1 位端向后列车线 220820 与 2 位端向前列车线相连。

在方向设定电路中,=22-A01-S12 正联锁与 =22-A01-S13 反联锁串联,起互锁作用,避免因联锁触点粘连而造成方向设定电路错误动作(比如,将 =22-A01-S13 反联锁取消,若 =22-A01-S12 正联锁粘连,方向手柄在“0”位或“向后”位时,220263 线会错误得电)。

3. 向后运行

(1)操作

在停车状态下,将主控手柄拉回“0”位,再将方向手柄拉向后位,则将列车设定为向后运行方式。此时列车两端的前照灯点亮,列车两端的红色运行灯、红色尾灯也点亮。

方向手柄必须在停车状态下进行转换,若列车在惰行状态进行方向转换,会发生紧急制动。

(2)控制电路

方向手柄推到“向后”位,图 4-5 中司机控制器 =22-A01-S12 反联锁、22-A01-S13 正联锁闭合,使向后列车线 220280 得电,发出向后运行指令:

①“向后”继电器 =22-K112 得电。

②DIMe 模块采集到“列车向后”信号,并通过 MVB 传送到 VCM 进行处理。

③“列车向后”信号通过向后列车线传递到 B、C 车的 4 台牵引逆变器,控制牵引电机实现向后运行(操纵端向后,非操纵端向前)。

4. 自动折返模式下的牵引方向控制

列车进入指定站台准备自动折返时,在信号正常的条件下(ATP 未切除,收到“自动折返”信号),按下自动折返牵引按钮,拔掉司机室钥匙,进入自动折返模式(AR 模式),按下站台 DTRO,AR 启动。此时,ATC 发出信号,使“ATO 模式”继电器 =91-K04 及“自动折返”继电器 =91-K03 线圈得电。

由于钥匙已经关闭,DC 110 V 由“列车控制”电源线 320231→ =22-K155 常闭触点 3-13→220261 线→ =91-K04 常开触点 5-7→220262 线→ =91-K03 常开触点 6-8→220263 线,发出“列车向前”信号。

AR 模式下,列车只能向前运行,但由于列车到达自动折返点后,列车会自动更换主控司机室,由主控 ATC 发出“ATO 模式”信号及“自动折返”信号,因而自动实现运行方向的转换。

5. 备用模式下的牵引方向控制

在备用模式下，ATP 开关在“分”（切除）位，备用模式旋钮 =22-S110 在“合”位，此时，备用模式继电器 =22-K105 得电。DC 110 V 由“列车控制”电源线 320231→“向后”继电器 =22-K112 常闭触点 3-13→“备用模式”开关 =22-S110 常开触点 53-54→220242 线→“备用模式”继电器 =22-K104 常开触点 53-54→220263 线，发出“列车向前”信号。此时，即使关闭司机钥匙，或者司机控制器故障，都会一直发出“列车向前”信号，除非司机控制器设置“向后”位，发出了“列车向后”信号。

在备用模式下，因旁路了大部分的保护措施，一般不建议向后运行。

思考与练习

1. 司机控制器由哪三部分构成？
2. 司机控制器在哪些位置有定位？
3. 司机控制器各部分的联锁关系是怎样的？
4. 列车怎样实现牵引方向的转换？
5. 列车运行中能够改变运行方向吗？为什么？
6. 列车运行中改变方向手柄，会发生什么现象？
7. ATO 驾驶时，要按下警惕按钮吗？
8. 人工驾驶时，松开警惕按钮会发生什么现象？
9. 激活列车时，制动缸正常压力应该是多少？为什么？
10. 备用模式下，牵引方向控制受哪些因素制约？

任务二　牵引指令与牵引指令封锁时的处理

任务目标

1. 掌握警惕回路的激活条件、保护作用及恢复条件。
2. 掌握列车牵引指令发出的条件。
3. 掌握牵引指令旁路操作方法。
4. 掌握列车牵引指令电路故障分析方法。

视频

警惕回路

一、警惕回路的作用

1. 警惕按钮的保护作用

人工驾驶时，在选择好运行方向后，司机按下主控手柄上方的警惕按钮后，把主控手柄向前推到“牵引”区（“D”区），列车启动运行。行车过程中，若松开按钮超过 3 s（此延时时间可调，一般为 3 ~ 5 s，广州地铁一般整定为 5 s），将引起如图 4-6 所示电路中的“警惕”继电器 =22-K110 动作，触发紧急制动。与安全回路引起的紧急制动作用一样，当“警惕”继电器动作引起紧急制动作用时，必须等列车完全停车后，才能缓解。但“警惕”继电器动作引起紧急制动时，受电弓不会自动降弓，高速断路器也不会自动分闸。

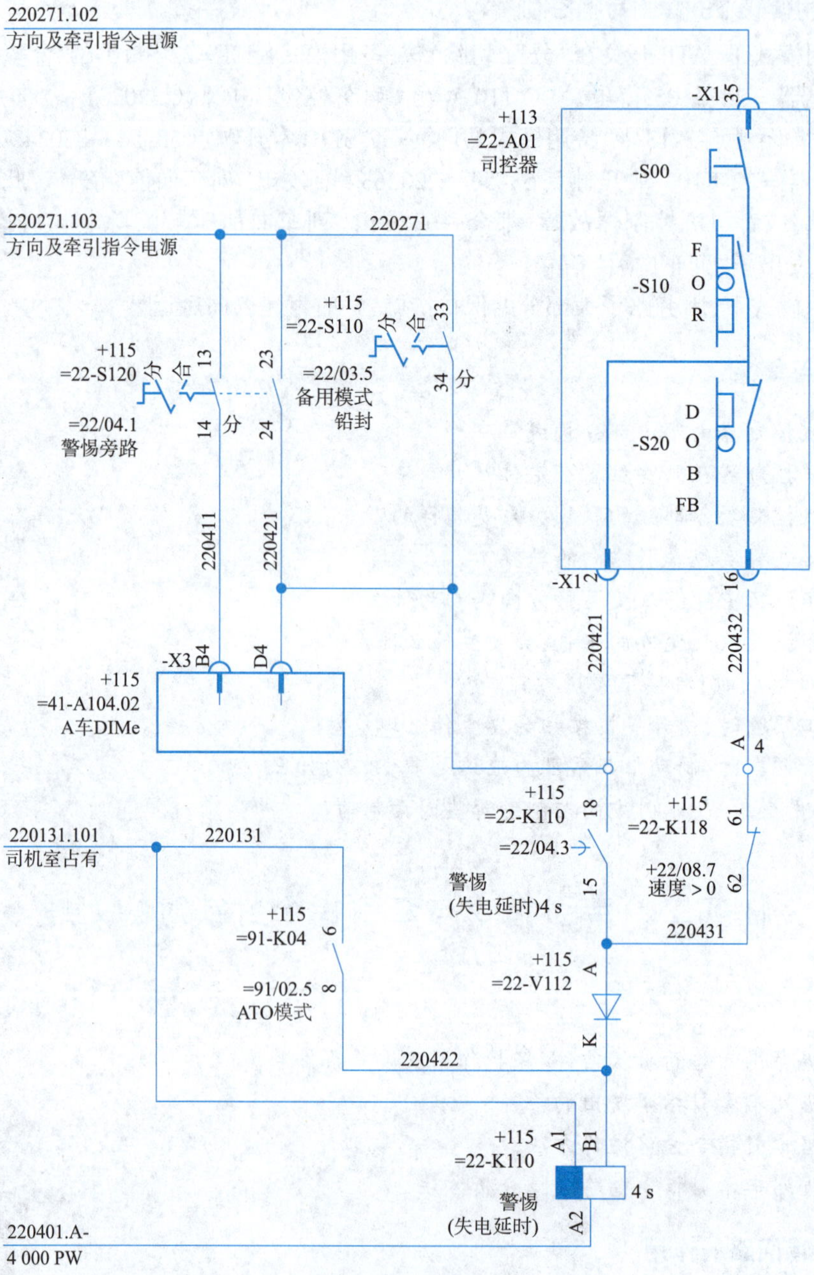

图 4-6 警惕回路

动 画

警惕回路控制

2. 警惕回路的构成与工作原理

如图 4-6 所示，警惕回路由司机控制器、“警惕”继电器（=22-K110）、“速度＞0”继电器（=22-K118）等组成。“警惕”继电器 =22-K110 为双线圈延时继电器，其 A1 线圈由“司机室占有”电源线 220131 固定供电，而 B1 线圈则由警惕回路供电。当警惕回路正常供电时，“警惕”继电器吸合。当警惕回路断开时，B1 线圈失电，当延时时间达到 3～5 s 的整定时间时，“警惕”

继电器释放，其联锁触点动作，使紧急制动回路失电，触发列车紧急制动。

手动驾驶时，在主控手柄处于“0”位的前提下，按下主控手柄顶部的警惕按钮，DC 110 V电源由“方向及牵引指令电源”线220271→司机控制器=22-A01警惕按钮-S00常开触点→-S10常开触点（“向前”位闭合）→-S20常闭触点（0-FB位闭合）→220432线→“速度>0”继电器=22-K118常闭合触点61-62→220431线→二极管=22-V112→220422线，向“警惕”继电器B1线圈供电，“警惕”继电器处于吸合状态。

“警惕”继电器吸合后，通过220421线→=22-K110常开触点18-15→220431线，实现“警惕”继电器B1线圈的供电自持。

3. “警惕”继电器的激活

列车手动驾驶时，若司机松开警惕按钮超过规定时间，“警惕”继电器将发生失电动作，进而启动紧急制动，从而防止因司机失神而产生严重事故，这一过程称为“警惕”继电器激活（或称警惕回路激活）。

当司机推动主控手柄离开“0”位进入“D”区，列车启动，此时，DC 110 V通过220421线→=22-K110常开触点18-15→220431线→二极管=22-V112→220422线，维持向“警惕”继电器B1线圈的供电。

当司机松开警惕按钮时，220421线失电，导致“警惕”继电器=22-K110的B1线圈失电，若松开警惕按钮的时间超过规定时间，则“警惕”继电器复位，其正联锁触点断开，导致“紧急制动”继电器失电，触发列车紧急制动（见图4-12）。

在ATO驾驶模式下，“ATO模式”继电器=91-K04得电，DC 110 V电源经“司机室占有”列车线220131→=91-K04常开联锁触点6-8→220422线，使“警惕”继电器B1线圈始终保持得电。此时，松开警惕按钮，不会引发“警惕”继电器失电动作。

在备用模式下，DC 110 V由“方向及牵引指令电源”线220271→“备用模式”开关常开触点33-34使220421线保持得电，列车启动后，即使松开警惕按钮，也不会导致警惕回路激活。

4. “警惕”继电器动作后的恢复

当“警惕”继电器动作后，将触发列车紧急制动。必须等待列车完全停车后，“速度>0”继电器=22-K118重新失电，才允许“警惕”继电器B1线圈恢复得电。此时，按下警惕按钮，“警惕”继电器=22K-110的B1线圈才能经由=22-K118反联锁触点61-62恢复得电，使“警惕”继电器重新吸合，紧急制动列车线恢复得电，允许列车重新启动运行。

5. 警惕旁路操作

当警惕按钮故障，或其他原因引起“警惕”继电器误动作时，可闭合继电器柜“警惕旁路”旋转开关，进行警惕旁路操作。此时，DC 110 V由220271线→“警惕旁路”开关=22-S120“合”位联锁触点23-24→220241线，再经司机控制器主控手柄联锁=22-A01-S20→“速度>0”继电器=22-K118常闭触点61-62→220431线→二极管=22-V112→220422线，使“警惕”继电器=22-K110的B1线圈得电，再由=22-K110常开触点18-15实现自持。即是说，闭合“警惕旁路”开关时，经由“警惕旁路”开关、主控手柄联锁、零速联锁，使警惕回路进入得电自持状态，不管司机是否按下警惕按钮，警惕回路都不会激活动作，从而实现了警惕旁路操作。

视 频

牵引指令

同时，DC 110 V 电源经“警惕旁路”开关常开触点 13-14 及 23-24 使 A 车 DIMe 模块-X3：B4、D4 针呈高电平，经 MVB 网络向 TCMS 发出“警惕旁路已实施”信号。

二、牵引指令

列车牵引时，必须同时向牵引逆变器控制单元 DCU/M 及 VCU 发送牵引指令（数字信号）和牵引参考值（模拟量信号），才能启动列车运行。DCU/M 收到牵引指令后，根据牵引参考值信号调整牵引逆变器的输出电压、电流与频率，从而实现列车运行速度的控制。

1. 列车牵引运行的条件

为了保证列车运行安全，列车只有在满足下列条件时，牵引指令才会发送到 VCU 和 DCU/M，允许列车启动运行。

①列车停放制动缓解。

②列车所有客室车门关好锁好。

③司机室疏散门关好。

④列车空气制动缓解。

⑤ATP 系统允许列车牵引。

上述任一条件不满足时，列车均无法启动运行，这些条件也称为启动联锁。

2. 启动联锁电路配置及功能

在车辆控制电路中，专门设置了一条有触点保护电路，用于实现上面所述启动联锁保护功能，该电路习惯称为启动联锁电路，如图 4-7 所示为启动联锁电路原理图。牵引指令由司机通过将司机控制器手柄置“牵引”区发出，或者在 ATO 驾驶模式时由 ATC 系统发出，当满足总风风压可用、所有停放制动缓解、所有摩擦制动缓解、所有车门关好锁好、ATP 系统允许列车牵引等条件时，向牵引逆变器发出牵引命令。此外，“所有摩擦制动缓解”作为启动联锁条件直接输入牵引逆变器，当牵引命令与“所有摩擦制动缓解”条件同时满足时，允许列车启动运行。

从图 4-7 中可知，牵引指令同时通过网络和列车线传递。在正常工况下，牵引控制单元优先取网络信号；在紧急牵引时，则优先取列车线信号。

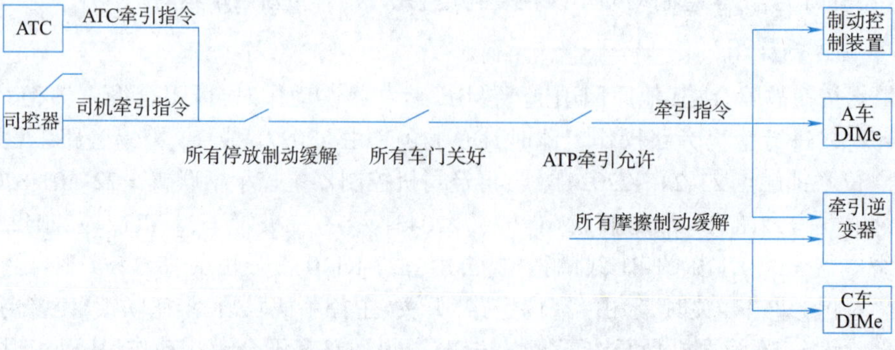

图 4-7 启动联锁电路原理图

为了方便分析，表 4-1 列出了启动联锁电路的有关设备及旁路开关。

表 4-1　启动联锁及旁路开关

序号	启动联锁	启动联锁触点	旁路开关
1	总风压力①	"主风管压力可用"继电器 =27-K02	=27-S110
2	停放制动	"所有停放制动缓解"继电器 =27-K108	=27-S103
3	车门	"列车左门关好"继电器 =81-K109 "列车右门关好"继电器 =81-K110	=81-S110
4	空气制动	"A 车空气制动缓解"继电器 =27-K102 "B 车空气制动缓解"继电器 =27-K202 "C 车空气制动缓解"继电器 =27-K302	=27-S104
5	ATP 牵引允许	"ATP 牵引允许"继电器 =91-K114	=91-K02

①与广州地铁 A2 车设计不同，SZML1S 列车的"总风压力可用"条件不再作为牵引指令启动联锁条件，但当总风压力低于 5.5 bar 时，将会触发列车紧急制动，此时列车同样不能动车，因此，这里把"总风压力可用"仍作为启动联锁条件列入表中。

三、启动联锁电路分析

动画

牵引指令控制

1. 牵引指令的发出

在人工驾驶模式下，列车牵引指令通过主控手柄发出；在 ATO 驾驶模式下，列车牵引指令由 ATC 系统发出。人工驾驶模式与 ATO 驾驶模式下的牵引指令切换由"ATO 模式"继电器 =91-K04 的联锁触点执行。指令切换电路避免了故障情况下的牵引指令叠加，实现同一时刻只允许一个牵引指令发出。

如图 4-8 所示，在人工驾驶模式下，当司机按下警惕按钮，并把主控手柄推到"牵引"区

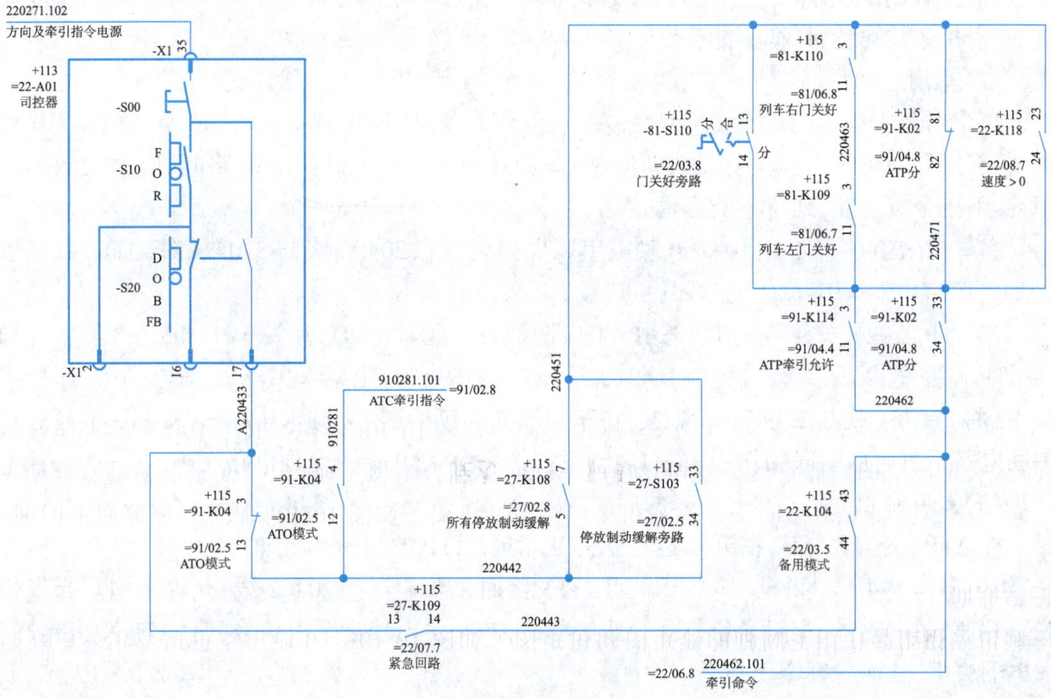

图 4-8　牵引命令

时,DC 110 V 电源由“方向及牵引指令电源”线 220271→警惕按钮 =22-A01-S00→主控手柄 =22-A01-S20 常开联锁触点→220433 线→“ATO 模式”继电器 =91-K04 常闭触点 3-13→220442 线,发出牵引指令。

在 ATO 驾驶模式下,由 ATC 机柜 =91-A01-X112:119 脚→910281 线→“ATO 模式”继电器 =91-K04 常开触点 4-14→220442 线,发出牵引指令。ATC 发出的牵引指令同时发送到 A 车 DIMe 模块。

2. 牵引启动联锁电路

牵引指令发出后,由 220442 线→“所有停放制动缓解”继电器 =27-K108 常开触点 5-7→220451 线→“列车右门关好”继电器 =81-K110 常开联锁触点 3-11→“列车左门关好”继电器 =81-K109 常开联锁触点 3-11→220471 线,或经由 220451 线→“ATP 分”继电器 =91-K02 常闭联锁触点 81-82→220471 线(ATP 正常时),再经“ATP 牵引允许”继电器 =91-K114 常开联锁触点 3-11→220462 线,发出牵引命令。

若此时所有摩擦制动均缓解,经 270381 线向各车牵引逆变器及 C 车 DXMe 发出所有制动缓解信号,准许列车启动牵引。

3. 启动联锁分析

(1)停放制动施加启动联锁

每节车的停放制动缓解状态由“停放制动缓解”继电器 =27-K101(=27-K201、=27-K301)监控,当本车停放制动处于缓解状态(SZML1S 列车停放制动缸压力 >4.8 bar)时,本车“停放制动缓解”继电器得电。6 节车的停放制动缓解常开触点(=27-K101、=27-K201、=27-K301)串联,组成全列车停放制动缓解监控电路,若 6 节车的停放制动均缓解,该电路使“所有停放制动缓解”继电器 =27-K108 得电。当任一车的停放制动施加时, =27-K108 失电,牵引指令被封锁,列车不能启动。

(2)车门启动联锁

当全列车所有车门均关好、锁好,左、右侧车门关好继电器 =81-K109 及 =81-K110 得电,若有任意一对车门没关好, =81-K109、=81-K110 常开触点串联电路断开,触发启动联锁,牵引指令被封锁,列车不能启动。

在 =81-K109、=81-K110 常开触点串联电路两端(220451 线与 220471 线之间)并联了“ATP 分”继电器 =91-K02 的常闭触点。

在 ATP 监控模式下,车门状态由 ATP 进行监控,此时, ATP 开关 =91-S01 在“合”位(即在 ATP 监控模式下),常闭触点 41-42 断开,使“ATP 分”继电器 =91-K02 失电,其常闭触点 81-82 将 220451 线与 220471 线短接,将车门启动联锁旁路, =81-K109、=8K-110 常开触点串联电路不再起启动联锁作用,车门启动联锁作用由 ATP 牵引允许电路实施。

(3)ATP 牵引允许

在 ATP 监控模式下,在列车运行状态正常时,ATP 发出牵引允许信号,使“ATP 牵引允许”继电器 =91-K114 得电,其常开触点 3-11 接通 220471 与 220462 线,允许牵引。当发生列车超速、越出信号、车门紧急打开等非法状态,ATP 发出禁止牵引信号,使“ATP 牵引允许”继电器失电,从而封锁牵引指令。

当 ATP 禁止牵引时,ATP 计算机封锁 ATP 牵引允许信号,“ATP 牵引允许”继电器 =91-

K114 失电，封锁牵引指令，列车无法启动。此时，在请示行调同意后，可将 ATP 开关 =91-S01 置“分”位，“ATP 分”继电器 =91-K02 得电，其常开触点 33-34 短接 220471 与 220462 线，从而发出牵引指令，允许列车牵引运行。

(4)空气制动施加启动联锁

每节车的空气制动缓解状态由本车制动控制装置 =28-Ax02(x=1,2,3)内的压力开关检测(见图 4-16)，当制动缸压力低于 0.4 bar 时，其常闭触点闭合，使本车空气制动缓解继电器 =27-Kx02(x=1,2,3)得电，从而监视本列车空气制动缓解状态。由 6 个 =27-Kx02 常开触点串联电路构成列车空气制动缓解检测电路，若全部 6 节车空气制动均缓解，则列车空气制动缓解检测电路接通，使“摩擦制动缓解”列车线 270381 得电，向各车牵引逆变器及 C 车 DXMe 发出列车摩擦制动缓解信号，允许列车启动运行(参见图 4-18)。

四、启动联锁旁路操作

启动联锁一旦激活，列车将不能启动运行，这时，为了使列车能启动运行到前方车站再进行故障处理，可闭合相应的启动联锁旁路开关，将启动联锁电路短接。

注意，当总风风压、车门、停放制动、空气制动监控电路出现故障时，必须在确认其工作状态正常的前提下，才能进行启动联锁旁路操作，否则，容易引起行车安全事故。

1. 主风管压力低旁路

当主风管压力低于 5.5 bar 时，“主风管压力可用”继电器 =27-K02 失电，其常开触点 2-6 断开“紧急制动”继电器 =22-K125 供电电路，使“紧急制动命令”列车线 220535 失电，将紧急制动有效信号传送到各车的制动控制装置 =28-Ax02(x=1,2,3)，使列车产生紧急制动(见图 4-12 及图 4-13)。司机在确认双针压力表上的白色指针大于 7.0 bar 时，可将继电器柜上的“主风管压力低旁路” 铅封旋转开关 =27-S110 向右打向“合”位，将“总风压力可用”继电器 =27-K02 常开触点 2-6 旁路，从而旁路因总风管压力低而引起的紧急制动。

2.“停放制动施加”引起的启动联锁旁路

“停放制动施加”启动联锁激活时，在确认所有车辆的停放制动已经缓解的前提下，将继电器柜上的“停放制动缓解旁路” 铅封旋转开关 =27-S103 向右打“合”位，旁路由于停放制动施加导致的启动联锁。

如图 4-19 所示，在实施“所有停放制动缓解”旁路的同时，=27-S103 的另一对触点 23-24 向 A 车 DXMe 模块发出停放制动缓解旁路信号，此信号经 MVB 向 TCMS 系统传送。

3.“所有摩擦制动施加”引起的启动联锁旁路

“所有摩擦制动缓解”列车线 270381 失电时，“空气制动施加”启动联锁激活，不允许列车启动。这时，将继电器柜上的“所有制动缓解旁路”铅封旋转开关 =27-S104 向右打到“合”位，DC 110 V 由“停放制动阀”电源线 320241→二极管 =27-V116→270361 线→=27-S104 触点 13-14，直接向“所有摩擦制动缓解”列车线 270381 供电，发出所有制动缓解信号，旁路由于车辆摩擦制动未全部缓解而引起的启动联锁 。

4. 车门启动联锁旁路

在 ATP 切除模式下，当存在“车门未关和未锁闭”引起的启动联锁时，可将“门关好旁路” 铅封旋转开关 =81-S110 向右打“合”位，其常开触点 13-14 将 220451 线与 220471 线短接，将车门启动联锁旁路，允许列车运行。

在 ATP 保护模式下，由于“ATP 分”继电器 =91-K02 失电，其常闭触点 81-82 闭合，220451 线与 220471 线处于短接状态，“门关好旁路”开关 =81-S110 失去旁路作用。当车门未关好时，ATP 触发启动联锁，“ATP 牵引允许”继电器 =91-K114 失电，断开牵引指令信号。此时，若需通过 =81-S110 进行车门启动联锁旁路操作，可先将 ATP 开关 =91-S01 置“分”位，切除 ATP，再将“门关好旁路”开关 =81-S110 置“合”位。

在 ATP 切除模式下，当列车处于移动状态时，车门启动联锁电路被旁路。当列车有速度时，“速度 >0”继电器 =22-K118 得电，其常开触点 23-24 将 220451 线与 220471 线短接，此时，即使 =81-K110、=81-K109 常开触点断开，也不会影响牵引指令的传送，直到停车。但列车停车后，“速度 >0”继电器 =22-K118 失电，中断牵引指令，列车不能再次启动。

注意：司机必须现场确认所有车门及疏散门机械锁好，经行调同意，方可进行车门启动联锁旁路操作。

5. “强行开门”按钮的操作

“强行开门”黑色按钮 =91-S04（加保护盖）用于旁路因存在未锁闭门而引起的 ATP 启动联锁。在 ATP 保护模式下，如果存在未锁闭门，在驾驶列车前可按下此按钮（有开门信号时按一次，无开门信号时按压两次，并确认车辆屏上出现门被切除的标志），切除 ATP 启动联锁。

注意：全自动折返运行时，如果存在未锁闭门的情况，在按“折返运行”按钮前必须按下此按钮。

注意：在载客运行中只有确认门处于安全锁闭状态，只是由于车门监控电路故障而发生启动联锁，才能使用此按钮。

当 =91-S04 按下时，发出强行开门指令，并将此指令发送到 ATC 机柜 =91-A01，通知 ATC 系统切除车门启动联锁，允许列车运行。

五、紧急牵引

列车牵引控制单元和制动控制单元根据司机控制器或 ATO 系统发出的牵引制动参考值调整牵引力和制动力。正常情况下，牵引制动参考值由列车 TCMS 控制网络传递给列车牵引控制单元和制动控制单元，当列车控制网络故障时，牵引制动指令便无法传递到列车牵引控制单元，导致列车无法运行。此时，可启用紧急牵引模式，通过硬线传递紧急牵引指令，实现列车降级运行，使列车按事先设定的参考值进行牵引或制动运行，这样，通过实施紧急牵引模式，故障列车可继续行驶至车辆段而不需救援车的帮助。但要注意，紧急牵引模式下，客运服务只能维持到下一个车站，到达下一站后必须进行清客才允许继续运行。

1. 紧急牵引模式的启动

将继电器柜的“紧急牵引”红色自锁旋转开关置“合”位，启动紧急牵引模式。

如图 3-9 所示，此时 DC 110 V 电源由“列车控制”电源线 320231→“司机室占有”继电器 =22-K101 常开触点 13-14→220131 线→二极管 =22-V111→220132 线→紧急牵引开关 =22-S08“合”位联锁触点 13-14→220133 线，发出紧急牵引指令，紧急牵引指令通过列车线发送到 A 车 DIMe 和全列车所有的牵引控制单元和制动控制单元，控制牵引系统和制动系统执行紧急牵引。

2. 100% 牵引指令的发出

紧急牵引启动后，将司机控制器主控手柄移至牵引区最大位置，将发出 100% 牵引指令。

如图 4-9 所示，DC 110 V 经“方向及牵引指令”电源线 220271→司机控制器 = 22-A01-S27 常开触点（主控手柄在“D”区闭合）→220681 线→“紧急牵引”开关 = 22-S08“合”位联锁触点 24-23→“100% 牵引”列车线 220671 得电，发出“100% 牵引”指令。各车牵引逆变器在收到紧急牵引指令及 100% 牵引指令后，列车将以事先设定的参考值进行牵引运行，当列车加速至 45 km/h（厂家原始数据为 30 km/h）时，再转换至惰行模式。在紧急牵引模式下，若列车运行速度超过 50 km/h，将触发紧急制动。

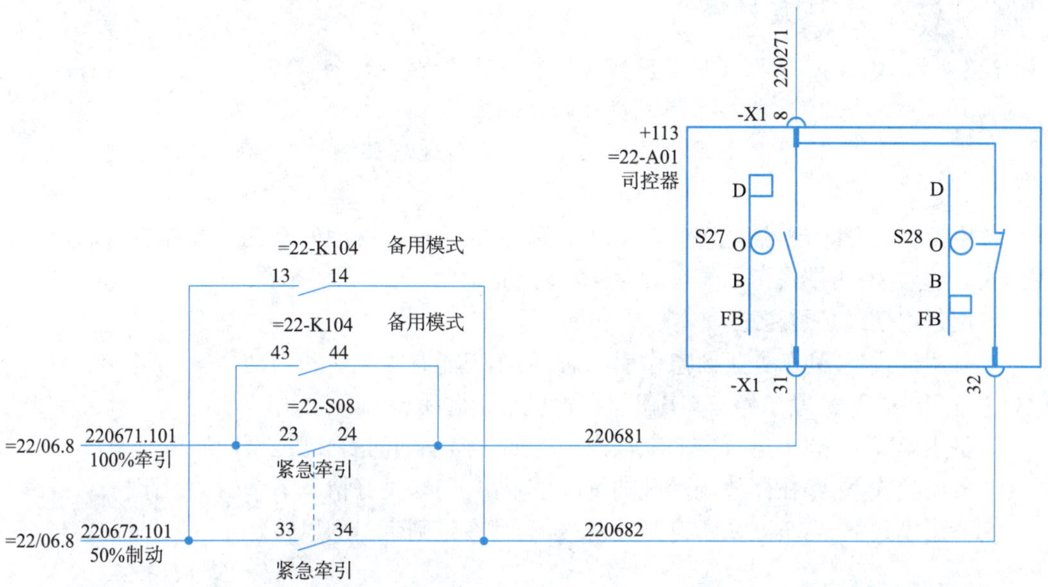

图 4-9　100% 牵引指令与 50% 制动指令

在备用模式下，= 22-K105 常开触点 44-43 将 220681 与 220671 接通，此时，若将司机控制器主控手柄置“牵引”区，同样发出 100% 牵引指令，启动紧急牵引运行。

3. 50% 制动指令

在紧急牵引时，将主控手柄拉到“制动”区最大位置，使 220672 线失电，发出 50% 制动指令，传递到各车制动控制单元，使各车产生常用制动。

思考与练习

1. 必须满足哪些条件列车才能够启动运行？
2. 可根据什么现象判断总风压力低启动联锁出现？
3. 如何将总风压力力低启动联锁旁路？
4. 列车运行中若出现总风压力低于 5.5 bar，列车还能运行吗？
5. 司机室疏散门没关好，列车能启动吗？
6. 如何旁路车门启动联锁？
7. 旁路车门启动联锁应注意哪些？

8. 在 ATP 保护下,如何旁路因车门未锁闭引起的 ATP 启动联锁?

9. 如何旁路停放制动引起的启动联锁?

10. 如何旁路制动缸未缓解引起的启动联锁?

11. 紧急牵引模式下 100% 牵引信号与 50% 制动信号发出的条件是什么?信号发送到哪些设备?

任务三　备用模式操作

视频

备用模式

任务目标

1. 掌握启用备用模式的条件及注意事项。
2. 掌握备用模式操作转换方法。
3. 掌握备用模式下控制指令的传递路径。

备用模式仅在闭合司机室钥匙、ATP 切除、主风管压力可用的情况下才能有效启用。备用模式启动后,备用模式指示灯 =22-S110 将点亮。

启用备用模式必须注意:

①备用模式下,列车处于紧急牵引状态,列车仅能有级牵引和制动。

②备用模式下,“紧急停车”按钮仅在司机室钥匙闭合端有效。

③备用模式下,列车运行方向默认向前。如方向手柄向后,则也可向后运行。

④备用模式下,存在停放制动施加情况下牵引、门未关好情况下牵引的风险。

⑤备用模式下,列车默认所有制动已缓解,存在带闸牵引的风险。

一、备用模式启动

备用模式也称大旁路,当列车出现严重故障,无法启动运行时,可启用备用模式,进行紧急牵引。备用模式下,列车屏蔽了 VCU 保护、紧急牵引超速保护、警惕回路保护功能,还存在停放制动施加情况下牵引、门未关好情况下牵引的风险,因此,启用备用模式时,必须注意检查列车各种设备的实际状态。

由于备用模式屏蔽了大部分的安全保护功能,为了保证安全,一般需要清客后再启用备用模式,返回车辆段检查处理。

备用模式启动的 3 个必备条件是:仅在司机室占有端、ATP 切除、主风管压力可用。即是说,只要满足当前主风管压力可用(总风压力 >7.0 bar),在有人司机室闭合司机钥匙,并切除 ATP 保护,闭合继电器柜的“备用模式”开关 =22-S110,即可启动备用模式。

备用模式电路由“备用模式电源”线 220171 供电。电路设计中,当司机闭合钥匙开关时,220171 线即得电。即是说,不管另一端司机台处于何种状态,都可在本端启动备用模式。因此,当需要启用备用模式时,必须人工确认另一端司机台已经关闭。

此时,由“备用模式电源”线 220171→ATP 开关 =91-S01 常闭触点 51-52→220361 线→“主风管压力可用”继电器 =27-K02 常开触点 5-3→220362 线→“备用模式”铅封旋转开关 =22-S110 常开触点 13-14→220363 线,使“备用模式”继电器 =22-K104、=22-K105 及“备用模式”时间继电器 =22-K106 线圈同时得电，启动备用模式。同时经二极管 =22-V105，使继电器柜的“备用模式”红色指示灯 =22-H110 点亮，通知司机列车已进入备用模式。

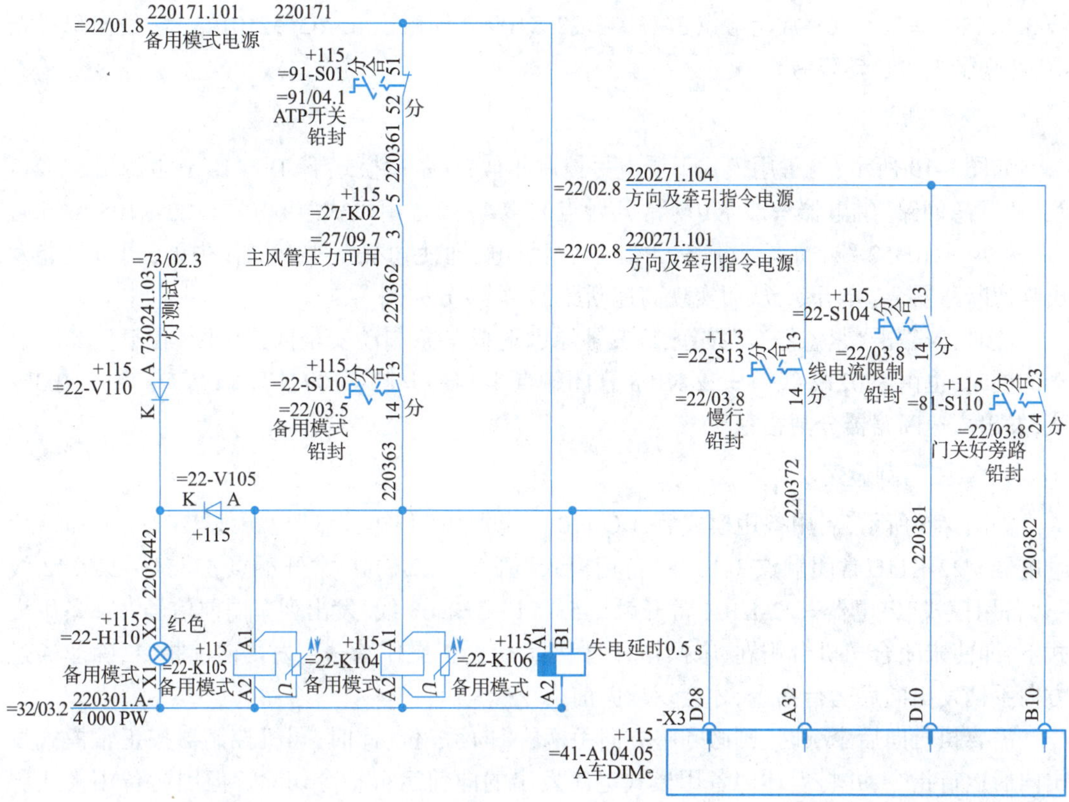

图 4-10　备用模式

二、备用模式下牵引制动指令的传递

1. 司机室占有互锁功能旁路

如图 3-9 所示，在备用模式下，备用模式开关处于“合”位，其常开触点 23-24 将 220172 线与 220161 线短接，将两司机室占有互锁功能旁路。此时，即使在另一端司机室已进行司机室占有操作，启用备用模式一端的司机室仍然能进行司机室占有操作，从而实现两司机室占有互锁功能旁路。此时，需要通过人工确认没有在两端司机室同时进行占有操作，以免引发事故。

2. 受电弓控制

（1）受电弓正常控制

如图 3-14 所示，在备用模式下，DC 110 V 由“受电弓控制电源”线 320212→“紧急回路”继电器 =22-K109 常开触点 53-54→“备用模式”继电器常开触点 13-14→210172 线，向升、降弓控制电路供电。在紧急制动安全回路正常的前提下，即使司机室占有操作失败，司机也能发出升、降弓指令，从而实现受电弓的升、降弓控制。

(2)紧急降弓

此时,若敲击有人司机室的“紧急停车”按钮,将使“紧急回路”继电器 =22-K109 及“紧急停车 A”继电器 =22-K108 失电,在触发紧急制动的同时,DC 110 V 由“受电弓控制电源”线 320212→ =22-K108 常闭触点 3-13→ =22-K109 常闭触点 61-62→210173 线,发出降弓指令,实现受电弓自动降弓。

3. 高速断路器控制

如图 3-19 所示,与备用模式下受电弓控制相似,在备用模式下,DC 110 V 电源由 320212 线→“紧急回路”继电器 =22-K109 常开触点 83-84→“备用模式”继电器 =22-K105 常开触点 23-24→210352 线,向高速断路器控制电路供电,即使司机室占有操作失败,司机也能发出高速断路器合、分指令,从而实现高速断路器的合、分控制。

此时,若敲击“紧急停车”按钮,或其他原因造成紧急制动安全回路中断,在触发紧急制动的同时,也由 320212 线→ =22-K108 常闭触点 4-14→ =22-K109 常闭触点 71-72→210362 线,发出高速断路器分闸指令。

4. 牵引方向设定

如图 4-5 所示,启用备用模式后,DC 110 V 电源由“列车控制”电源线 320231→“向后”继电器 =22-K112 常闭触点 3-13→“备用模式”开关 =22-S110 常开触点 53-54→220242 线→“备用模式”继电器 =22-K104 常开触点 53-54→220263 线,发出列车向前信号。在备用模式下,即使未闭合司机台钥匙、未操作方向手柄,也会在操作端一直发出向前指令,除非通过方向手柄发出向后运行指令,才会切除向前指令。

需要执行向后牵引时,则必须将方向手柄置“向后”位,此时,司机控制器按正常模式发出向后运行指令,并将上述由备用模式电路发出的向前运行指令切除。但因为备用模式屏蔽许多安全功能,所以建议尽量不采用备用模式下向后运行方式。

5. 警惕回路旁路

如图 4-6 所示,在备用模式下,备用模式开关 =22-S110 常开触点 33-34 将 220271 线与 220421 线短接,其作用与“警惕旁路”开关 =22-S120 类似。此时,DC 110 V 由 220271 线→ =22-S110 常开触点 33-34→220241 线→主控手柄 =22-A01 零位联锁-S20→220432 线→“速度 >0”继电器 =22-K118 常闭触点 61-62→220431 线,使“警惕”继电器 B1 线圈得电。“警惕”继电器动作后,由 220271 线→ =22-S110 常开触点 33-34→220241 线→“警惕”继电器 =22-K110 常开触点 18-15→220431 线,使“警惕”继电器自持,实现了警惕回路的旁路。此后,司机在推动主控手柄时,不会因松开警惕按钮而发生警惕回路动作。

6. 所有摩擦制动缓解旁路

如图 4-17 所示,DC 110 V 经“停车制动阀”电源线 320241→二极管 =27-V116→270361 线→“备用模式”开关 =22-S110 常开触点 63-64→270373 线→“备用模式”继电器 =22-K105 常开触点 53-54→“所有摩擦制动缓解”列车线 270381 得电,向 C 车 DXMe 及所有牵引逆变器发出列车摩擦制动缓解信号,准许列车牵引运行。此处“备用模式”开关与“备用模式”继电器串联电路的作用与并联的“所有制动缓解旁路”开关电路作用相同,都能发出摩擦制动缓解旁路信号。

7. ATC 自动制动旁路

如图 4-11 所示，在备用模式下，DC 110 V 经“紧急回路”继电器 =22-K109 常开触点 23-24 及备用模式继电器 =22-K104 常开触点 23-24 构成的串联回路将 220441 线与 220482 线短接，此时即使 ATC 发出自动制动指令，使自动制动继电器 =91-K05 常闭触点断开，自动制动也不会实施，从而实现了备用模式下的 ATC 自动制动旁路功能。

8. 紧急牵引

在备用模式下，列车处于紧急牵引状态。如图 3-9 所示，DC 110 V 经“列车控制”电源线 320231→“备用模式”开关 =22-S110 常开触点 43-44→220121 线→“备用模式”继电器 =22-K105 常开触点 33-34→“紧急牵引”列车线 220133 得电，向 C 车 DXMe2 及各车牵引逆变器、制动控制装置发出紧急牵引指令，列车进入紧急牵引状态，列车限速 45 km/h。

思考与练习

1. 在什么情况下可启用备用模式？
2. 备用模式存在哪些风险？
3. 备用模式运行有哪些注意事项？
4. 启用备用模式的必备条件有哪些？
5. 备用模式下，能同时在两端进行司机室占有操作吗？
6. 备用模式下，安全回路断路时，受电弓会降弓吗？
7. 备用模式下，安全回路断路时，高速断路器会分闸吗？
8. 备用模式下，若未操作方向手柄，会发出方向指令吗？
9. 备用模式下能向后运行吗？
10. 备用模式下，放开警惕按钮，会发生什么现象？
11. 备用模式下，ATC 能发出自动制动指令吗？
12. 备用模式下，若摩擦制动未缓解，能否发出紧急牵引指令？
13. 紧急模式下的牵引是常规牵引还是紧急牵引？

任务四　制动控制

任务目标

1. 掌握常用制动、快速制动、紧急制动、停放制动的施加与缓解方法。
2. 掌握常用制动与停放制动的监控要求及电路设计。
3. 掌握制动控制电路检查及故障分析。

一、与制动有关的信号

进行制动时，需要下列信号参与制动作用：

1. 制动指令信号（数字信号）

主控手柄置“制动”区时，或 ATO 模式下进入制动工况时，产生制动指令（低电平信号），向各车的 EBCU 发送,并通过 MVB 总线向 VCU 发送。

2. 制动值参考信号

制动工况下,由主控制器或 ATO/ATP 系统发出的制动指令参考值模拟信号通过 MVB 总线传递给各节车的制动控制单元及牵引控制单元,实现空电联合制动。

3. 电制动故障信号

如果一节车的电制动发生故障,它将通过 MVB 向本车和两辆拖车的 EBCU 发出故障信号。这时受影响的车辆及两个拖车的 EBCU 承担全部电空制动作用,进行空气制动。

4. 车辆载重信号

每辆车的 BCU 上安装有压力传感器,用于测量每辆车一个转向架的空气弹簧压力的平均值,产生电信号。载荷信号发送给每辆车的 EBCU,然后通过 MVB 总线传到车辆控制单元 VCU。平均载荷信号在 VCU 中进行计算,然后把结果从 VCU 经 MVB 总线发送到牵引控制单元 DCU/M 和制动控制单元 EBCU。

当空气弹簧压力消失时,常用制动、快速制动和保持制动值将根据 AW3 载荷状况施加,紧急制动将根据 AW0 载荷状况施加。如果压力传感器发生故障(如电载荷信号丢失),制动系统将根据 AW3 载荷状况施加。

紧急制动施加时每辆车按照本身载荷的比例进行制动。

5. 车轮速度传感器信号

每根车轴上均有车轮速度传感器,WSP 系统连续接收来自速度传感器的信号,一旦检测出车轮滑行,可以及时纠正,防止擦伤车轮。

每个 EBCU 计算的参考速度传给 VCU。

视 频

常用制动指令

二、常用制动

1. 常用制动发生的条件与常用制动指令的发送

常用制动、快速制动、紧急制动都采用失电控制方式。如图 4-11 所示,常用制动指令由“常用制动命令”列车线 220482 传递。当 220482 线得电时,发出常用制动缓解指令;当 220482 线失电时,发出常用制动指令。

如图 4-12 所示,“制动指令电源”线 220512 由“列车控制”电源线 320231 供给。因此,线 220482 的得电条件是:

①列车激活,使 320231 线得电;

②司机室占有,=22-K101 常开触点 53-54、43-44 闭合。或启用备用模式,=22-K104 常开触点 83-84、23-24 闭合;

③方向手柄离开“0 ”位(=22-A01-S11 闭合)。或处于自动折返模式时,=91-K03 常开触点 3-11 闭合;

④司机控制器主控手柄不在“制动”区或“快速制动”位,=22-A01-S21/22 闭合;

⑤ATC(=91-A01)未发出自动制动指令,有人端“自动制动”继电器 =91-K05 处于失电状态,其常闭触点 3-13 闭合(该支路串联的 =22-K101 常开触点 43-44 也闭合)。

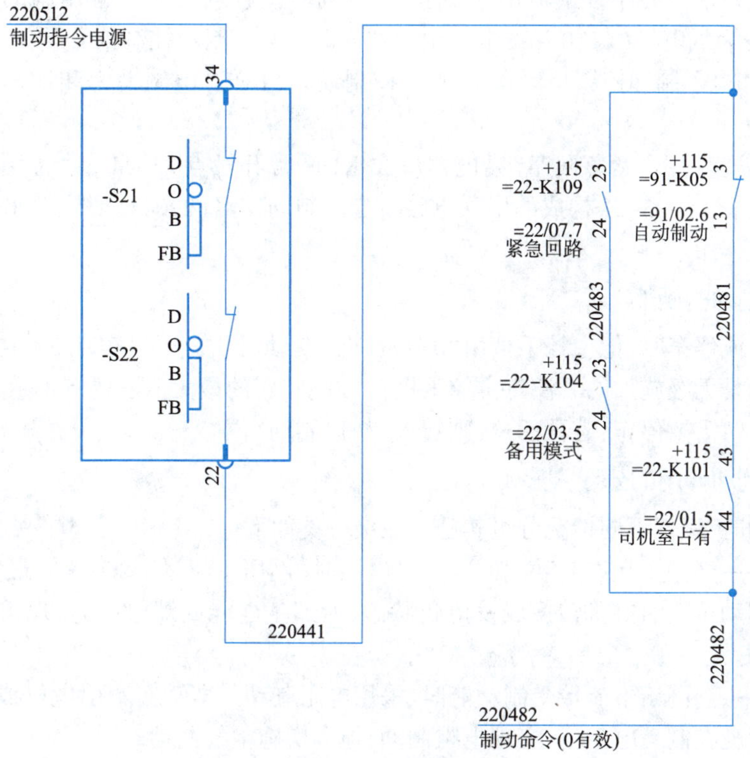

图 4-11　制动指令

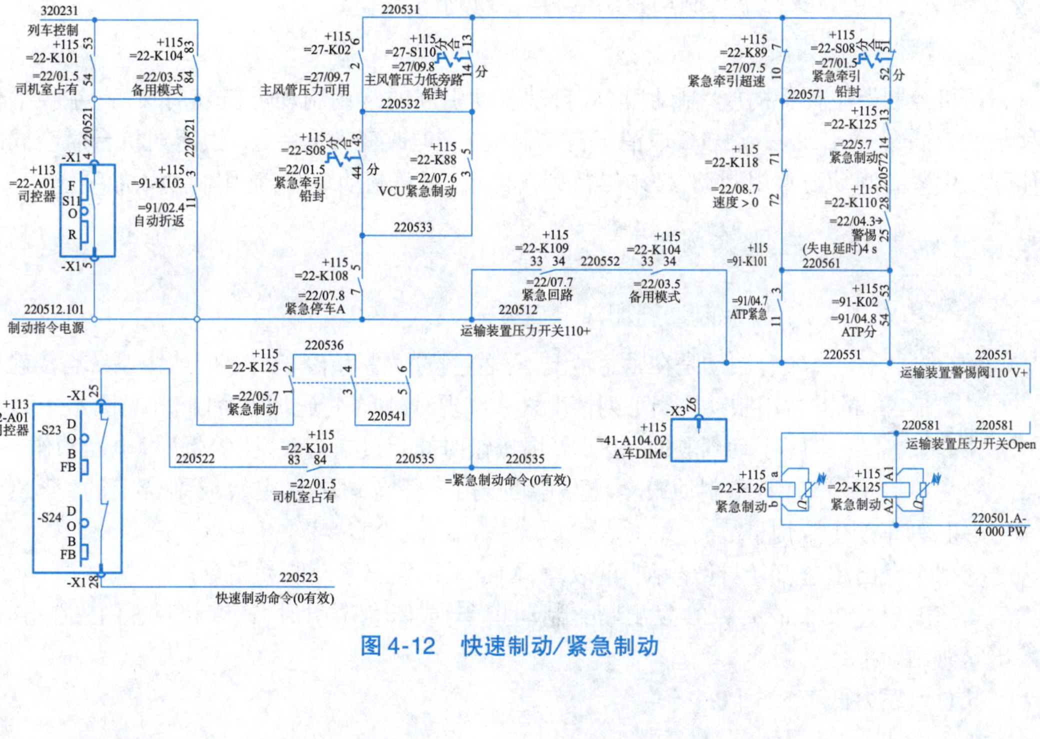

图 4-12　快速制动/紧急制动

如果上述条件中的任一条不符合要求，相应的联锁触点断开，“常用制动命令”列车线220482 立即变为低电平（DC 0 V），常用制动被激活。常用制动控制信号传送至牵引控制单元（DCU/M）和电子制动控制单元（EBCU），控制动车（DCU）电制动力和拖车（EBCU）空气制动力的混合。

在备用模式时，由“紧急回路”继电器 =22-K109 常开触点 23-24 及“备用模式”继电器 =22-K104 常开触点 23-24 构成的串联电路将自动制动支路（220441 线与 220482 线）短接，自动制动不起作用。

2. 常用制动的施加

需要调速或停车时，把主控手柄由“0”位移向“制动”区，就可以实现 0～100% 的常用制动。常用制动是无级施加的。注意主控手柄在“制动”区的最大值位置有手感，正常情况下，手柄拉到该位时需要停止，若再后拉，则转入“快速制动”位。

3. 常用制动作用的分级实施

常用制动时，根据不同情况分级实施。三级分类如下：

第一级——当网压允许制动能回馈到供电网时（网压不超过 1 800 V），最大限度地利用再生制动。即动车牵引电机转换成发电机状态，所产生电能回馈电网，实现再生制动，拖车实施空气制动。

第二级——当网压不能接受制动能时，采用电阻制动。即动车牵引电机成发电机状态，所产生电能消耗在制动电阻上，实现电阻制动，拖车实施空气制动。

第三级——当电制动力不足（例如载荷情况在 AW2 以上）时，采用摩擦制动，以补足制动力。当速度减小到一定值时（约 10 km/h，具体数值在设计和试验期间确定），电制动力衰减，这时所有车上将实施空气制动补偿电制动力的不足。

4. 常用制动的缓解

司机控制器主控手柄放“制动”区或自动制动引起的常用制动可以随时缓解（主控手柄移至“0”位或“牵引”区，或 ATC 取消了自动制动）。但改变方向手柄、锁闭司机台时会同时伴随发生紧急制动与常用制动，必须等待列车停稳，紧急制动缓解，常用制动才能缓解。

视 频

紧急制动指令

三、紧急制动

1. 紧急制动施加

紧急制动是在紧急情况下，通过按压“紧急停车”按钮，或由系统自动触发的非常用制动。当下列情况之一出现时，列车将施加紧急制动（见图 4-12）：

①手动驾驶时，松开警惕按钮时间超过 3 s，触发“警惕”继电器动作。

②紧急制动安全环路中断（拍下任意司机室主台或副台上的“紧急停车”按钮、列车产生脱钩事故）。

③列车发出超速、车门打开等严重故障，ATC 系统发出紧急制动指令。

④速度超过 88 km/h，VCU 发出紧急制动指令；或紧急牵引时，速度超过 50 km/h，DCU 发出紧急制动指令。

⑤总风压力低于 5.5 kPa。

⑥关闭列车,或锁闭司机台,或 110 V 供电全部损耗。

当上述任一情况出现时,“紧急制动”继电器 =22-K125 及 =22-K126 失电,其常开触点打开,从而导致“紧急制动命令”列车线 220535 变为低电平(DC 0 V),使空气制动控制单元(BCU)内的紧急阀失电,产生紧急制动。

2. 紧急制动激活时出现的现象

紧急制动一旦施加将导致:

①紧急制动发生后不可中途缓解,必须等列车速度降至零,才能缓解。“速度 >0”联锁将防止紧急制动的缓解。

②不受最大冲击率的限制,2.1 s 内即可达到最大制动力的 90%,冲动率将超过 0.75 m/s^3。

③紧急制动施加时,立即切除牵引,因此电制动不起作用,仅空气制动起作用。

④当按压“紧急制动”按钮时,高速断路器断开,受电弓落下。

⑤常用制动列车线失电,在紧急制动的同时,触发常用制动。

⑥不论什么原因引起的制动,每辆车施加的制动力和本身的载荷成比例。

3. 紧急制动电路分析

在 SZML1S 车辆中,设置了“紧急制动”继电器 =22-K125、=22-K126,列车运行状态正常时,“紧急制动”继电器得电,由 =22-K125 常开触点(1-2、2-4、5-6)接通“制动指令电源”线 220512(注:原图多段相连的导线存在多个线号的错误,此处整理为唯一线号)与“紧急制动命令”电源线 220535,从而使列车紧急制动缓解。

(1)紧急制动安全回路断开导致紧急制动

当敲击“紧急停车”按钮,或列车断钩等原因导致紧急制动安全回路断开时,“紧急停车A”继电器 =22-K108 失电,其常开触点 5-7 断开,使“紧急制动”继电器 =22-K125、=22-K126 失电,=22-K125 常开触点断开,使“紧急制动命令”列车线 220535 失电,发出紧急制动指令。

紧急制动安全回路断开导致的紧急制动不能局部旁路,必要时可以启用备用模式,实现紧急制动安全电路的大旁路。另外,紧急制动安全回路断开时,将触发受电弓降弓和高速断路器分断。

(2)警惕回路动作触发紧急制动

在手动驾驶模式下,若在列车运行中司机松开警惕按钮,将导致“警惕”继电器失电,若松开警惕按钮时间超过 3 s(也有些地铁公司将警惕回路动作时间设置为 5 s)时,“警惕”继电器将因失磁而返回,导致常开联锁触点打开,此时,如图 4-12 所示电路中”警惕”继电器 =22-K110 常开触点 28-25 打开,导致“紧急制动”继电器 =22-K125、=22-K126 失电,由 =22-K125 常开触点(1-2、3-4、5-6)断开“紧急制动命令”列车线 220535 线供电,发出紧急制动指令,触发列车紧急制动。

(3)主风管压力不足导致紧急制动

如图 4-13 所示为总风压力可用监视电路,总风压力由 A 车制动控制装置内的总风压力开关监视,当总风压力 >7.0 bar 时,常开触点 7-8 闭合,当总风压力 <5.5 bar 时,常闭触点闭合,而常开触点 7-8 断开。当两端 A 车制动控制单元的总风压力开关检测到总风压力均大于 7 bar 时,其常开触点 7-8 闭合,DC 110 V 由无人端“列车控制”电源线 320231→“司机

室占有”继电器 =22-K153 常闭触点 13-3→270962 线→总风压力开关常开触点 8-7→270911 线→车端连接器→有人 A 车总风压力开关常开触点 7-8→270962 线→“司机室占有”继电器 =22-K153 常开触点 3-11→“主风管压力可用”继电器 =27-K02 线圈得电。

总风压力可用信号还发送到 B 车 DXMe2 模块-X3:Z8 脚,通过 MVB 向 TCMS 发送总风可用信息。

当主风管压力低于 5.5 bar 时,总风压力开关常开触点打开,有人 A 车“主风管压力可用”继电器 =27-K02 失电,其常开触点 2-6 断开,使如图 4-12 中“紧急制动”继电器 =22-K125、=22-K126 失电,=22-K125 常开触点断开,导致“紧急制动命令”列车线 220535 失电,发出紧急制动指令。

当总风压力开关故障时,也会导致“紧急制动”继电器失电,触发紧急制动。此时,若确认总风压力正常,可以在请示行调后,闭合有人 A 车继电器柜“主风管压力低旁路”铅封开关 =27-S110,短接 220532 线与 220531 线,旁路“主风管压力可用”继电器 =27-K02 联锁触点 2-6,使“紧急制动”继电器恢复得电,维持列车运行。

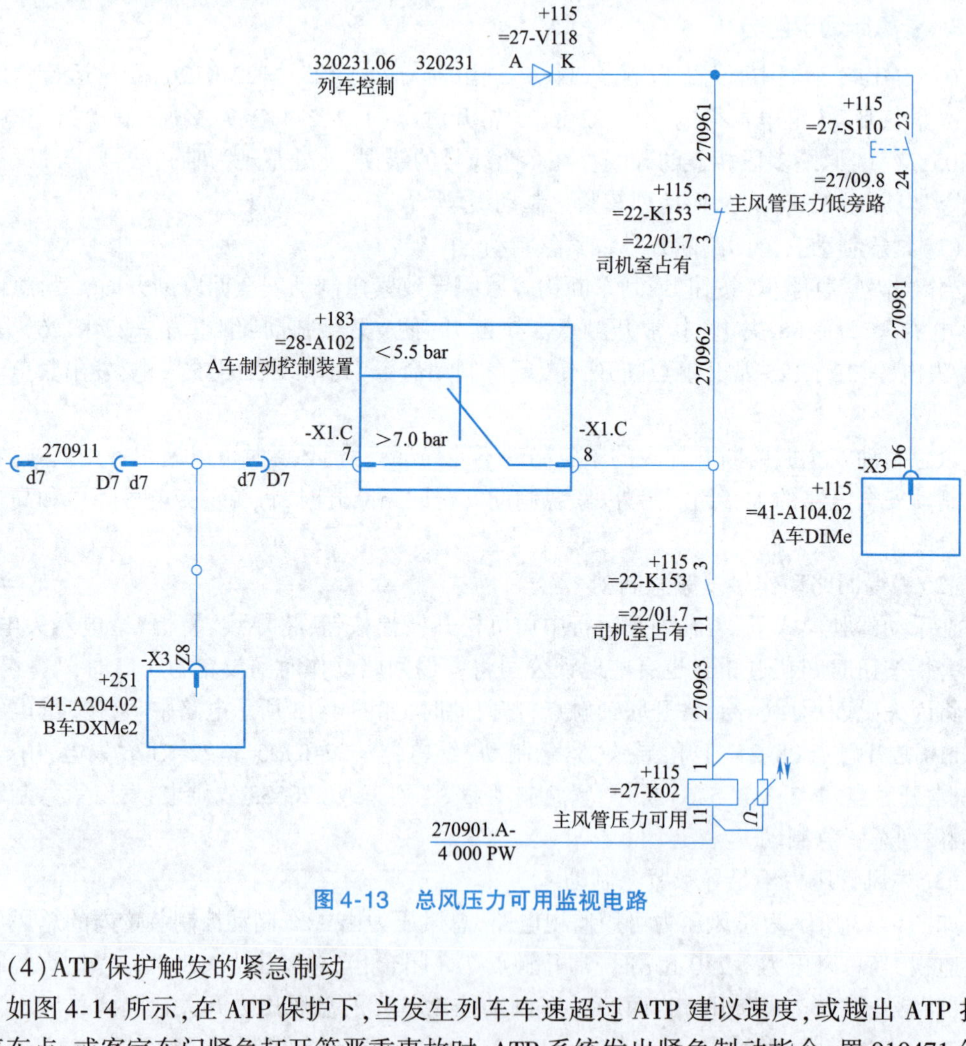

图 4-13　总风压力可用监视电路

(4)ATP 保护触发的紧急制动

如图 4-14 所示,在 ATP 保护下,当发生列车车速超过 ATP 建议速度,或越出 ATP 指定的停车点,或客室车门紧急打开等严重事故时,ATP 系统发出紧急制动指令,置 910471 线为低电平,使"ATP 紧急"继电器 =91-K101 失电,其常开触点 3-11 断开,使如图 4-12 所示的"紧急制动"继电器 =22-K125、=22-K126 失电,=22-K125 常开触点断开,使"紧急制动命令"列车线 220535 失电,发出紧急制动指令。

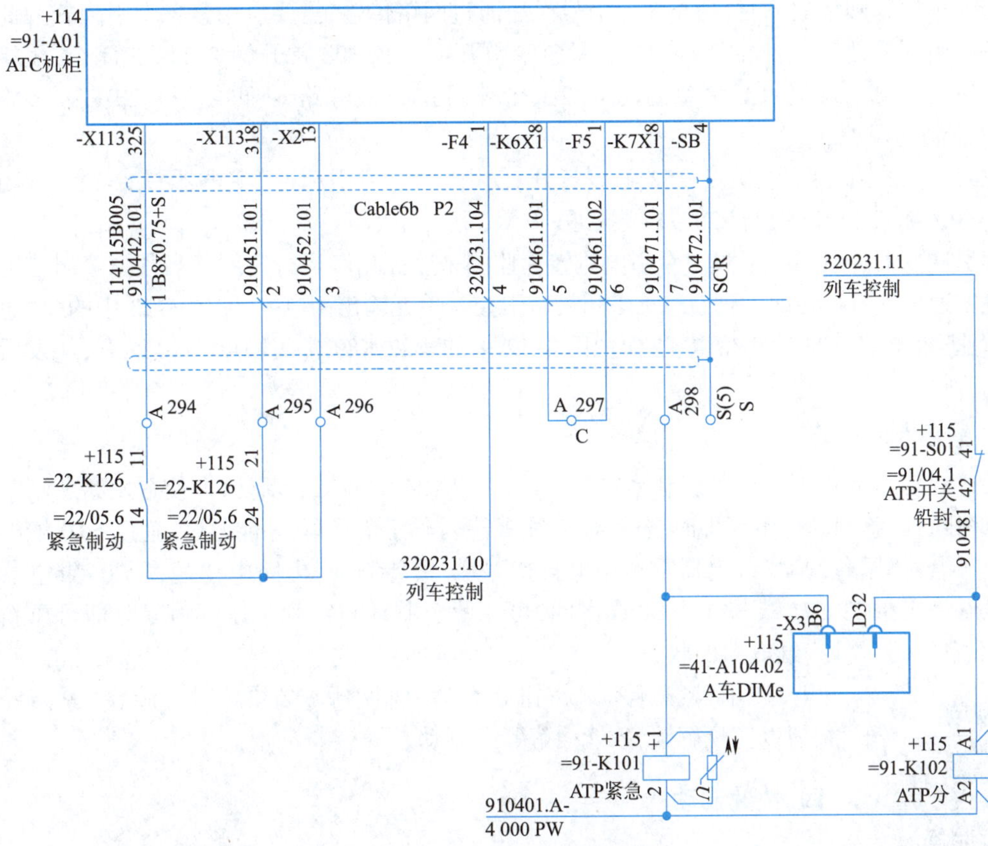

图 4-14　ATP 保护

此外,ATP 紧急制动信号还发送到 A 车 DXMe 模块,通过 MVB 总线向 TCMS 系统发送 ATP 紧急制动信号。

当 ATC 故障时,可将 ATP 开关置"分"位(切除位),此时,如图 4-14 所示的 ATP 开关 =91-S01 常闭触点 41-42 闭合,"ATP 分"继电器 =91-K02 线圈得电,其常开触点 53-54 短接 220561 线与 220551 线,将如图 4-12 所示电路中"ATP 紧急"继电器 =91-K101 常开触点 3-11 旁路,使"紧急制动"继电器恢复得电,进而使"紧急制动命令"列车线得电,缓解紧急制动,实现 ATC 紧急制动旁路。

(5) VCU 紧急制动

ATC 紧急制动旁路以后,由 VCU 紧急制动电路对列车进行限速保护。当列车运行速度没有超出构架速度(88 km/h)限制时,VCU 通过如图 3-23 所示电路中 A 车 DXMe2 模块的 X3:B28 针输出高电平,经二极管 =22-V88 后,使"VCU 紧急制动"继电器 =22-K88 得电,其常开触点 3-5 闭合,使"紧急制动"继电器 =22-K125、=22-K126 维持得电,缓解紧急制动。当 VCU 监测到列车超出构架速度时,向 A 车 DXMe2 模块发送超速信号(置 0),使 X3:D28-B28 针输出开路,220751 线呈低电平,使"VCU 紧急制动"继电器 =22-K88 失电,如图 4-12

所示电路中的=22-K88常开触点3-5断开，中断“紧急制动”继电器=22-K125、=22-K126的供电，进而使“紧急制动命令”列车线220535失电，激活紧急制动。

(6)紧急牵引超速

当列车控制网络故障时，列车超速信号无法通过网络传输，需要启用紧急牵引模式。此时紧急牵引开关处于“合”位，图4-12中紧急牵引开关=22-S08常开触点44-43闭合，短接220533线与220532线，VCU紧急制动=22-K88常开触点被旁路，不再使用=22-K88实施VCU紧急制动保护。

此时，=22-S08常闭触点51-52触点打开，仅由“紧急牵引超速”继电器=22-K89常闭触点7-10维持220531线与220571线接通。

牵引逆变器控制单元通过对牵引电机转速监测来监控列车运行速度。当紧急牵引速度超出规定速度5 km/h(即达到50 km/h)时，牵引控制单元输出高电平，使图3-23中的“紧急牵引超速”继电器=22-K89得电，进而使图4-12中的=22-K89常闭触点7-10断开，触发紧急制动。

4. 紧急制动缓解

紧急制动发生后，由于“紧急制动”继电器=22-K125常开触点断开，即使触发紧急制动的故障消除，紧急制动也不能即时缓解，而必须等待列车完全停车，才能通过“速度>0”继电器常闭触点使“紧急制动”继电器重新得电自持，缓解紧急制动(电路中，“速度>0”继电器常闭触点跨接在220571线与220561线之间，可令紧急制动只需列车速度为零时即可重新缓解，不需理会“警惕”继电器的状态)。

视频

快速制动指令

当按压了“紧急停车”按钮导致紧急制动后，必须顺时针旋转“紧急停车”按钮以实现解锁，才能缓解紧急制动。

四、快速制动

1. 快速制动的施加

将主控手柄置于“快速制动”位，列车实施快速制动。快速制动的制动率与紧急制动的制动率相当，但快速制动实施后，可以在任意时刻缓解。

2. 快速制动实施的条件与快速制动指令的传递

快速制动指令由列车线220523传递。220523线得电的条件是(见图4-12)：

①司机室被占有(=22-K101常开触点53-54、83-84闭合)。

②方向手柄离开“0”位(=22-A01-S11闭合)。自动折返运行时，=22-A01-S11触点通过“自动折返”继电器=91-K03常开触点3-11短接，方向手柄在“0”位不会导致紧急制动与快速制动的发生。

③没有发生紧急制动。“紧急制动”继电器=22-K125处于得电状态，其常开触点闭合(即主风管压力足够，没有发生列车安全回路中断、超速、紧急回路动作及其他触发紧急制动的因素存在)。

④司机控制器主控手柄没有位于“快速制动”位(=22-A01-S23/24触点闭合)。

如果上述条件中有一条不符合要求，其联锁触点断开，“快速制动命令”列车线220523变为低电平(DC 0 V)，发出快速制动指令。

快速制动指令通过220523线向各车制动控制单元及牵引控制单元发送快速制动指令，完成动车(DCU)电制动力和拖车(EBCU)空气制动力的混合，此时的制动率为紧急制动率(瞬时减速度 = 1.3m/s^2，在AW0～AW3载荷条件下)。

五、停放制动

停放制动是列车在库内停放或在线上临时停放时，为防止列车由于非正常原因产生滑动而施加的一种机械制动。停放制动采用弹簧制动方式，停放制动风缸充气时，停放制动缓解，停放制动缸排气时停放制动施加。只有在所有六节车的停放制动全部缓解后，列车才能进行牵引。列车通过监测停车制动风缸压力来监测停车制动的状态。

1. 停放制动的控制原理

停放制动的施加与缓解由安装在每节车的辅助制动控制装置内的停放制动脉冲阀控制。停放制动脉冲阀由停放制动施加电磁阀PBMV1与停放制动缓解电磁阀PBMV2两个电磁阀控制。当停放制动缓解电磁阀PBMV2得电时，向停放制动缸充风，使停放制动缓解；当停放制动施加电磁阀PBMV1得电时，排出停放制动缸内压力空气，使停放制动弹簧伸张，施加停放制动作用。

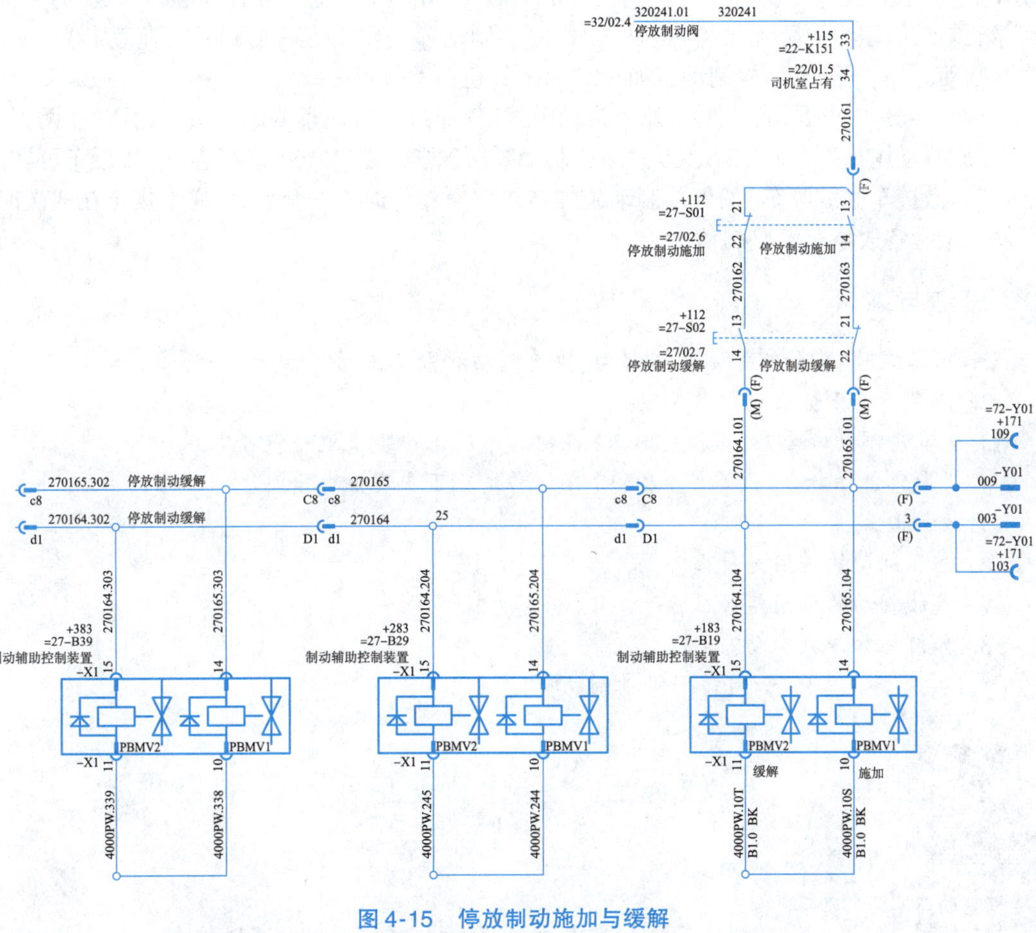

图4-15　停放制动施加与缓解

停放制动施加与缓解操作通过按压副台上的红色带灯按钮 =27-S01 和绿色带灯按钮 =27-S02 执行。

2. 停放制动缓解

启动列车牵引前，必须首先缓解停放制动。按压副台上的绿色指示灯按钮 =27-S02，DC 110 V 电源由“停放制动阀”电源线 320241→“司机室占有”继电器 =22-K151 常开触点 33-34→270161 线→“停放制动施加”按钮 =27-S01 常闭触点 21-22→270162 线→“停放制动缓解”按钮 =27-S02 常开触点 13-14→“停放制动缓解”指令列车线 270164 得电，使全列车所有的停放制动缓解电磁阀 PBMV2 得电。总风通过各车停放制动缓解电磁阀 PBMV2 向停放制动缸充风，当停放制动缸压力上升至 4. 8 bar(此值取决于基础制动装置的结构)，停放制动缸内的弹簧完全压缩，停放制动缓解。此时，停放制动缓解 =27-S02 绿色指示灯点亮。

3. 停放制动施加

按压副台上的红色指示灯按钮 =27-S01，其常闭触点 21-22 打开，确保停放制动缓解电磁阀 PBMV2 失电。另外，DC 110 V 电源由“停放制动阀”电源线 320241→“司机室占有”继电器 =22-K151 常开触点 33-34→270161 线→“停放制动施加”按钮 =27-S01 常开触点 13-14→270163 线→“停放制动缓解”按钮 =27-S02 常闭触点 21-22→“停放制动施加”指令列车线 270165 得电，使全列车所有的停放制动施加电磁阀 PBMV1 得电，排出停放制动缸压力空气，当停放制动缸压力下降到 3. 8 bar 以下时，停放制动弹簧作用力施加到基础制动装置，实现停放制动施加。此时，停放制动施加 =27-S01 红色指示灯点亮。

从图 4-15 中可看出，当列车处于拖动模式时，通过两自动车钩电钩头 =72-Y01，两列车的“停放制动施加”列车线 270165、“停放制动缓解”列车线 270164 进行连接，救援车可实施全列车(救援车和故障车)的停放制动施加与缓解操作。但为安全起见，通常规定在救援时，必须人工缓解故障车停放制动。

思考与练习

1. 人工驾驶时，如何控制常用制动、快速制动和紧急制动？
2. 什么情况下会出现紧急制动？
3. “常用制动命令”列车线 220482 在何种情况下出现低电平？
4. “紧急制动命令”列车线 220535 在何种情况下出现低电平？
5. 如何缓解紧急制动？
6. 空气制动的作用是什么？
7. 停放制动的作用是什么？
8. 如何施加停放制动？
9. 如何缓解停放制动？

视频

空气制动与停放制动监视

任务五　空气制动与停放制动监视

任务目标

1. 掌握空气制动与停放制动施加、缓解监视的实现方法。

2. 分析空气制动与停放制动监视回路的电路逻辑。

3. 掌握空气制动、停放制动缓解故障时的旁路方法与注意事项。

一、空气制动监视

城轨车辆制动系统包括电制动和空气制动两套制动系统，电制动和空气制动在制动控制单元和牵引控制单元的控制下，协调工作。在常用制动时，以电制动为主，只有在电制动力不足，或低速停车时，才施加空气制动。而牵引运行时，必须将机械制动（以包括空气制动和停放制动产生的制动力）缓解，因此，必须对列车气制动状态随时进行监视，以防止列车牵引时气制动不能缓解而对轮对造成危害。

1. 单节车空气制动监视

（1）单节车空气制动缓解监视

地铁列车一般通过制动控制装置内的制动缸压力开关监视制动缸的缓解状态，由于SZML1S采用车控式制动系统，同一节车内的制动缸由同一个制动单元的中继阀供风，两个转向架的8个制动缸具有相同的制动缸压力，因此，每节车仅设置一个制动缸压力开关。

制动缸的缓解和制动状态取决于制动缸的结构参数，SZML1S采用的制动缸在制动缸压力为0.4 bar以下时，处于缓解状态；而当压力在1.0 bar以上时，制动缸处于可靠制动状态。因此采用上限值为1.0 bar、下限值为0.4 bar的压力开关对单元制动缸的制动状态进行监视。

图4-16为A车空气制动监视电路。当制动缸压力开关 =28-A102-X1. D检测到制动缸压力 <0.4 bar时，其常闭触点8-7闭合，此时，DC 110 V电源由“停放制动阀”电源线320241→压力开关-X1. D常闭触点8-7→270441线→“A车空气制动缓解”继电器 =27-K102得电，发出本车制动装置已缓解状态信号。

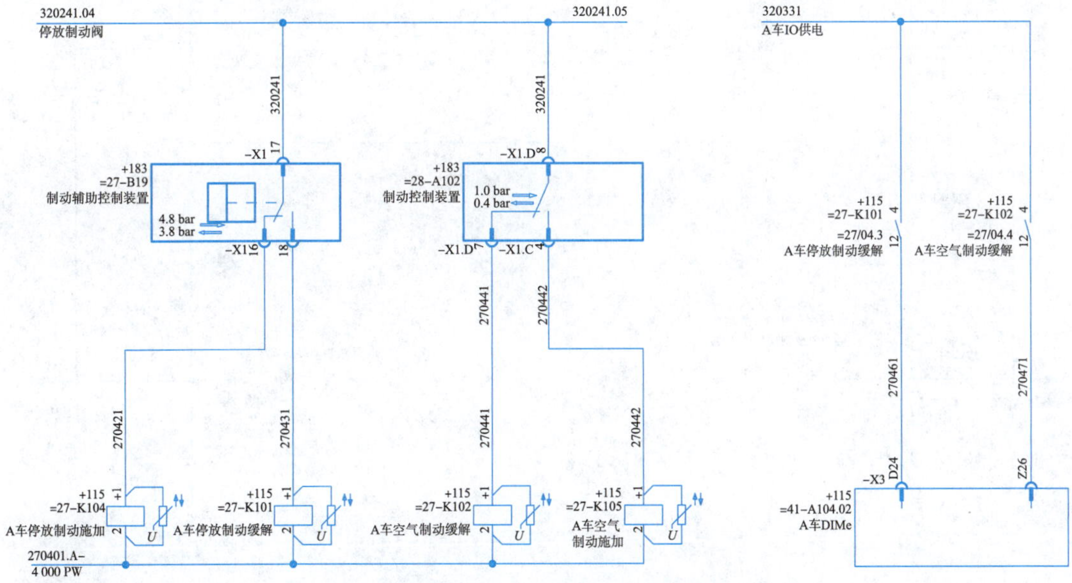

图4-16　A车空气制动监视电路

然后，DC 110 V 电源经“A 车 IO 供电”电源线 320331→“A 车空气制动缓解”继电器 =27-K102 常开触点 4-12→270471 线→向 A 车 DIMe 的-X3：Z26 脚输入高电平，经 MVB 向 VCU 发出 A 车制动装置已缓解信号。B、C 车空气制动监视电路与 A 车空气制动监视电路相似。

(2)单节车空气制动施加监视

当压力开关检测到制动缸压力 >1.0 bar 时，其常闭触点 8-7 断开，“A 车空气制动缓解”继电器 =27-K102 失电。同时，压力开关常开触点 8-4 闭合，由“停放制动阀”电源线 320241→压力开关-X1. D 常开触点 8-4→270442 线→“A 车空气制动施加”继电器 =27-K105 得电，发出本车制动施加信号。

由于 =27-K102 失电，其常开触点 4-12 断开，使 270471 线呈低电平，经 A 车 DIMe 向 VCU 发出 A 车空气制动施加信号。

2. 列车摩擦制动缓解监视回路

(1)6 车编组时的列车摩擦制动缓解监视回路

列车摩擦制动缓解监视回路用于监视列车是否处于缓解状态，当全列车空气制动及停放制动均缓解时，此回路接通，所有制动缓解绿色指示灯点亮，同时通过列车线向 DXMe 及牵引控制单元发出所有制动缓解信号，准许列车牵引。

如图 4-17 所示为列车摩擦制动缓解监视回路原理图。当各车空气制动缓解时，“空气制动缓解”继电器 =27-K102、=27-K202、=27-K302 得电，将 6 个“空气制动缓解”继电器及有人 A 车“所有停放制动缓解”继电器常开触点串联，并由无人端供给 DC 110 V 供电，则当所有摩擦制动缓解时，在有人端输出摩擦制动缓解信号，使司机台摩擦制动缓解绿色指示灯 =27-H01 点亮，并将此信号输出到牵引逆变器及 VCU，准许列车牵引运行。

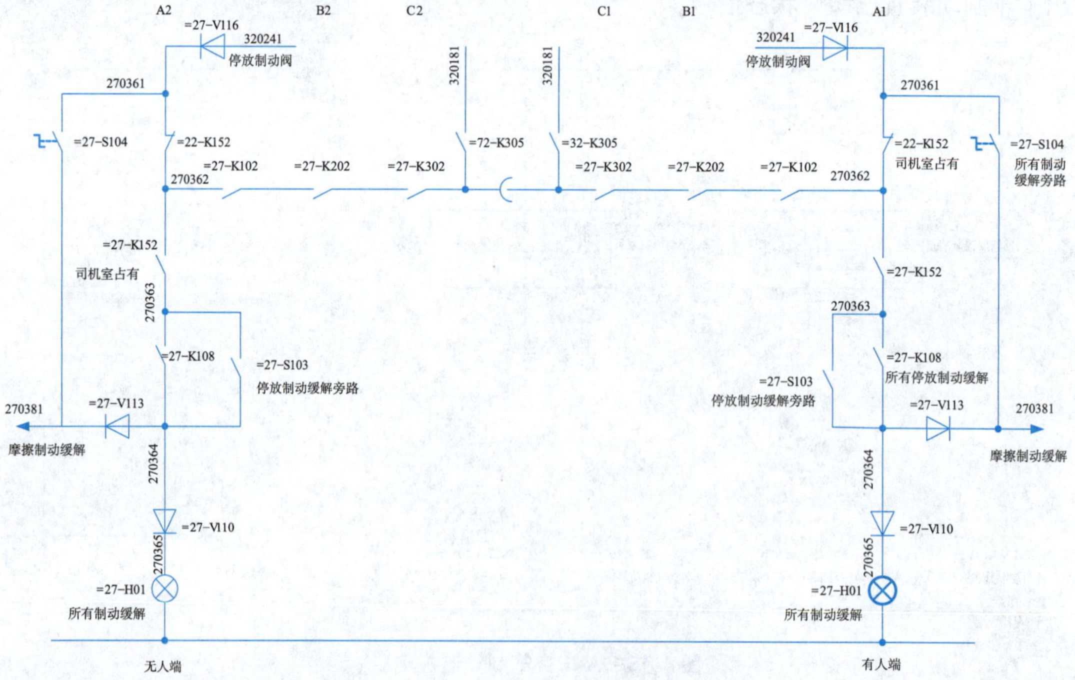

图 4-17 列车摩擦制动缓解监视回路原理图

在半车运行时，则由 C 车提供 DC 110 V 供电，经“半自动末端”继电器 =72-K305 向半列车摩擦制动缓解回路供电。

如图 4-18 所示为 SZML1S 实际的摩擦制动缓解监视回路。当各车空气制动缓解时（即制动缸压力 <0.4 bar 时），如图 4-16 所示的各车空气制动缓解继电器（=27-K102、=27-K202、=27-K302）线圈均得电，其常开触点吸合。如图 4-18 所示，DC 110 V 电源由无人端司机室“停放制动阀”电源线 320241→二极管 =27-V116→270361 线→无人端“司机室占有”继电器 =22-K152 常闭触点 9-5→270362 线→无人端“A 车空气制动缓解”继电器 =27-K102 常开触点 11-3→“B 车空气制动缓解”继电器 =27-K202 常开触点 11-3→“C 车空气制动缓解”继电器 =27-K302 常开触点 11-3→270311 线→半自动车钩车端连接器 =99-XP379.11→有人端“C 车空气制动缓解”继电器 =27-K302 常开触点 3-11→“B 车空气制动缓解”继电器 =27-K202 常开触点 3-11→有人端“A 车空气制动缓解”继电器 =27-K102 常开触点 3-11→270362 线→有人端“司机室占有”继电器 =22-K152 常开触点 5-7→270363 线→“所有停放制动缓解”继电器 =27-K108 常开触点 8-6→270364 线→二极管 =27-V109→270365 线→“所有制动缓解”绿色指示灯 =27-H01 点亮，向司机发出所有制动缓解信号。

同时，经 270364 线→二极管 =27-V113→“所有制动缓解”列车线 270381，将所有制动缓解信号向 C 车 DXMe（经列车控制网络发送给 VCU）及各车牵引逆变器发送，从而准许列车牵引运行。

综上所述，当 =27-H01 显示绿灯时，表明全列车所有的空气制动和停放制动均已缓解，不存在摩擦制动。

（2）半列车运行时的列车空气制动缓解监视回路

半列车运行时，司机闭合 C 车继电器柜中的车尾闭路开关 =72-S302，使“半自动末端”继电器得电，DC 110 V 电源由如图 4-18 所示电路中的“摩擦制动列车线尾端电气闭合”电源线 321081→“半自动末端”继电器 =72-K305 常开触点 53-54→270311 线→“C 车空气制动缓解”继电器 =27-K302 常开触点 3-11→“B 车空气制动缓解”继电器 =27-K202 常开触点 3-11→“A 车空气制动缓解”继电器 =27-K102 常开触点 3-11→270362 线→“司机室占有”继电器 =22-K152 常开触点 5-7→270363 线→“所有停放制动缓解”继电器 =27-K108 常开触点 8-6→270364 线，发出列车摩擦制动缓解信号。

（3）空气制动缓解启动联锁旁路操作

在空气制动已经缓解，但存在空气制动缓解监视压力开关故障，或空气制动缓解继电器故障等故障原因时，也会造成“空气制动缓解”列车线 270381 无法得电，此时，在请示行调同意后，可闭合 A 车继电器柜“所有制动缓解旁路”铅封开关 =27-S104，DC 110 V 电源经“停放制动阀”电源线 320241→二极管 =27-V116→270361 线→ =27-S104 常开触点 13-14→270381 线，发出列车空气制动缓解信号，准许列车牵引运行。

同时，经 270361 线→ =27-S104 常开触点 23-24→270382 线，向 A 车 DIMe 模块-X3：Z24 脚输入高电平，经 MVB 向 TCMS 发送空气制动缓解旁路信号。

（4）备用模式时的空气制动缓解旁路

当闭合备用模式开关，启用备用模式时，由 270361 线→“备用模式”铅封开关 =22-S110 常开触点 63-64→270373 线→“备用模式”继电器 =22-K105 常开触点 53-54→270381 线，发出空气制动缓解旁路信号。

这条电路中，除了 =22-S110 常开触点，还要串入 =22-K105 常开触点，目的是操作备用模式时，还需要待备用模式电路已经发生作用，才发出空气制动缓解信号，以免因 =22-S110 触点 53-54 故障无法断开时错误发出空气制动缓解旁路信号。

3. 空气制动施加监视回路

空气制动施加监视回路用于监视全列 6 车空气制动是否已经施加。空气制动施加监视回路仅用于监视作用，因此，其状态信息不向 TCMS 系统输入。

如图 4-18 所示为 SZML1S 列车的实际空气制动施加监视回路。当空气制动缸压力 > 1. 0 bar 时，电路中的空气制动施加继电器 =27-K105、=27-K205、=27-K305 得电。

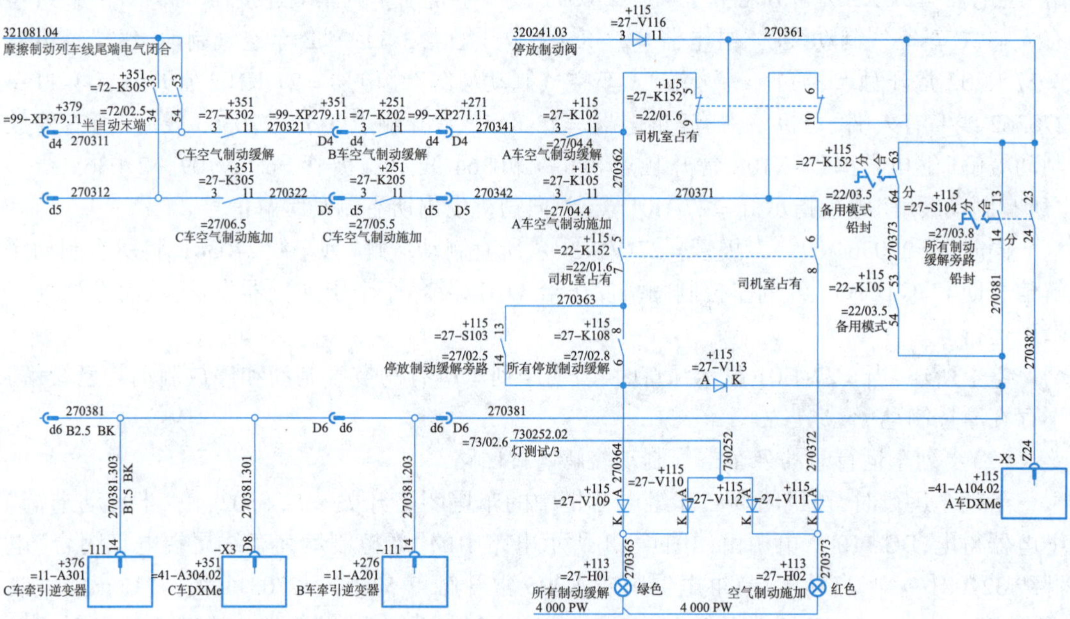

图 4-18　空气制动施加监视回路

DC 110 V 电源由无人司机室“停放制动阀”电源线 320241→二极管 =27-V116→270361 线→无人端“司机室占有”继电器 =22-K152 常闭触点 10-6→270371 线→无人端“A2 车空气制动施加”继电器 =27-K105 常开触点 11-3→“B2 车空气制动施加”继电器 =27-K205 常开触点 11-3→“C2 车空气制动施加”继电器 =27-K305 常开触点 11-3→270312 线→半自动车钩车端连接器 =99-XP379. 11→有人端“C1 车空气制动施加”继电器 =27-K305 常开触点 3-11→“B1 车空气制动施加”继电器 =27-K205 常开触点 3-11→有人端“A1 车空气制动施加”继电器 =27-K105 常开触点 3-11→270371 线→有人端“司机室占有”继电器 =22-K152 常开触点 6-8→270372 线→二极管 =27-V111→270373 线，使“空气制动施加”红色指示灯 =27-H02 点亮，向司机发出空气制动施加信号。

同理，半列车运行时，DC 110 V 电源由 321081 线→“半自动末端”继电器 =72-K305 常开触点→向 270312 线供电，经 =27-K305、=27-K205、=27-K105 串联后，实现半列车空气制动施加监视。

当全列车空气制动装置处于不同状态，即部分制动缸在缓解状态、部分制动缸在制动状态时，“所有制动缓解”绿色指示灯 =27-H01 和“空气制动施加”红色指示灯 =27-H02 均熄灭。

二、停放制动监视

1. 单节车停放制动监视

如图 4-16 所示，单节车的停放制动状态由本车制动辅助控制装置 =27-B19 内的压力开关检测。当停放制动缸压力 >4.8 bar 时，压力开关 =27-B19-X1 常开触点 17-18 闭合，DC 110 V 电源由“停放制动阀”电源线 320241→=27-B19-X1 常开触点 17-18→270431 线，使“A 车停放制动缓解”继电器 =27-K101 线圈得电（B、C 车停放制动检测电路与此相同），发出本车停放制动缓解信号。再由“A 车 IO 供电”线 320331→“A 车停放制动缓解”继电器 =27-K101 常开触点 4-12→270461 线，向 A 车 DIMe 模块-X3：D24 脚输入高电平，经 MVB 向 TCMS 发出本车停放制动缓解信号。

当停放制动缸压力 <3.8 bar 时，压力开关 =27-B19-X1 常闭触点闭合，DC 110 V 电源由“停放制动阀”电源线 320241→=27-B19-X1 常闭触点 17-16→270421 线→“A 车停放制动施加”继电器 =27-K104 得电（B、C 车与此相同），而“A 车停放制动缓解”继电器 =27-K101 线圈失电，A 车 DIMe 模块-X3：D24 脚变为低电平，向 TCMS 发出本车停放制动施加信号。

2. 列车停放制动缓解监视回路

（1）6 节车停放制动缓解监视回路

列车停放制动缓解监视回路用于监视列车停放制动的缓解状态，当全列车停放制动均缓解时，此回路接通，“所有停放制动缓解”绿色指示灯 =27-S02 点亮。

如图 4-19 所示为列车停放制动缓解监视回路原理图。当各车停放制动均缓解时，停放制动缓解继电器 =27-K101、=27-K201、=27-K302 得电，将 6 个停放制动缓解继电器常开触点串联，并由无人端供给 DC 110 V 供电，则当所有停放制动缓解时，使有人端停放制动缓解继电器得电，从而使副司机台停放制动缓解指示灯按钮绿灯点亮，给司机发出列车停放制动已缓解信号。由于停放制动缓解监视回路出现故障时，会导致列车摩擦制动缓解监视电路无法接通，从而发生牵引封锁，列车无法启动。因此，该电路增加了停放制动缓解旁路开关，必要时通过闭合此旁路开关，强行发出列车停放制动缓解信号。

如图 4-20 所示为 SZML1S 列车实际的列车停放制动缓解监视回路。当各车停放制动缸压力 >4.8 bar 时，本车停放制动缓解，相应的停放制动缓解继电器 =27-K101、=27-K201、=27-K301 线圈均得电（见图 4-16），其常开触点吸合。

DC 110 V 电源由无人司机室“停放制动阀”电源线 320241→二极管 =27-V103→270261 线→无人端“司机室占有”继电器 =22-K152 常闭触点 14-4→270252 线→无人端“A 车停放制动缓解”继电器 =27-K101 常开触点 11-3→“B 车停放制动缓解”继电器 =27-K201 常开触点 11-3→“C 车停放制动缓解”继电器 =27-K301 常开触点 11-3→270212 线→半自动车钩车端连接器 =99-XP379.11→有人端“C 车停放制动缓解”继电器 =27-K301 常开触点 3-11→“B 车停放制动缓解”继电器 =27-K201 常开触点 3-11→有人端“A 车停放制动缓解”继电器 =27-K101 常开触点 3-11→270252 线→有人端“司机室占有”继电器 =22-K152 常开触点 4-12→270271 线，使“所有停放制动缓解”继电器 =27-K108 线圈得电，=27-K108 吸合后，由 270271 线→“所有停放制动缓解”继电器 =27-K108 常开触点 11-3→270272 线→二极管 =27-V107→270273 线→“停放制动缓解”按钮 =27-S02 绿色指示灯点亮，向司机发出所有停放制动缓解信号，司机可启动牵引操作。

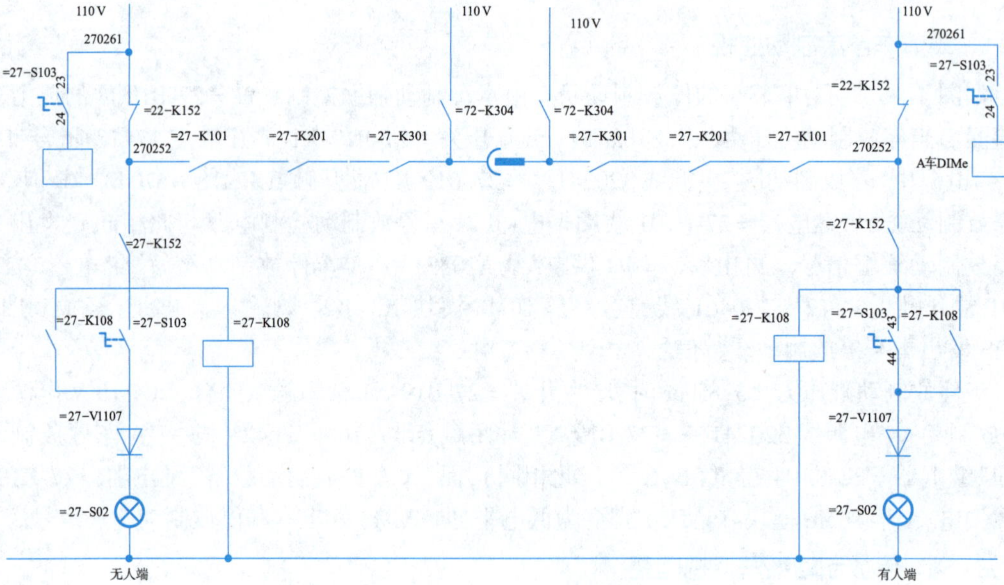

图 4-19　列车停放制动缓解监视回路原理图

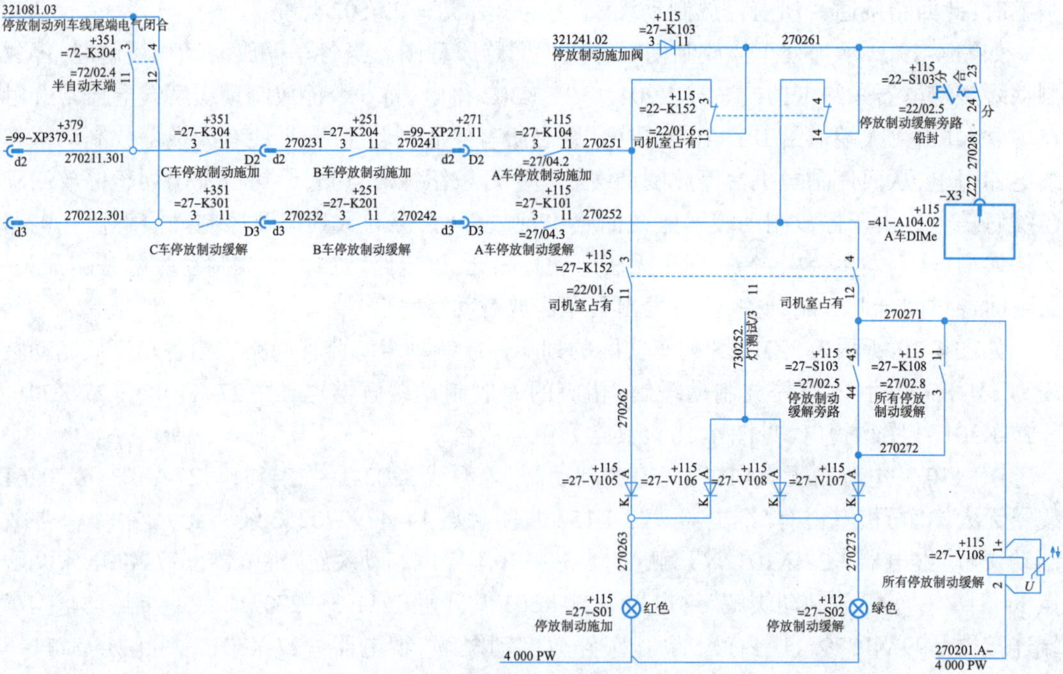

图 4-20　停放制动缓解监视回路

(2)半列车运行时的停放制动缓解监视电路

如图 4-20 所示，半列车运行时，由“停放制动列车线尾端电气闭合”电源线 321081→“半自动末端”继电器 =72-K304 常开触点 4-12→270212 线→“C 车停放制动缓解”继电器

=27-K301 常开触点 3-11→“B 车停放制动缓解”继电器 =27-K201 常开触点 3-11→“A 车停放空气制动缓解”继电器 =27-K101 常开触点 3-11→270252 线→“司机室占有”继电器 =22-K152 常开触点 4-12→270271 线,使“所有停放制动缓解”继电器 =27-K108 线圈得电, =27-K108 吸合,由 270271 线→“所有停放制动缓解”继电器 =27-K108 常开触点 11-3→270272 线→二极管 =27-V107→270273 线→“停放缓解”按钮 =27-S02 绿色指示灯点亮,向司机发出所有停放制动缓解信号。

(3)停放制动缓解旁路

当停放制动检测压力开关或停放制动继电器故障时,将会导致列车停放制动缓解监视回路故障,激活牵引启动联锁,列车无法启动。

此时,可闭合继电器柜“停放制动缓解旁路”铅封开关 =27-S103,实施停放制动启动联锁旁路操作。

①通过 =27-S103 常开触点 13-14 将 270363 线与 270364 线短接,列车摩擦制动监视回路不再监视停放制动缓解状态(见图 4-18)。

②通过 =27-S103 常开触点 33-34 将 220422 线与 220451 线短接(见图 4-8),使牵引指令能够发出,维持列车运行。

③通过 =27-S103 常开触点 23-24 向 A 车 DXMe 模块发出停放制动缓解旁路信号(见图 4-20),通知 VCU,停放制动已经旁路。

④通过 =27-S103 常开触点 43-44 将 270271 线与 270272 线短接,若停放制动缓解监视回路工作正常,仅是因 =27-K108 故障而导致停放制动缓解故障时,此操作可使 =27-S02 绿色指示灯正常点亮(此操作可检查究竟实际故障点是停放制动缓解故障还是“所有制动停放缓解”继电器 =27-K108 故障。若为停放制动缓解故障,执行旁路操作后, =27-S02 不会点亮;若为 =27-K108 故障,执行旁路操作后 =27-S02 绿灯点亮)。

3. 列车停放制动施加监视回路

(1)6 车编组时的列车停放制动施加监视回路

当各车停放制动施加时(即停放制动缸压力 <4.8 bar 时),如图 4-20 所示电路中各车“停放制动施加”继电器 =27-K104、=27-K204、=27-K304 均得电,其常开触点吸合。

如图 4-20 所示,DC 110 V 电源由无人司机室“停放制动阀”电源线 320241→二极管 =27-V103→270261 线→无人端“司机室占有”继电器 =22-K152 常闭触点 13-3→270251 线→无人端“A 车停放制动施加”继电器 =27-K104 常开触点 11-3→“B 车停放制动施加”继电器 =27-K204 常开触点 11-3→“C 车停放制动施加”继电器 =27-K304 常开触点 11-3→270211 线→半自动车钩车端连接器 =99-XP379.11→有人端“C 车停放制动施加”继电器 =27-K304 常开触点 3-11→“B 车停放制动施加”继电器 =27-K204 常开触点 3-11→有人端“A 车停放制动施加”继电器 =27-K104 常开触点 3-11→270251 线→有人端“司机室占有”继电器 =22-K152 常开触点 3-11→270262 线→二极管 =27-V105→270263 线→“停放制动施加”按钮 =27-S01 绿色指示灯点亮,向司机发出所有停放制动施加信号。

(2)半列车运行时的列车停放制动施加监视回路

如图 4-20 所示,半列车运行时,DC 110 V 电源由“停放制动列车线尾端电气闭合”电源线 321081→“半自动末端”继电器 =72-K304 常开触点 3-11→270211 线→“C 车停放制动施加”继电器 =27-K304 常开触点 3-11→“B 车停放制动施加”继电器 =27-K204 常开触点 3-11

→"A 车停放制动施加"继电器 =27-K104 常开触点 3-11→270251 线→有人端"司机室占有"继电器 =22-K152 常开触点 3-11→270262 线→二极管 =27-V105→270263 线→"停放制动施加"按钮 =27-S01 绿色指示灯点亮,向司机发出所有停放制动施加信号。

思考与练习

1. 如何对单节车的空气制动进行检测?
2. 如何对单节车的停放制动进行检测?
3. 摩擦制动缓解监视回路监视哪些因素?
4. 摩擦制动施加监视回路监视哪些因素?
5. 停放制动缓解监视回路监视哪些因素?
6. 停放制动施加监视回路监视哪些因素?
7. 摩擦制动旁路操作的实质是什么?

任务六　列车连挂与解钩

任务目标

1. 掌握列车连挂操作的步骤。
2. 掌握列车连挂的注意事项与连挂后的检查事项。
3. 掌握列车解钩的步骤。

一、机械钩头及电气钩头自动连挂

可以使用一列 6 节编组列车,将一列故障列车推离或拖离运营线路。仅在连接电气车钩的情况下才允许拖车操作,以提供一些重要的与安全相关的功能。当列车连挂完成后,如果故障列车已激活且必要的电路处于正常工作状态,则整个编组车辆(救援列车和故障列车)可以实现以下功能:

①司机室间的通话。

②每个司机室能对客室进行广播。

③正常的安全回路功能。

④所有制动和停车制动的状态指示。

⑤缓解和施加两列列车中的停放制动。

1. 故障列车操作

①按压"停放制动施加"按钮 =27-S01。

②将司机座椅后方继电器柜面板上的"拖动模式"旋钮 =72-S04 切换至"分"位置。

③将主控钥匙切换至"分"位置,锁闭司机台(解除司机室占有)。

④保持列车激活状态(不要将司机座椅后方继电器柜面板上的"列车激活"瞬动旋钮 =72-S101 切换至"OFF"位置)。

⑤检查自动车钩是否处于解钩位置(图 4-21 所示的辅助连挂装置的红色线对齐)。如果没有,则应拉动手动解钩手柄,直至提示解钩位置。

警告！为安全起见，在以下恶劣线路下需辅助连挂：

①一列车处于直线段，另一列车处于 R1 000 m 及以下圆曲线上。

②两列车处于 R150 m-5 m-R150 m 的 S 曲线上。

2. 救援列车操作

①缓慢驾驶列车靠近被动连挂列车，使主动连挂列车在被动连挂列车前约 2 m 处停下。

②检查自动车钩是否处于解钩位置。如果没有，则应拉动手动解钩手柄，直至提示解钩位置。

③将司机座椅后方电气柜面板上的“拖动模式”旋钮 =72-S04 切换至“合”位置。

④检查确认主控面板上的方向选择开关被切换至“F”(向前)位置。

⑤以最小 0.6 km/h 的速度(最大速度不超过 3 km/h)缓慢开动连挂的救援列车，使之朝着不能移动的被救援列车移动。机械连挂自动完成，在“拖车运行”(拖车运行)模式下车钩头的电气连挂被联锁。

⑥检查两个车钩是否处于连挂位置(如图 4-21 所示，两个车钩的辅助连挂装置的红色线对齐)。若连挂失败则按照表 4-2 进行检查。

在机械车钩闭合且“拖动模式”被激活时，列车限速为 25 km/h。

图 4-21　连挂好及准备连挂时车钩锁位置

表 4-2　自动连挂失败的原因与纠正措施

故　障	可　能　原　因	纠　正　措　施
自动连挂失败	1. 车钩锁没在准备连挂位置	按下解钩按钮(=72-S02)或者手动解钩，然后将列车分开，再重新连挂
	2. 连挂的最小速度没有达到	将救援列车移开至距离被救援列车 1 m 处，然后重复连挂程序。加速到至少 0.6 km/h 的速度
	3. 钩头处有异物	将救援列车移开一段距离，清除钩头上异物再重新连挂
	4. 车钩凹锥和凸锥上有异物	用压缩空气吹扫异物，重新连挂
	5. 车钩锁太紧	润滑车钩锁
	6. 车钩锁损坏	组织从列车的另外一侧进行连挂。回库后进行检修

二、仅机械钩头自动连挂(电钩头切除)

救援一辆故障列车时，若不需要电气连接，仅连挂机械钩头需按照以下步骤进行操作：

①操作红色手柄球阀，排除两个车钩上电钩头驱动气缸内空气；

②若电钩头已伸出，则操作电钩头手动解钩装置，使电钩头后移；确保电钩封盖已自动关闭。

③其余步骤按机械钩头及电气钩头自动连挂的步骤进行操作。

列车连挂完成后，由救援列车拖动故障运行。在拖车之前，应确保故障列车所有 B09 截断塞门切除。

三、列车连挂完成后开通的电路

列车连挂完成后，通过电气钩头的连接，开通两条电路：

1. 连挂检测与客室广播重联

(1)连挂检测

如图 4-22 所示，列车连挂完成后，由“列车连挂”供电线 320461→救援车电钩头(=72-Y01)001→被救援车电钩头(=72-Y01)101→被救援车电钩头 002→救援车电钩头 102→720341 线→A 车 DXMe2 模块-X3：B2 脚，经 MVB 向 TCMS 系统发送自动车钩已连挂信号；同时，经 720341 线→二极管 =72-V106→720343 线→“解钩”按钮 =72-S02 白灯点亮，通知司机，列车已正常连挂。

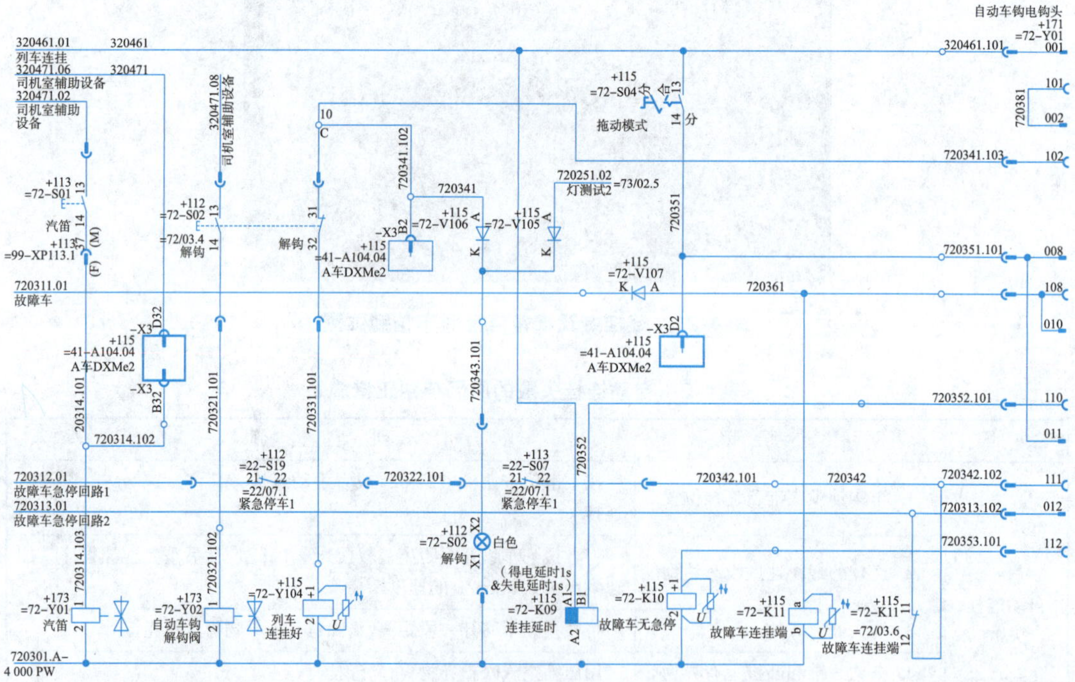

图 4-22　列车连挂与解锁

(2)广播重联

再由 720341 线→“解钩”按键 =72-S02 常闭触点 31-32→720331 线→“列车连挂好”继电器 =72-K104 线圈得电，其常开触点闭合，向连挂端广播控制盒输入连挂信号，实现司机室对客室广播的重联，4 个客室都可以进行对客室广播。

2. 拖动模式列车安全回路

列车连挂完成后,闭合救援车连挂端“拖动模式”开关 =72-S04,经“列车连挂”供电线 320461→ =72-S04 常开触点 13-14→720531 线得电,一方面向 A 车 DXMe2 的 X3:D2 脚发送高电平,向 TCMS 发送拖动模式已启用信号,另一方面向列车拖动模式安全回路供电,使被救援车辅助安全回路接入救援车安全回路,在被救援车敲击“紧急停车”按钮时,能使救援车发生紧急制动(参见项目三任务四)。

四、车钩解钩

1. 在司机室进行气动机械钩头及电气钩头解钩

(1)解钩操作

在一个连挂端司机室(通常选择救援端)副台,按压“解钩”按钮 =72-S02,“自动车钩解钩阀” =72-Y02 动作,使得自动车钩钩头上的二位五通阀将压缩空气导入电动车钩头驱动气缸中,从而使电动车钩头收缩,实现电动车气钩头解钩。

当电动车钩头均处于解钩位置时,压缩空气持续增压,输送到车动车钩头内的机械解钩气缸的压缩空气克服机械解钩气缸的弹簧力,使活塞杆向前移动,并转动车钩锁钩板以释放钩舌,实现机械解钩。

在没有电气车钩连接(钩头上的红色手柄球阀关闭)情况下连挂列车时,也可以通过解钩按钮 =72-S02 进行自动解钩。

全自动车钩解钩操作时,需长按结构按钮 =72-S02 不少于 3 s,才能正常解钩,否则车辆将施加紧急制动。

(2)解钩电路分析

按压副台的“解钩”按钮 =72-S02,由“司机室辅助设备”电源线 320471→“解钩”按钮 =72-S02 常开触点 13-14→720321 线→“自动车钩解钩阀” =72-Y02 线圈得电,使电磁阀动作,实施解钩。

解钩完成后,电动车钩头脱钩,720341 线失电,将 A 车 DXMe2 的-X3:B2 脚置低电平,经 MVB 向 TCMS 系统发送车钩已解钩信号;同时,使“解钩”按钮 =72-S02 白灯熄灭,通知司机,列车已经解钩。

2. 机械钩头及电气钩头手动解钩

(1)手动解钩的条件

在紧急情况下,可以在轨道旁使用手动方式进行机械钩头及电气钩头解钩。需要拖动解钩的紧急情况包括:

①列车供气系统中断;

②车钩气动系统故障。

(2)手动解钩的安全注意事项

手动解钩时,需要注意:

①电击危险。带电的线路通过电气钩头连接,不要触碰电触点。手动解钩之前先关闭列车蓄电池。

②受伤危险。若车钩在带有压力负载时进行手动解钩,它们可能快速摆出或向前移动。

保持至少 1 m 的安全距离并且在轨道(曲线)内侧解钩。

③小心损坏电气钩头。须将两个车的电气钩头都收起来。

(3)手动解钩步骤

①检查并确认列车处于关闭状态。

②操作红色手柄球阀,排除两个车钩上电钩驱动气缸内的空气。

③操作电钩手动解钩装置,手动分离电钩,实现电钩的手动解钩;电钩手动解钩后电钩封盖应自动关闭。

④然后再拉动机械解钩手柄,直至听到卡嗒一声,车钩锁打开。

当不要再继续拉动时,即实现机械解钩。

列车上电后将列车分开。当列车相互分开时,车钩主风管关闭,车钩再度摆置在列车的纵向中间位置。

⑤最后将红色手柄球阀回位,对两车钩的电钩驱动风缸充风。检查并确保车钩锁转至正常准备位置。

思考与练习

1. 自动车钩的自动连挂步骤有哪些?
2. 自动车钩连挂失败的原因有哪些?
3. 解钩按钮白灯点亮,说明自动车钩处于什么状态?
4. 红色球阀关闭时,电气钩头会自动连挂吗?
5. 在什么情况下需要手动解钩?
6. 手动解钩需要注意哪些安全事项?
7. 列车连挂后,列车广播系统如何实现重联?

任务七　正线故障应急处理与列车救援

任务目标

1. 掌握正线故障确认程序。
2. 掌握正线故障应急处理的程序与方法。
3. 掌握列车救援程序与救援操作注意事项。

为指导司机进行正线故障处理,简化正线故障处理程序,地铁运营单位一般会编制《列车故障应急处理指南》,供检修部门、乘务部门、行车指挥部门应急处理用。正线处理故障时,应遵循故障处理结果导向安全原则,避免故障扩大延伸,尽量减小对正线运营服务质量的影响。

一、故障确认

正线发生故障时,司机应首先确认“三灯、两屏、一柜”,并按照故障现象进行相应处理。故障处理流程如图 4-23 所示。

表 4-3　三灯、两屏、一柜

	查看位置	状态	故障初步处理
三灯	左右侧墙门指示灯	开关门灯正常	①检查空开(保险开关),若跳闸则复位。 ②若灯不亮则按压试灯按钮,确认指示灯状态。 ③根据指示灯状态及两屏故障信息,按相应故障现象处理
	副司机台指示灯	高速断路器合灯亮;升弓灯亮;停放制动缓解灯亮	
	主司机台指示灯	停车状态时空气制动施加指示灯亮;正常牵引时,空气制动缓解指示灯亮	
两屏	车辆屏	车辆屏(包括驾驶界面的运行、浏览、启动联锁栏目)无故障信息显示且各系统图标显示正常	
	信号屏	显示正常,无 ATO/ATP 打叉等故障信息显示	
一柜	设备柜	无特别标识空开均在合位 旋钮开关处于正常位置	

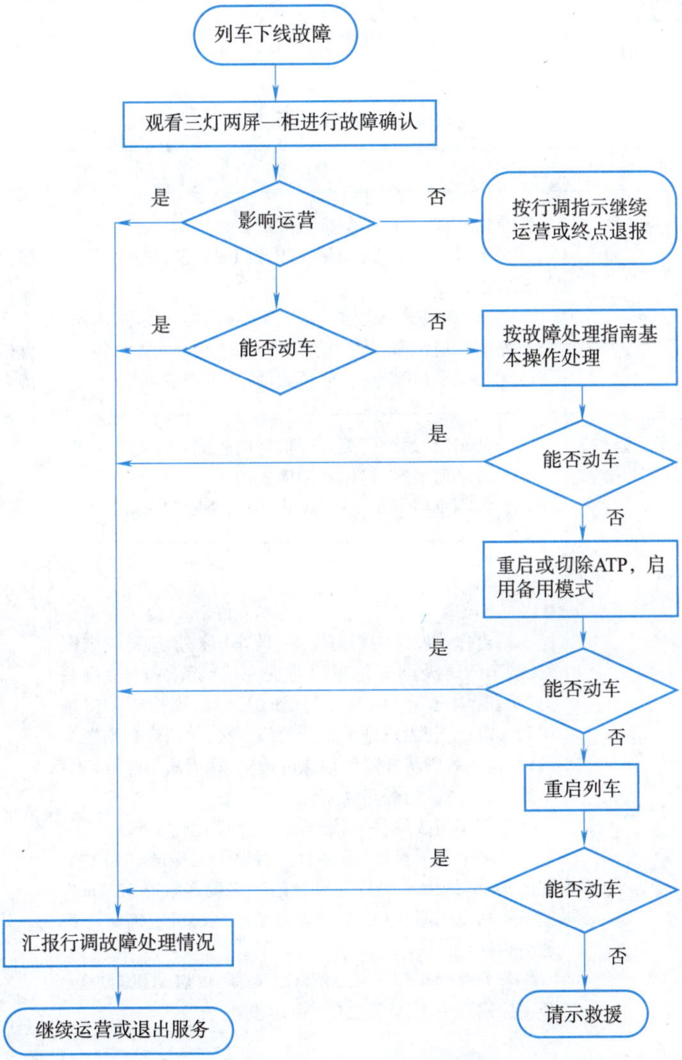

图 4-23　故障处理流程示意图

二、无法动车故障应急处理

1. 车辆类故障处理要求

①按基本操作处理。

②无效则采用备用模式动车。

③无效则重启列车并采用备用模式动车(列车在站台先清客再重启,在区间则重启后运行至站台再清客)。

2. 车载信号故障处理要求

①按基本操作处理。

②无效则切除 VOBC 动车(ATP)。

无论车辆类或者车载信号类故障经过以上步骤处理无效时则请求救援。

3. 故障处理办法

故障处理方法,见表 4-4。

表 4-4　故障处理办法

序号	故障现象	处理指引	说明
1	信号屏无显示(包括死机、黑屏、花屏),或显示 ATP、ATO 打叉	①重启 ATP,故障消除则继续运营。 ②无效或再次出现,切除 ATP,以 URM 模式本站/下一站清客退出服务。 ③如 URM 模式仍无法动车,尝试备用模式动车,本站/下一站清客退出服务。 ④无效则重启列车,备用模式动车,否则请求救援	①折返/换端时,开主控钥匙出现 AR 灯仍闪烁,报行调重启 ATP。 ②切除 ATP 后,可以直接激活司机台,无须等待 25 s
2	列车收不到速度码(排除行调扣车、站台 ESB 被拍下)	①确认车门、站台门关好后报行调尝试 RM 模式动车。 ②无效申请清客,启用备用模式动车。 ③无效则重启列车,备用模式动车,否则请求救援	
3	关门绿灯不亮(试灯正常)	①站台作业发现关门灯不亮,若车门被紧急解锁则恢复,若车门防夹则等待车门防夹完成,无效按压“再关门”按钮(对于无“再关门”按钮的列车,则按压关门按钮)2 s 以上;若无效则重新开关门一次,关门灯亮则继续运营;若无效则将故障门切除继续运营,无法切除或切除不成功,则清客门旁路动车。 ②若无车门故障显示,清客合门旁路退出服务。 ③若多个车门显红,清客合门旁路退出服务。如发生在区间,确认无车门打开后合门旁路载客限速 35 km/h 到下一站退出服务(如车门状态无法在司机室确认则到现场确认)。 ④若为整侧车门无法关闭,则清客,重启司机台(关、开主控钥匙一次,间隔 25 s)退出服务	①切门后如车辆屏未显示车门切除图标,而是显示红色,如关门灯亮,继续运营,否则清客门旁路退出服务。 ②不相邻的 2 个车门故障继续运营至终点站退出服务。 ③相邻的 2 个及以上车门故障:当前站清客退出服务。 ④门旁路折返时,禁止按压 AR 按钮,如按压 AR 后不能动车,分合一次高速断路器,否则重启列车

续上表

序号	故障现象	处理指引	说明
4	制动图标显示异常(显示白色或红色)或有 BCU 故障信息	①能动车则维持进站,申请清客,切除相应车 B09,退出服务。 ②无法动车或动车后再次自动停车,则申请启用备用模式,本站或下一站清客,切除相应车 B09;仍无法动车则重启列车,否则请求救援。 ③四节及以上 BCU 故障,重启列车清客退出服务,否则请求救援	
5	车辆屏信号屏无故障信息或仅车辆屏“启动联锁”图标闪红或牵引图标显红	①申请清客,启动备用模式。 ②无效则重启列车,备用模式动车,否则请求救援	
6	车辆屏显示多系统故障信息,或多个系统图标显红或显灰,或只显示本单元三节车图标,或车辆屏黑屏、蜂鸣器鸣响	①维持进站清客退出服务。 ②如无法动车,启用备用模式。 ③无效则重启列车,备用模式动车,否则请求救援	
7	受电弓双弓降下(高速断路器分灯亮,降弓灯亮,车辆屏显示双弓降下,网压逐渐下降)	①检查操作端“紧急停车”按钮是否被拍下(如被拍下则恢复),重新升弓继续运营。 ②无效则按下述方法操作:(受电弓升起后,本站或下一站退出服务)启用备用模式(三操作),尝试升弓,若无效再合升弓旁路开关,尝试升弓。 ③仍无效,重启列车,备用模式动车,否则请求救援	升弓旁路开关车在司机室设备柜
8	高速断路器跳闸或车辆屏牵引逆变器严重故障、A-警报或图标显红/显黄/显灰,无其他故障信息	①维持进站,按压 MVB 复位按钮 =41-S101,分合一次高速断路器。 ②故障消失继续运营,否则或其他故障按以下处理: • 1 个高速断路器跳闸或牵引逆变器故障:终点站退出服务; • 2 个及以上高速断路器跳闸或牵引逆变器故障,本站或下一站清客退出服务。 ③如无法动车,启动备用模式。 ④无效重启列车,备用模式动车,否则请求救援	
9	车辆屏信号屏均黑屏,主副司机台及侧墙所有指示灯均不亮	①合“车钩监视旁路”=72-S107,重新激活列车。 ②无效请求救援	
10	车辆屏显示主风缸压力低故障信息或司机室双针压力表显示主风缸压力急剧下降	①检查列车压力表主风缸压力,若压力表指示大于 700 kPa,且至少一个空压机工作,则继续运营至终点站退出服务,并随时监视主风缸压力;若压力表指示小于 700 kPa 则运行至前方站退出服务。 ②无法动车,启用备用模式。 ③双针压力表压力低于 550 kPa 时,立即降弓报行调按主风缸压力低救援指引进行救援	

续上表

序号	故障现象	处理指引	说明
11	车辆屏显示警惕按钮故障，或警惕按钮无法按下	①尝试 ATO 模式运营至终点站退出服务，如无效合 =22-S120“警惕旁路”旋钮，当前站退出服务。 ②如无效则启用备用模式在本站或下一站清客退出服务。 ③无效则重启列车，备用模式动车，否则请求救援	
12	列车紧急制动，车辆屏受电弓图标显红，网压正常，报“X 车未检测到网压”故障信息	①检查车辆屏受电弓图标： • 如一个受电弓图标显红，关空调，分相应故障 B 车一位端电子柜受电弓控制空开（=21-F201），启用备用模式退出服务； • 如两个受电弓图标显红，启用备用模式（启用备用模式后按压主辅复位按钮并重合高速断路器）在本站或下一站退出服务。 ②无效重启列车，备用模式动车，否则请求救援	当接触网跳闸失压时，容易导致出现该故障现象
13	关键微型断路器跳闸	①若 A 车司机室设备柜上的 =32-F05、=22-F101 断路器跳闸，尝试复位，如复位成功则当前站清客退出服务。 ②若复位不成功，则请求救援	

三、能动车需司机处理的故障

能动车需司机处理的故障，见表 4-5。

表 4-5　能动车需司机处理的故障

序号	故障现象	处理指引	说明
1	列车在驾驶中（含退行）产生紧急制动	①按下“ATP 限制”按钮取消紧急制动 RM 模式动车。如紧急制动无法取消或 RM 模式无法动车，启用备用模式清客退出服务。 ②如紧急制动时（含退行）、速度低于 5 km/h 以下，当前站重启 ATP	
2	车辆屏黑屏、显示异常或各显示屏间不能切换	①运行至前方站内，断合一次司机室空开（=41-F104），车辆屏恢复正常，继续运营；无效则清客退出服务。 ②如无法动车，启用备用模式	
3	车辆屏显示单个受电弓降下	①维持进站清客，切除故障车受电弓退出服务，切弓方法如下：将相应故障 B 车一位端电子柜受电弓控制空开 =21-F201 打下。 ②如无法动车，启动备用模式。 ③无效则重启列车，备用模式动车，否则请求救援	
4	关门灯亮、门开关正常，车辆屏多个车门图标显红或某节车一侧车门图标显红	运营至终点站退出服务	
5	关门灯亮，车辆屏单个车门图标显红或对应左右车门图标显红	①运营至终点站切除故障车门后继续运营。 ②若故障车门无法切除或切除不成功，则终点站退出服务	

续上表

序号	故障现象	处理指引	说明
6	关门灯亮，单个车门不能打开	继续运营至终点站根据车辆屏显示，切除故障车门后继续运营	
7	关门灯亮，多个车门无法打开	①重新开关门，若故障消失，则运营至终点站退出服务。 ②故障未消失，若2个不相邻车门故障则运营至终点站退出服务；若2个相邻或3个及以上车门故障，则当前站清客退出服务	
8	整侧车门无法打开（列车到站停在规定范围内）或列车停在站台开门后自动关门	①将门模式开关打至标准位，手动控制开门（开门灯不亮则操作“强行开门”按钮获取开门码），无效，在有开门码的情况下，按压关门按钮2～3次（每次按压2 s以上），再尝试手动控制开门。 ②如无效，切除ATP并合“门零速旁路”开关，手动控制开门清客退出服务。 ③仍无效，报告行调，操作紧急开门装置清客退出服务	①若紧急开门装置无法操作，则换一个门尝试操作紧急解锁装置。 ②多个紧急解锁装置无法解锁，打下该节车“门控器电源”空开： A车82-F102、82-F103、82-F104；B车82-F202、82-F203、82-F204；C车82-F302、82-F303、82-F304）。再操作紧急解锁装置
9	列车ATO模式冲标，车门与站台门无法自动打开	①列车越出站台2 m以内，以当前模式退行对标，将门模式开关打至标准位手动打开车门及站台门。 ②列车越出站台2 m以上，根据行调指示列车不停站通过或切除ATP退行对标	出现该故障时司机应注意车辆屏上是否有“空转/滑行”等显示
10	车门开/关正常，站台门不能同步动作	司机手动操作PSL开/关站台门	
11	列车ATO对标不准	①如列车在某站对标不准，则司机先确认设备显示（对标精准图标、车门、站台门状态）。 ②司机能上站台立岗处，无论列车有无开门信号（列车相应站台侧开门灯亮），均不需要二次对标。 ③司机不能上站台立岗处的处理： • 无开门信号且信号屏无PSD显示，报行调后再对标； • 有开门信号或PSD显示，报行调，联系车站人员协助站台作业。 ④如某列车在多站对标不准，则该列车以行调指令改SM模式进站	①出现该故障时司机应注意车辆屏上是否有“空转/滑行”显示 ②司机注意选择正确侧车门打开
12	列车在正线以RM模式运行经过两个电路轨道区段仍收不到速度码，或列车出库经过启动环线到达正线站台后仍收不到速度码	①如列车发生低于5 km/h以下不明原因紧制（含退行），司机当前站未重启ATP导致列车收不到速度码，司机确认RM模式运行经过两个有效轨道电路区段仍未收到速度码，则立即重启ATP（若运行两个有效轨道电路区段后列车到达站台，应先手动驾驶对标作业后再重启ATP）。 ②如列车出库经过启动环线到达正线站台后仍收不到速度码，则在正线第一个站台重启ATP。 ③重启ATP后运行一个区间仍未收速度码，立即报告OCC行调，到达站台后切除ATP，以URM模式清客退出服务	正线运行如ATC-HMI出现车库图标，会导致列车收不到速度码

续上表

序号	故障现象	处理指引	说明
13	在折返站列车停稳后约10 s无AR信息	①报行调，以SM或ATO折返。 ②到另一端驾驶室，以RM模式动车	
14	ATO启动指示灯点亮后，按压ATO按钮无效或ATO模式下没有牵引	①重新按压ATO按钮启动列车。 ②用SM模式动车后，再尝试启动ATO驾驶。 ③如故障仍然存在，以SM模式运行	①若频繁多次按压"ATO启动"按钮(在ATO启动指示灯不亮时)，将产生此故障，当前站重启ATP。 ②如选择SM模式运行，OCC行调根据实际情况让列车在SM模式下继续运营或回库检查
15	列车收到速度码，ATO启动指示灯不亮，且ATC-HMI显示为SM模式	将牵引手柄拉至"制动"区后回零位，尝试ATO动车，否则以SM驾驶	如选择SM模式运行，OCC行调根据实际情况让列车在SM模式下继续运营或回库检查
16	停放制动缓解灯不亮	①试灯正常，若车辆屏无故障信息，重新施加、缓解停放制动，故障消失则继续运营。 ②无法动车或故障依然存在则启用备用模式在本站或下一站清客退出服务	
17	一个空压机故障	运营到终点站退出服务	
18	两个空压机故障	本站或下一站重新降弓后再升弓，如故障仍然存在则本站清客后退出服务，故障消失则终点站退出服务	
19	空调严重故障或车辆屏显示相应图标红色或白色	①尝试重新关闭、启动一次空调，继续运营。 ②无效则报告OCC行调，由OCC行调通知DCC厂调进行处理。 ③三个空调机组及以上或相邻两个空调机组故障，终点站退出服务	一节车包含2个空调机组
20	司机室车载无线电台控制屏无显示或无线电通信呼叫不通(尝试紧急呼叫无效)	①检查司机室设备柜=44-F101，如跳闸，则使用800 MHz便携台向行调汇报车载台故障。 ②若未跳闸，重启车载台；仍无效报告OCC行调，使用800 MHz便携台与行调保持联系	与相关人员联系建议： ①使用800 MHz便携台与行调通话。 ②当列车在站台时使用400 MHz便携台与本站站务人员联系。 ③使用车站端门电话与行调、本站或者相邻车控室联系
21	两个及以上辅助逆变器严重故障	①本站/下一站清客退出服务。 ②如无法动车，启动备用模式。 ③无效则重启列车，备用模式动车，否则请求救援	①降弓前关闭列车空调。 ②AUX、ACM故障均指辅助逆变器故障
22	一个蓄电池充电机严重故障或A-警报	运营到终点站退出服务	
23	两个蓄电池充电机严重故障或A-警报	维持进站清客退出服务	可尝试在设置屏复位栏中点击两个"SIV复位"

续上表

序号	故障现象	处理指引	说明
24	火灾报警	①在车辆屏运行屏确认火警，按停蜂鸣器鸣响声。 ②报告 OCC 行调，到达前方站确认列车安全状态，若无异常情况，继续运营，由 OCC 行调通知 DCC 厂调进行处理（重新分合火警空开）。 ③如无法取消蜂鸣器或汽笛声音，由车辆人员在司机确认下将操纵端 =73-F101 打下，暂时切除本单元蜂鸣器或汽笛	火警空开：A 车 =42-F101，B 车 =42-F201，C 车 =42-F301
25	显示 PECU 报警，同时有报警声	①如 PECU 被按下，司机与乘客建立通话，询问客室情况。 ②如 PECU 未被按下运营到终点站重新分合 =45-F102 复位后故障消除则正常运营，否则退出服务。 ③操作主司机台面板上“广播复位”旋钮（=45-S01）进行复位，故障消除则继续运营，否则终点站退出服务	
26	列车 PECU 图标显红	报告 OCC 行调继续运营，由 OCC 行调通知 DCC 控制主任安排车辆人员上车确认	
27	自动广播、人工广播都无	①确认 PECU 未被按下但 PC 按钮灯亮，则直接按灭。 ②无法按灭 PC 按钮或 PC 按钮未亮，断合司机室空开 =45-F102，分合空开无效则需在车辆屏上进行 PIS 主从切换），故障消失则继续运营。 ③若无效，关闭车载电台电源，尝试广播，若列车广播功能恢复正常，则按司机室车载无线电台控制屏无显示或无线电通信呼叫不通（尝试紧急呼叫无效）故障流程处理。 ④若无效，则人工报站运行至终点站退出服务	①分合相应空开应间隔 5 s。 ②PIS 主从切换流程：点击车辆屏“维护”；输入密码 12，点击“确定”；点击“测试”；点击“主从切换”；点击 PIS 系统主从切换操作界面中的“主从切换”按钮
28	主控钥匙在断开位多次尝试无法转动或插不到位	多次尝试无效后，报 OCC 行调，换端操作本站清客退出服务	
29	主控钥匙在“合”位多次尝试无法转动	主控钥匙在“合”位不能转动，终点站由车辆驻站人员进行处理	
30	列车轮对固死	当事司机发现符合各车型故障应急处置指南中描述轮轴固死的异常状态，上报行调后按以下操作执行： ①本站或下一站清客退出服务。 ②列车在车站立即清客，如列车在区间则视距前方站的距离，采取牵引、退行、救援的办法运行至车站进行清客，然后就近进入存车线；如在终点站就地退出运营。 ③故障列车所在车站具备备用线条件者，原则上组织其他正常运营列车经备用线绕行。 ④动车时若车辆屏弹出“强迫零位：速度没有获到”或列车气制动缓解灯亮而无法动车，重新牵引且将牵引手柄置于 100% 位，若列车可自行牵引拖动，采取列车自行拖动，如不能自行牵引拖动，启动列车救援	
31	列车进站停稳后溜车	①操作主控手柄制动，停车后将主控手柄置于“制动”区，运营到终点站退出服务。 ②若无效施加紧急制动（方向手柄回零或者按压“紧急停车”按钮），清客退出服务。 ③若仍无效施加停放制动（若施加停放制动无效尝试分列车激活开关，关断列车），请求救援	

续上表

序号	故障现象	处理指引	说明
32	电流异常报警灯闪亮或车辆屏报受电弓电流异常	①车辆屏报“受电弓电流异常”，若车辆无其他故障信息，则继续运营。 ②车辆屏报“受电弓电流异常”同时车辆有牵引、辅助系统相关设备故障，按照单个或多个牵引、辅逆故障处理流程处置。 ③如列车处于接触网跳闸时区间内，列车报“受电弓电流异常”，则该车本站或下一站清客退出服务	①“电流异常报警灯”名称：=21-H06；“电流异常确认旋钮”名称：=21-S06。 ②区间跳闸时，需安排司机查看区间内列车是否有大电流监测装置报警故障，若有报警故障则该车本站或下一站清客退出服务
33	客室单节车照明故障或整车照明故障	①若单节车客室照明大于一半以上照明灯亮，运营至终点站退出服务。 ②若单节车或整车客室照明不亮，重新分合照明旋钮一次，若无效则清客退出服务，否则运营至终点站退出服务	
34	刮雨器故障(仅雨天)	刮雨器各挡位无动作，影响瞭望，运营至终点站退出服务	刮雨器严禁干刮，否则可能导致刮雨器电机烧损

四、列车救援

主要用于列车发生故障经司机按故障处理程序处理后仍无法动车的应急处置。

①客车故障处理的原则及时间、救援列车的开行，按地铁公司相关线路行车组织规则中的相关规定执行。

②列车故障无法动车进行救援时，故障车司机必须判断列车停车位置是否处于连挂困难区段，如列车在连挂困难区段应及时报行调需使用辅助连挂装置。

③请求救援后，故障列车司机在连挂之前可继续排除故障，但不能启动列车，如故障排除则报告行调取消救援。

④救援车无速度码前往救援地点时，列车以 RM 模式驾驶列车运行，待收到速度码后恢复 ATO/AMC 驾驶。原则上不得安排无 ATP 保护的列车前往救援。

⑤救援列车需要越过禁止信号前往救援地点时，OCC 优先采用引导信号组织救援列车以 RM 模式动车，只有在引导信号无法开放的情况下，行调才发令授权救援列车司机以 RM 模式越过禁止信号。救援列车以 RM 模式越过引导或禁止信号收到速度码后转为 ATO/AMC 模式，待列车自动停车后，转换为 RM 模式；如救援列车越过引导或禁止信号后未收到速度码，则继续以 RM 模式运行。

⑥司机操作 B09 要求。

- 切除操作时需将塞门手柄旋转至与管路垂直，直至 B09 无法拧动为止，否则 B09 截断塞门无法完全切断管路供风，可能引起抱闸运行的风险。
- 恢复 B09 至正常位时须将塞门手柄反方向旋转至与管路平行，直至 B09 无法拧动为止，否则不能保证管路的正常供风。

⑦原则上救援列车应空车前往救援。故障列车在区间需要救援时，待救援列车推进(牵

引）至车站停妥，故障车司机必须先做好防溜措施（施加停放制动）后，方可组织清客。

⑧如救援列车不能空车前往救援时，司机须严格控制列车连挂速度，避免列车连挂时冲动过大；并按行调指令执行清客，清客时必须先确认故障车、救援车均做好防溜措施（施加停放制动），避免列车溜逸。清客时需做好清客广播。

⑨如故障列车的主风缸压力已低于 380 kPa（有些车型为 350 kPa），且停放制动在缓解状态，列车不能在正线解钩，告知行调故障列车必须被送回车厂。

⑩如故障列车发生 1 500 V 失电，运行过程中密切关注蓄电池电压，若电压低于 95 V，需断列车激活，防止列车馈电。

⑪如故障列车发生 110 V 失电的故障且停在区间，司机向行调说明情况。原则上，先清客、后救援，以防止发生现场不可控的情况。

⑫如故障列车需清客时，清客与救援的先后顺序。

- 列车车门与滑动门或应急门有一个及以上能够对位时，原则上先清客，后救援。
- 列车无车门与滑动门、应急门对位时，原则上先救援，后清客。

⑬解钩操作。

- 列车解钩前，在确认故障车已恢复一节车 B09 后，方可同意救援车司机进行解钩操作，连挂端司机按压解钩按钮 3 s 以上，解钩灯灭则按相应程序动车分钩。
- 如连挂端司机按压 3 s 以上后解钩灯仍亮，救援车司机尝试动车分钩。
- 如仍无法分离，则救援车司机尝试压钩一次后（牵引救援时后退压钩，推进救援时前进压钩），连挂端司机重新按压“解钩”按钮，如仍亮则下车关闭两车车钩无名阀，手动解机械钩后尝试动车分钩。

⑭救援列车与故障列车摘钩后，受存车线路长度所限，需要退行才能开通后方区间时，行调确认后方区间无其他列车占用时，可允许救援列车司机不换端以 URM/NRM 模式退行至防护信号机外，退行路径上的相关道岔必须处在锁定状态（进路锁定或者单独锁定）。

具体的列车救援组织流程如图 4-24 所示。

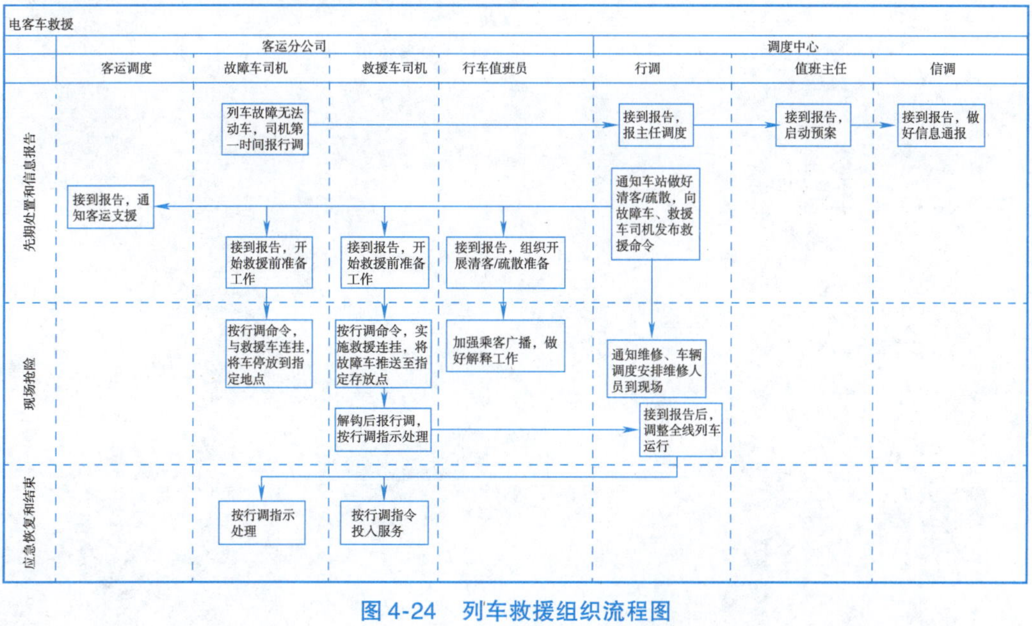

图 4-24 列车救援组织流程图

思考与练习

1. “三灯、两屏、一柜”指哪些设备？

2. 信号屏无显示时，司机应如何处理？

3. 列车收不到速度码时，司机应如何处理？

4. 关门绿灯不亮(试灯正常)时，司机应如何处理？

5. 受电弓双弓降下(高断分灯亮，降弓灯亮，车辆屏显示双弓降下，网压逐渐下降)时，司机应如何处理？

6. 列车在驾驶中(含退行)产生紧急制动时，司机应如何处理？

7. 车辆屏显示单个受电弓降下时，司机应如何处理？

8. 车辆屏显示主风缸压力低故障信息或司机室双针压力表显示主风缸压力急剧下降时，司机应如何处理？

项目五 列车照明控制

能力目标

1. 能够熟练识别外部照明的显示意义。
2. 能够熟练地调整外部照明的灯光亮暗。
3. 能够熟练地开关司机室、客室灯光。
4. 能够对照明电路故障进行紧急处理。

视 频

外部照明

任务一 列车外部照明检查与操作

任务目标

1. 掌握外部照明的构成与显示意义。
2. 掌握外部照明的操作与故障检查处理方法。

一、外部照明的结构

SZML1S 列车的车外照明采用 LED 灯光组件,由前照灯(含远光灯、近光灯)、标志灯(红灯、白灯)和运行灯(红灯、白灯)组成,如图 5-1 所示。

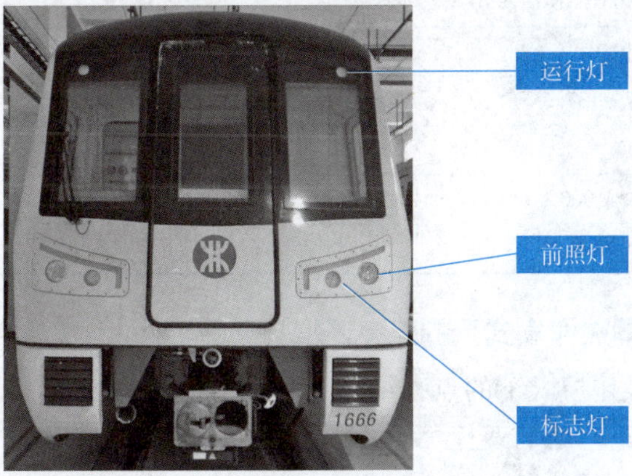

图 5-1 外部照明示意图

1. 前照灯、标志灯

前照灯(=51-H01、=51-H02)由远光灯和近光灯组成,为列车提供远距离及近范围轨道照明。前照灯安装在A车前侧下部,两盏灯在水平和垂直方向上能进行适当调节,以满足运行要求。可通过位于司机台上的旋钮(=51-S01)来控制前照灯的亮暗。

标志灯与前照灯处在同一灯仓中。前照灯和标志灯用于照明并表示列车运行的方向。

SZML1S列车前照灯整灯光源采用高寿命、高亮度LED光源,远、近光及标志灯集中在一个型腔内,各功能组件全部模组化设计,具有光照性能高、功率低、远/近光可切换、照射方向可调节、维护方便等特点。SZML1S列车前照灯的主要技术参数见表5-1。

表5-1　SZML1S列车前照灯的主要技术参数

型号	SHXH409-33A/B-DC 110 V
额定输入工作电压	DC 110 V
电压范围	DC 77～137.5 V
额定功率	前照灯:远光灯<52 W、近光灯<19 W 标志灯:红光<11 W、白光<10 W
照度	远光灯:列车紧急制动距离215 m处2 lx
	标志灯:距车辆300 m远处能清晰地看到标志灯(视觉清晰的天气状况下),包括在直线隧道内
质量	≤7 kg
光源寿命	>20 000 h

2. 运行灯

运行灯(=51-H03、=51-H04)安装在A车前侧上部。由红灯、白灯组成,运行灯用于表示列车当前或即将运行的方向。

运行灯采用高亮度LED冷光源,该产品可以发红色、白色等运行指示信号,具有功率低、抗振动、免维护、寿命长、穿透力强等特点。运行灯Ⅱ型的主要技术参数见表5-2。

表5-2　运行灯Ⅱ型的主要技术参数

型号	SHXH06-03B-DC 110 V
额定输入工作电压	DC 110 V
电压范围	DC 77～137.5 V
额定功率	≤2 W
照度	红色≥1 000 lx(灯具表面照度),白色≥2 200 lx(灯具表面照度)
光源寿命	≥30 000 h

3. 车外照明在不同操作模式下的点亮逻辑

车外照明在不同操作模式下的点亮结果见表5-3。

表5-3　车外照明的点亮结果

列车激活	方向手柄	受控端外部照明	非受控端外部照明
激活	向前	前照灯、白色标志灯和白色运行灯亮	红色标志灯和红色运行灯亮

续上表

列车激活	方向手柄	受控端外部照明	非受控端外部照明
激活	向后	前照灯、标志灯、红色运行灯、白色运行灯亮	前照灯、标志灯、红色运行灯、白色运行灯亮
激活	0 位	红色标志灯、红色运行灯亮	红色标志灯、红色运行灯亮
未激活	0 位	无点亮的灯具	无点亮的灯具

二、车外照明电气线路及控制

1. 列车激活，而司机室未占有时

“外部照明”电源线 320432 由常规负载线 320113 经外部照明 MCB =51-F101 供电。如图 5-2 所示，司机室激活时，DC 110 V 电源由“外部照明”电源线 320432→“司机室占有”继电器 =22-K151 常闭触点 61-62→510141 线，分别向左侧红色标志灯 =51-H01(2 脚)、右侧红色标志灯 =51-H02(2 脚)、左侧红色运行灯 =51-H03(2 脚)、右侧红色运行灯 =51-H04(2 脚)供电。此时列车两端的 2 个红色标志灯、2 个红色运行灯均点亮。

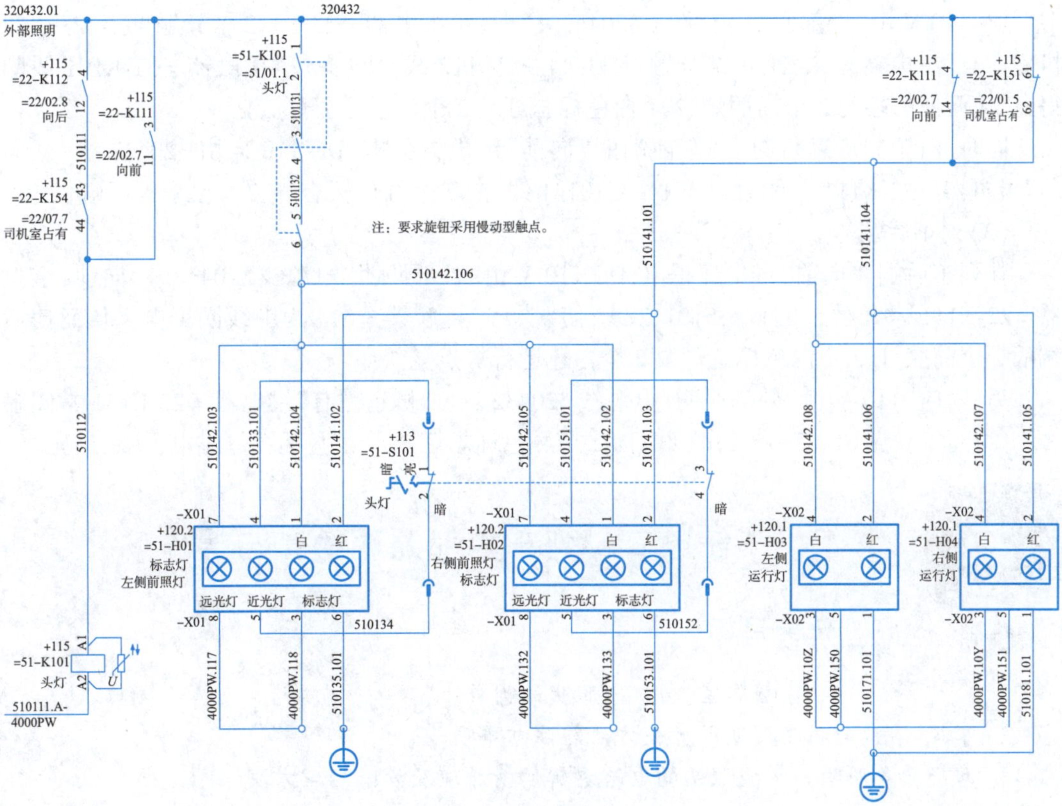

图 5-2　列车外部照明电路

2. 司机控制器方向手柄设定向前时

(1)列车前端

DC 110 V 由“外部照明”电源线 320432→“向前”继电器 =22-K111 常开触点 3-11→

510112 线,向“头灯”接触器 =51-K101 线圈供电,再由 320432 线→“头灯”接触器 =51-K101 触点 1-2、3-4、5-6→510142 线,向左侧前照灯 =51-H01(7 脚)、左侧白色标志灯 =51-H01(1 脚)、右侧前照灯 =51-H02(7 脚)、右侧白色标志灯 =51-H02(1 脚)及左侧白色运行灯 =51-H03(4 脚)、右侧白色运行灯 =51-H04(4 脚)供电,即列车前端所有前照灯、白色标志灯、白色运行灯均点亮。

远光灯、近光灯由头灯亮暗开关 =51-S01 设定, =51-S01 打在“亮”位时,触点 1-2 断开,510133 与 510134、510151 与 510152 线断开,点亮远光灯。 =51-S01 打在“暗”位时,触点 1-2 断开,510133 与 510134、510151 与 510152 线连通,点亮近光灯。

(2)列车后端

DC 110 V 由“外部照明”电源线 320432→“司机室占有”继电器 =22-K151 常闭触点 61-62//“向前”继电器 =22-K111 常闭触点 4-14→510141 线,向 2 个红色标志灯、2 个红色运行灯供电,使其点亮。

3. 司机控制器方向手柄设定向后时

(1)列车前端

DC 110 V 由“外部照明”电源线 320432→“向后”继电器 =22-K112 常开触点 4-12→“司机室占有”继电器 =22-K154 常开触点 43-44→510112 线,使“头灯”接触器 =51-K101 线圈得电,从而使前端的 2 个前照灯、2 个白色标志灯及 2 个白色运行灯点亮。

同时,由于向后运行时,列车前端的“向前”继电器失电,DC 110 V 由 320432 线→“向前”继电器 =22-K111 常闭触点 4-14→510141 线,向 2 个红色标志灯、2 个红色运行灯供电。

(2)列车后端

在列车后端,“向前”继电器得电,DC 110 V 由“外部照明”电源线 320432→“向前”继电器 =22-K111 常开触点 3-11→510112 线,使“头灯”接触器 =51-K101 线圈得电。从而使后端的 2 个前照灯、2 个白色标志灯及 2 个白色运行灯点亮。

另外,DC 110 V 由“外部照明”电源线 320432→“司机室占有”继电器 =22-K151 常闭触点 61-62→510141 线,向 2 个红色标志灯、2 个红色运行灯供电,使之点亮。

视频

内部照明

任务二 列车内部照明检查与操作

任务目标

1. 掌握客室、司机室照明的构成。
2. 掌握客室、司机室照明的开关方法与注意事项。
3. 掌握紧急照明与常规照明的电路逻辑切换原理及故障处理方法。

一、司机室照明

1. 司机室照明的构成与主要技术参数

司机室照明由主台顶棚灯 =52-H04、副台顶棚灯 =52-H03、过道顶棚灯 =52-H02 三盏司机室顶棚灯和司机台阅读灯构成。司机室顶棚灯、司机台阅读灯采用整体式 LED 冷光源组件，在 DC 77 ~ DC 137.5 V 电压范围内可正常工作，具有功率低、使用寿命长、抗振动、免维护等特点。司机室顶棚灯设有接地，能防止灯具漏电对人员造成伤害，以及避免静电放电损坏灯具。LED 平面光源顶灯Ⅳ型、司机台阅读灯Ⅷ型的技术参数见表 5-4、表 5-5。

表 5-4 司机室 LED 平面光源顶灯Ⅳ型的技术参数

型号	SHPM01-04D-DC 110 V，RAL9003
额定输入工作电压	DC 110 V
电压范围	DC 77 ~ 137.5 V
额定功率	≤8 W
额定电流	≤0.07 A
启动冲击电流	≤17 A
光源寿命	≥15 000 h

表 5-5 司机台阅读灯Ⅷ型的技术参数

型号	SHYD210-08-DC 110 V，RAL7040
额定输入工作电压	DC 110 V
电压范围	DC 77 ~ 137.5 V
额定功率	≤4 W
额定电流	≤35 mA
启动冲击电流	≤17 A
光源寿命	≥10 年

2. 司机室照明电气线路

司机室照明电气线路如图 5-3 所示。司机室有 3 盏顶棚灯，由“司机室灯”开关 =52-S02 控制。=52-S02 有半开、关、全开 3 个位置。在关闭位置时，3 盏顶棚灯均熄灭；全开时，3 盏顶棚灯均点亮；半开时，只点亮副台顶棚灯。

(1) 司机室灯全开

“司机室照明”电源线 320441 由 110 V 常规负载列车线 320113 经司机室照明 MCB =52-F101 供电。当“司机室灯”开关 =52-S02 在“全开”位时，其全开位联锁触点 1-2 闭合，DC 110 V 由 320441 线→ =52-S02 触点 1-2→520161 线，使主台顶棚灯 =52-H04、副台顶棚灯 =52-H03、过道顶棚灯 =52-H02 同时点亮，此时 =52-S02 联锁触点 3-4 断开。

(2) 司机室灯半开

“司机室灯”开关 =52-S02 在“半开”位时，其半开位联锁触点 3-4 闭合，由 320441 线→ =52-S02 触点 3-4→520162 线，使副台顶棚灯 =52-H03 点亮。此时，=52-S02 全开联锁触点 1-2 断开，520161 线失电，主台顶棚灯 =52-H04、过道顶棚灯 =52-H02 均断电熄灭。

(3) 司机台阅读灯

司机台阅读灯由“司机室照明”电源线 320441 直接供电，阅读灯组件自带开关，可以通过闭合此开关点亮司机台阅读灯。

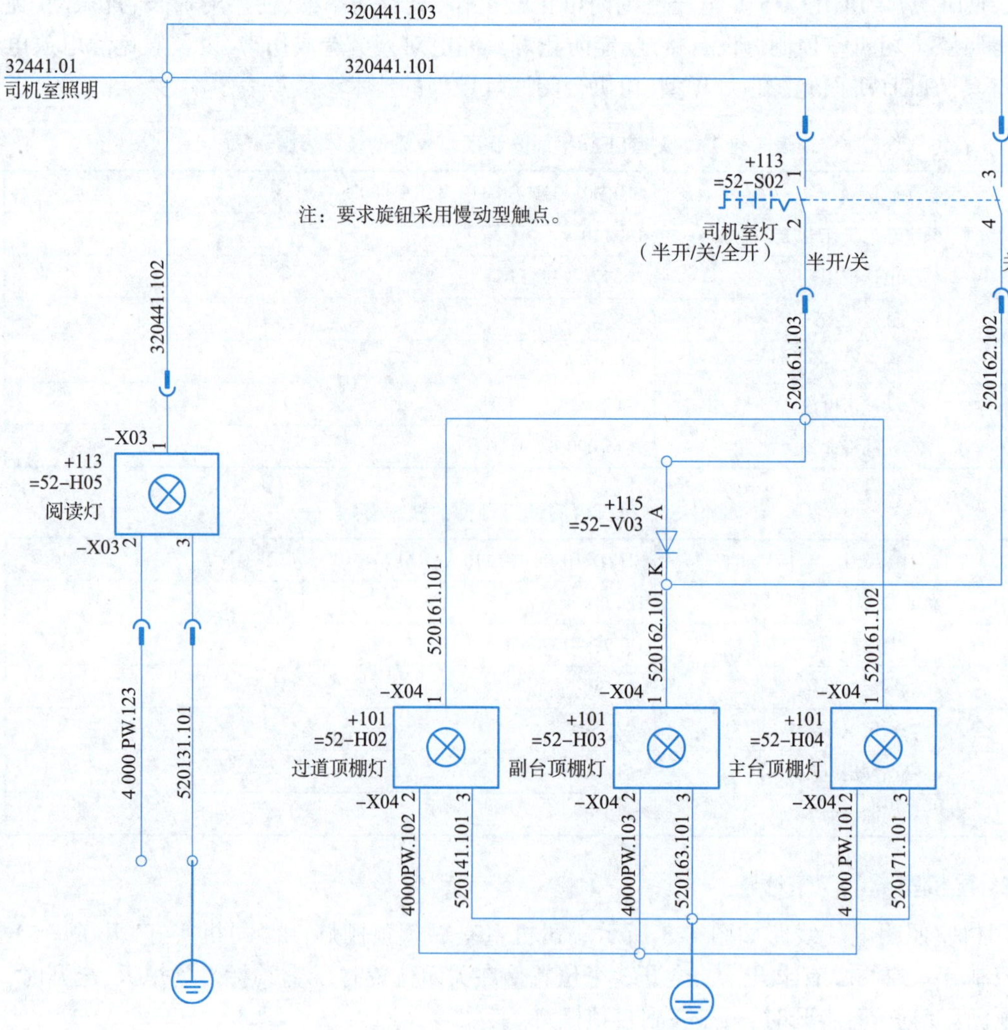

图 5-3 司机室照明电气线路

二、客室照明

客室照明采用集中控制的 LED 照明系统，可提供无眩光、无闪烁、舒适的优质照明。每节车厢内灯具在电气结构上分为 4 路灯带，车内左右两侧各 2 路灯具分别间隔分布。每路灯具的电源由一个集中式驱动电源供电，这样每节车有照明模块 32 个，共有 4 个驱动电源。其中每个驱动电源驱动 8 个并联的 LED 灯具。客室照明的具体布置如图 5-4 所示。

司机可以通过操作位于副司机台上的“客室照明”旋钮开关 =52-S01 来控制全列车客室照明，紧急照明模式下该旋钮仍然有效。

列车在无高压供电或两台辅助逆变器的 DC 110 V 输出均出现故障时，将进入紧急照明模式，客室照明系统可自动降低照度并为客室提供足够的安全照度。

客室集中式驱动器可调节客室内的照度，当灯具寿命后期照度下降后，还可通过调节该驱动器下部的开关实现 LED 光衰补偿。

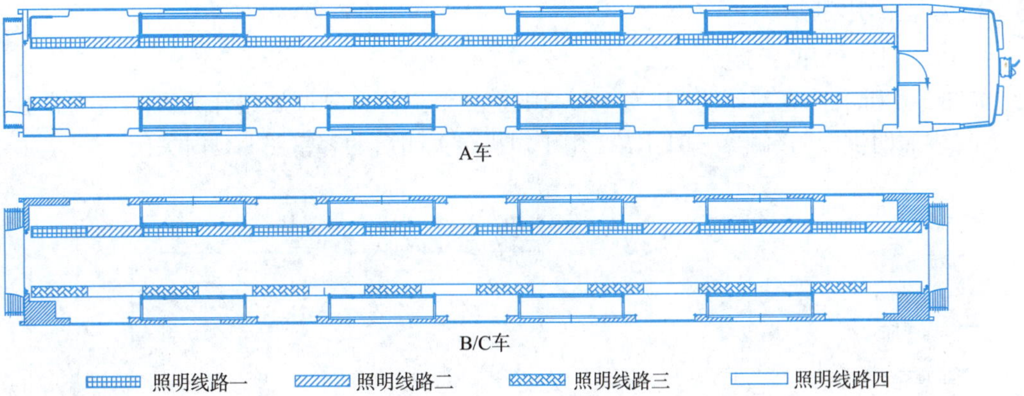

图 5-4 客室照明布置图

1. 客室照明供电列车线

客室照明负载由“照明及延时负载”线 320111 供电，在蓄电池电压 >85 V 时，320111 线会一直保持得电。如图 5-5 所示，以 A 车为例，客室照明负载共分两路，即“A 车客室照明 1”电源线 321271、“A 车客室照明 2”电源线 321281，分别由 320111 线经“A 车客室照明 1” MCB =52-F103、“A 车客室照明 2” MCB =52-F104 供电。B 车及 C 车客室照明负载供电与 A 车类似。另外，A 车还另设了一条“主照明控制”电源线，由 320111 经“主照明控制” MCB =52-F102 供电。

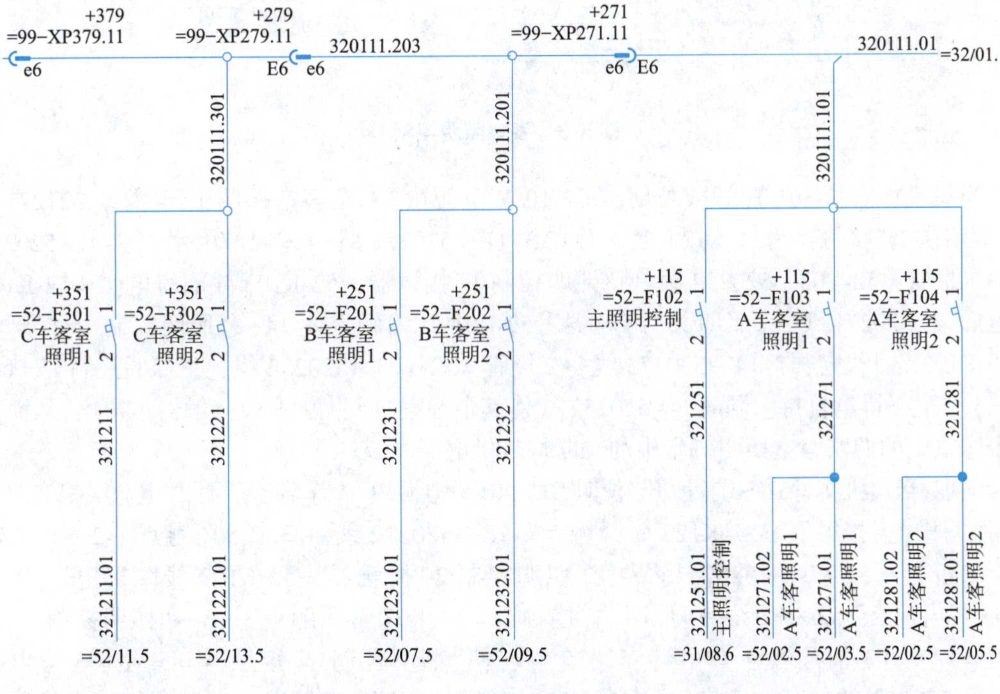

图 5-5 客室照明供电分配

2. 客室照明控制

(1)客室照明“开”控制

如图 5-6 所示,“客室照明”开关 =52-S01 是一个三位自复位旋钮开关,“0”位为常驻位置。而“主照明供电”接触器 =31-K122 用于司机台关闭后的客室照明延时关闭。

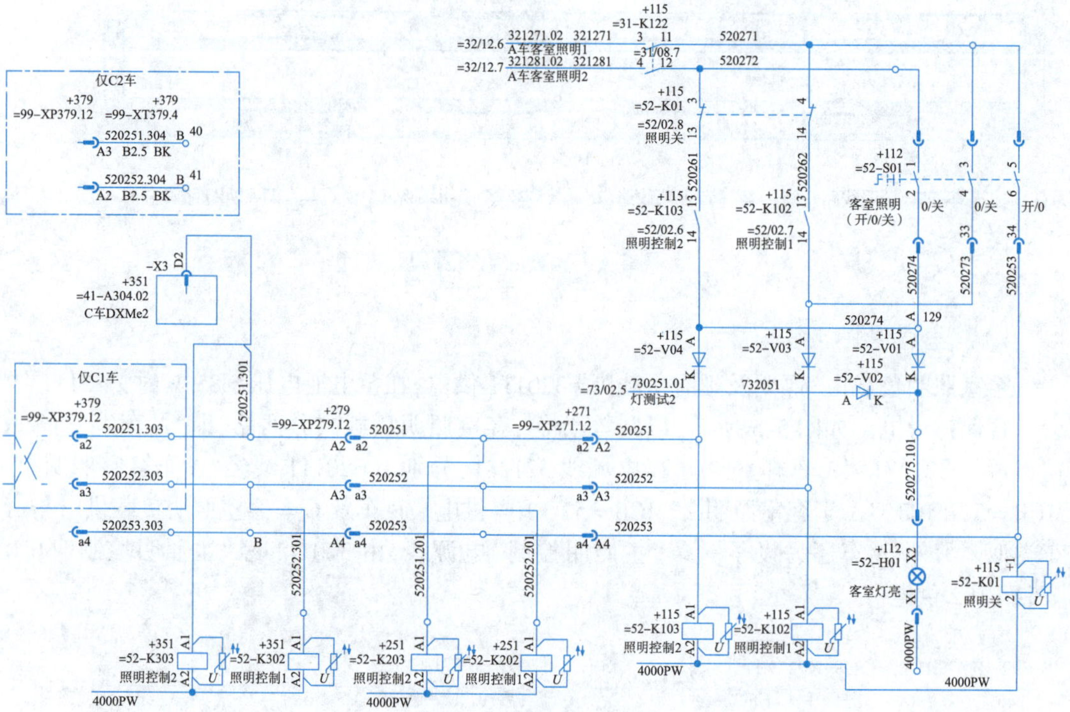

图 5-6 客室照明控制

当司机将 =52-S01 置“开”位时,DC 110 V 电源由“A 车客室照明 1”电源线 321271→“主照明供电”接触器 =31-K122 常开触点 3-11→520271 线→ =52-S01 触点 3-4→520273 线→二极管 =52-V03→520252 线,使“照明控制 1”接触器 =52-K102 线圈得电。=52-K102 得电后,经 520271 线→“照明关”继电器 =52-K01 常闭触点 4-14→“照明控制 1”接触器 =52-K102 常开触点 13-14→520273 线→二极管 =52-V03→520252 线,使“照明控制 1”接触器 =52-K102 得电自持。同时,经 520252 线使其余客室“照明控制 1”接触器也得电,从而向各个客室中的四路客室照明灯带中的二路灯带供电。

同理,当司机将 =52-S01 置“开”位时,DC 110 V 电源由“A 车客室照明 2”电源线 321281→“主照明供电”接触器 =31-K122 常开触点 4-12→520272 线→ =52-S01 触点 1-2→520274 线→二极管 =52-V04→520251 线,使“照明控制 2”接触器 =52-K103 线圈得电。=52-K103 得电后,经 520272 线→“照明关”接触器 =52-K01 常闭触点 3-13→“照明控制 2”接触器 =52-K103 常开触点 13-14→520251 线,使“照明控制 2”接触器 =52-K103 得电自持。经 520251 线使其余客室“照明控制 1”接触器也得电,向四路客室照明灯带中的另外二路灯带供电。520251 线高电平信号还输入 C 车 DXMe2 单元,向 VCU 发出客室照明已供电信号。

(2)客室照明“关”控制

将“客室照明”开关=52-S01置“关”位,其联锁触点5-6闭合,DC 110 V电源由“A车客室照明1”电源线321271→主照明供电接触器=31-K122常开触点3-11→520271线→=52-S01联锁触点5-6→520253线,使“照明关”继电器=52-K01得电,从而通过其打开的常闭触点断开“照明控制1”接触器=52-K102与“照明控制2”接触器=52-K103线圈供电,关闭客室照明。

(3)客室照明灯带驱动电路

如图5-7所示为客室照明灯带驱动电路。由于篇幅限制,该图只画出了如图5-4所示4路照明灯带中的2路,每路只带出2个LED灯具,实际情况是每路灯带8个灯具,2路共16个灯具。“照明控制1”由321271线供电,“照明控制1”接触器=52-K102负责2个驱动电源的供电控制,驱动电源=52-G101、=52-G102各驱动1路LED灯带。驱动电源具有二挡照度控制功能,其5脚输入电压为低电平时,通过1、2脚输出满载功率,照明灯带处于满载点亮状态;5脚输入电平为高电平时,1、2脚输出减载,从而调暗灯光,降低紧急照明时的功率消耗。驱动电源的6脚连接110 V电源负线,3脚则用于接地(车体)。

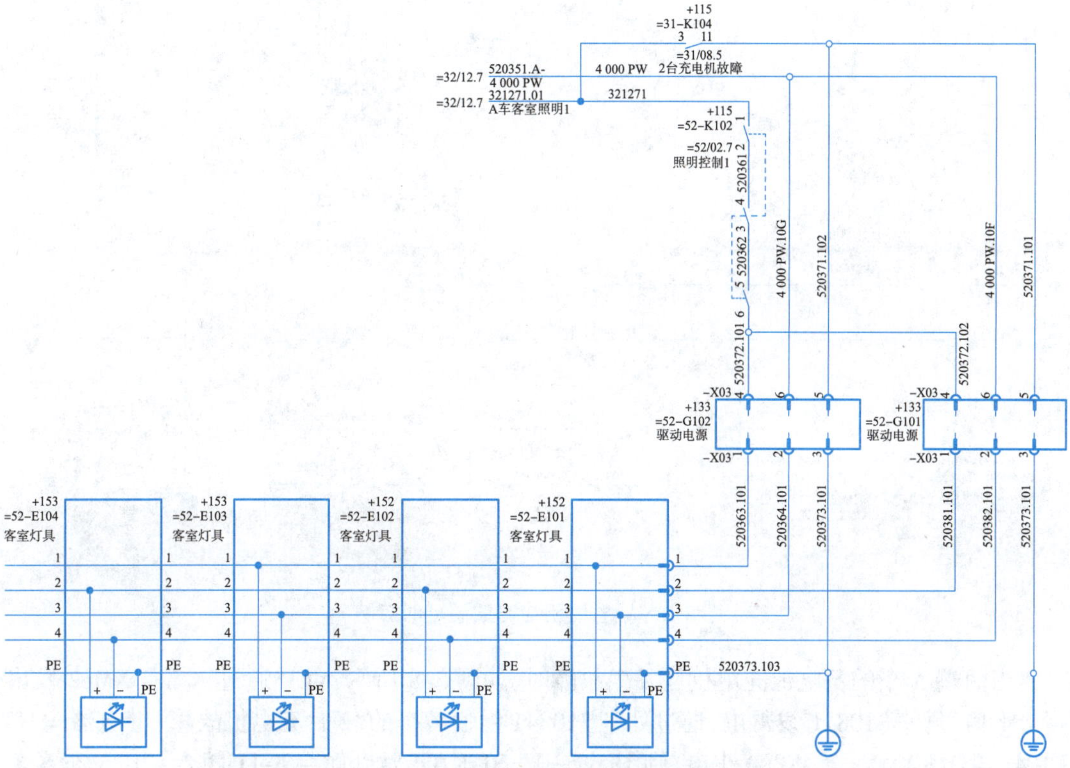

图5-7 客室照明灯带驱动电路

“照明控制2”由321281线供电,由“照明控制2”接触器=52-K103负责2个驱动电源的供电控制,整个电路与照明控制1相同。

当司机闭合“客室照明”开关时,“照明控制1”接触器线圈得电,其主触点闭合,DC 110 V电源由“A车客室照明1”负载线321271→“照明控制1”接触器触点1-2、3-4、5-6→520372

线,向驱动电源 =52-G101、=52-G102 供电,驱动电源在其 1、2 脚输出驱动电压,=52-G101 向并联的 8 个 LED =52-E102、=52-E104、…、=52-E116 灯具供电,而 =52-G102 向并联的 8 个 LED 灯具 =52-E101、=52-E103、…、=52-E115 供电。

3. 紧急照明与照明延时控制

(1)紧急照明

在正常情况下,“照明及延时负载”线 320111 由蓄电池充电机供电,当两端 A 车的蓄电池充电机由于接触网供电或自身原因同时发生故障时,自动启用紧急供电,由蓄电池维持 320111 线供电。此时必须采取减载措施,以便蓄电池能够提供 45 min 时间的紧急供电。对于客室照明系统,则是在两台充电机均故障时,通过向如图 5-7 所示的驱动电源 =52-G02 的第 5 脚发送高电平信号,使驱动电源降低输出功率,调暗客室灯光,实现减载。

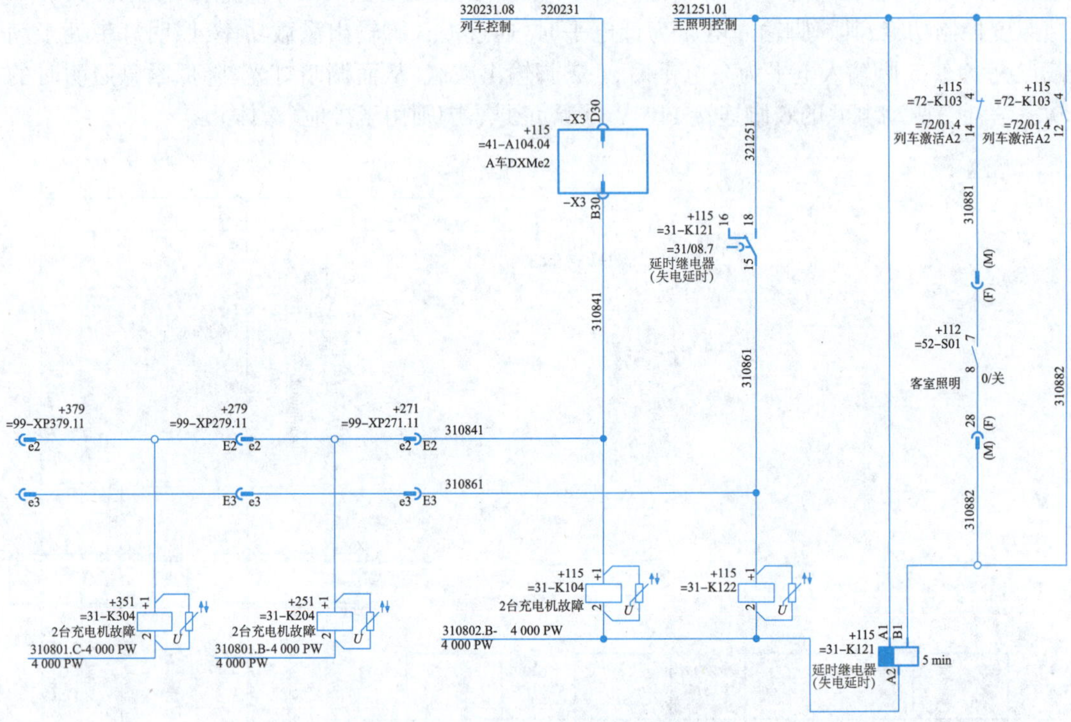

图 5-8 紧急照明与与照明延时控制

当两端 A 车的蓄电池充电机均发生故障时,如图 5-8 所示,VCU 通过 A 车 DXMe2 发出高电平信号,使 310841 线得电,通过列车 310841 线使各车的“2 台充电机故障”继电器 =31-K104、=31-K204、=31-K304 得电,则图 5-7 中 =31-K104 常开触点 3-11 闭合,由“A 车客车照明 1”线 321271→=31-K104 常开触点 3-11→520371 线,向 =52-G101/=52-G102 第 5 脚发送高电平,控制 =52-G101、=52-G102 降低输出功率,调暗客室灯光。此时,其他各车实现同样的控制。

(2)照明延时控制

“照明及延时负载”线 320111 由紧急负责供电,在蓄电池电压 >85 V 的条件下,一直保持得电,即使未激活列车,也可闭合“客室照明”开关 =52-S01,点亮全列车客室照明。为了避免司机在关闭列车时忘记关闭客室照明，导致蓄电池过度放电，设置了照明延时控制电路。在列车关闭状态下，打开客室照明时，客室照明仅维持 5 min 便自动关闭。

如图 5-8 所示，延时继电器 =31-K121 为双线圈时间继电器，其 A1 线圈由“主照明控制”线 321251 直接供电。当列车激活完成时，由 321251 线→“列车激活 A2”继电器 =72-K103 常开触点 4-12→向 =31-K121 的 B1 线圈供电，使 =31-K121 处于闭合状态。由 321251 线→ =31-K121 常开触点 18-15→310861 线→照明总控接触器 =31-K122 得电励磁，图 5-6 中的 =31-K122 接触器主触点 3-11、4-12 闭合，开通照明主控电路的供电。此时，闭合“客室照明”开关 =52-S01，图 5-6 中照明控制接触器 =52-K102 及 =52-K103 保持得电，客室照明保持点亮。

当列车未激活时，闭合 =52-S01，由“主照明控制”线 321251→“列车激活 A2”继电器 =72-K103 常闭触点 4-14→310881 线→ =52-S01 常开触点 7-8→ =31-K121 的 B1 线圈，使 =31-K122 线圈得电，客室照明点亮。由于 =52-S01 为自复位旋钮，当司机松手后，=52-S01 常开触点 7-8 重新打开，=31-K121 的 B1 线圈失电，其常开触点 15-16 延时 5 min 后打开，=31-K122 线圈失电，客室照明的工作电源被断开，客室照明熄灭。

当司机关闭列车时，由于 =72-K103 常闭触点 4-14 打开，=31-K121 的 B1 线圈失电。即使司机未关闭客室照明，5 min 后，=31-K121 打开，使照明总控接触器 =31-K122 打开，客室照明会自动关闭。

思考与练习

1. 当列车(两单元车)向前行驶时，列车的前照灯、运行灯和尾灯是何种状态？
2. 当列车(两单元车)处于停车状态时，列车的外部照明灯是何种状态？
3. 当列车进行折返运行时，哪个接触器使列车向前运行方向端的 A 车前照灯和运行灯亮绿灯？
4. 同一节车的室内照明都是由同一断路器供电保护吗？为什么？
5. 列车各节车的室内照明在什么条件下会启动紧急照明？
6. 列车各节车的室内照明都采用同一个控制开关吗？能否切除某节车的室内照明？
7. 关闭客室照明，司机室照明同步关闭吗？
8. 在什么条件下能打开司机室照明？
9. 列车关闭时，可以打开客室照明吗？
10. 在列车关闭时，闭合客室照明开关，客室照明会有何种状态变化？
11. A 车 =52-F102 与 =52-F103 跳闸时，列车照明分别发生什么变化？

项目六
车辆空调（HVAC）系统控制

能力目标

1. 能够熟练地启动和关闭列车空调系统。
2. 能够熟练设置车辆空调的运转模式。
3. 能够熟练设置司机室的通风状态。

任务一　认识列车空调系统

任务目标

1. 了解 HVAC 系统的构成。
2. 掌握 HVAC 的运转模式。

为使旅客和乘务人员有良好的乘车环境，每节车均配有空调设备。以 SZML1S 列车为例，每节车配有两台独立的车顶单元式空调机组，用于客室、司机室的通风和空气调节，每节车两台空调机组的运行由位于该车空调电气柜的一个 KPC 空调控制器（见图 6-1）进行控制。带司机室的 A 车还配有独立的司机室通风机，可通过手动旋钮对风量进行多级调节。

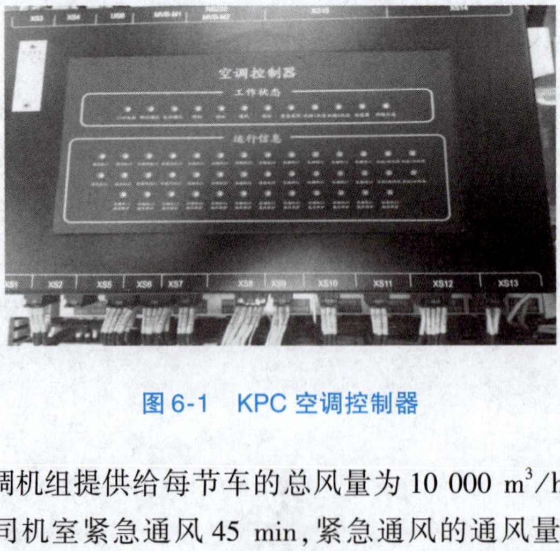

图 6-1　KPC 空调控制器

正常情况下，由空调机组提供给每节车的总风量为 10 000 m^3/h；在列车交流供电失效的情况下，提供客室和司机室紧急通风 45 min，紧急通风的通风量为 4 000 m^3/h，全部为新风。

在自动模式下,每节车的控制板根据外界环境气候条件来决定机组的工作方式,并自动调节机组的制冷量,保证客室的温度不高于 27 ℃,相对湿度不大于 65%。空调机组的出风口与车内主风道通过软风道连接,空调机组处理后的空气经车内主风道(见图 6-2)由送风口送达客室,起到调节客室和司机室内空气温度、湿度的目的。

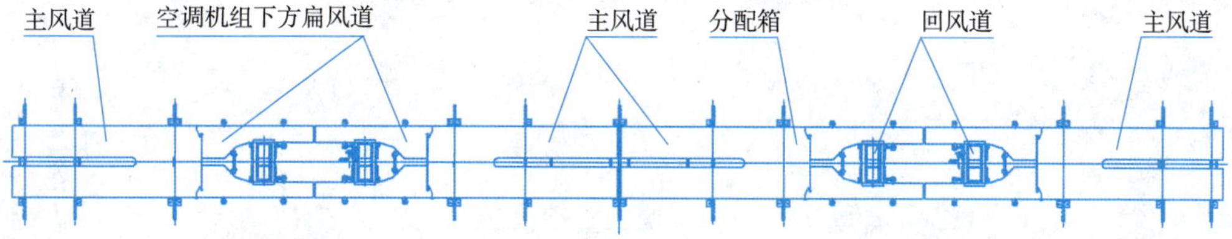

图 6-2　送风道示意图

一、空调系统的构成

空调系统主要由空调机组、空调控制器、紧急逆变器、空调控制板和温度控制板组成。

SZML1S 车辆的空调机组由 4 台压缩机、2 台冷凝风机、2 台通风机及冷凝器室、空气处理室和蒸发室等部分组成,并被组合在一个不锈钢制的箱体内,通过 8 个安装座,与减振垫一起被固定在车顶上。空调机组的基本尺寸为:3 900 mm × 1 600 mm × 460 mm(长 × 宽 × 高),每台机组的质量约为 875 kg。

如图 6-3 所示,空气处理单元主要包括的部件有:蒸发器、冷凝风机、送风机、新风调节门、紧急逆变电源、制冷管路电磁阀、热力膨胀阀、温度传感器、干燥过滤器、充注阀、新风过滤器(金属材料)、混合空气过滤器(无纺布材料)等。

空调控制系统采用 KPC 空调控制器作为核心控制单元,一台控制盘控制两台空调机组,外围采用接触器、断路器、继电器等控制元件,集成安装在客室内空调电气柜的控制板上,共同完成空调系统的控制、保护和故障诊断功能。控制器采集各传感器以及各元件的保护信息,进行数据的运算、处理,并与车辆控制系统通过 MVB 网络进行通信。空调控制系统通过控制空调机组,将车内保持在舒适的环境下。同时,控制系统将对空调机组进行诊断,将空调系统各元件的状态信息以及故障信息发送给车辆控制器,通过司机显示屏显示。

紧急逆变器由机箱、散热器、输入输出插座、逆变电源板组成。它以微处理器(CPU)作为控制单元,根据磁通轨迹法的基本原理,采用正弦波脉宽调制的方式,将蓄电池 DC 110 V 电源变换为适合通风机工作的三相正弦交流电压,用于列车失去高压后的紧急通风使用。

每节车的电子柜内装有一个空调控制板和温度控制板,温度控制板可对单节车空调机组的运行模式和温度值进行设定,空调控制板控制了每节车的两台空调机组,并能完成故障的诊断和记录。

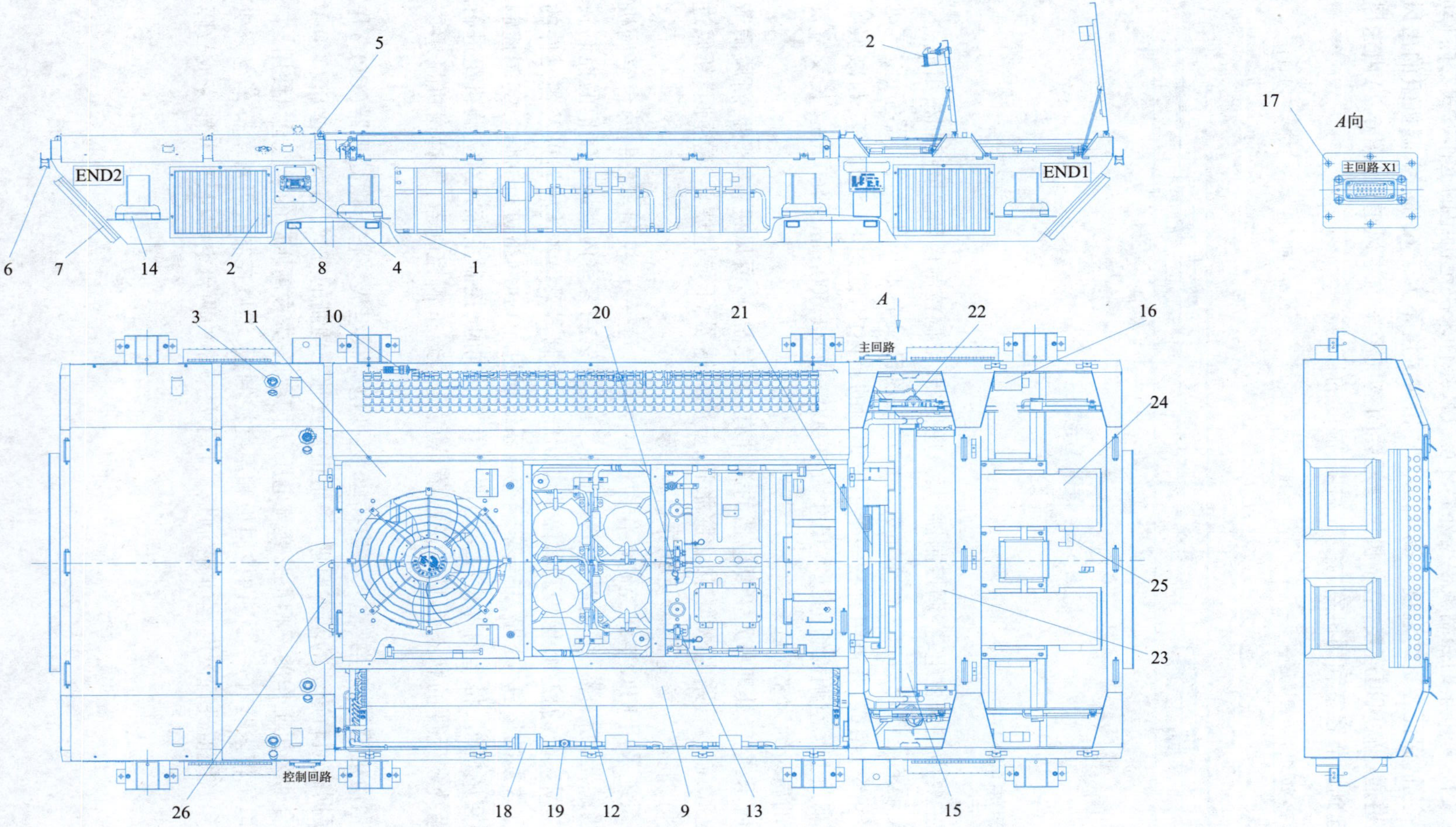

图 6-3　空调系统的主要设备

1—箱体;2—新风口、新风滤网;3—门锁;4—控制回路连接器;5—压板;6—送风口密封条一;7—送风口密封条二;8—回风口密封条;9—冷凝器;10—新风温度传感器;11—轴流风机;12—压缩机;13—高压压力开关;14—减振器;15—混合风滤网;16—新风风阀;17—主回路连接器;18—干燥过滤器;19—视液镜;20—低压压力开关;21—回风风阀;22—热力膨胀阀;23—蒸发器;24—离心风机;25—送风温度传感器;26—空气净化器

二、空调系统制冷原理

SZML1S 列车空调系统制冷原理如图 6-4 所示。制冷系统采用 R407C 制冷剂，在制冷循环中，压缩机从蒸发器吸入制冷剂 R407C 气体，将其压缩成高温高压的 R407C 蒸气，排入风冷冷凝器，经与外界空气进行热交换，放出热量冷凝成高压的 R407C 液体，然后经热力膨胀阀降压后变成低温低压液体，进入蒸发器，并吸收由室内流过蒸发器的空气的热量，蒸发成低压蒸气再被压缩机吸入，完成一个制冷循环。制冷剂不断地从室内吸收热量，在室外放出热量，从而达到使室内降温、除湿的效果。

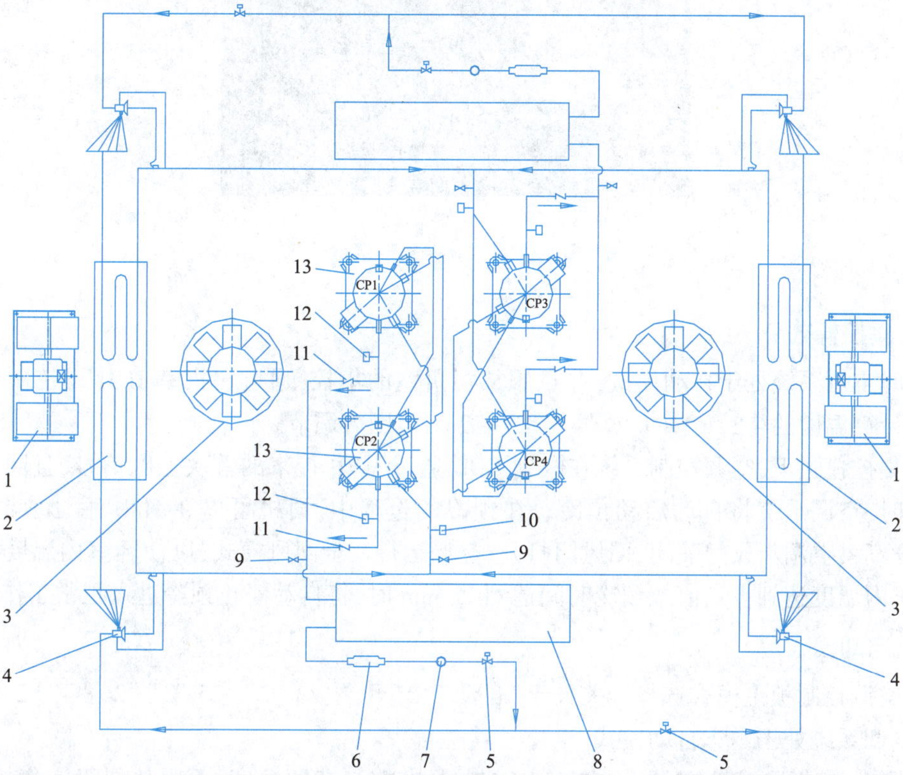

图 6-4　制冷系统原理图

1—离心风机；2—蒸发器；3—轴流风机；4—膨胀阀；5—电磁阀；6—干燥过滤器；7—视液镜；8—冷凝器；9—针阀；10—低压压力开关；11—逆止阀；12—高压压力开关；13—压缩机

三、空调系统的运转模式

视 频

空调系统工作模式

SZML1S 车辆空调系统控制模式包括集控模式 、关机模式、自动模式、紧急通风模式、测试模式、维护模式。

1. 关机模式

当空调控制器收到“关机”信号或者空调控制器模式选择开关处于“关断”挡位时(见图 6-5)，空调系统将处于关机模式。

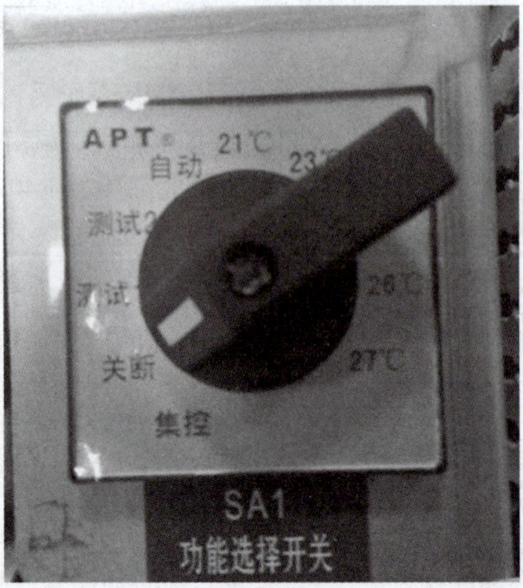

图 6-5　空调控制器模式选择开关

2. 集控模式

此时空调系统处于自动模式，并且服从司机室的集控，通过司机室 HMI 可控制整列车温度在计算温度的 +2 ℃、+1 ℃、-1 ℃、-2 ℃范围内调节。

在集控模式下，空调控制系统在收到 VCU 通过 MVB 传来的首次上电信号，且同时有制冷需求时，空调系统将自动启动预冷。在预冷的过程中，司机可以在 HMI 手动取消预冷。启动预冷后，空调新风门关闭，回风门打开，空调运行在全回风模式，以使客室内温度迅速降低；当车内温度达到设定值或预冷时间达到 15 min 时，将自动停止预冷进入正常工作状态。

3. 自动模式

当空调控制板上模式选择开关处于“自动”“21 ℃”“23 ℃”“25 ℃”“26 ℃”“27 ℃”挡位时，空调系统处于本车自动模式。

在自动模式下，客室空调系统按 UIC 553 标准控制车厢温度，不服从司机室集控控制。空调系统根据室外温度计算设定温度后，通过对室内温度和设定温度的比较，决定空调机组的工作状态。温度适宜时，通风；温度偏高时，减载运行；温度很高时，全载运行。另外，当处于极端高温时（高于 45 ℃），压缩机也将减载运行。

如果某一个车厢内太冷或者太热，可通过选择“21 ℃”“23 ℃”“25 ℃”“26 ℃”“27 ℃”，手动对单个车厢的温度设定进行调整。

4. 紧急通风模式

当系统处于非关断与“测试 1”/“测试 2”挡位时，且满足下列任意条件之一时，系统启动紧急通风模式：

①MVB 网络正常，且收到“紧急通风”命令；

②MVB 故障，且空调控制系统检测到 AC 380 V 主电源故障时。

紧急通风模式下，通过蓄电池供电的紧急逆变器自动开始工作，向两台空调机组内的送风机提供交流电源，此时，空调机组内的回风门将被关闭，只有新风进入车厢。

在紧急情况下，向客室提供的新风量约为 4 000 m^3/h；通过客室风道的正压作用，能够为司机室提供 60 m^3/h 的新鲜空气。

5. 测试模式

当空调控制板上模式选择开关处于“测试 1”“测试 2”挡时，系统处于测试模式。

测试模式下，当模式选择开关处于“测试 1”挡时，控制系统单独强制 1 号机组全冷运行；当模式选择开关处于“测试 2”挡时，控制系统单独强制 2 号机组全冷运行，运行时间各为 15 min，用于对两台机组主要设备部件进行测试。

6. 维护模式

当模式选择开关置于除“停机”外的任意挡位时，通过 PTU 维护软件，可以使系统处于维护模式，此时 PTU 维护软件发送的命令具有最高优先权。

维护模式时可对系统单个主要设备部件进行检测，也可以对多个设备部件同时进行检测。

四、空调系统的控制模式

车辆空调装置有 5 种运行控制模式：

1. 通风(未经冷却，仅新鲜空气和再流通空气)

此模式运行的条件为：

①系统启机时，T_i(室内温度)≤T_{ic}(设定温度) −1 ℃；

②当室内温度下降到 T_{ic} −2 ℃时。

2. 预冷却(仅再流通空气)

列车空调装置开始启动时，如果检测到温度≥T_{ic} +1.5 ℃，则执行预冷状态。新风阀关闭，回风阀打开，机组执行 100% 制冷模式。当温度降到 T_{ic} −2 ℃以下/预冷持续 15 min 后/收到预冷取消信号，预冷状态结束，此时系统仍处于 100% 制冷状态，新风阀、回风阀均打开。

3. 正常冷却(正常新鲜空气模式)

此模式为空调机组正常情况下的工作模式。在制冷系统中，制冷剂由压缩机压缩成高温高压的蒸气，进入风冷冷凝器，通过冷凝风机的运转，经外界空气强制冷却，冷凝成高压常温液体，然后进入热力膨胀阀节流降压，变成低温低压液体，进入蒸发器，吸收流过蒸发器的空气的热量，蒸发成低压蒸气，被压缩机吸入，完成一个制冷循环。

4. 减少新鲜空气冷却

若内部温度上升，超过“设定”温度值 2 ℃以上，由于空调系统热量超载，系统会自动转到“减少新鲜空气冷却”模式。该模式将减少空调装置新鲜空气的供应，尽快使乘客车厢恢复设定温度。一旦车厢内温度超出“设定”温度小于 2 ℃，系统会自动恢复到它先前的模式，通常为“正常冷却”。通过空调装置部分关闭新风门，完成“减少新鲜空气冷却”模式。

5. 紧急通风(仅新鲜空气)

在车辆失去 1 500 V 供电后，空调控制器根据接到的指令，启动空调紧急逆变器工作，提供电源供送风机工作，保证客室 45 min 的全新风供风。

思考与练习

1. 对列车的空调系统有什么要求？
2. 列车空调系统有哪些控制模式？
3. 紧急通风时，由什么设备提供空调装置所需电源？

视频

空调系统控制

任务二　空调系统控制

任务目标

1. 掌握 HVAC 系统的操作要求。
2. 对控制电路进行检查与故障分析。

一、空调系统的操作

通过按压设在副司机台的相关控制按钮来进行控制列车空调的启动与关闭。

1. 打开 A 车空调

按压副司机台上的“A 车空调开”带灯按钮 =61-S103，打开有人端 A 车空调。当 A 车空调开启后，=61-S103 按钮上的绿色指示灯点亮，当整列车的空调通过“列车空调开”按钮 =61-S102 打开时，该绿色指示灯也点亮。

2. 打开全列车空调

按压副司机台上的“空调开”带灯按钮 =61-S102，全列车（包括 A 车）的空调打开。当列车空调开启后，=61-S103 及 =61-S102 按钮上的绿色指示灯均点亮。

3. 关闭列车空调

按压“空调关”红色指示灯按钮 =61-S102，才能正确关闭所有正在运行的空调系统（包括 A 车的）。按钮上的红色指示灯指示空调被关闭。

二、空调系统供电电路

空调系统供电电路如图 6-6 所示。正常情况下，由辅助逆变器 SIV 向空调系统提供50 Hz，三相 AC 380 V 电源。两端 SIV 通过三相辅助母线 310131/310132/310133 分别向1 位端、2 位端的 3 辆客车提供三相交流电源，空调系统可以满载运行。当 1 个单元的 SIV 故障时，启动辅助供电扩展，由正常单元的 SIV 向全列车辅助系统供电，此时，空调系统减载运行。

当两端 SIV 均发生故障时，空调机组无法进行制冷运行。此时，为了保证客室内乘客安全，空调系统转为紧急通风模式运行，在此情况下由设在机组内的 DC/AC 紧急逆变器将蓄电池的 DC 110 V 直流电逆变为三相 170 V、25 Hz 的交流电源，供给空调机组通风机。通过空调机组可以给客室和司机室提供 45 min 的紧急通风，且保证每节车的总风量不少于 4 000 m^3/h。

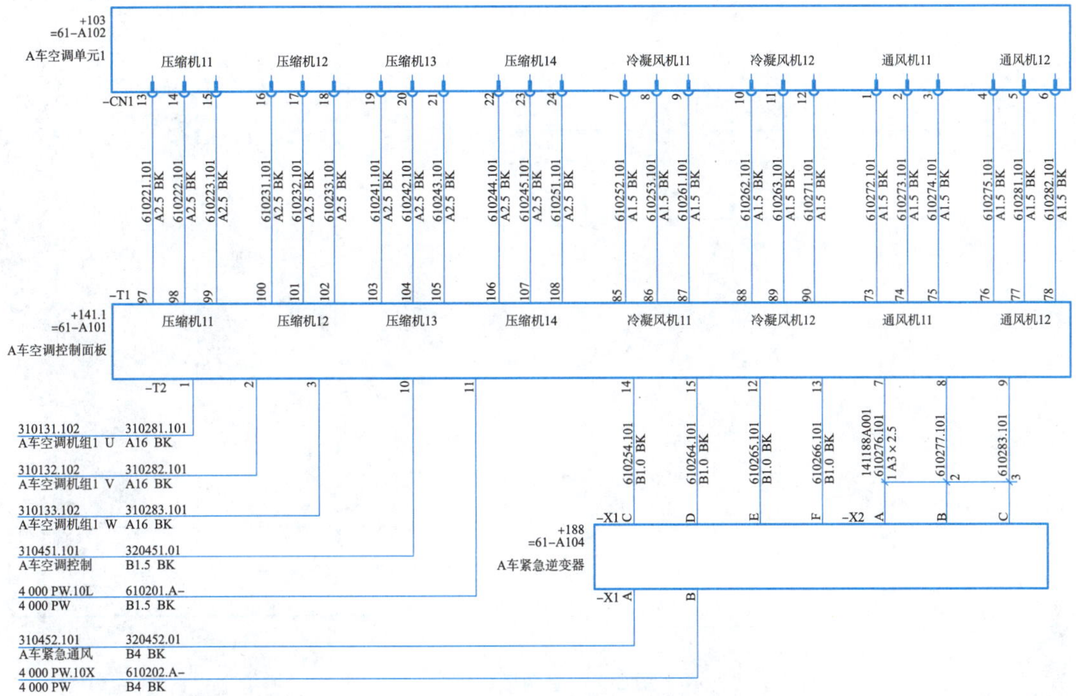

图 6-6　A 车空调系统主电路

三、空调系统的控制

1. 只打开 A 车空调

操作设备：副司机台上的“A 车空调开”绿色指示灯按钮 =61-S103。

操作目标：打开 A 车空调系统。

电路分析：

(1)指令发出

如图 6-7 所示，按下“A 车空调开”绿色指示灯按钮 =61-S103，DC 110 V 由“空调控制列车线供电”线 320442→“A 车空调开”按钮 =61-S103 常开触点 13-14→610161 线，向 A 车 DXMe2 模块-X3：B8 脚输入高电平，经 MVB 向 VCU 发送打开 A 车空调指令，VCU 收到指令后，经 MVB 向 A 车空调控制板发出启动指令，A 车空调系统启动。

(2)指示灯点亮

A 车空调启动后，空调控制板经 MVB 向 VCU 发送 A 车空调已启动的反馈信息，VCU 收到此反馈信息后，经 MVB 向 A 车 DXMe1 模块-X3：B8 脚发送 A 车空调已启动信息，使 610131 线置高电平，将“A 车空调开”绿色指示灯 =61-S103 点亮。

2. 打开全列车空调

操作设备：副司机台上的“空调开”绿色指示灯按钮 =61-S102。

操作目标：打开全列车空调系统。

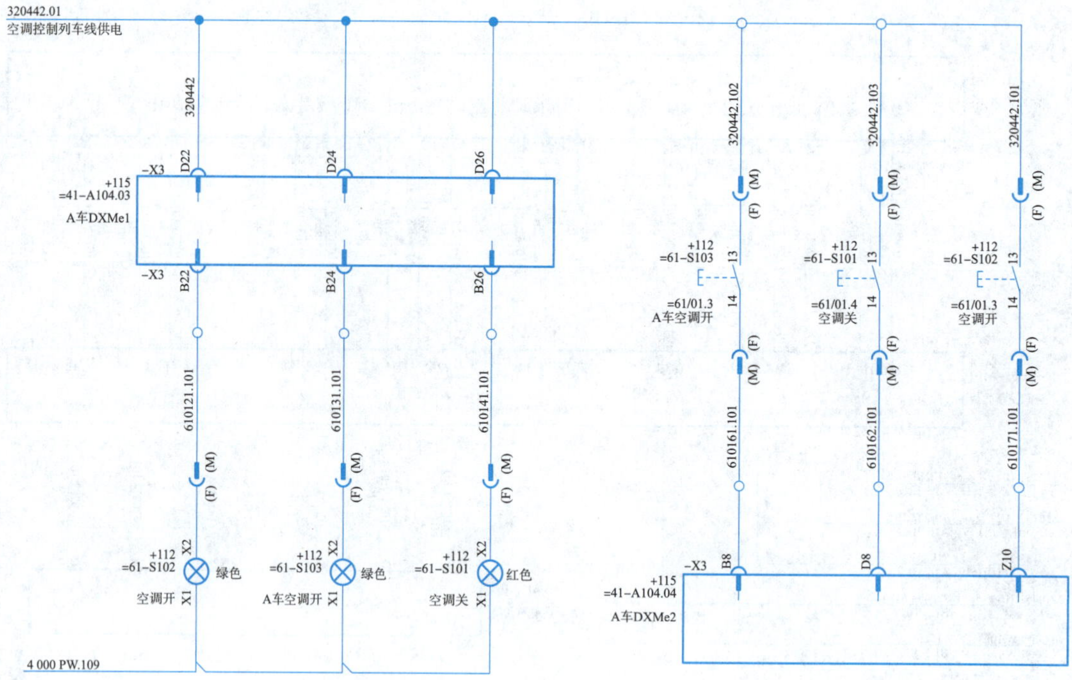

图 6-7　空调控制指令

电路分析：

(1)指令发出

按下“空调开”绿色指示灯按钮 =61-S102，由 DC 110 V“空调控制列车线供电”320442 线→“空调开”按钮 =61-S102 常开触点 13-14→610171 线，向 A 车 DXMe2 模块-X3：Z10 脚输入高电平，经 MVB 向 VCU 发送打开列车空调指令，VCU 收到指令后，经 MVB 向全列 6 辆客车空调控制板发出启动指令，列车空调系统启动。

(2)指示灯点亮

列车空调系统启动后，各车空调控制板经 MVB 向 VCU 发送本车空调已启动的反馈信息。然后 VCU 经 MVB 向 A 车 DXMe1 的-X3：Z10 脚发出列车空调已启动信息，将 610121 线置高电平，使“空调开”绿色指示灯 =61-S102 点亮。此时，“A 车空调开”绿色指示灯 =61-S103 也点亮。

3. 关闭全列车空调

操作设备：副司机台上的“列车空调关”红色指示灯按钮 =61-S101。

操作目标：关闭全列车空调系统。仅 A 车空调打开时，按压此按钮关闭 A 车空调。

电路分析：

(1)指令发出

按下“空调关”红色指示灯按钮 =61-S101，DC 110 V 由“空调控制列车线供电”线 320442→“空调关”按钮 =61-S101 常开触点 13-14→610162 线，将 A 车 DXMe2 的-X3：D8 脚置高电平，经 MVB 向 VCU 发送关闭列车空调指令，VCU 收到指令后，经 MVB 向全列 6 辆客车空调控制板发出停机指令，列车空调系统关闭。

(2)“列车空调关闭”指示灯

列车空调系统关闭后,各车空调控制板经 MVB 向 VCU 发送本车空调已关闭的反馈信息。然后,VCU 经 MVB 向 A 车 DXMe1 发出列车空调已关闭信息,将 610121、610131 线置低电平,将 610141 线置高电平,使“空调关”红色指示灯 =61-S101 点亮,指示列车空调已关闭。

4. 司机室通风

对于 A 车,除了安装在车顶的两个空调机组以外,还在司机室内还配备了一个通风单元。它安装在司机室的天花板上,通过引入相邻客室的空调风来实现司机室内的空气调节。司机室通风单元采用单相 380 V 交流供电,采自辅助供电母线的 UV 相,其供电电路如图 6-8 所示。

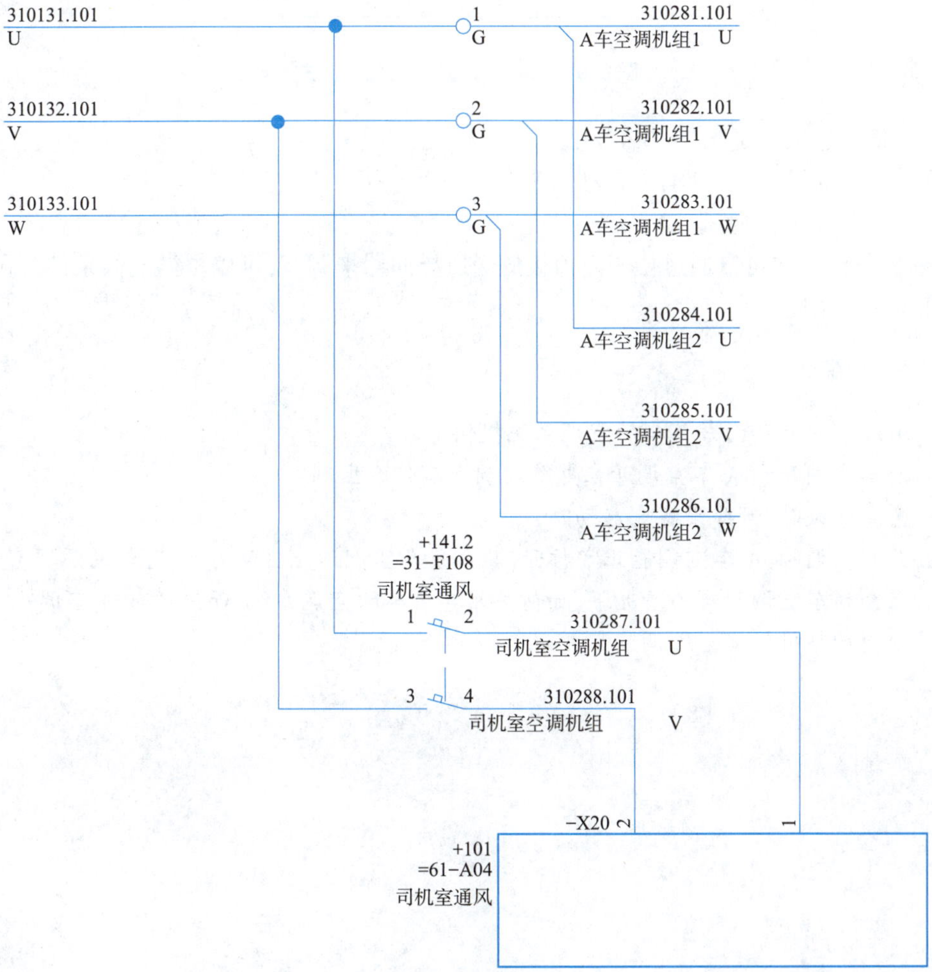

图 6-8　司机室通风单元供电电路

司机室内部的空气调节通过司机室通风单元上的旋钮开关(见图 6-9)来实现。

使用如图 6-9 所示的司机室通风单元的旋转开关,可以选择 4 种不同的司机室通风状态:

0 =“关闭”。

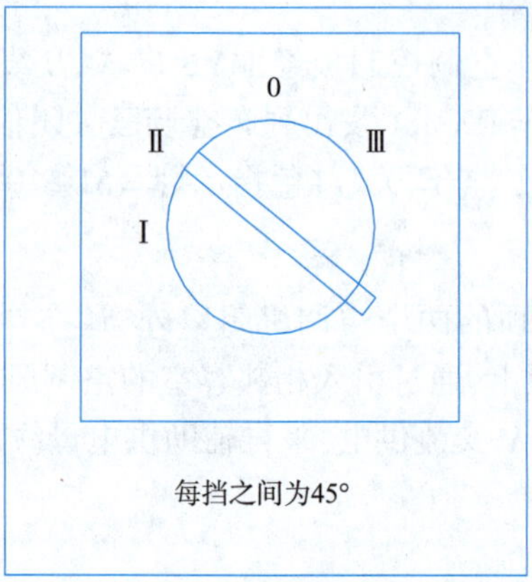

图 6-9　司机室通风单元旋钮开关

Ⅰ = 低速通风，“通风”240 m^3/h。

Ⅱ = 中速通风，“通风”410 m^3/h。

Ⅲ = 高速通风，“通风”645 m^3/h。

此外，气流方向可以通过位于内顶板的送风导向器来调节，可以根据气候条件及司机的喜好任意调节角度。

思考与练习

1. 通过哪些电路向每节车的空调系统提供电源？
2. 列车空调开和 A 车空调开在电路控制上有什么区别？
3. 紧急送风时，哪些设备会启动？
4. 开启空调时，A 车空调能正常打开，其余各车空调不能自动打开，可能的原因有哪些？
5. 在全列车空调开启的情况下，如何关闭其余车的空调系统，而保留 A 车空调？
6. 如何调整司机室空气调节？

项目七
控制与监控系统操作与维护

能力目标

1. 能够对列车控制与监控系统进行全面检查。
2. 能够对列车控制与监控系统进行故障分析。

任务一　认识列车控制与监控系统

任务目标

1. 了解列车控制与监控系统的构成。
2. 熟知列车信息系统的主要构件。

城轨列车采用由列车通信网络构成的列车控制与监控系统(TCMS)进行列车控制和故障诊断。列车控制与监控系统是将列车的各个子系统及相关外部控制电路的信息进行读取、编码、通信传递、数据逻辑运算及输出控制的一个计算机网络系统。TCMS主要包含四类功能,分别为控制功能、故障检测功能、监视功能和诊断功能。该系统就好比人类的神经系统,能通过手和眼睛对自身所处的状态、外部环境进行感知和控制,并对不同情况做出一定反应。而在列车上,该系统则是对列车的供电状况、速度、列车运行模式等状态信息进行实时监控和识别,并根据读取到的列车驾驶人员发出的指令信息,对列车上各个子系统发出相关控制指令,进而使各子系统产生相应的调整控制,以符合设定的功能要求,实现对列车的有效控制。

一、TCN列车通信网

1. TCN列车通信网的构成

TCN是列车通信网络(Train Communication Network)的简称。国际电工技术委员会(IEC)在1996年颁布了IEC 61375,作为TCN列车数据通信的国际标准。这是一个适用于列车级和车辆级数据通信的国际标准。由多个国家制造的车辆组成的国际列车,以及由不同长度的车辆组成的列车在运行中可按照TCN标准进行列车控制、诊断和显示旅客信息,实现列车级通信。而车辆设备之间若具备标准通信接口,则可实现车辆级控制网络互联,从而减少研发成本,简化安装程序,方便维护保养以及备件的更换。

TCN 一般为两层的通信网络结构。如图 7-1 所示,TCN 上层为列车级通信,采用绞接式列车总线(Wire Train Bus ,WTB)作为列车总线 (Train Bus),用于连接列车编组中的各车辆,在列车中所有的车辆之间传输数据。下层为车辆级通信,采用多功能车辆总线(Multifunction Vehicle Bus, MVB) 作为车辆总线(Vehicle Bus),用于连接车辆内的标准设备,在一辆车辆内部或固定的、有限的车辆之间传输数据。在 MVB 和 WTB 之间,采用网关(Gateway,GW)进行数据转换和互联。

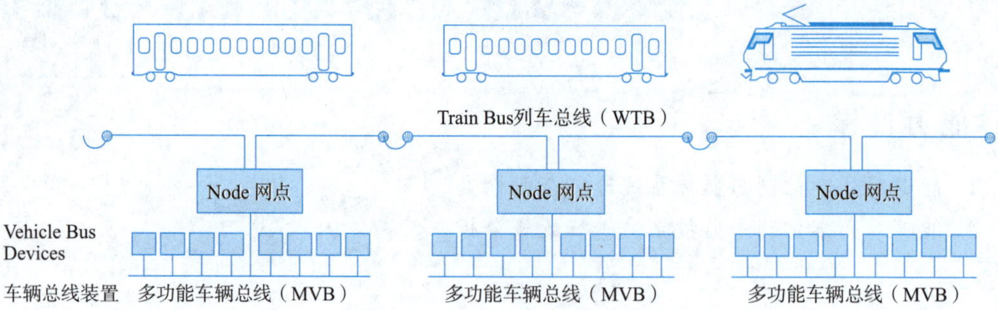

图 7-1　TCN 的结构

TCN 标准适用于车辆与车辆间的通信及一个车辆内部的通信,WTB 与 MVB 两种总线提供相同的实时通信协议(RTP),能够提供数据处理和信息处理两种通信服务。在实用中 TCN 标准可全部或部分采用,例如,可仅使用 WTB 而不带 MVB 或其他总线(如 CAN),或者是仅使用 MVB 不带 WTB 或其他列车总线 ,也可使用除 MVB 和 WTB 之外的其他实时传输协议(RTP)总线。

考虑到城轨列车通常在建设阶段已经确定了列车编组方式,为了简化网络,降低成本,也有些城轨列车采用 MVB 作为列车总线,从而构成双层 MVB 的网络结构,西门子、时代电气等企业都发布了采用该类结构的列车通信网产品。

2. 列车总线的特性

(1)WTB 的连接

在车辆间用跨接电缆或自动车钩连接;连接触点利用电压脉冲焊接来去掉氧化层;WTB 总线采用双线备份。

(2)WTB 列车总线特性

①主要应用:带有变化补偿的开放式列车。

②可覆盖的最大距离:860 m。

③最大网关个数:32 个。

④传输速率:1 Mbit/s(屏蔽的双绞线)。

⑤响应时间:25 ms。

(3)WTB 网关的建立和初始化

①在 1 s 内自动选出主控制器和给对应网关附值。

②所有网关都知道其在总线的位置并区分其左右。

所有网关在运行前都被告知其他网关的特征，一旦主控制器故障，其他任一网关将接替其工作。

(4) MVB 车辆多功能总线的特性

①应用：用于实现车辆内已经配置好的设备之间的过程数据和消息数据通信。

②传输速率：1 Mbit/s。

③最小的传输周期：1 ms。

④传输介质：双绞线或光纤。

⑤接口的个数：每段最多可连接 31 个可编程接口设备；使用中继器时，最多可连接 255 个可编程接口设备；最多可有 4 096 个地址单元。

二、TCN 的主要功能

1. 列车通信控制系统传输的信息

列车通信控制系统在功能上类似于生物的神经系统，其传输的信息大致可分为以下三类：

①车辆控制用的信息，如列车牵引控制类和车辆功能控制类。

②列车故障诊断信息。

③乘客服务信息。

2. 主要功能

列车通信控制系统实现的主要功能如下：

①列车通信控制系统通过对司机的控制指令进行读取和传输，并按照所获得的指令信息进行相应的输出，以使列车各子系统按要求正常运行，实现列车运行控制功能。例如，当司机推动主控手柄至“牵引”区时，则列车控制单元（VCU）通过模拟量输入/输出（AX）模块和数字量输入/输出（DX）模块读取相关牵引指令信息，并判断其他安全相关回路是否正常，如正常，则将指令信息传递给该牵引逆变器，进行动力输出，则列车可以实现牵引动车。

②列车通信控制系统通过各种输入端口及相关故障诊断软件的运算，对列车各类子系统的实际运行状态进行监控和判断，如有异常情况发生，则实时地在人机界面进行显示，相关数据也同时进行记录和存储，以便司机和车辆维修人员及时观察到异常情况，并能做出应急处理措施，保证列车运行安全。

③向乘客发送如站名、提示等相关服务信息，以方便乘客的出行。

视 频

列车控制与监控系统结构

三、列车控制与监控系统 TCMS

1. TCMS 网络结构

如图 7-2 所示为国产城轨列车广泛应用的中车集团时代电气公司研制的列车控制与监控系统的拓扑结构图。该系统采用二级列车通信网络结构，由贯通全列车的列车总线和贯通一个车辆单元的车辆总线组成。上层列车级通信采用 MVB 网络，通信介质为电气中等距离（EMD）双绞线电缆，下层车辆级通信也采用 MVB 网络，通信介质同样为电气中等距离（EMD）双绞线电缆。

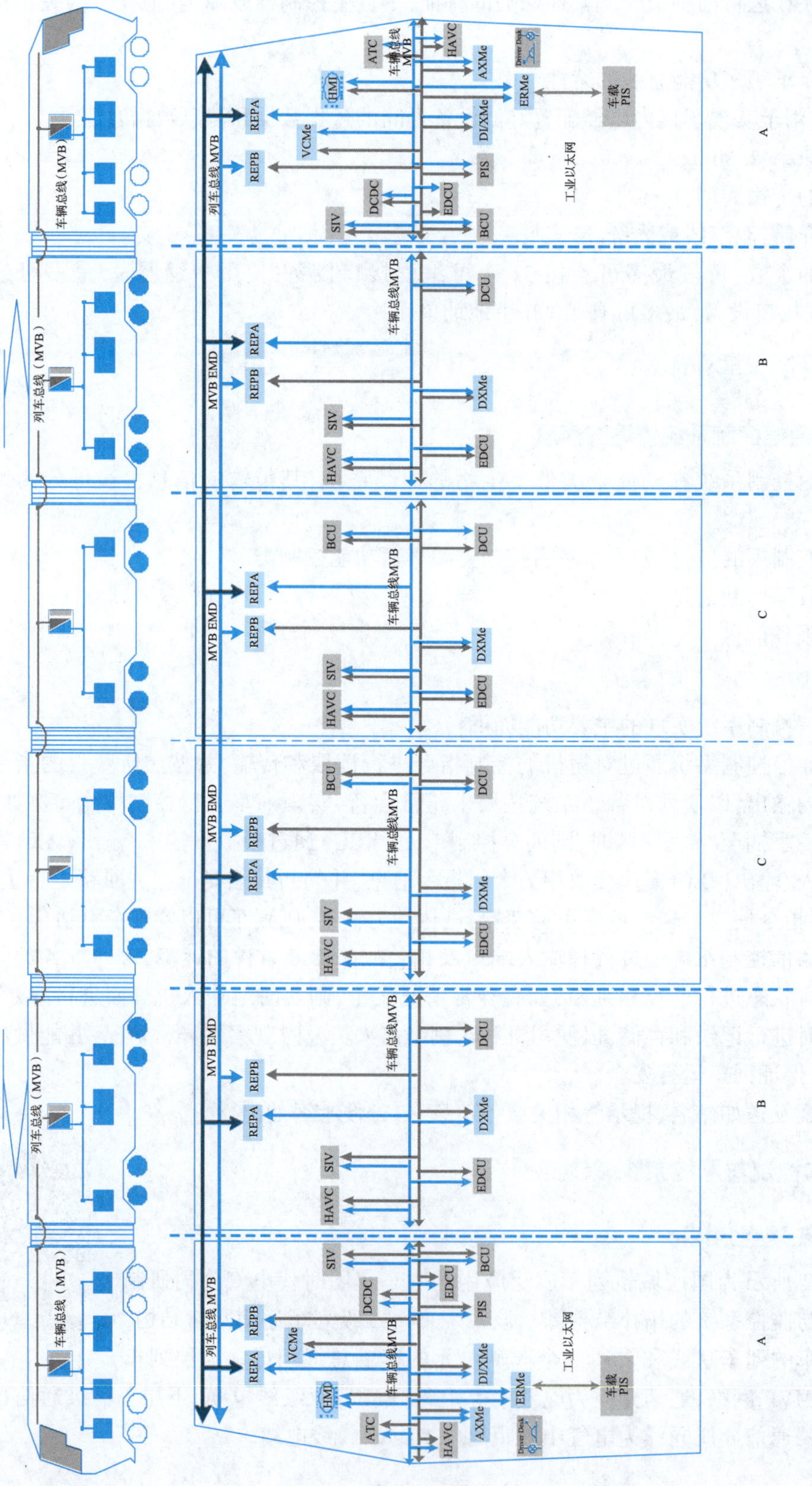

图 7-2 列车控制与监控系统的拓扑结构

MVB 为串行通信网络，在网络始端和终端，需要安装总线终端设备，以适配阻抗，保证网络信号的正常传输。当网络终端设备丢失或故障时，会造成通信中断，在检查维护时需特别注意。

为了保证列车通信网络的可靠运行，列车总线和车辆总线均采用双网线通信冗余，当一个网络出现故障时，能快速切换到备用网络，保证系统正常运行，从而提高系统的可靠性。列车总线与车辆总线之间采用中继器进行信号中继和放大，当一个车辆总线的一个通信出现故障时，不会影响其他车辆总线的通信。

2. 系统关键部件的功能

按照不同车辆的功能，车辆总线硬件配置分为带司机室的拖车（A 车）和动车（B/C 车）两种车型，不同车型由数量不同的车辆控制模块 VCMe、事件记录模块 ERMe、A 通道中继器 REPA、B 通道中继器 REPB、数字量输入/输出模块 DXMe、数字量输入/模块 DIMe、模拟量输入/输出模块 AXMe 和人机接口单元（司机显示屏）HMI 等构成。

（1）车辆控制模块 VCMe

列车装有 2 个车辆控制模块 VCMe（VCU），分别位于 2 个 A 车内。每个车辆控制模块 VCMe 通过 MVB EMD 总线与其他设备通信。车辆控制模块 VCMe 是列车控制与监控系统的核心，具备如下功能：

①列车/车辆级过程控制：执行诸如牵引/制动控制、空电联合控制、空调顺序启动、超速保护等一系列控制功能。

②通信管理：具有多功能车辆总线 MVB 的管理能力，并且能够进行被动的主权转移功能。

③显示控制：与人机接口装置（司机显示屏）HMI 显示有关的数据传输。

④故障诊断：状态数据、故障数据的采集处理，并通过 HMI 报告司机。

车辆控制模块 VCMe 负责关键的车辆控制、总线管理功能，是系统中最重要的部件，因此在整车内对 VCMe 做了热备冗余配置，在当前主 VCMe 出现故障时，备用 VCMe 将自动接管主 VCMe 的职责，执行所有的控制功能。

车辆控制模块（VCMe）的外观和接口分布如图 7-3 所示。指示灯说明见表 7-1。

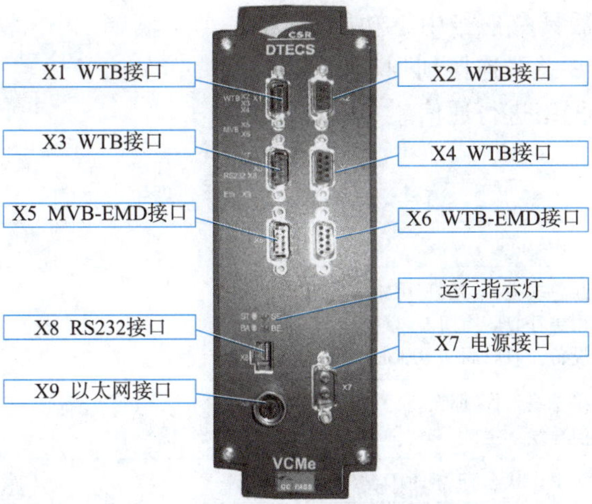

图 7-3　车辆控制模块（VCMe）的外观和接口分布

表 7-1 车辆控制模块(VCMe)的指示灯说明

灯	说明
BA	当前总线主:常亮(EDRM 不适用) 备用主:闪烁,周期 1 s 从设备:闪烁,周期 100 ms(EDRM 不适用)
BE	如果总线干扰,那么亮;否则灭 目前,厂家将 A 线和 B 线同时干扰定义为总线干扰
ST	模块工作状态。正常时闪,故障时灭
SE	系统故障。故障时亮

(2)事件记录模块 ERMe

事件记录模块 ERMe(EDRM)是完成故障诊断、数据记录与转储的核心模块。每列车装有 2 个事件记录仪模块 ERMe,分别位于 2 个 A 车内。ERMe 通过多功能车辆总线 MVB 与其他设备通信。ERMe 是数据转储的关键部件,具备如下功能:

①数据记录:司机操作数据、故障数据、事件数据的记录,将 VCMe 的故障数据具体化。

②数据转存:通过车载信息网(工业以太网)将记录的数据下载,供便携式维护工具分析。

EDRM 的外观和接口分布如图 7-4 所示。其中 MVB1 为 MVB-A 通信接口,采用 DB9 针式连接器。MVB2 为 MVB-B 通信接口,采用 DB9 孔式连接器。PWR 为模块 110 V 直流输入电源接口,采用两芯连接器。ETH 为以太网接口,CON 为 232 串口。事件记录模块(EDRM)的指示灯说明见表 7-2。

图 7-4 事件记录模块(EDRM)的外观和接口分布

(3)中继器模块 REPA/B

每列车装有 6 个 A 通道中继器 REPA 模块和 6 个 B 通道中继器 REPB 模块,分别安装于每节车中(每节车 1 个 REPA 和 1 个 REPB)。中继器具有信号中继功能,它将一个车辆单元的智能设备通过 MVB 总线连接到列车通信网,使整列车的设备都能够利用 MVB 网络进行通信。

表 7-2 事件记录模块(EDRM)的指示灯说明

灯	说明
BA	当前总线主:常亮(EDRM 不适用)。 备用主:闪烁,周期 1 s。 从设备:闪烁,周期 100 ms(EDRM 不适用)
BE	如果总线干扰,那么亮;否则灭。 目前总线干扰,厂家定义为 A 线和 B 线同时干扰
ST	模块工作状态,正常时闪,故障时灭
SE	系统故障,故障时亮

通道中继器(REP)模块的外观和接口分布如图 7-5 所示。指示灯说明见表 7-3。

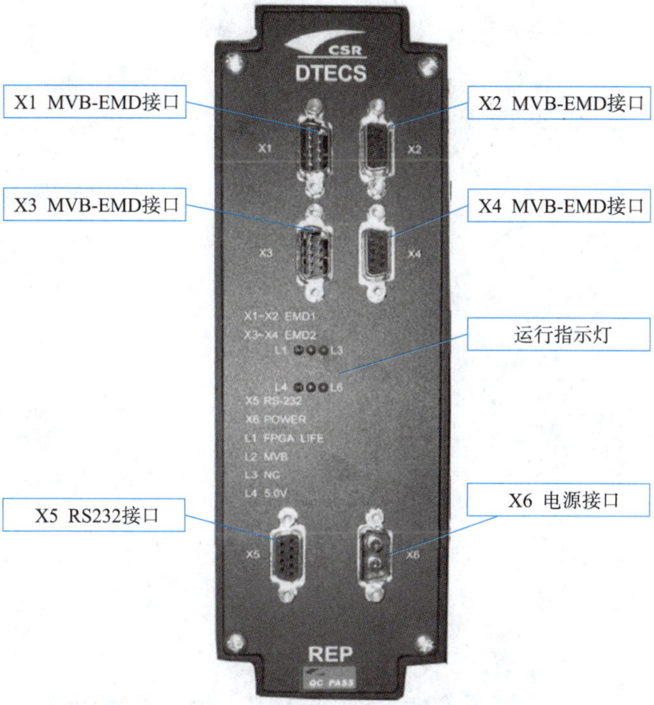

图 7-5　通道中继器(REP)的外观和接口分布

表 7-3　通道中继器(REP)的指示灯说明

灯	说　明	备　注
L1	HSMG-C150 绿色	FPGA 运行指示。FPGA 运行正常,L1 闪烁
L2、L3	HSMG-C150 绿色	MVB 通信指示。MVB 运行正常,L2、L3 闪烁
L4	HSMG-C150 绿色	5 V 电源指示。5 V 正常,灯一直亮
L5、L6	HSMG-C150 绿色	待用

(4)数字量输入/输出模块 DXMe

每列车装有 12 个数字量输入/输出模块 DXMe,分别安装于各节车辆中(每节车 2 个)。DXMe 通过多功能车辆总线与其他设备通信。DXMe 实现数字量信号的采集输入和控制输出,具备如下功能:

①输入信号采集:将车辆间电气信号转换成控制信号,经由列车控制网络传送给 VCMe,完成各种控制功能。

②控制信号输出:将网络控制信号转换成电气信号,控制诸如指示灯、继电器等设备。

③设备地址输入:通过外部跳线配置设备地址。

数字量输入/输出模块(DXMe)的外观及接口分布如图 7-6 所示。指示灯说明见表 7-4。

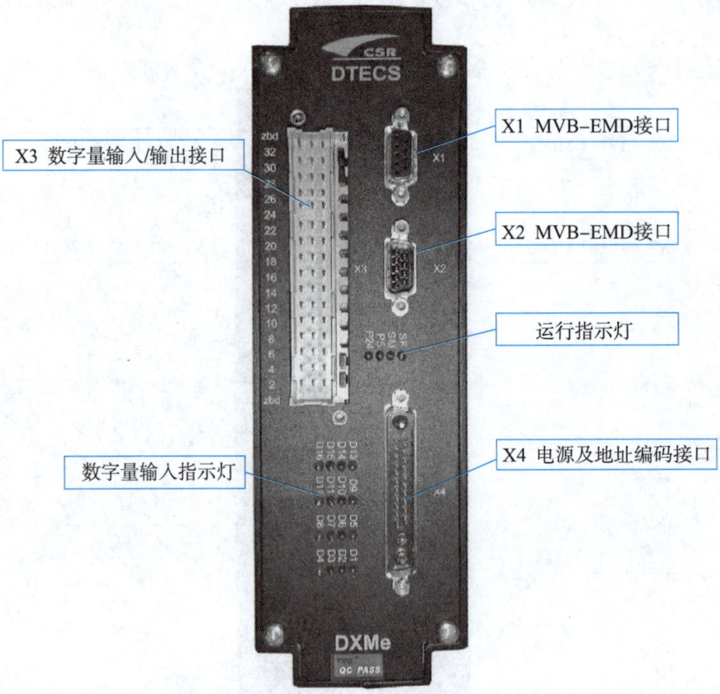

图 7-6　数字量输入/输出模块(DXMe)的外观和接口分布

表 7-4　数字量输入/输出模块(DXMe)的指示灯说明

标　　号	名　　称	颜　　色	描　　述
SF	FPGA 运行	黄色	闪烁:运行成功 常灭:运行失败
SM	MVB 通信	黄色	闪烁:MVB 通信正常 常灭:MVB 无通信
P5	5 V 电源	绿色	常亮:DC +5 V 正常 常灭:DC +5 V 故障
P24	24 V 电源	绿色	常亮:DC +24 V 正常 常灭:DC +24 V 故障

(5)数字量输入模块 DIMe

每列车装有 2 个数字量输入模块 DIMe,分别安装在两节 A 车中(每 A 车 1 个)。DIMe 通过多功能车辆总线 MVB 与其他设备通信。DIMe 实现数字量信号的采集输入,具备如下功能:

①输入信号采集:将车辆间电气信号转换成控制信号,经由列车控制网络传送给 VCMe,完成各种控制功能。

②设备地址输入:通过外部跳线配置设备地址,维护过程异常容易。

数字量输入模块(DIMe)的外观、接口及指示灯与 DXMe 基本相同。

(6)模拟量输入/输出模块 AXMe

每列车装有 2 个模拟量输入/输出模块 AXMe,分别安装在两节 A 车中。AXMe 通过多

功能车辆总线与其他设备通信。AXMe 实现模拟量信号的采集输入和控制输出,具备如下功能:

①输入信号采集:将车辆间电气信号转换成控制信号,经由列车控制网络传送给 VCMe,完成各种控制功能。

②控制信号输出:将网络控制信号转换成电气信号,控制速度表、网压表等设备。

模拟量输入/输出模块(AXMe)的外观及接口分布如图 7-7 所示。指示灯说明见表 7-5。

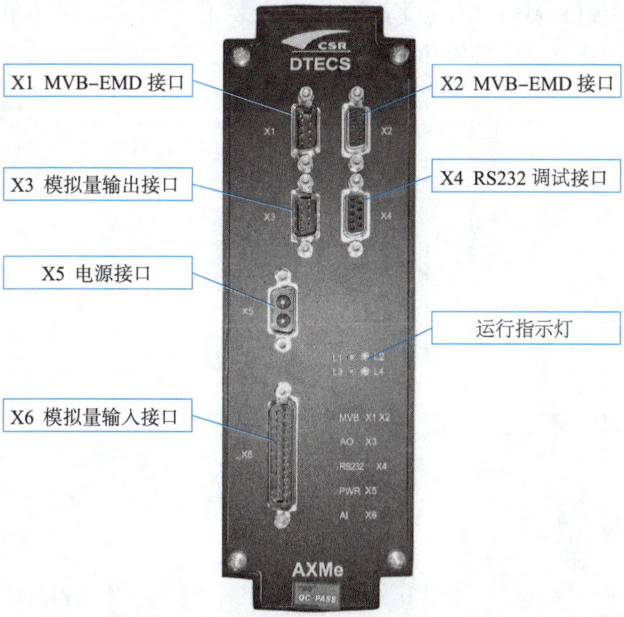

图 7-7　模拟量输入/输出模块(AXMe)的外观和接口分布

表 7-5　模拟量输入/输出模块(AXMe)的指示灯说明

代　号	状　态	说　明
L1	闪烁	CPU 运行指示灯
L2	亮	自检错误指示(备用)
L3	亮	电源指示
L4	闪烁	MVB 数据进行通信

(7)人机接口单元 HMI

每列车装有 2 个人机接口单元 HMI,分别安装在两节 A 车中。HMI 通过多功能车辆总线与其他设备通信。HMI 是 TCMS 的显示终端设备,是司机和维护人员操作机车的窗口,具备如下功能:

①信息显示:向车辆驾驶人员和维护人员提供车辆综合信息、各设备的工作状态、故障信息的综合与处理等功能。

②参数设定:对轮径值、站点、时间日期等参数进行更改与设定。

③数据转储:通过 USB 接口,将故障信息转储地面进行统计、分析。

④进行列车运行时加速度、减速度、制动距离等基本参数的测试。

3. A 车 MVB 网络结构

如图 7-8 所示，A 车 MVB 控制网络由 1 条双路冗余的 MVB 网段构成，连接在 MVB 网段内的网络控制设备包括 1 个 VCMe、1 个 ERMe、2 个 DXMe、1 个 AXMe、1 个 DIMe、1 个 HMI、2 个 REP，以及 1 个列车自动控制系统 ATC（有些项目仅 A1 车有）、1 个制动控制网关单元 BCU、1 个空调控制单元 ACU、1 个辅助逆变器 SIV、1 个蓄电池充电机 DC/DC（在采用独立 DC/DC 方案时）、1 个旅客信息系统 PIS、2 个电子门控单元 EDCU 等智能设备。每个网络设备配置了 2 路 MVB 接口，MVB 终端设备则分别安装于 ATC 和 BCU（单 ATC 配置的项目，A2 车的 MVB 终端设备分别安装在 REPA、REPB 和 BCU）。

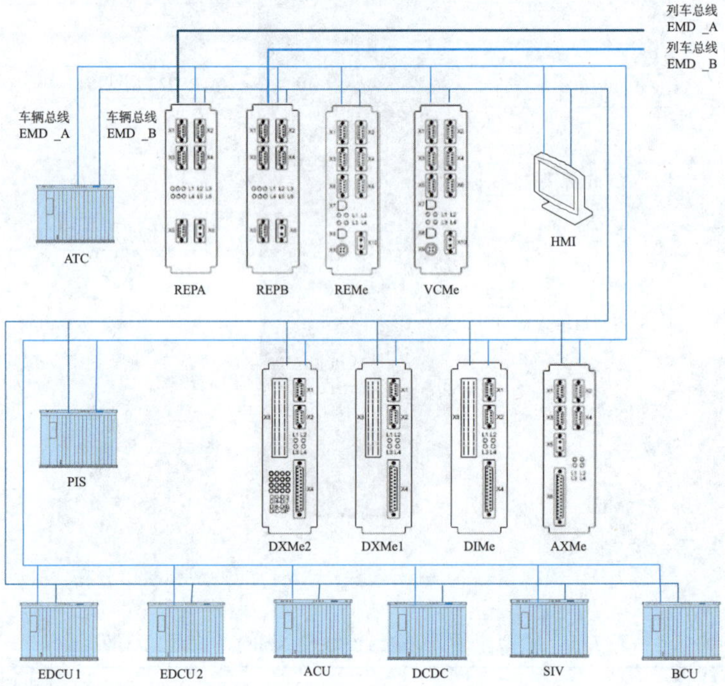

图 7-8　A 车 MVB 网络拓扑图

4. B 车 MVB 网络结构

如图 7-9 所示，B 车 MVB 控制网络也是 1 条双路冗余的 MVB 网段，连接在 B 车 MVB 网段内的网络控制设备包括 2 个 DXMe、2 个 REP，以及 2 个电子门控单元 EDCU、1 个空调控制单元 ACU、1 个牵引控制单元 DCU、1 个 SIV（仅在辅助系统采用分散供电方案时）等智能设备。每个网络设备同样配置了 2 路 MVB 接口，MVB 终端设备则分别安装于 REPA、REPB 和 SIV。

5. C 车 MVB 网络结构

如图 7-10 所示，C 车 MVB 控制网络也是 1 条双路冗余的 MVB 网段，连接在 C 车 MVB 网段内的网络控制设备包括 2 个 DXMe、2 个 REP，以及 2 个电子门控单元 EDCU、1 个空调控制单元 ACU、1 个牵引控制单元 DCU、1 个 SIV（仅在辅助系统采用分散供电方案时）、1 个制动控制单元 BCU 等智能设备。每个网络设备同样配置了 2 路 MVB 接口，MVB 终端设备则分别安装于 REPA、REPB 和 BCU。

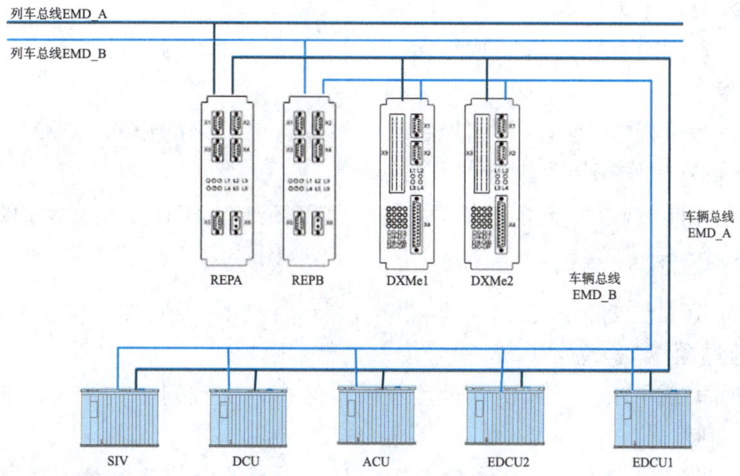

图 7-9 B 车 MVB 网络拓扑图

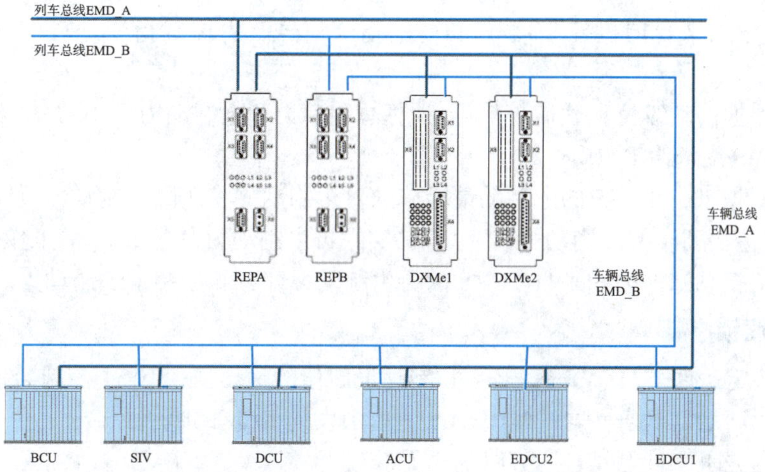

图 7-10 C 车 MVB 网络拓扑图

四、TCMS 系统的控制功能

1. 牵引制动控制与模式选择

TCMS 系统根据 ATO 通过 MVB 发送的 ATO 模式命令选择是 ATO 模式还是人工驾驶模式。

①ATO 模式时，TCMS 使用来自 ATO 的指令（方向信号、牵引制动请求等）；

②人工模式时，TCMS 使用来自司机控制器的指令（方向信号、牵引制动请求等）；

③紧急制动时，TCMS 的牵引指令被切除，无论其来自 ATO 还是司机控制器；

④紧急牵引时，牵引系统与制动系统接收硬线的指令进行控制。

2. 操作端与方向控制

①TCMS 以有司机钥匙激活的司机室为操作端，除了紧急制动信号外，所有的控制信号

只以操作端的控制信号为准。

②两个司机室同时有钥匙激活信号时，TCMS 封锁所有牵引/制动信号输出，并且通过 HMI 发出警示信息。

③列车在运行过程中，TCMS 方向控制指令将保持前一刻的方向信号，只有列车在零速时，才会根据司机室操作端指令进行方向切换。

④如果操作端同时收到“向前”“向后”信号，TCMS 通过 HMI 发出警示信息。

3. 紧急牵引控制

①为了保证 TCMS 故障情况下，列车能够继续运行到下一站，列车设置了“紧急牵引”旋钮，司机可以通过操作“紧急牵引”旋钮来进入紧急牵引模式。

②紧急牵引模式下 BCU、DCU 通过接收硬线的指令实现列车的牵引和制动控制，屏蔽 TCMS 的网络控制信号。

③紧急牵引模式下，DCU 接收到牵引指令时按固定的级位进行牵引控制；BCU 接收到牵引指令时按固定的级位进行制动控制。此时列车只具有空气制动控制。

4. 空电联合制动控制

①TCMS 根据来自司机控制器或 ATO 的指令信号产生控制指令，通过 MVB 网络发送给 BCU。

②BCU 根据制动级位和载荷等信息，计算总制动力和电制动力大小，并将申请电制动力大小经由 TCMS 发送给 DCU。

③DCU 根据来自 TCMS 的电制动请求施加再生制动并将实际电制动力反馈给 TCMS。

④TCMS 传输列车的总制动力、各 VVVF 实际再生制动力及各 BCU 的工作状态。

⑤BCU 根据总制动力和来自 TCMS 的再生制动力计算和控制空气制动力。

5. 牵引联锁控制

在某些特定条件下，TCMS 封锁牵引/制动设定值的输出值，无论主控制器是否处于牵引有效条件下。满足以下条件之一时，TCMS 将取消发向 DCU 的牵引指令：

①车门全关闭信号无效且门旁路信号无效。

②BCU 处于停放制动施加状态。

③列车处于紧急制动。

④列车超速。

⑤摩擦制动切除过多。

6. 空调启/停控制

①主控司机台可以根据司机面板空调开/关按钮开关对空调进行启/停控制。当开关处于启动(停止)位置时，网络控制系统发出空调启(停)指令，启动(关断)全车空调。

②主控司机台也可以根据司机面板“A 车空调开”开关来选择只启动 A 车的空调。

思考与练习

1. 简述控制与监控系统的组成及作用。
2. 列车控制与监控系统的主要模块有哪些？
3. 简述列车总线和车辆总线的作用。

4. 列车控制与监控系统是如何控制列车运行的？
5. 控制与监控系统的常见问题主要有哪些？
6. TCMS 系统的控制功能有哪些？
7. A 车 MVB 网络由哪些设备构成？
8. B 车 MVB 网络由哪些设备构成？
9. C 车 MVB 网络由哪些设备构成？
10. MVB 网络终端装置的作用是什么？

视 频

HMI在运行模式的操作

任务二　HMI 操作

任务目标

1. 了解 HMI 系统的构成与显示符号。
2. 掌握 HMI 系统的基本操作。

司机台上设有两个彩色显示器，左侧为司机显示屏 HMI（列车状态显示屏），右侧为 ATC-HMI（监控显示屏）。在主控司机室，将主控制器钥匙开关转到“ON”位置，司机显示屏被激活。当显示屏被激活时，显示屏亮，表明此屏可通过触摸屏接受指令。而另一个司机室的显示屏处于非激活状态时，其显示屏为黑屏，而且不接受任何指令，但是此装置本身处于电源接通的状态。

一、HMI 的启动与关闭操作

1. HMI 的启动和关闭

当列车激活，电源接通时，两个司机室的 VCM 和 HMI 同时获得供电。没有被启动的司机室的 HMI 将显示为黑屏。

启动司机室时，HMI 将启动。整个启动时间不超过 1 min。此时，MMI 将显示启动状态的相应信息。

如果司机制器锁闭，同时高压母线没有电，VCM 和 HMI 将关闭。如果司机控制器锁闭但高压母线仍然有电（即受电弓未降下），VCM 和 HMI 将继续工作。

2. 特别说明

①司机室占有（激活司机室）时，HMI 显示选择菜单；

②司机室没被占有（司机室未激活）时，HMI 显示“黑屏”；

③如果两端的司机室处于占有状态，且母线电压是有效的时候，两端的 HMI 都显示黑屏。

二、HMI 在运行模式的显示

HMI 启动之后（或按 Home 键）默认进入运行模式，其显示界面如图 7-11 所示。运行模式是列车运行在牵引模式时唯一能看见的显示模式。此屏幕提供所有牵引所需的信息。

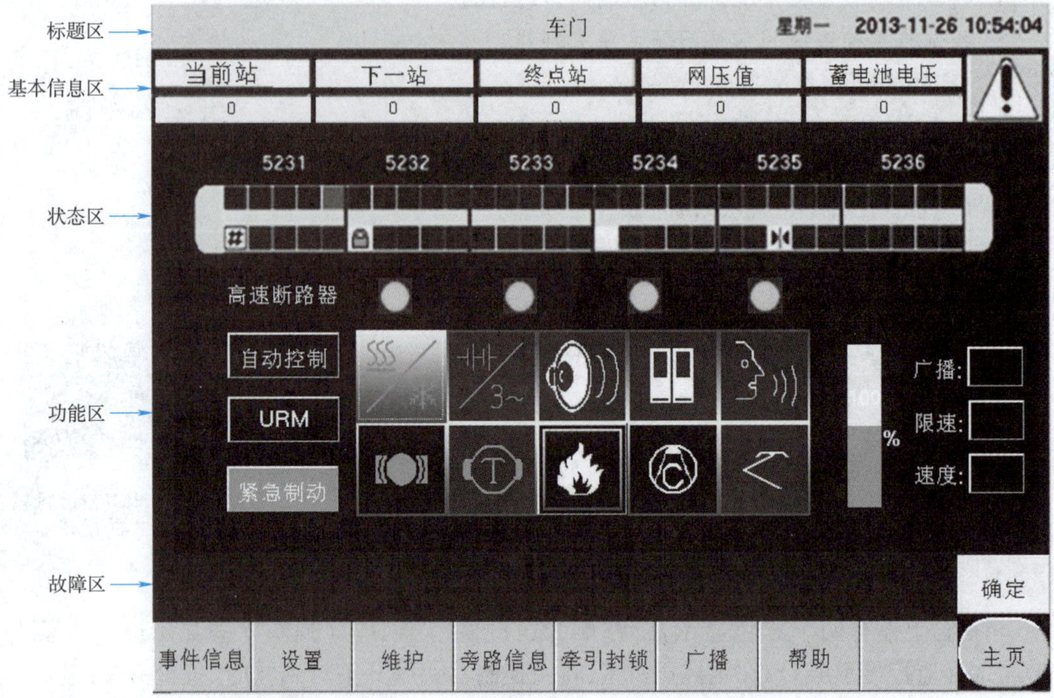

图 7-11　司机显示屏 HMI(运行模式)

处于司机显示屏中间区域的功能区布置有 10 个矩形按钮。这些按钮里的符号描绘了相应操作画面的意义。触摸按钮图标,将显示相应的操作画面。选择后,按钮的背景颜色将会改变。

功能区下方为故障区,用于显示运行中发生的列车故障,其显示内容如图 7-12 所示,从左到右分别为故障代码,故障发生的日期、时间、等级,故障内容。

图 7-12　故障区

最早发生的故障将一直显示在故障区,直到司机按下"确定"按钮。

新的故障信息将存储在显示器内存中,当消息被确认后新的消息会一个个显示出来,直到故障信息显示完毕。

当一条新消息出现,将同时产生一个声音信号引起司机的注意。声音信号和信息的颜色相关。所有信息都可在"事件信息"中显示。消息处理的默认项目设置见表 7-6。

表 7-6　故障信息分类及显示

信息分类	声音信号
严重故障,报警(红色)	持续声音报警直到消息被确认
中等故障,警告(黄色)	声音将间断重复直到消息被确认
轻微故障或状态信息(白色)	仅响一声

三、运行模式下的 HMI 操作

视频

HMI在维护模式的操作

运行模式下，触摸功能区相应按钮，在状态区显示该系统的状态。

1.“空调”界面

触摸功能区空调按钮，可查询列车空调系统的状态。空调系统状态显示界面如图 7-13 所示，可能显示的符号与指示状态见表 7-7。

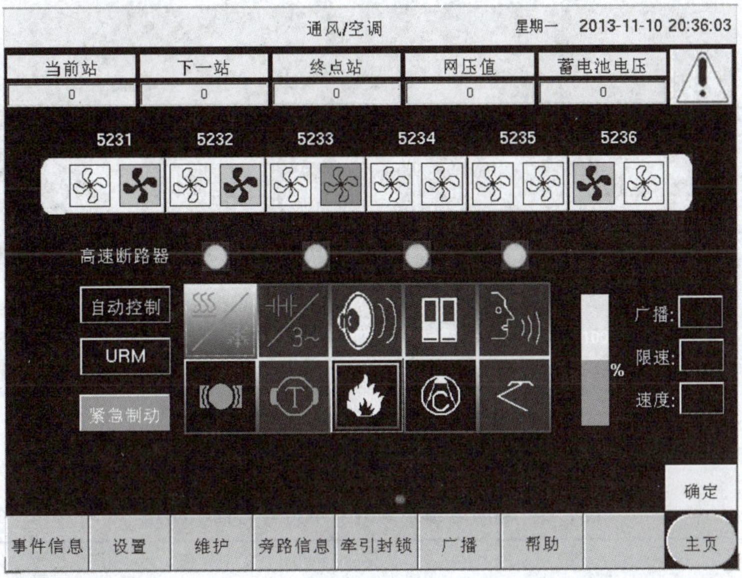

图 7-13　空调系统状态显示界面

表 7-7　空调系统的显示符号与指示状态

优　先　级	符　　号	指　示　状　态
1		加热/空调故障
2		加热/空调警告
3		加热/空调运行，无故障
4		加热/空调断开，无故障

2. “辅助电源”界面

辅助电源状态显示界面如图 7-14 所示，可能显示的符号与指示状态见表 7-8。

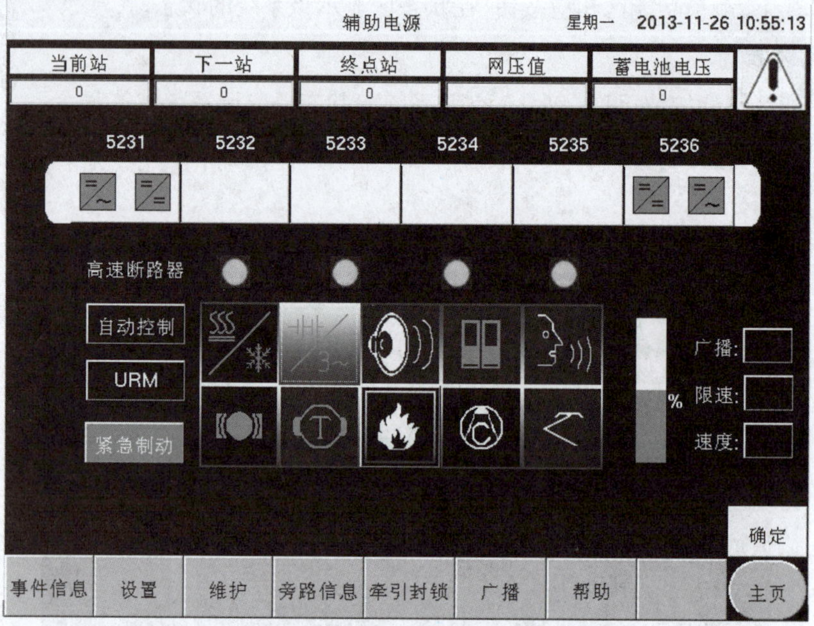

图 7-14　辅助电源状态显示界面

表 7-8　辅助电源系统的显示符号与指示状态

优先级	符号	指示状态
1	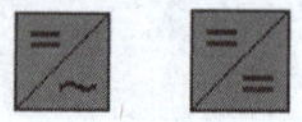	AC/DC 辅助电源故障
2	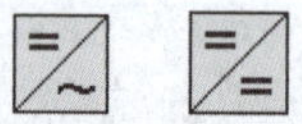	AC/DC 辅助电源警告
3		AC/DC 辅助电源运行，无故障
4	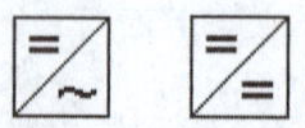	AC/DC 辅助电源断开，无故障

3. “紧急广播”界面

如图 7-15 所示，紧急广播画面显示了紧急广播清单，通过触摸选择相应行，按“确定”按钮为 PIS 发送广播。按“主页”按钮触发返回至主界面。

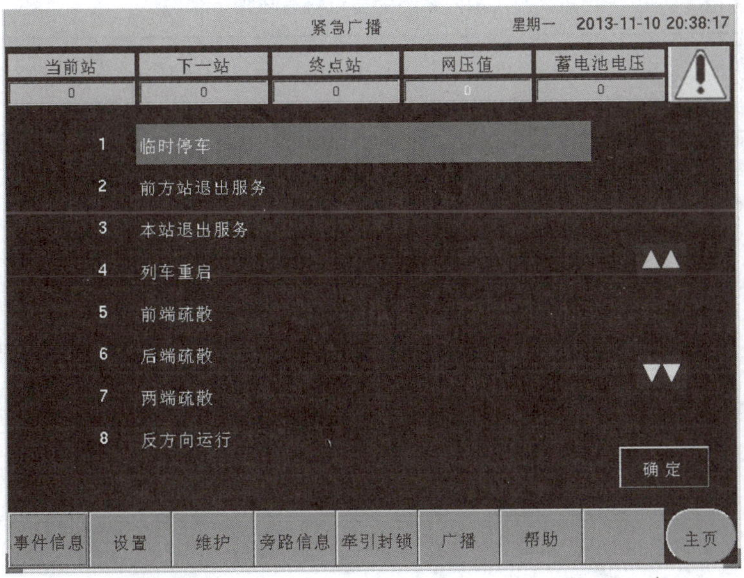

图 7-15　紧急广播选择界面

4. "门状态"界面

客室车门状态显示界面如图 7-16 所示，显示的符号与指示状态见表 7-9，逃生门状态显示符号见表 7-10。

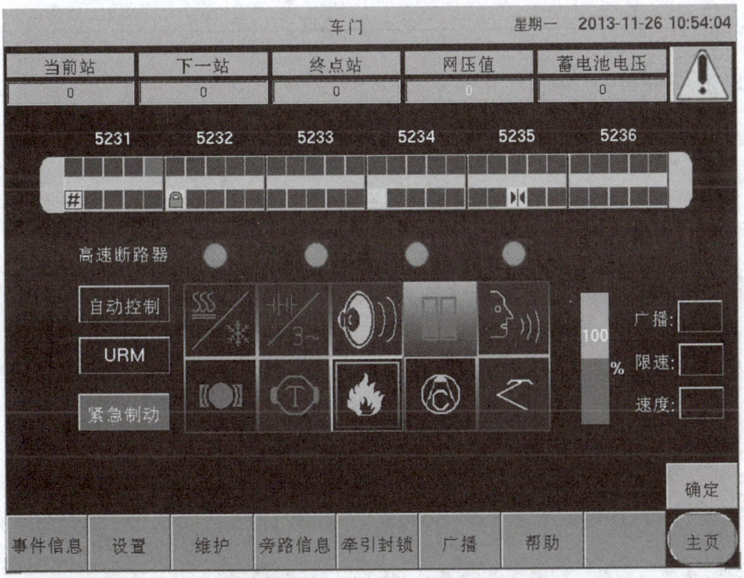

图 7-16　客室车门状态显示界面

表 7-9　车门系统的显示符号与指示状态

优　先　级	符　　号	指　示　状　态
1		门紧急
2		门切除
3		门严重故障
4		门中等故障
5		门检测到障碍物
6		门开，无故障
7		门关，无故障

表 7-10　逃生门的显示符号与指示状态

优　先　级	符　　号	指　示　状　态
1		逃生门打开
2		逃生门关好

5. “紧急通信”界面

紧急通信状态显示界面如图 7-17 所示，可能显示的符号与指示状态见表 7-11。

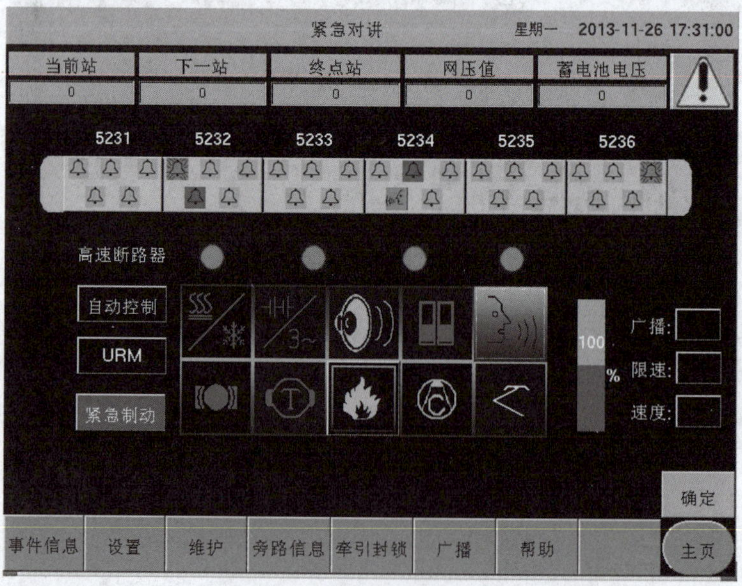

图 7-17　紧急通信状态显示界面

表 7-11　紧急通信显示符号与指示状态

优　先　级	符　　号	指　示　状　态
1		乘客紧急通信单元故障
2		乘客紧急通信单元激活，乘客要求紧急对讲
3		乘客紧急通信单元激活,司机已打开通信通道
4		乘客紧急通信单元正常,未激活

6. "制动状态"界面

制动状态显示界面如图 7-18 所示,可能显示的符号与指示状态见表 7-12。

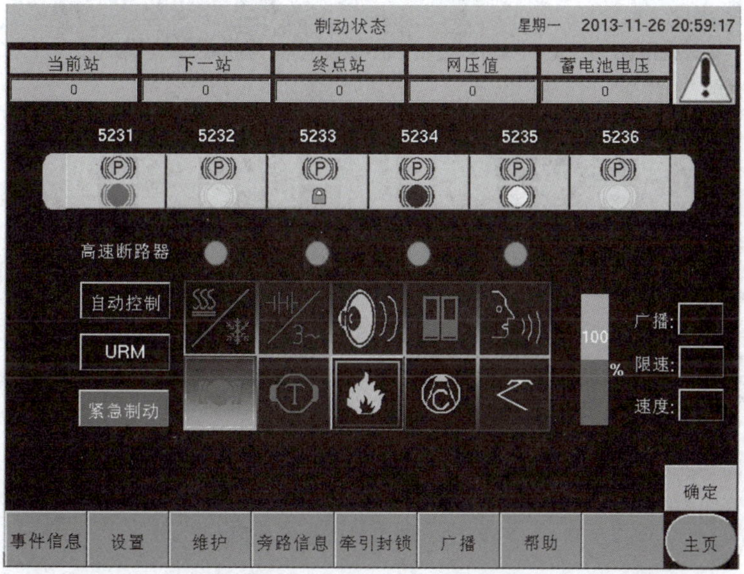

图 7-18　制动状态显示界面

表 7-12　制动状态显示符号与指示状态

优　先　级	符　　号	指　示　状　态
1		停放制动施加
2		制动切除

续上表

优 先 级	符　　号	指 示 状 态
3		制动严重故障
4		制动中等或轻微故障
5		常规制动施加
6		常规制动释放

7. “牵引状态”界面

牵引状态显示界面如图 7-19 所示，可能显示的符号与指示状态见表 7-13。

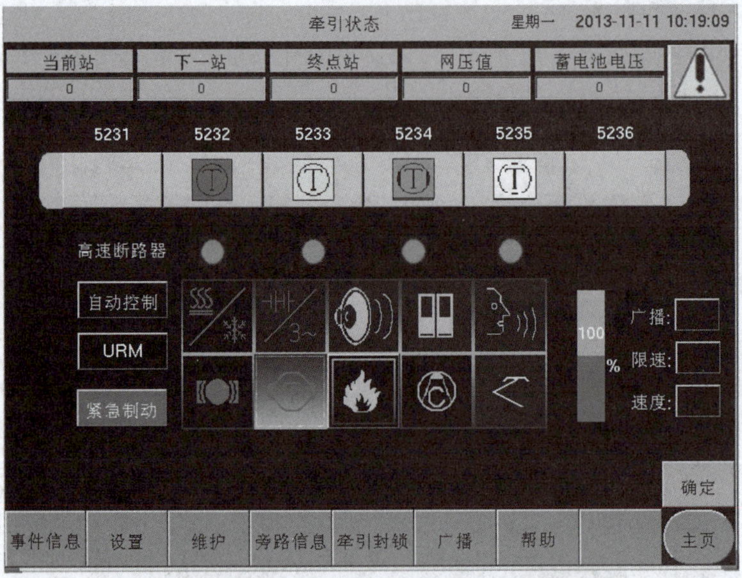

图 7-19　牵引状态显示界面

表 7-13　牵引状态显示符号与指示状态

优 先 级	符　　号	指 示 状 态
1		牵引故障
2		牵引警告

续上表

优 先 级	符 号	指 示 状 态
3		牵引激活（加速/减速），无故障
4		牵引断开，无故障

8. “火/烟检测”界面

火/烟检测显示界面如图 7-20 所示，可能显示的符号与指示状态见表 7-14。

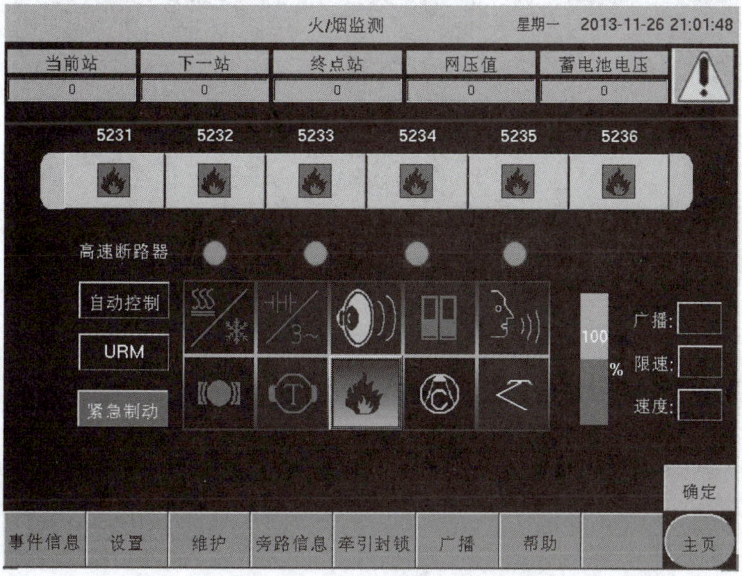

图 7-20 火/烟检测显示界面

表 7-14 火/烟检测显示符号与指示状态

优 先 级	符 号	指 示 状 态
1		探测到火或烟
2		未探测到火或烟

因火灾探头每节车较多，头车 5 个，中间车 6 个，界面图标只显示到车辆，具体哪个探头会通过事件信息来提示。

9. “空气压缩机”界面

空气压缩机状态显示界面如图 7-21 所示，可能显示的符号与指示状态见表 7-15。

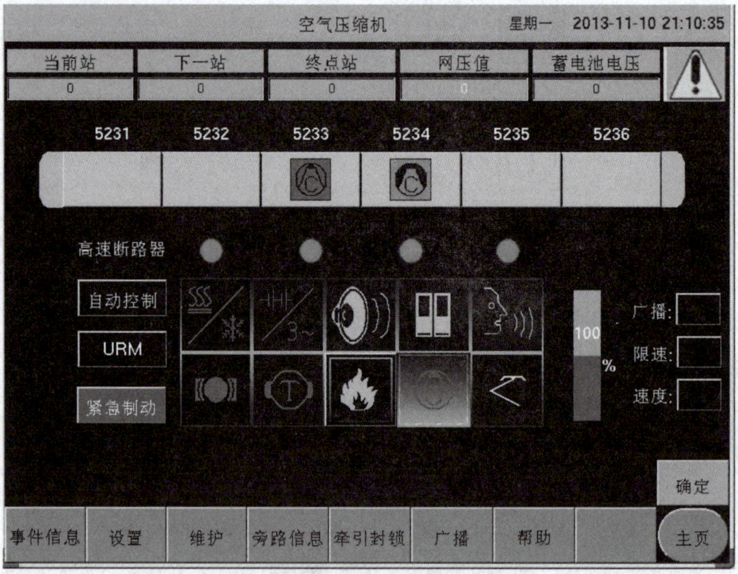

图 7-21 空气压缩机状态显示界面

表 7-15 空气压缩机状态显示符号与指示状态

优先级	符号	指示状态
1		空气压缩机故障
2		空气压缩机警告
3		空气压缩机运行，无故障
4		空气压缩机断开，无故障

10. “受电弓/HSCB”界面

受电弓/HSCB 状态显示界面如图 7-22 所示，HSCB 可能显示的符号及指示状态见表 7-16，受电弓/车间电源可能显示的符号及指示状态见表 7-17。

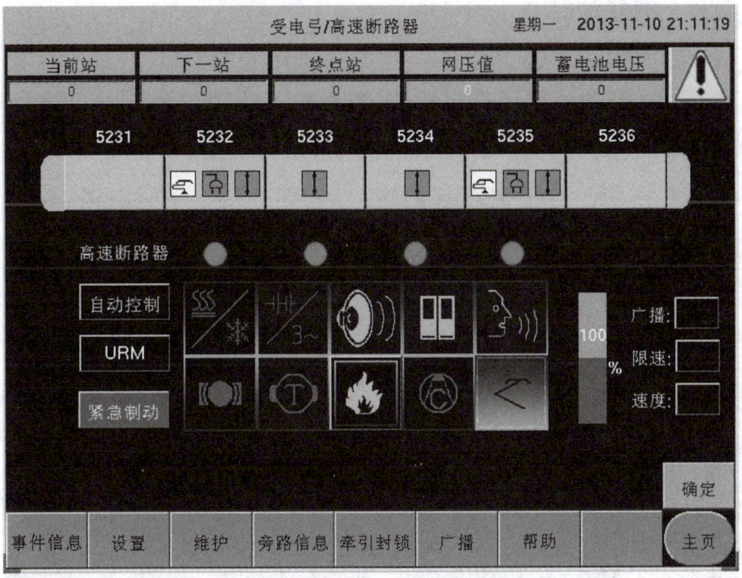

图 7-22　受电弓/HSCB 状态显示界面

表 7-16　HSCB 状态显示符号与指示状态

优　先　级	符　　号	指　示　状　态
1		HSCB 合上
2		HSCB 断开

表 7-17　受电弓/车间电源状态显示符号与指示状态

优　先　级	符　　号	指　示　状　态
1		车间电源连接且供电
2		车间电源连接，未供电
3		受电弓升起但故障
4		受电弓落下且故障
5		受电弓工作无故障
6		受电弓放下无故障

11. “事件信息”界面

事件信息显示界面如图 7-23 所示。出现的消息在清单中显示，最大可显示 8 行。可用滚动按钮滚动清单。选中的消息用高亮显示，消息的确认用“确认”按钮。所选消息的建议处理措施在显示器的较下端区域显示。

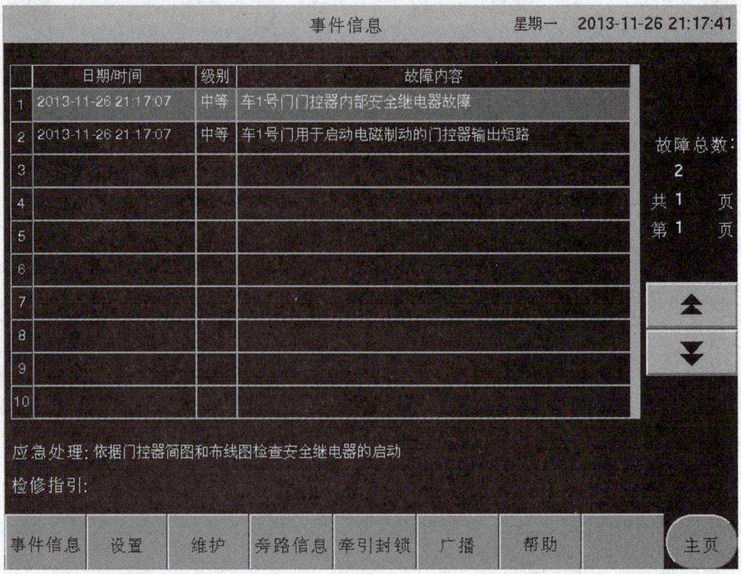

图 7-23 事件信息显示界面

12. “临时事件”界面

如图 7-24 所示，当有特殊的或者重要的事件激活时，显示屏激活 “临时状态信息”，自动跳出全屏显示，显示相应颜色的文本信息。只要事件仍在激活状态，显示器将一直持续显示。当“临时状态信息”消失，HMI 显示之前的画面。

图 7-24 临时状态信息界面

13. “设置”界面

如图 7-25 所示，触摸下部“设置”按钮，显示“设置”画面，可继续触摸“亮度调节”或“复位”按钮进入相应的详细设置界面。

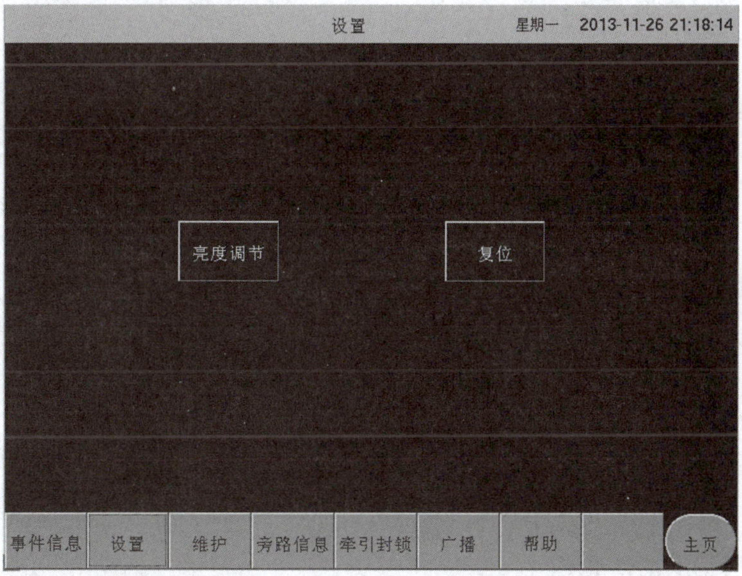

图 7-25 “设置”界面

如图 7-26 所示为“复位”界面，可通过触摸操作，进行牵引逆变器、辅助逆变器、烟火系统、PIS 系统、动态地图等重要系统的主机复位操作。操作完成后，触摸“返回”按钮，返回上一页。

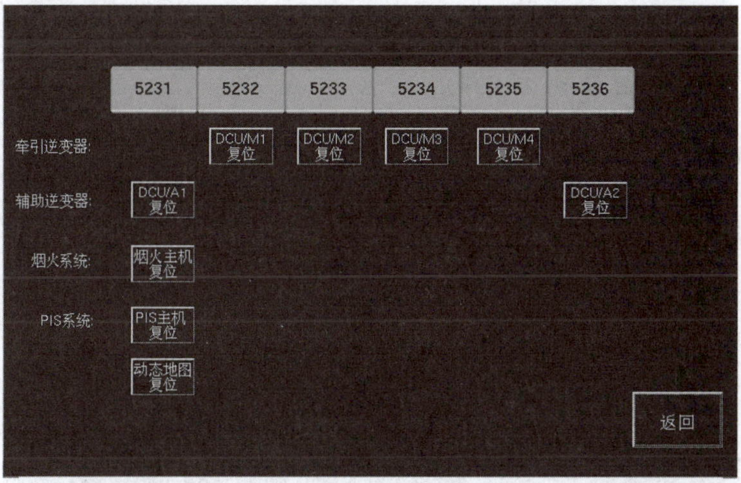

图 7-26 主机复位界面

14. 旁路信息

如图 7-27 所示，触摸显示屏底部“旁路”按钮，可查看逃生门、警惕按钮、车门、停放制动、摩擦制动主风管压力检测电路的旁路状态，以及 ATC 切除、紧急牵引（TRB）工作状态。

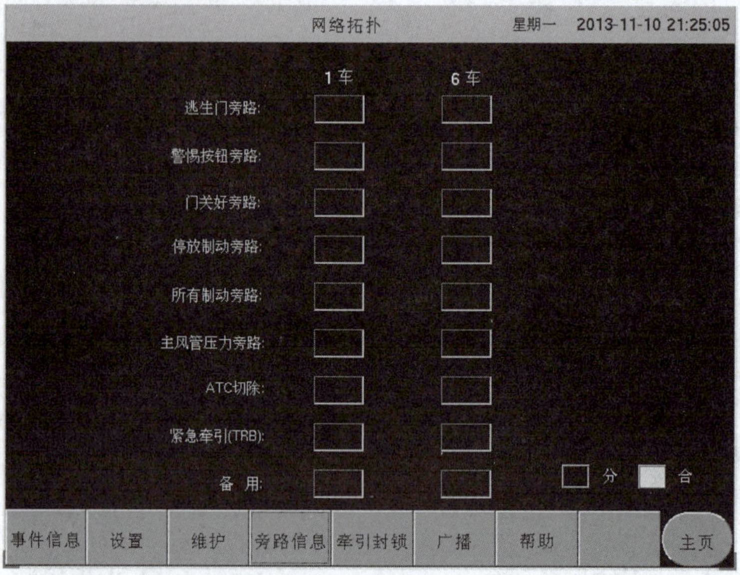

图 7-27 旁路信息

15. 牵引封锁状态信息

如图 7-28 所示，触摸显示屏底部“牵引封锁”按钮，可查看引起牵引封锁的具体原因。牵引封锁的原因在相应提示窗口用红色显示。

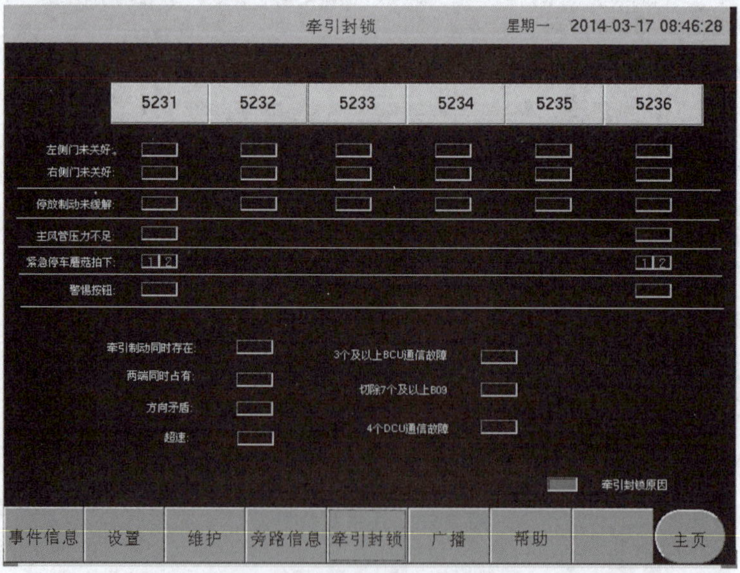

图 7-28 牵引封锁状态信息

16. 广播

如图7-29所示,触摸显示屏底部"广播"按钮,进入广播操作界面。广播有自动和手动两种模式,在自动模式下,不能进行站点设置(站点设置按键呈灰色);触摸"手动"键,选择手动模式,可进行站点设置。手动模式下,站名可通过上翻、下翻键查询,选择对应的站名进行站点设置。始发站、下一站、终点站都设置完成后,按"确认"键进行确认,并返回主界面。

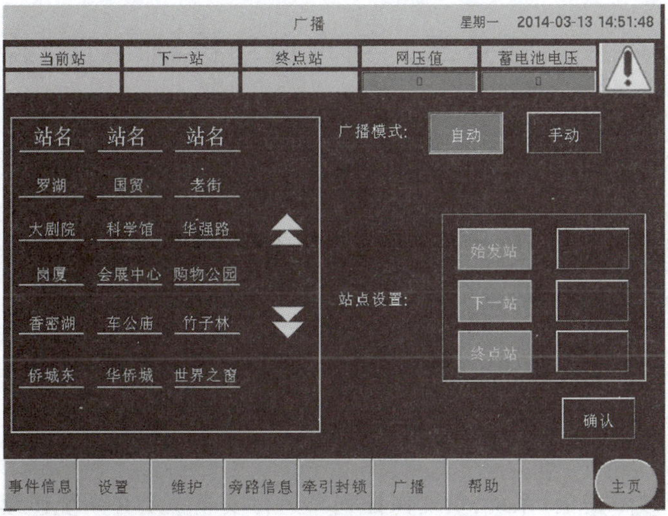

图7-29 广播操作界面

17. 帮助

触摸底部"帮助"按钮,进入帮助界面,如图7-30所示。选择顶部功能,可查看空调、辅助系统、车门、紧急通讯、制动系统、牵引系统、烟火系统、空压机、受电弓/HSCB等各个系统的显示图标的意义。

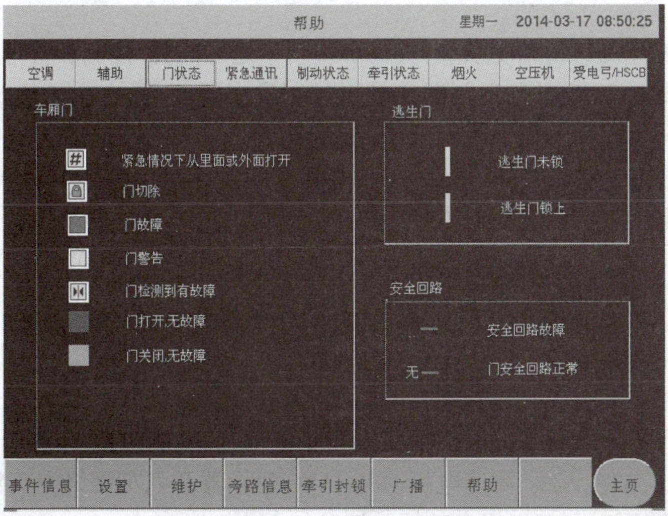

图7-30 帮助界面

思考与练习

1. 如何启动和关闭 HMI?
2. 说明 HMI 各部分显示的符号及意义。
3. 如何通过 HMI 进行查询操作?

视频

ATC操作

任务三　列车自动控制(ATC)操作

任务目标

1. 掌握 ATC 系统的构成,了解 ATC 系统主要部件的作用。
2. 掌握 ATC 系统的基本操作及故障处理方法。

一、ATC 系统的构成与作用

ATC 系统包括列车自动防护(ATP)、列车自动驾驶(ATO)、列车自动监控(ATS)三个子系统。

1. ATP

ATP 是一个“故障安全”系统,负责保证列车运行安全。ATP 系统连续不间断地监视列车运行速度,当列车运行速度超过最大安全速度或发生其他潜在的不安全情况时,ATP 实施紧急制动,车载 ATP 设备还向司机维修人员提供显示、报警和其他信息。

2. ATO

ATO 负责列车的牵引/制动控制、停车点、车门、无人折返的控制。在“ATO”模式下,ATO 应自动控制列车运行,借助 ATP 系统,实现列车安全运行。而 ATO 本身不具有故障安全的功能。

3. ATS

ATS 是一个计算机辅助调度系统,负责全线列车运行监督、控制和管理。

ATS 用来制定时刻表,并与运行图比较以控制发车时间,具有自动确定列车进路,调整列车在站停车时间等多项功能。

在列车两端各装一套 ATC 车载设备(有些列车的设计是仅配置 1 套 ATC 设备)。两套 ATC 设备互锁,当一端 ATC 设备工作时,另一端必须切除,不允许两端设备同时工作。

4. ATC 车载设备

列车自动控制系统 ATC 的车载设备包括:ATC 车载单元、ATC 显示器、ATC 天线、PTI 天线、测速电机 OPG。

(1)ATC 车载单元

ATC 车载单元位于司机室副台后面的电子柜下部,其功能包括:

①与 PTI 天线、ATC 天线、测速电机 OPG、ATC 显示器和列车网络交互数据。

②在 ATO 模式下对列车进行自动驾驶控制。

③在 AR 模式下对列车进行自动折返控制。

④在 SM 模式和 RM 模式下对列车进行限速操作。

(2)ATC 显示器

ATC 显示器安装在司机室主台,位于司机显示屏 HMI 的右侧。其功能是显示列车运行速度、限速、停车点距离、运行模式等列车状态数据。

(3)ATC 天线

ATC 天线安装在 A 车 I 位端转向架上,其功能是接收地面数据,用于与 ATC 车载单元交互。

(4)PTI 天线

位于 A 车车下,第一根轴的前方的列车中心,其功能是用于车对地信息的传输,所传输的数据用于列车追踪。

(5)测速电机 OPG

位于 A 后转向架的两个不同轴上,用于检测列车运行速度,并将速度值发给 ATC 车载单元。

二、ATC 系统操作

1. ATP 保护的启用与切除

(1)ATP 开关

ATC 机柜安装在 A 车司机室电子柜,而在 A 车司机室继电器柜面板上设有“ATP 开关”=91-S01,用于 ATP 的启用与切除转换。ATP 开关有铅封,默认状态为“合”位,即 ATP 保护状态。在 ATP 保护状态下,ATP 在发现列车有超速、车门打开、行车信号丢失等危险情况发生时,能发出封锁牵引指令或紧急制动指令,从而实现列车运行安全保护。

在 ATP 故障,或需要切除 ATP 保护时,拆除铅封,将“ATP 开关”改置“分”位,此时,如图 7-31 所示,“ATP 分”继电器 =91-K02 得电,通过 ATC 机柜 X112:316 及 X112:317 脚向 ATC 系统输入 ATP 切除指令;“ATP 分”信号也输入 A 车 DIMe 的-X3:D32 脚,通过 MVB 向 TCMS 系统发送 ATP 切除指令。同时,通过 =91-K02 常开触点,将 ATP 保护电路(包括 ATP 牵引允许与 ATP 紧急制动)旁路。

ATP 开关的转换操作需要行调批准。

需要注意的是,也有些车型的设计是将 ATP 开关置“分”位作为默认的 ATP 启用状态,在实际运用时一定要注意不要设错,具体可查阅该车型的操作手册和电气线路图。

(2)ATP 牵引允许

在满足牵引运行的条件时,ATC 机柜通过-K9:24 脚输出高电平,使“ATP 牵引允许”继电器 =91-K114 得电,从而通过硬线电路输出牵引允许指令。同时,“ATP 牵引允许”高电平信号输入 A 车 DIMe 模块的-X3:D2 脚,将牵引允许信号通过 MVB 发送给 VCU。

当 ATP 监控发现摩擦制动未缓解、车门未关好、超速等不允许牵引运行的条件发生时,发出禁止牵引指令,ATC 机柜的-K9:24 脚输出低电平,“ATP 牵引允许”继电器 =91-K114 失电,将牵引指令电路切断,从而禁止牵引(见图 4-8)。低电平信号也输入 DIMe 模块的-X3:D2 脚,将 ATP 禁止牵引信号通过 MVB 网络发送给 VCU。

(3)ATP 紧急制动

运行中发生超速、车门被打开紧急情况发生时, ATP 将触发紧急制动保护。此时,ATC

机柜-K7X1:8 脚输出低电平,使“ATP 紧急”继电器 =91-K101 失电,从而发出紧急制动指令(见图 4-12)。

ATC 系统随时监视列车紧急制动状态,当有紧急制动发生时,通过“紧急制动”继电器 =22-K126 常开触点 11-14、21-24 断开,将紧急制动状态信号发送给 ATC。

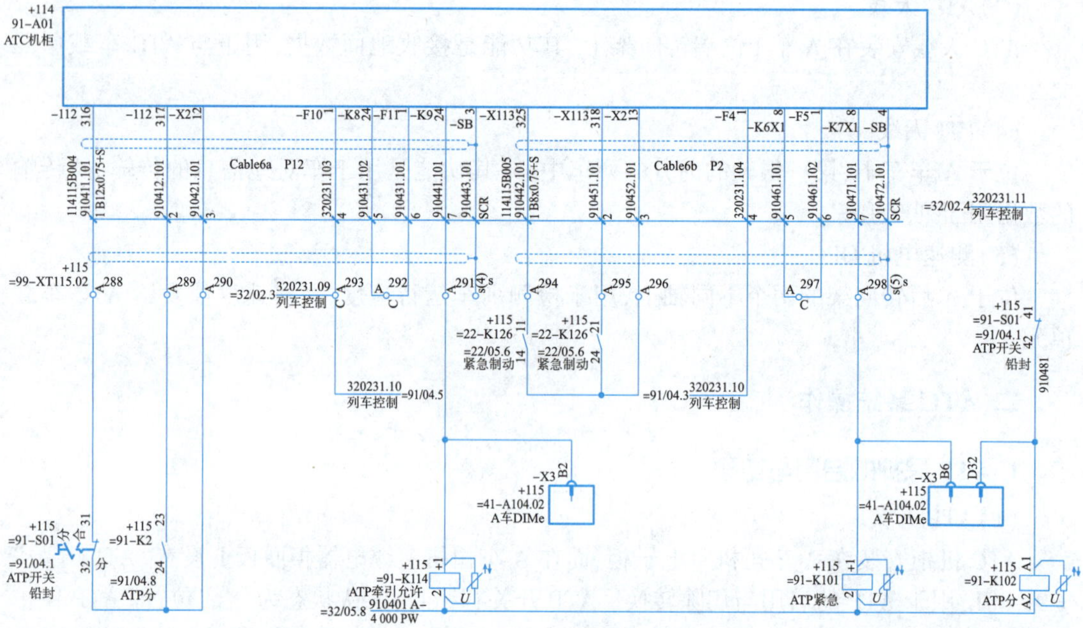

图 7-31　ATP 保护

2. ATC 模式操纵

(1)ATO 启动

司机控制器方向手柄处于向前位,主控手柄处于“0”位,且正常收到 ATO 信号时,“ATO 启动”按钮 =91-S02、=91-S03 绿灯点亮。此时,同时按下两个“ATO 启动”按钮 =91-S02、=91-S03,如图 7-32 所示,通过两条 =91-S02、=91-S03 常开触点串联电路向 ATC 机柜 X113:216、X113:310 脚发送 ATO 启动指令,使 =91-S02、=91-S03 绿灯熄灭,列车进入 ATO 运行模式。ATO 模式下,列车最大运行速度为 80 km/h(根据用户需求在设计时确定)。

(2)AR 模式

在 ATP 未切除的情况下,列车进入自动折返区,收到自动折返信号,“自动折返牵引”按钮 =91-S06 黄色指示灯点亮,此时按下如图 7-32 所示电路中的自动折返按钮 =91-S06,向 ATC 机柜 X113:210 脚发送 AR 模式指令,然后拔出司机室钥匙,进入 AR 模式。AR 模式下,列车的最大运行速度为 10 km/h。

(3)ATP 限制(RM)模式

当列车因超速、越过指定停车点而触发 ATP 紧急制动时,ATC 机柜-X112:208 脚输出高电平,使司机台上“ATP 限制”按钮(加盖的)=91-S05 的红色 ATP 责任灯点亮(见图 7-33),此时,必须在列车停车后,切换到 RM 模式,才允许列车继续运行。

司机按下如图 7-32 所示电路中的“ATP 限制”按钮 =91-S05,ATC 机柜电源通过 =91-

S05 常开触点 13-14、23-24,向 ATC 机柜-X113:309、-X113:315 脚发送高电平,发出 RM 请求指令,当 ATC 切换到 RM 模式后,如图 7-33 所示电路中的“ATP 限制”红色指示灯熄灭,司机推动司机控制器主控手柄至“牵引”区,列车即以 RM 模式运行。同时,由“ATO/ATP 供电”线 320571 经 =91-S05 常开触点 33-34 向 A 车 DIMe 的-X3:B32 脚输入高电平,经 MVB 网络向 TCMS 系统发出“ATP 限制”操作通知信号,供系统记录和诊断。

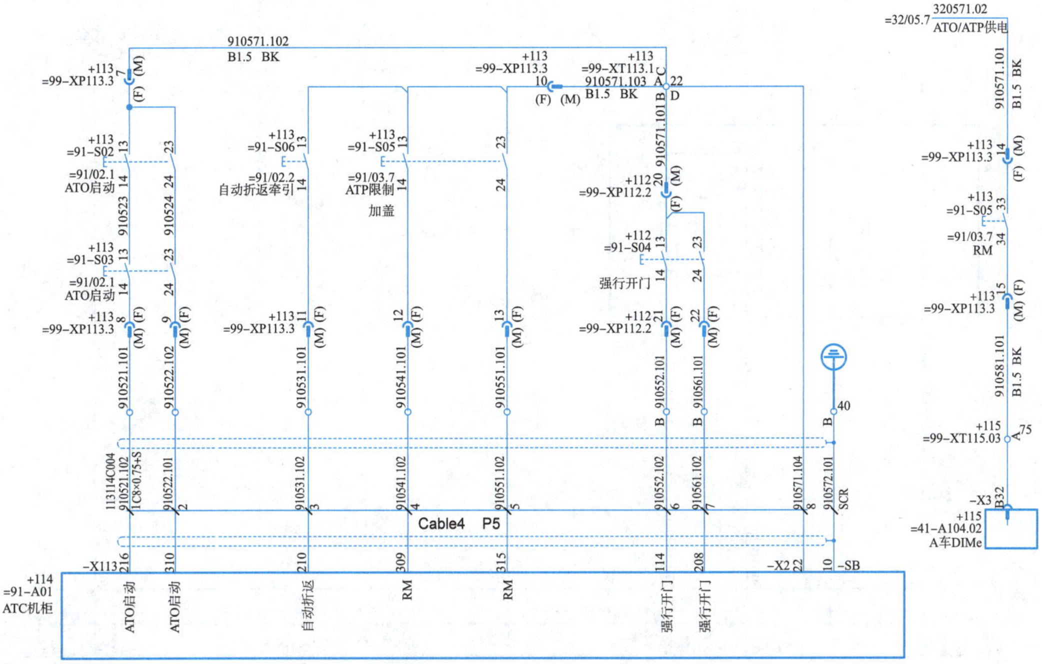

图 7-32 ATC 模式

在 RM 模式下,列车最大运行速度为 25 km/h。

(4)SM 模式

符合 ATO 模式运营条件时,推调速手柄,进入 SM 模式。司机在 ATP 的指示和监督下操纵列车。在 SM 模式下列车进站停在规定位置,列车允许开门信号被激活,开门按钮亮,司机按压开门按钮,车门开启。

司机操纵控制手柄离开“0”位,原先处于 ATO 控制的列车就被切换到 SM 驾驶模式,反之,在 ATO 条件已满足,司机将控制手柄回到“0”位,并按下“ATO 启动”按钮,列车就转换到 ATO 驾驶(不必停车)。

在 SM 模式下,列车最大运行速度为 80 km/h。在轨面有油水列车发生严重空转和有车辆被切除气制动的情况下必须采用此模式驾驶列车。

(5)强行开门

按下“强行开门”按钮 =91-S04,向 ATC 机柜-X113:114、-X113:208 输入高电平,发出强行开门指令,并将此指令通过 MVB 发送到 TCMS 系统。

3. ATO 释放与 ATP 责任灯

ATO 释放功能用于列车驾驶中申请 ATO 模式。如图 7-33 所示,当闭合司机控制器

=22-A01 钥匙开关,将方向手柄置“向前”位,主控手柄置“0”位时,向 ATC 机柜-X113:121、-X113:311、-X113:316、-X113:122 发送高电平,发出 ATO 模式请求。若 ATC 允许进入 ATO 模式,则通过 ATC 机柜-K35:14 脚发出高电平,使两个 ATO 启动按钮 =91-S02、=91-S03 绿色指示灯点亮,司机可以按下两个 ATO 启动按钮,进入 ATO 运行模式。

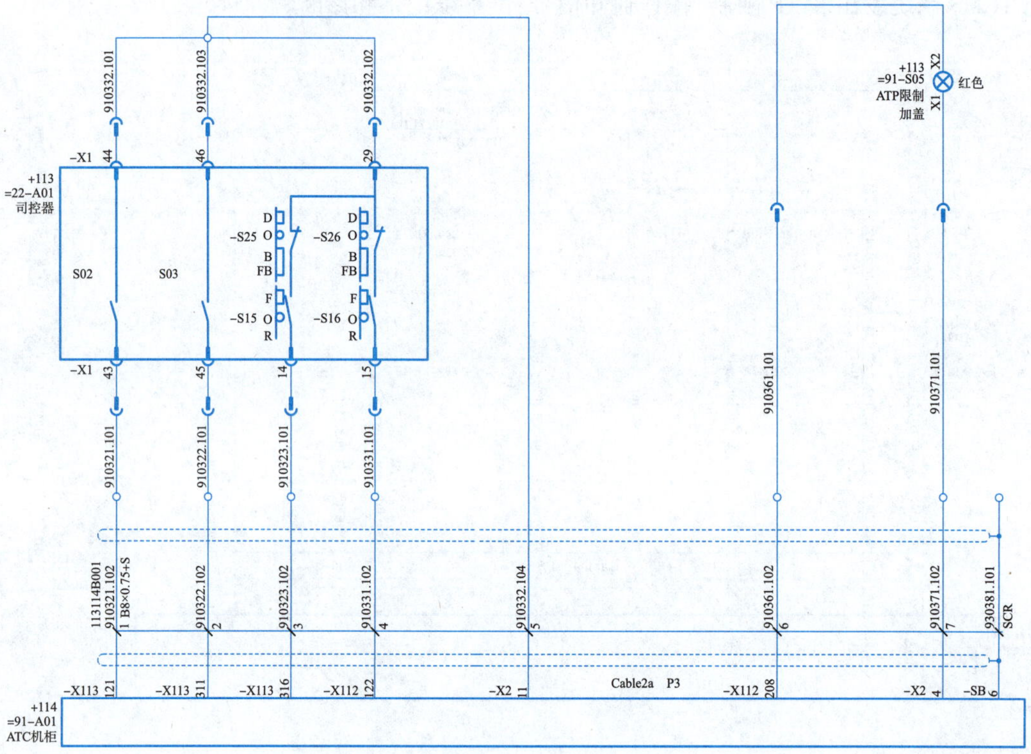

图 7-33 ATO 释放/ATP 责任灯

在 ATO 运行过程中,当司机将主控手柄移离“0”位,-X113:316、-X113:122 变为低电平,退出 ATO 驾驶模式。

思考与练习

1. ATC 系统由哪些子系统构成?
2. ATC 车载设备有哪些?
3. 如何启用与切除 ATP 保护?
4. ATP 牵引允许的作用是什么?
5. 在什么情况下 ATP 禁止列车牵引?
6. 在什么情况下 ATP 会启动紧急制动?
7. 如何启动 ATO 模式?
8. 如何启动 AR 模式?
9. ATO 与 SM 模式下,列车的最大运行速度是多少?
10. ATC 允许进入 ATO 模式时,什么显示什么信号?

任务四　CBTC 信号系统

任务目标

1. 了解 CBTC 信号系统概念。
2. 了解 CBTC 信号系统功能。

一、CBTC 信号系统概念

基于通信的列车自动控制系统(CBTC)通过通信网络实现列车和地面设备的双向通信,用实时汇报的列车位置和计算移动授权的移动闭塞来代替固定的轨道区段闭塞实现列车运行控制。

CBTC 的突出优点是可以实现车—地之间的双向通信,很容易实现移动自动闭塞,可以大幅度提高区间通过能力,灵活组织双向运行和单向连续发车,容易适应不同车速、不同运量、不同类型牵引的列车运行控制。

CBTC 的核心控制设备为车载控制器(VOBC)。在系统运行过程中,VOBC 通过测速定位系统实现列车的自主定位,通过无线网络和地面区域控制器(ZC)进行有规律的、周期性的数据交换,获得列车运行的移动授权(MA)。根据自身周期采集的数据和 MA 信息,CBTC 系统完成列车控制和防护的系列功能。CBTC 信号系统结构图如图 7-34 所示。

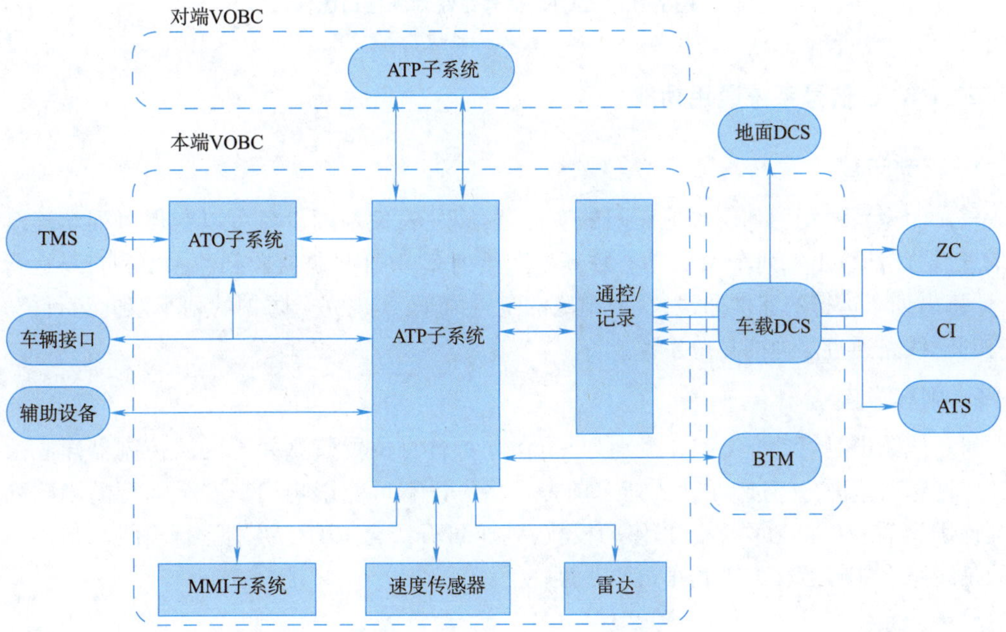

图 7-34　CBTC 信号系统结构图

CBTC 信号系统与其他各系统存在接口，系统对外接口图如图 7-35 所示。

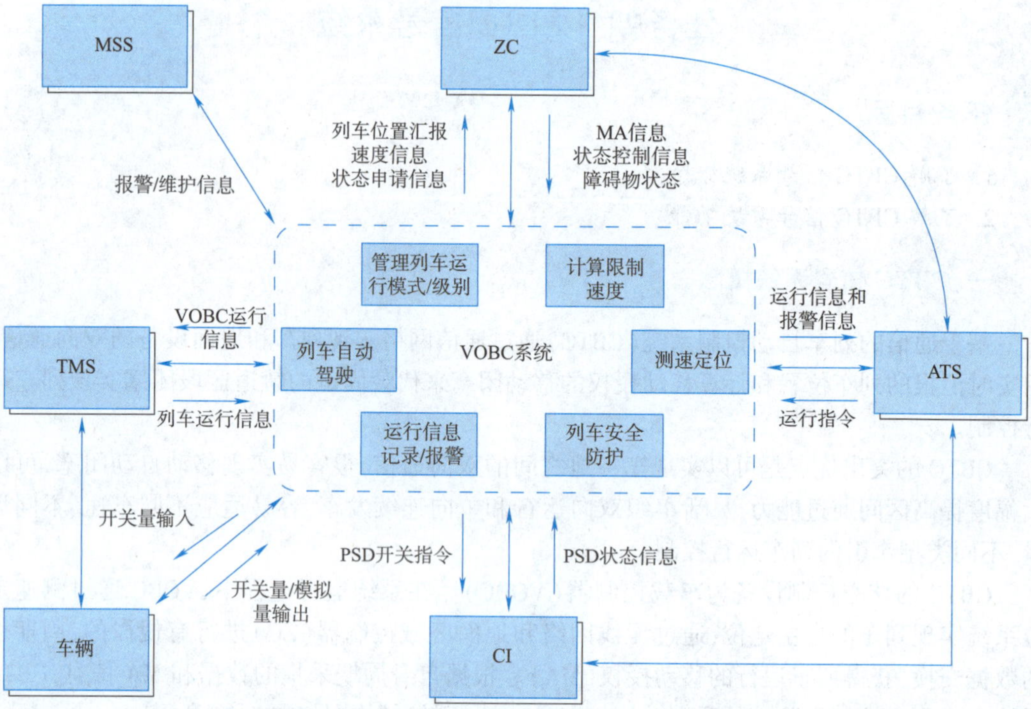

图 7-35　CBTC 信号系统对外接口图

二、CBTC 信号系统通用功能

1. 移动闭塞

移动闭塞系统利用列车和地面间的双向通信设备，使地面设备可以获得每列车连续位置信息，据此计算出每列车 MA，动态更新发送给列车，列车根据接收到的 MA 和自身运行状态，计算出列车运行的速度曲线，实现精确的定点停车，实现完全防护的列车双向运行模式，更有利于线路通过能力的充分发挥。

2. 列车筛选

对于线路上运行的非 CBTC 级别列车，在获得自身位置信息并于区域控制器建立通信后，ZC 将对列车进行筛选，在确认列车前方及后方没有可能影响列车安全运行的隐藏列车或其他因素后，ZC 将为列车计算移动授权，列车可升级至 CBTC 级别运行。线路最小车长指的是线路上能够运行的工程车最小长度。

3. ZC 切换

当列车正常运行到达当前受控 ZC 管辖边界时，如确认列车满足切换条件，开始与相邻管辖区的 ZC 进行信息交互，当列车越过边界后将尝试与相邻 ZC 建立控制关系，并与运行出清的 ZC 解除控制关系。

ZC 只能授予列车在其辖区内活动的权限。当列车 MA 延伸到地面 ATP 边界时，ZC 会请求相邻的 ZC 为该列车计算 MA。

4. 模式转换与混跑

列车故障降级,司机确认后以 RM 模式运行。当完成定位、筛选等功能,升级条件具备后列车可不停车自动升级至点式或 CBTC 级别。

5. 点式闭塞

CBTC 系统在点式控制级别下,车载 ATP 接收布置在轨旁的可变应答器(欧标)发送的报文获得点式移动授权,实现列车的运行控制。

6. 点式移动授权

线路上布置填充应答器(IB),提高点式级别下的列车运行效率。

填充应答器复示前方可变应答器的信号开放/关闭信息。列车经过填充应答器后,获得点式 MA 的更新;如果列车经过填充应答器时,前方信号机为关闭状态,则列车按照之前的点式 MA 运行,不进行点式 MA 的更新。

7. 闯红灯防护

点式 ATP 运行时,应答器环线 LOOP 可实现防止红灯误出发功能。列车在点式运行级别下进行折返时,应答器环线 LOOP 可实现折返过程不降级。

8. 屏蔽门联动

列车在站台停车时,可通过站台区域的车-地无线通信与联锁进行信息交互,向联锁发出屏蔽门开、关命令,并接收联锁所发送的屏蔽门关闭、锁闭信息,控制屏蔽门与车门同步打开及关闭。

当屏蔽门状态不正确时,列车将根据具体情况采取防护措施,保证列车安全。

9. ATO(列车自动驾驶)

AM 模式下,ATO 可以在 ATP 的防护下,对列车当前运行速度进行计算,并且通过输出牵引制动、牵引切除等指令,对列车速度进行控制,保证列车在运行过程中,基本按照推荐速度行驶,实现列车在保证安全和舒适度的情况下“准点”到站。

CM 模式下,ATO 可以计算列车当前推荐运行速度,并且在 ATC-HMI 显示屏上显示,司机可以根据系统提示的推荐速度,进行列车速度的控制,保证列车按照运营计划运行。

10. 自动折返

在运营交路折返站提供无人折返功能。设置折返(AR)继电器,用于折返过程中维持列车运行级别。列车在预设位置停稳后自动给出无人折返提示,司机按提示操作。司机按压站台折返按钮,列车自动驶入折返线进行折返作业,并自动运行至发车站台开启车门。

11. 进路控制

固定闭塞:只允许进路内有一列车运行,依靠始端信号机防护进路的安全。

移动闭塞:可实现多列车追踪,列车间隔及安全防护由 ATP 系统保证。

12. 临时限速

通过输入设置区段临时限速的起止里程进行临时限速的设定和解除操作,可以进行不同等级的限速设置,并实时显示当前线路的临时限速状态及速度值。临时限速按“5 km/h

一级”进行分级设置。

13. DCS(车地无线通信)

车地无线通信采用802.11g协议。采用多种传播方式包括自由波、波导管和漏泄电缆进行车地通信。

思考与练习

1. CBTC信号系统中文名称是什么?
2. 移动闭塞功能如何实现?
3. CBTC信号系统通用功能有哪些?

任务五　乘客信息系统操作

任务目标

1. 掌握乘客信息系统的构成。
2. 了解乘客信息系统主要设备的功能。
3. 掌握乘客信息系统的操作方法。

乘客信息系统(Passage Information System ,PIS)是依托计算机网络、通信、多媒体等技术,以计算机系统为核心,以车载终端为媒介向乘客提供音视频信息服务的综合性列车广播与乘客信息显示系统。

一、PIS系统的结构与功能

1. PIS系统设备配置

列车PIS系统由列车广播(PA)子系统与LCD动态地图显示子系统组成,具有OCC无线电语音广播、司机广播、列车重联广播、司机室与司机室的内部对讲、乘客与司机紧急对讲、LCD动态地图显示、数字化语音报站/关门报警提示等功能。PIS系统采用分散式控制,在各车厢分别设置一套控制设备。设备配置情况见表7-18。

表7-18　PIS系统设备配置一览表

序号	设备名称	规格型号	计量单位	数量/列	设备功能	供电要求	设备图片
1	司机室广播主机(ACSU)	GLA1000-T1	件	2	广播系统管理控制	DC 110 V	
2	广播控制盒(DACU)	GLA1004T	件	2	广播操作	DC 24 V	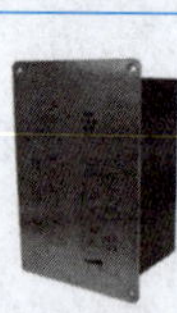

续上表

序号	设备名称	规格型号	计量单位	数量/列	设备功能	供电要求	设备图片
3	司机室扬声器(CabSP)	GLY1001T	件	4	司机室广播监听,司机对讲声音输出	无源器件	
4	客室广播分机(PACU)	GLA1000-T2	件	6	广播系统控制	DC 110 V	
5	客室扬声器(SaSP)	GLY1001-T1	件	60	客室广播声音输出	无源器件	
6	乘客紧急对讲装置(PECU)	GLA1010T	件	30	紧急对讲	DC 24 V	
7	噪声检测器(ANM)	GLA1005T	件	18	客室环境噪声检测	DC 12 V	
8	长条形 LCD 动态地图(DRMD)	PDS-2801T	件	60	动态显示运行的线路、方向、站点站的信息	DC 110 V	

2. PIS 系统通信

(1)PIS 系统内部通信

PIS 系统采用分散式控制,分布在各车厢的控制设备通过车载广播系统的 PA Bus 总线互相连接,实现广播、对讲、动态地图显示等信号传输及控制。PA Bus 总线由一对广播音频总线、一对对讲音频总线、一对通信控制总线(CAN Bus)构成。

①广播音频总线。

广播音频总线用于列车广播音频信号,如话筒音频信号、MP3 数字报站音频信号、Radio 无线音频信号、媒体伴音信号(预留)等广播音频信号车辆间的传输。

②对讲音频线。

对讲音频线用于司机—司机室之间对讲音频信号、司机室-客室之间紧急报警音频信号的传输,实现列车对讲及紧急对讲功能。

③列车通信控制总线。

列车通信总线用于列车控制信息传输,列车通信总线采用 CAN Bus 总线实现。在通信控制总线故障的情况下,系统能够降级使用,通过广播音频总线和对讲音频总线的硬线连接,实现司机对讲、司机对乘客广播、无线电广播、数字化语音报站、媒体伴音功能。

动态地图显示系统采用以太网冗余。列车上配置了一套百兆以太网贯穿全列车,用于更新线路信息。

(2)PIS 与其他系统的通信接口

①PIS 系统与无线电系统通过一个控制接口和一个语音接口进行通信。

②PIS 系统与车辆 TCMS 系统通过 MVB 接口进行通信。

③PIS 系统与安防系统通过一对音频信号进行通信。

(3)重联功能

当两列车重联时,司机可以在每个司机室向两列车进行广播,四个司机室间可以进行司机对讲。

3. PIS 系统主要部件的功能

(1)司机室广播主机(ACSU)

每个司机室配置 2 台广播主机,负责列车广播系统管理控制。司机室广播主机 ACSU 由电源模块、驾驶室控制模块(PISC)、音频处理模块(CAPU)、MVB 模块、广播主机音量控制器、I/O 输出输入接口等功能模块构成。广播主机的外观及接口布置如图 7-36 所示,指示灯的含义及说明见表 7-19。

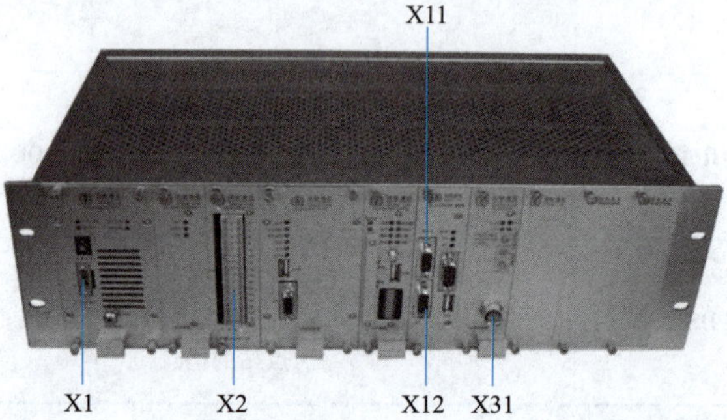

图 7-36　司机室广播主机(ACSU)外观及接口布置

表 7-19　广播主机指示灯含义及说明

模块名称	指示灯标识	指示灯含义及说明
电源模块(PSU)	DC 110 V	DC 110 V 电源指示灯
	DC 24 V	DC 24 V 指示灯
	+5 V	5 V 指示灯
	+12 V	+12 V 指示灯
	-12 V	-12 V 指示灯
驾室控制模块(PISC)	电源	PISC 模块电源指示灯
	激活	广播主机激活指示灯,激活状态下常亮(绿色)
	列车通信	列车通信指示灯,通信正常时闪烁(黄色)
	本地通信	本地通信指示灯,通信正常时闪烁(黄色)
	TMS	MVB 通信指示灯,与 MVB 通信正常时闪烁(黄色)
	COM	备用

续上表

模块名称	指示灯标识	指示灯含义及说明
音频处理模块(CAPU)	电源	CAPU 模块电源指示灯
	本地通信	本地通信指示灯,通信正常时指示灯闪烁(黄色)
	口播	数字语音广播指示灯,数字语音广播时常亮
	无线	无线广播指示灯,无线广播激活时指示灯常亮
	媒体	媒体伴音指示灯,打开媒体伴音通道时指示灯常亮(绿色)
	数字	数字语音播放指示灯,播放数字语音时常亮(绿色)
	录音	数字语音录音指示灯,司机与乘客对讲录音时常亮(绿色)
	R_DATA	报警录音文件存储器(SD 卡)读写指示灯,写入录音文件时闪烁,无 SD 卡时常亮
	P_DATA	报站语音文件存储(SD 卡)读写指示灯,播放语音文件时闪烁,无 SD 卡时常亮
	初始化	司机室广播主机开机初始化指示灯,开机过程中指示灯亮(绿色),初始化完毕指示灯熄灭
MVB 模块	电源	MVB 模块电源指示灯
	TX	给 TCMS 系统发送数据时指示灯闪烁
	RX	收到 TCMS 系统数据时指示灯闪烁
广播主机音量控制器(VCU)	PW	音量控制模器电源指示灯
	T-COM	列车通信指示灯
	LINK	对应端口 X31,有网络连接时指示灯亮
	ACT	网络连接激活指示灯

①电源模块。

每台广播主机 ACSU 内置 2 个电源模块。一个电源模块实现 DC 110 V 电压与 DC 24 V 电压的转换,提供司机室广播主机各个模块工作所需的电压。另一个电源模块实现 DC 24 V 电压与 DC 5 V、DC 12 V、DC −12 V 电压的转换,提供司机室广播主机各个模块工作所需的电压。

②驾驶室控制模块 PISC。

驾驶室控制模块 PISC 负责整个系统的管理和调配,能够集中控制列车广播、无线电广播、数字式语音广播等功能,并作为设备间系统控制总线的通信管理。

③音频处理模块 CAPU。

音频处理模块 CAPU 用于对无线电台语音、MIC 口播音频、数字报站器的音频和 LCD 伴音等信号源进行选择和切换。信源选择器还与列车广播音频总线连接,将选择的音频信号(RADIO、LCD、DVAR)转接至广播音频总线。

数字报站的语音文件更改:数字报站的语音文件存储在 CAPU 模块的语音 SD 卡上(容量 2 GB 或以上),其存储容量能报 100 个站以上,每站至少持续 60 s,总体语音不小于 240 min(按照 CD 质量、128 kbps 码率、16 kHz 带宽进行压缩采样的 MP3 计算),并可以根据实际要求扩容。SD 卡的形式为可插拔,通过读卡器添加、删除 SD 卡的内容,可以更改数字报站语音文件。同时,司机室广播主机提供 USB 接口,供客户方便地更改广播内容。

紧急通话录音下载:紧急情况时,司机与乘客的通话录音被 CAPU 记录。需要下载这些紧急通话录音,通过 1 条 USB 线缆,使 CAPU 的 USB 接口与电脑相连,即可下载紧急通话录音。

④MVB 模块。

PIS 系统通过 MVB 模块与 VCU 通信,实现数字智能化管理。

⑤广播主机音量控制器。

通过调节旋钮,实现自动及手动调节广播音量的大小功能。

⑥I/O 输出输入接口。

提供与客室各个广播系统设备(如 DACU、CabSP 等)连接的接口;提供无线电台接口、TCMS 通信接口、头尾激活信号传输接口、开关门信号传输接口、媒体伴音音频信号输入接口等。

(2)客室广播分机(PACU)

客室广播分机安装在客室内,是列车广播系统的核心设备,用于控制本节车厢的列车广播、LCD 动态地图信息显示等功能。每个客室配置 1 台客室广播分机,负责客室广播操作。客室广播分机 PACU 由电源模块、对讲处理模块 ICU、功放模块 AMP、广播分机音量控制器、动态地图 VGA 分配模块、媒体播放器模块 MPS、I/O 输出输入接口等模块组成。

客室广播分机(PACU)的外观及接口如图 7-37 所示,指示灯的含义及说明见表 7-20。

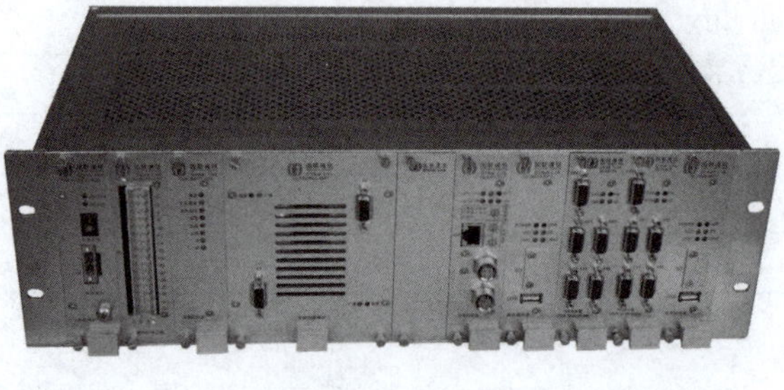

图 7-37　客室广播分机(PACU)的外观及接口

表 7-20　客室广播分机(PACU)指示灯含义及说明

模块名称	指示灯标识	指示灯含义及说明
电源模块(PSU)	DC 110 V	DC 110 V 电源指示灯
	DC 24 V	DC 24 V 指示灯
对讲处理模块(ICU)	电源	ICU 电源指示灯
	列车通信	列车通信指示灯,通信正常时闪烁
	本地通信	本地通信指示灯,通信正常时闪烁
	报警	紧急报警指示灯,当本客室有报警时闪烁
	应答	应答指示灯亮,司机接通紧急报警时亮
	占线	紧急报警占线指示灯,司机接通其他客室报警器时常亮
	讲	报警讲指示灯,指示灯常亮时,通过紧急报警器面板上的话筒可向司机室讲话
	听	报警听指示灯,指示灯常亮时,通过紧急报警器可收到司机讲话

续上表

模块名称	指示灯标识	指示灯含义及说明
功放模块(AMP)	电源	电源指示灯
	广播	功放模块工作指示灯,功放模块待机时闪烁,功放模块工作时常亮
动态地图 VGA 分配模块 A/B	PW	电源指示灯
	CAN	CAN 通信指示灯,通信正常时闪烁
	LCOM	LCOM 通信指示灯,通信正常时闪烁
	LCD	LCD 通信指示灯,通信正常时闪烁
MPS 媒体播放器模块 A/B	POWER	电源指示灯
	USB	USB 口状态指示灯,正常读写数据时闪烁
	SSD	SSD 硬盘状态指示灯,正常读写数据时闪烁
	SD	SD 卡状态指示灯,正常读写数据时闪烁
	LAN1	连接动态地图 VGA 分配模块网络指示灯,有网络连接时指示灯闪烁
	LAN2	备用
广播分机音量控制器	PW	电源指示灯
	L-COM	本地通信指示灯亮
	LAN1	连接客室广播分机右侧媒体播放器模块网络指示灯,有网络连接时指示灯亮
	LAN2	连接客室广播分机左侧媒体播放器模块网络指示灯,有网络连接时指示灯亮
	LAN3	对应端口 X31,有网络连接时指示灯亮
	LAN4	对应端口 X32,有网络连接时指示灯亮

①电源模块。

电源模块实现 DC 110 V 电压与 DC 24 V 电压的转换,提供司机室广播主机各个模块工作所需的电压。

②对讲处理模块 ICU。

对讲处理模块 ICU 是客室车厢本地控制单元,对本节车厢内的设备(SaSP、PECU、ANM)和 AMP 模块进行管理与通信,同时与列车上的 PISC 通信,把车厢中广播系统设备故障记录和上传到 PISC。

③功放模块 AMP。

功放模块 AMP 对广播的音频信号进行放大,驱动扬声器发出声音。功率放大器可连接两路扬声器(车厢中的扬声器可采用左右侧分布),当一路出现故障时,另一路能够继续工作,保障广播系统的可靠性。

④广播分机音量控制器。

通过调节旋钮,实现客室广播音量大小控制。

⑤动态地图 VGA 分配模块。

每台广播分机有 2 个动态地图 VGA 分配模块,负责接收来自 MPS 模块的 VGA 信号,差分分配到每个 LCD 动态地图上显示;同时与 MPS、ICU 模块通信,控制管理播放内容。

⑥媒体播放器模块 MPS。

播放线路图、站点、联动、开门侧等信息，并将 VGA 信号输出到 VGA 分配模块上。

⑦I/O 输出输入接口。

提供与各个客室广播系统设备（如 SaSP、PECU、ANM、DRMD 等）连接的接口，以及与司机室及其他客室音视频控制单元的连接接口。

(3)广播控制盒 DACU

广播控制盒是广播系统中实现人机信息交互的终端设备，主要由按键、指示灯等组成。司机通过该设备可以直观地进行司机对讲、司机对乘客的广播、客室对讲、乘客报警接听等操作。广播控制盒面板如图 7-38 所示。

(4)司机室扬声器

每司机室 2 个，用于司机室广播监听，司机对讲声音输出。

(5)客室扬声器 SaSP

每节车 10 个，客室广播声音输出。

(6)乘客紧急对讲装置 PECU

每节车 5 个，用于乘客与司机的紧急对讲。乘客紧急对讲装置外观如图 7-39 所示。

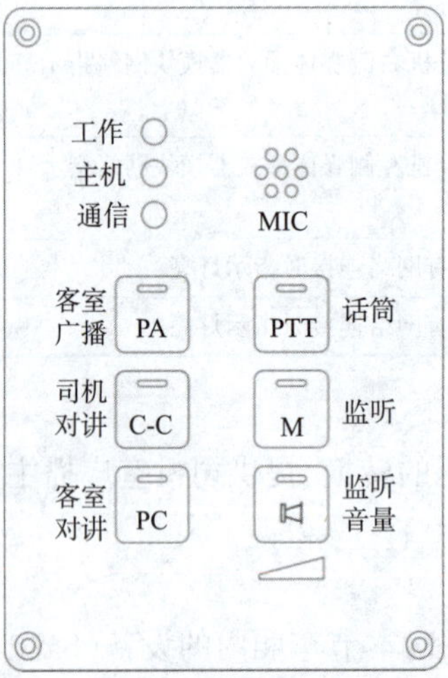

图 7-38　广播控制盒面板

图 7-39　乘客紧急对讲装置外观

(7)噪声检测器 ANM

每节车 3 个，用于客室环境噪声检测。

(8)长条形 LCD 动态地图 DRMD

每节车 10 个，用于动态显示运行的线路、方向、站点站的信息。

二、PIS 系统操作

1. 司机室人工广播操作

在激活端司机室按下控制盒上的“广播”按钮，“广播”按键指示灯常亮，司机广播功能被激活，广播通道建立，长按“PTT”按键，“PTT”按键灯亮，司机可以对着集成在控制盒内的拾音器讲话，司机的播报内容传送到客室扬声器和其他司机室扬声器。同时本地广播监听扬声器关闭，避免回音。

在有更高优先级的对讲或者无线电广播正在执行的情况下，按下“广播”按钮，“广播”指示灯闪烁，不会打断更高优先级的功能在执行。

人工广播通过以下任一条件可终止：

①司机再次按下“PA”按钮，结束人工广播；

②有更高优先级的无线电广播或者更高优先级的功能被触发，从而打断 PA 人工广播；

在没有激活信号的情况下，任意司机室可以对客室进行广播。两列车重联时，任意司机室司机可对两个列车的所有客室进行人工语音广播。

2. 数字化报站广播

PIS 系统有两种报站操作模式，一个是自动模式，另一个是手动模式；这两种模式可通过 HMI 进行选择。通过按下主画面下部的“广播”软键，进入如图 7-40 所示的设置界面。通过设置“广播模式”项选择是自动还是手动模式。

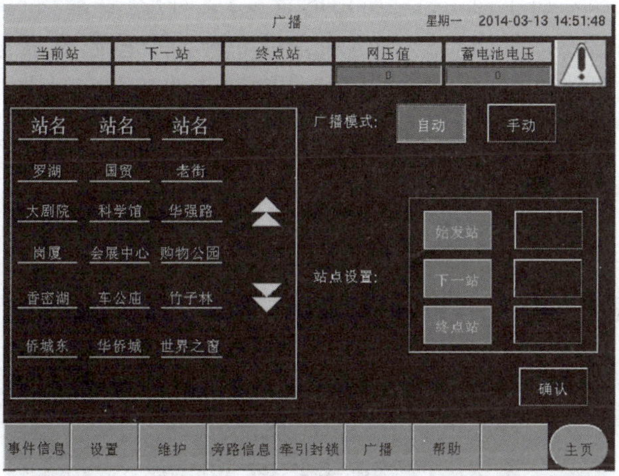

图 7-40　报站操作

(1) 自动报站

当列车处于 ATO 模式下，且在 HMI 上选择自动模式时，报站信息由 ATC 自动选择，站台广播通过 ATC 信号进行触发，无须在 HMI 上做其他任何操作，HMI 上按键呈灰色，不能进行选择。

(2) 手动报站

当选择手动模式时，可进行站点设置。站名可通过上翻、下翻查询，选择对应的站名进行站点设置。始发站、下一站、终点站都设置完成后，按“确认”键进行确认，并返回主界面。

通过选择“下一站”完成跳站和越站。

3. 控制中心(OCC)对客室广播

OCC 无须司机授权，通过车载无线通信设备直接对客室进行广播。当 OCC 对乘客进行广播时，车上的任何广播活动将被停止。

只有工作在主状态的司机室广播主机可以控制 OCC 广播。

4. 广播监听

司机室监听开关和监听音量都可以由司机独立控制。控制盒面板上“M”按键是监听开关，默认情况打开监听，该按键指示灯常亮。按下“M”按键关闭司机室监听，该按键灯熄灭。

监听音量有静音和 1～5 级音量一共 6 个等级的音量可调节。每按一下“音量”按键，“音量”按键指示灯闪烁一次，音量增加一级，音量增加到第 5 级后再按“音量”按键，音量回到静音。按“音量”键可以使监听音量在 6 个等级音量之间循环切换。每一级音量在“音量”按键下方的音量指示灯上都有唯一的状态指示。控制盒在每次上电时恢复上次断电时设置的音量值，每次设定音量后控制盒自动保存。

广播监听音量，司机对讲本地听的音量，乘客与司机对讲本地听的音量都分别可以调。在“PA”客室广播激活情况下或者空闲情况下，音量指示条指示的是广播监听的音量，这种情况下按“音量”按键调节的是广播监听音量。如果当前是“CC”司机对讲激活的情况下，音量指示条指示的是司机对讲本地司机室听话的音量，此时按“音量”按键调节的是司机对讲本地司机室听话的音量。如果当前是“PC”乘客对讲激活的情况下，音量指示条指示的是乘客对讲本地司机室听话的音量，此时按“音量”按键调节的是乘客对讲本地司机室听话的音量。3 种音量分别在对应的激活情景下显示和调节，独立保存互不影响。

5. 紧急信息的广播

通过按下主界面上的图标，即进入如图 7-41 所示紧急广播界面。司机可通过上/下指针选择相应行，按下“确认”按钮向 PIS 发送广播。

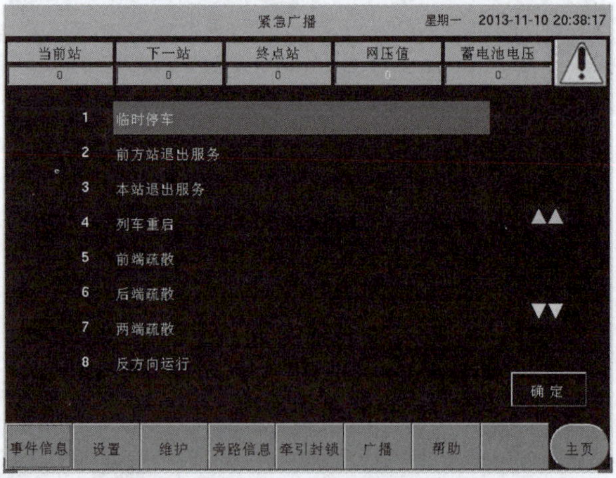

图 7-41　紧急广播界面

紧急信息广播音量可单独通过 PTU 进行设置，不受系统广播音量调节的影响。

6. 司机与司机对讲操作

列车两端的司机室可以通话，两列车重联时，四个司机室之间可以互相通话。任一端司机室按下“CC”按键即可建立通话，无须其他司机室确认。司机对讲采用半双工的通信模式，司机对讲通道建立后，长按“PTT”按键即可讲话，司机对着集成在控制盒内的拾音器讲话，松开“PTT”按键则通过司机室扬声器可监听对方的讲话。

无论司机室是否被激活，司机按下控制盒上的“CC”按钮，“CC”指示灯常亮，对讲功能即激活，CC 对讲建立。如有更高优先级的功能正在执行，“CC”指示灯闪烁，不打断当前高优先级功能的执行。

司机对讲通过以下任一条件可终止：

①司机再次按下“CC”按钮；

②有更高优先级的广播或者更高优先级的功能被触发，从而打断 CC 对讲。

司机对讲结束后，“CC”指示灯熄灭。CC 能在任何司机室激活，任意司机室可以终止 CC。

7. 乘客与司机的紧急对讲

在客室出现紧急情况时，乘客可以通过客室内紧急报警装置上的“报警”键向司机室报警。车厢控制单元将代表报警的紧急报警装置编号信息，通过列车通信控制总线发送到激活端司机室广播控制盒和主控设备的中央控制器，中央控制器将报警信息上传给 HMI 显示。

(1)客室报警操作

当紧急情况发生时，乘客可以按下如图 7-39 所示乘客紧急对讲装置上的按下“报警”按钮，此时乘客紧急对讲装置“呼叫”指示灯开始闪烁(绿色)，客室广播分机 ICU 模块面板上的“报警”指示灯闪烁(红色)，两端司机室广播控制盒上的“PC”按键指示灯闪烁，伴随蜂鸣器以 1 s/次的频率鸣响。乘客紧急通话装置面板 LED 指示灯功能意义见表 7-21。

表 7-21　乘客紧急通话装置面板 LED 指示灯功能意义

序号	指示灯名称	指示灯说明
1	报警按钮	当按下触发报警
2	呼叫(绿)	当司机已经接通一个以上乘客紧急对讲时常亮
3	讲(黄色)	紧急对讲时，讲话灯亮，表示讲话
4	听(绿)	乘客紧急对讲时，听话亮灯，表示听话

(2)司机接通乘客紧急报警

激活端的司机按下“PC”键接通紧急报警，“PC”指示灯常亮，司机室控制盒蜂鸣器停止鸣响，此时司机和乘客之间对讲通道已经建立，司机长按“PTT”按键，对着集成在控制盒内的拾音器讲话，松开“PTT”按键收听乘客讲话。通话完毕后，司机再次按下“PC”键挂断当前紧急报警通话。按键指示灯熄灭，客室分机中的客室控制器所有指示灯熄灭，乘客紧急对讲装置所有指示灯熄灭。

(3)通话录音

当乘客与司机之间对讲通道建立起来后，司机室音视频控制单元的 DVAR 模块可记录通话录音。此时可以看到激活端广播主机 DVAR 模块面板上的“录音”指示灯长亮(绿色)，“RDATA”指示灯闪烁。乘客与司机对讲结束后 DVAR 面板上的“录音”指示灯熄灭，“RDATA”指示灯熄灭，此时录音也结束。

注：上述操作均须在激活端操作。

8. 多路乘客紧急呼叫

当上述乘客紧急报警过程中还有另外几路有紧急报警时，接通和挂断方法和上述乘客与司机对讲操作一样,只是在排队等待接听的乘客紧急对讲装置上会有指示灯提示,且接听是按照紧急报警的先后顺序依次排队,先报先接听的顺序。下述操作是建立在已经有一路紧急报警接通的情况。

当乘客按下乘客紧急对讲装置上的报警按钮后"呼叫"指示灯闪烁,在本节紧急报警车厢中 ICU 面板上"报警"指示灯闪烁(红色),当司机接听完其他紧急报警并响应此路紧急报警后,乘客紧急对讲装置上的"呼叫"指示灯常亮,"讲"指示灯长亮(绿色),恢复到乘客讲、司机听的状态,同时在 ICU 面板上"占线"指示灯熄灭, "应答"指示灯长亮(绿色),乘客紧急对讲装置上"讲"指示灯长亮(绿色)。

注:上述操作均须在激活端操作。

9. 广播对讲优先级

(1)广播对讲优先级

广播和对讲功能具有优先级,在高级别的通信要求到来时,立即中断正在播送的低一级的通信,并进行高级别的通信。优先级可以通过设置软件进行修改。其出厂缺省广播优先级顺序为:

①控制中心(OCC)对乘客广播;

②关门提示音;

③乘客与司机紧急对讲;

④司机室对讲;

⑤人工广播(司机对客室广播);

⑥出站广播;

⑦进站广播;

⑧紧急广播;

⑨媒体播放伴音信号。

(2)广播对讲优先级调整

通过 PTU 设备运行 PTU 软件,点击"广播优先级",进入如图 7-42 所示界面。

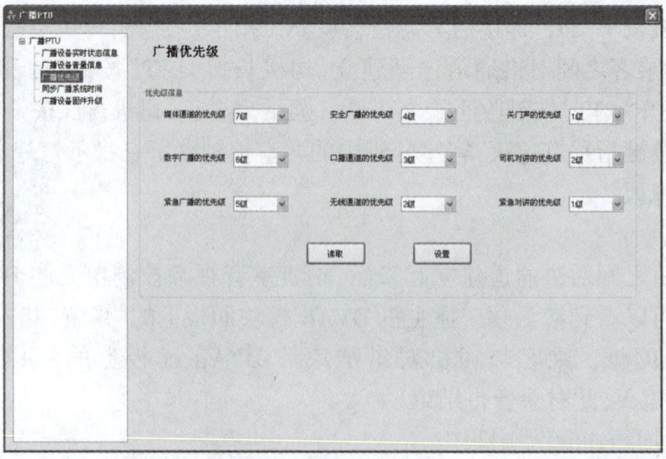

图 7-42 广播对讲优先级

①获取广播优先级。

点击“读取”按钮，获取广播设备的音量信息。获得的级数数字越大，代表优先级越低；反之，级数数字越小，优先级越高。

点击“读取”按钮后，如果广播PTU软件超过2 s都没有收到来自广播系统的反馈信息，则提示操作失败。

②设置广播优先级。

选择所需级数后，点击“设置”按钮，待广播系统确认修改后，即可完成设置操作。

优先级选项可以设置单个或者多个优先级；如果广播系统将设置成功的消息反馈至软件，系统将使用新的广播优先级。如果广播PTU软件5 s内没收到广播系统的反馈信息，则提示设置失败，并继续使用修改前的广播优先级。

10. 列车音量调节

每个司机室有1台广播主机，司机室广播主机音量控制器面板控制在激活端司机室有效。

(1)司机室广播主机ACSU设置

①集控。通过设置该按键，通过PTU软件统一设置所有客室广播音量。

②自动。在集控设定好客室广播音量的前提下，可通过噪检自动调节客室扬声器音量。

③手动。通过“粗调”和“微调”按钮设置客室广播音量。

④测试。通过调用标准音源，在“集控”“自动”“手动”分别测试客室广播的一致性。

⑤粗调旋钮。在手动状态下可有级调节。

⑥微调旋钮。在手动状态下可有级调节。

(2)客室广播分机PACU设置

①静音。通过“静音”按键，静音本节车厢客室。

②微调旋钮。在手动状态下可有级调节。

③指示灯。显示“集控”“自动”“手动”“静音”状态。

当ACSU主从切换时，ACSU音量设置以主机为准。

11. 数字报站语音文件更改及紧急通话录音文件下载

司机室广播主机ACSU中的驾驶室广播音频处理模块CAPU负责对无线电台语音、MIC口播音频、数字报站器的音频和LCD伴音等信号源进行选择和切换，并带有紧急通话录音功能。

(1)数字报站的语音文件更改

数字报站的语音文件存储在CAPU模块的语音SD卡上，通过读卡器添加、删除SD卡的内容，可以更改数字报站语音文件。

(2)紧急通话录音下载

紧急情况时，司机与乘客的通话录音被CAPU记录。需要下载这些紧急通话录音时，通过1条USB线缆，使CAPU的USB接口与电脑相连，即可下载紧急通话录音。具体操作如下：

①当用户电脑与CAPU连接成功后，可以在我的电脑中看到一个可移动磁盘。

②双击打开移动磁盘可以看到record文件夹。

③打开 record 文件夹,文件夹以时间的“年”“月”命名,可按时间查找文件夹。

④打开选中的文件夹,可查找录音文件(注意:只有建立了司机与乘客紧急报警对讲,且对讲结束后才会生成录音文件,录音文件以“年”“月”“日”“时”“分”“秒”为规则命名,如101027000834. wav 文件代表 2010 年 10 月 27 日 00 点 08 分 34 秒生成的录音文件)。

⑤复制需要的文件到本地电脑,即可完成紧急通话录音文件的下载。

下载完成后选中可移动硬盘点击右键,在弹出的菜单中选择“弹出”选项后,可断开电脑与 CAPU 的连接。

12. 重联、主控与广播主机复位

(1)重联

两列车连挂完成后,“列车连挂好”继电器 =72-K104 得电,向连挂端广播控制盒输入连挂信号,实现司机室对客室广播的重联,4 个客室都可以进行对客室广播的操作。

(2)主控

进行司机室占有操作时,操作端“司机室占有”继电器 =22-K154 得电,向司机室广播主机输入主控信号。

(3)广播复位

把司机台“广播复位”按钮(加盖) =45-S01 打到复位位置再回到原位,广播主机和广播控制盒断电后重新上电,系统设备复位。

思考与练习

1. PIS 系统由哪些设备构成?
2. 司机室广播主机的功能是什么?
3. 客室广播分机的功能是什么?
4. 每个客室有几个扬声器?
5. 每个客室有几个乘客紧急对讲装置?
6. LCD 动态地图的作用是什么?每个客室有几个 LCD 动态地图?
7. 怎样进行司机室人工广播?
8. 如何中止司机室人工广播?
9. 数字化报站广播有哪两种操作模式?
10. 如何设置手动报站?
11. 如何进行紧急信息的广播?
12. 如何进行司机与司机对讲操作?
13. 如何中止司机与司机对讲操作?
14. 如何建立乘客与司机的紧急对讲?
15. 广播对讲有哪些优先级?
16. 如何设置广播对讲优先级?
17. 如何更改数字报站的语音文件?
18. 如何下载紧急通话录音下载?
19. 如何进行广播主机的复位操作?

任务六　烟温报警系统检查与操作

任务目标

1. 掌握烟温报警系统的构成、功能及设备布置。
2. 掌握烟温报警系统的操作与信息查询方法。

一、烟温报警系统的构成与功能

烟温报警系统是由烟温探测主机、探测控制器、烟温探测器组成的。

设置在防火区域的烟温探测器感知到火灾隐患后，由探测控制器将火灾信号通过串行通信总线环路传送至烟温探测主机，发出报警信号，通知司机进行处理。

1. 烟温探测器

烟温探测器(俗称探头)是一种感烟感温复合探测器，用于探测烟雾和火灾信号。在每辆A车中安装有8个烟温探测器，在每辆B、C车中安装有6个烟温探测器。烟温报警系统的设备布置如图7-43所示。

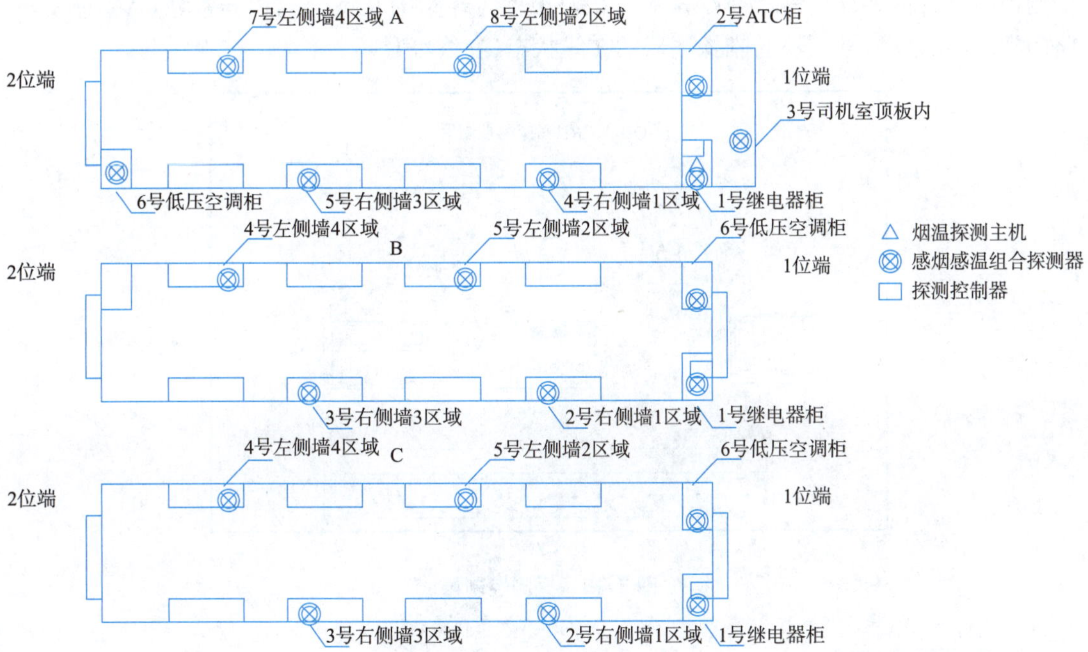

图7-43　烟温报警系统设备布置

探测器采用红外散射方式探测烟雾粒子，并附加了温度探测功能。它可监测环境烟雾粒子的密度和环境温度的变化，同时内嵌的处理器根据烟雾和温度的采样数据进行运算和比较，当达到报警阈值条件后立即通过固态继电器和指示灯输出报警信息，通过RS485将得到的烟雾、温度等相关数据传输给探测控制器。

烟温探测器的外形如图 7-44 所示。探测器有 3 只 LED 指示灯:绿色的"运行"指示灯和红色的"火警"指示灯、黄色的"故障"指示灯。

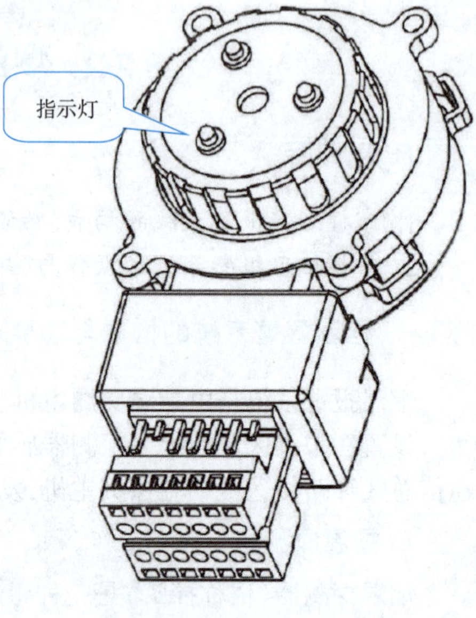

图 7-44　烟温探测器

2. 探测控制器

每辆车安装 1 个探测控制器。探测控制器收集本车烟温探测器的报警信号,并转发到位于 A 车的烟温探测主机。

探测控制器与本车厢的感烟感温复合探测器通过探测器总线(DC 24 V 电源、RS458 端口)进行通信。

探测控制器与位于 A 车的烟温探测主机通过 CAN 总线进行通信,探测控制器所管辖的探测器的状态、参数等必要信息通过 CAN 总线发送到 A 车的烟温探测主机,并接受烟温探测主机的控制。

探测控制器外形如图 7-45 所示。探测控制器正面有为 11 只 LED 指示灯,能指示相关工作状态:探测控制器自身运行状态(正常/异常)、RS485 总线环路的状态(正常/异常)、CAN 总线环路的状态(正常/异常)、所管辖探测器的在线状态(在线/离线)。

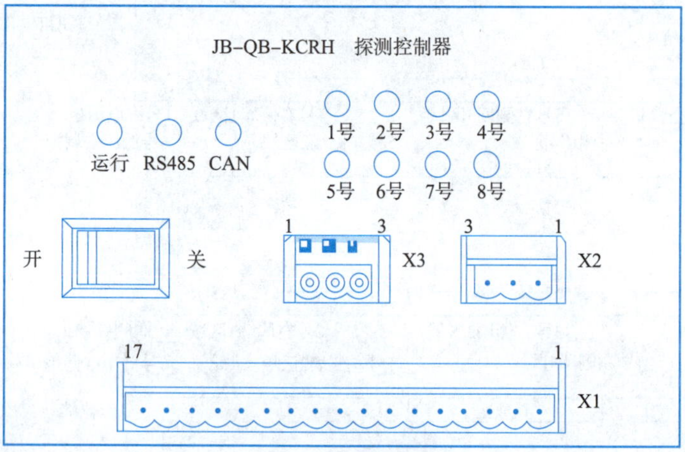

图 7-45　探测控制器

3. 烟温探测主机

烟温探测主机通过 CAN 总线与探测控制器进行交换信息和管理。交换信息包括:每个探测控制器收集到的各探测器的火警、故障监测结果、探测控制器的运行状况。管理内容包括:查看某个探测器的运行参数和修改运行参数,如温度报警阈值、烟雾报警灵敏度等。

烟温探测主机通过以太网与 HMI 进行通信,烟温探测主机可将按收到的某探测器火警或故障状态上传至 HMI。

烟温探测主机主面板外形如图 7-46 所示。烟温探测主机面板主要由电源开关、指示灯、触摸显示屏、USB 组成。控制器正面左边有为 2 只 LED 指示灯:红色的“火警”指示灯和黄色的“故障”指示灯。

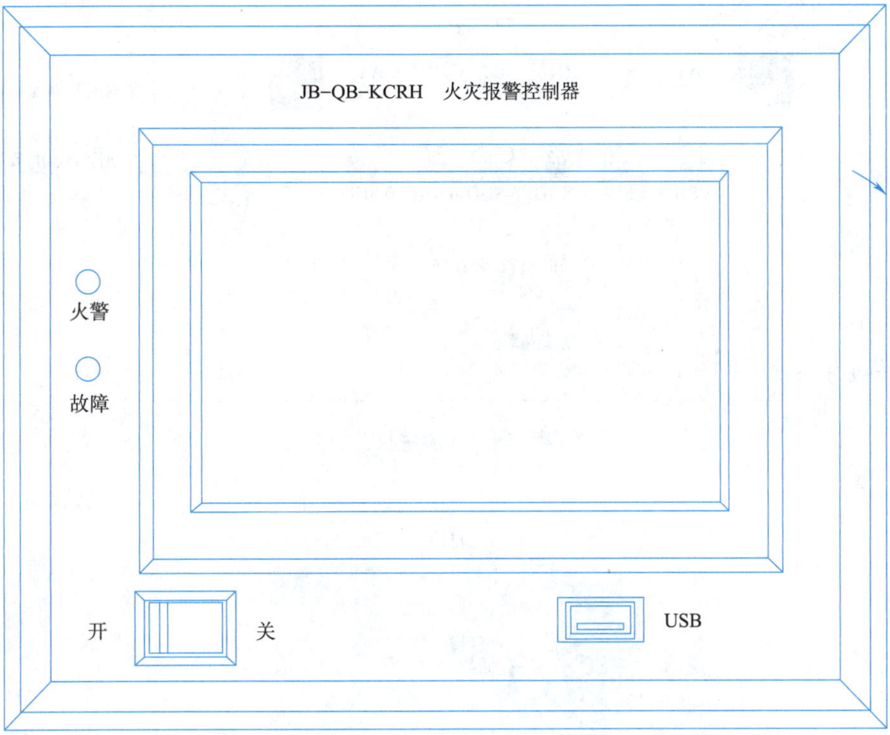

图 7-46 烟温探测主机

二、烟温报警系统的操作与信息查询

1. 开机显示

确保系统正确安装与接线后,分别开启烟温探测主机电源开关、探测控制器电源开关,烟温探测主机经上电自检后,显示屏显示画面如图 7-47 所示。当火灾报警系统工作正常时,可查看到各探测控制器、控制器的通信状态,以及相应探测控制器所管辖的探测器数量。

当探测控制器与探测主机处于被屏蔽状态时,相关处出现图标 ,同时,处于屏蔽状态的探测控制器所管辖的探测器数量变为 0。

2. 自检

在烟温探测主机处于正常监控状态下,点击“功能菜单”→“自检”→“开始自检”,系统自动对烟温探测主机的相关端口、显示屏、信号指示灯、蜂鸣器、存储器等进行自检。操作人员可以根据显示屏的提示检查或测量相应端口是否与显示屏提示信息一致,从而判断控制器功能是否正常。

若系统正常,在系统完成所有自检步骤后,返回正常监控状态,如图 7-48 所示。

注意:烟温探测主机必须进行日常自检测试,“自检”功能失败的烟温探测主机需要及时更换。在列车运行过程中,“自检”功能失败的控制器不得再开启其电源开关。

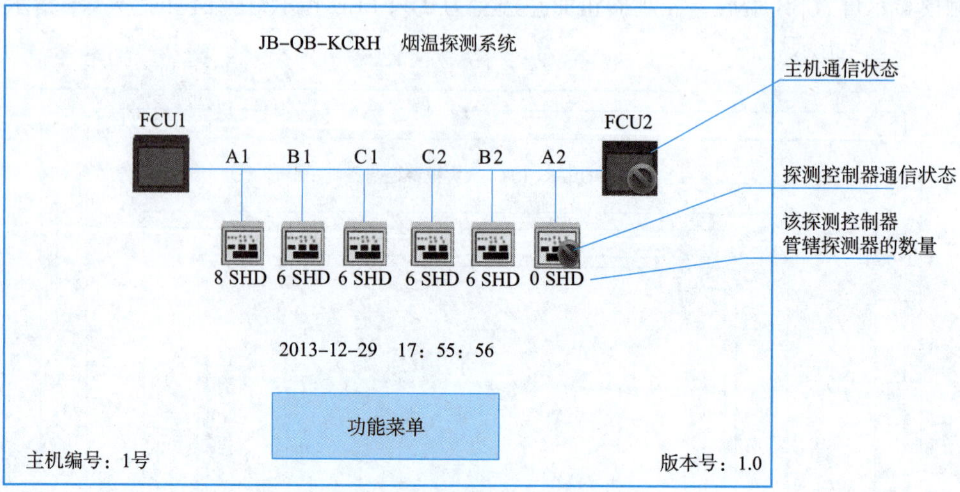

图 7-47 烟温探测主机监控界面

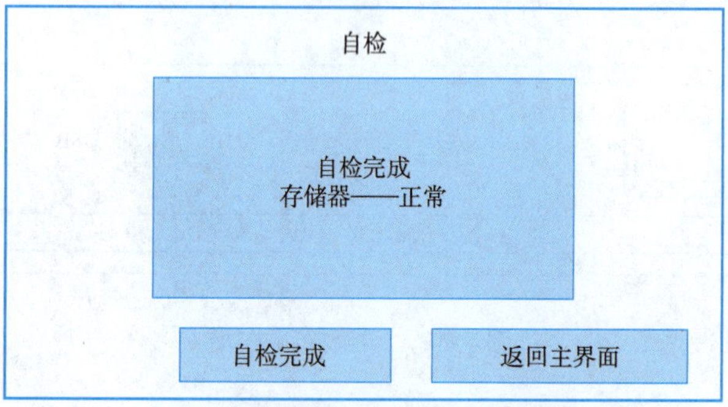

图 7-48 烟温报警系统自检完成界面

3. 信息查询

在烟温探测主机处于正常监控状态下，点击"功能菜单"→"信息查询"，出现如图 7-49 所示界面，可点击相应按钮查询相关信息。

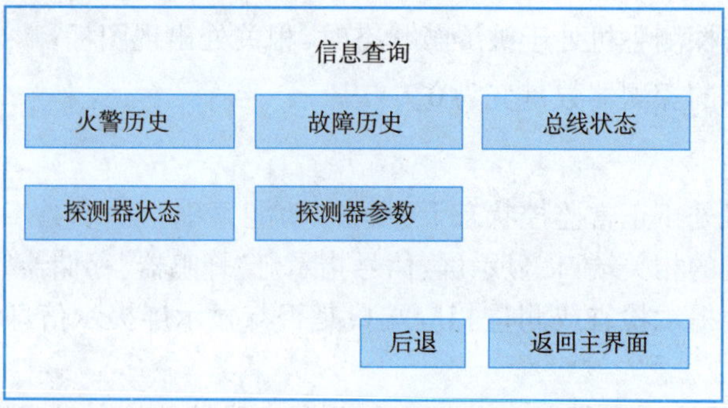

图 7-49 信息查询界面

(1)火警历史信息查询

点击图 7-49 中的“火警历史”按钮,进入如图 7-50 所示的火警历史信息查询界面。

火警历史记录

火警数量：20　　主机编号：01#

发生时间	火警类型	火警位置
2013-12-11 16：55	感温火警	A1-3号司机室顶板内
2013-12-11 16：55	感烟火警	B1-2号右侧墙1区域
2013-12-11 16：55	感温火警	C1-6号低压空调柜
2013-12-11 16：54	感温火警	C2-4号左侧墙4区域
2013-12-11 16：54	感烟火警	B2-5号左侧墙2区域
2013-12-11 16：54	感烟火警	C1-1号继电器柜
2013-12-11 16：50	感温火警	A1-8号左侧墙2区域
2013-12-11 16：50	感烟火警	C1-3号右侧墙2区域

第1页

后退　返回主界面

图 7-50　火警历史信息查询界面

火警历史信息查询界面第一行显示当前烟温探测主机所存储的火警历史信息数量与主机编号。每屏最多显示 8 条火警记录,记录信息包括火警发生时间、火警源类型、火警源位置信息。

点击右侧的“↑”“↓”按钮可对历史记录进行翻页,“↑”“↓”中间处显示当前历史记录的页码。

(2)故障历史信息查询

故障历史信息查询界面如图 7-51 所示,故障历史信息查询界面第一行显示当前烟温探测主机所存储的故障历史信息数量与主机编号。每屏最多显示 8 条故障记录,记录信息包括故障发生时间、故障类型、故障位置信息。

故障历史记录

故障数量：28　　主机编号：01#

发生时间	故障类型	故障位置
2013-12-12 16：55	感温故障	A1-3号司机室顶板内
2013-12-12 16：55	感烟故障	B1-2号右侧墙1区域
2013-12-12 16：55	其他故障	B1-6号低压空调柜
2013-12-12 16：54	本底故障	C1-4号左侧墙4区域
2013-12-12 16：54	485总线异常	B2车探测控制器
2013-12-12 16：54	通信故障	C2-1号继电器柜
2013-12-12 16：50	本底故障	A2-8号左侧墙2区域
2013-12-12 16：50	电气位故障	C2-3号右侧墙2区域

第1页

后退　返回主界面

图 7-51　故障历史信息查询界面

(3)总线状态查询

在探测主机处于正常状态下,点击“功能菜单”→“信息查询”→“总线状态”,可查询烟温报警系统的总线状态。如图 7-52 所示为 2 位端烟温探测主机、探测控制器离线状态下的总线状态。

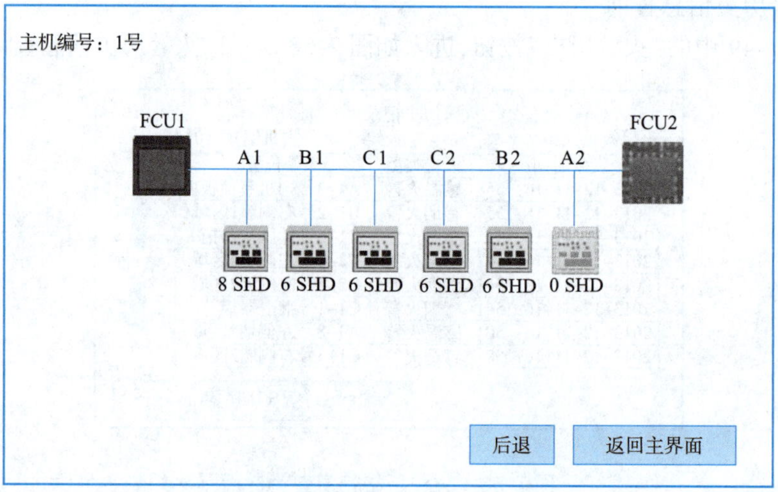

图 7-52　总线状态界面(烟温探测主机、探测控制器离线)

(4)探测器状态信息查询

在烟温探测主机处于正常状态下,点击“功能菜单”→“信息查询”→“探测器状态”,进入如图 7-53 所示的探测器状态信息查询界面。

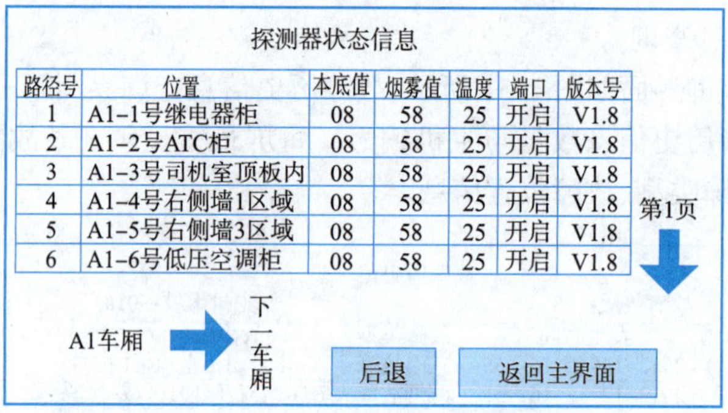

图 7-53　探测器状态信息查询界面

该界面显示探测器的编号、安装位置、本底值、烟雾采样值、温度采样值、探测器开启/屏蔽状态等信息,每屏最多能显示 6 个探测器的状态信息。

点击右侧的“↑”“↓”按钮,可对探测器状态信息进行翻页,“↑”“↓”中间处显示当前探测器状态信息的页码。

点击左下方“←”“→”按钮,可进入上一车厢或下一车厢的探测器状态信息查询。

三、烟温报警系统设置

在功能菜单界面下,点击“系统设置”并输入密码登陆进入如图 7-54 所示的系统设置界面。

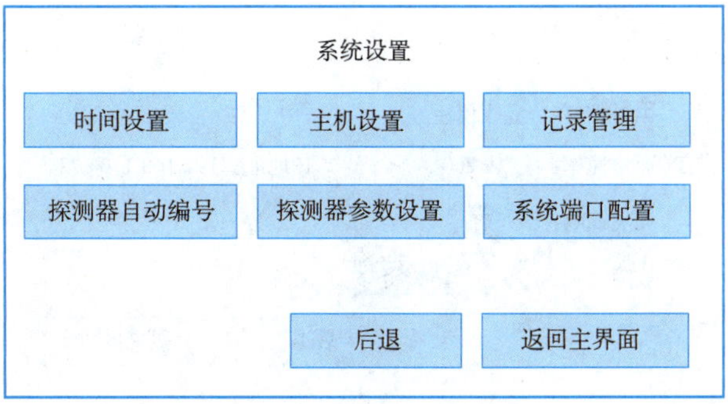

图 7-54　系统设置界面

1. 烟温探测主机的日历时钟设定

点击图 7-54 中的“时间设置”按钮，进入如图 7-55 所示的时间设置界面，可对烟温探测主机日历时钟进行设定。

点击图 7-55 中的日期、时钟窗口，可分别对日期的年、月、日和时钟的时、分、秒参数进行修改。

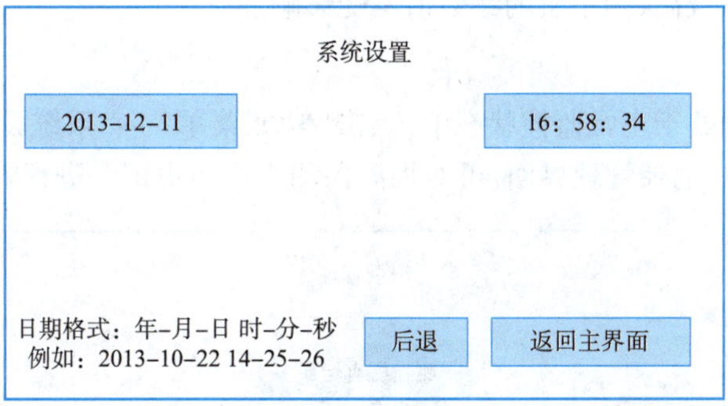

图 7-55　日历时钟设置界面

日历时钟参数分别保存于两个烟温探测主机 FCU1 与 FCU2 中，但日历时钟能数统一修改。也就是说，当 FCU1 与 FCU2 之间的 CAN 通信功能正常时，修改其中一台烟温探测主机的日期时间，另一台烟温探测主机的日期时间将随之改变，以实现整个列车火灾报警系统的一致性。

2. 主机配置

点击图 7-54 中的“主机设置”按钮，进入如图 7-56 所示的主机配置界面，可对烟温探测主机进行配置。

“主机编号”：用于选择主机编号。通过点击相应的右边栏对主机编号进行选择，点选弹出的选择窗口中的“【1】”或“【2】”完成设置。

“与 PC 通信速率”：用于设定与管理计算机通信的串行通信波特率。通过点击相应右边栏，在弹出窗口中点击选择对应的波特率，选择所需要的速率完成设置。

“火警蜂鸣”：有开启/关闭两个选项，用于设定探测主机在检测到探测器报火警时是否发出蜂鸣声。默认值为“关闭”。

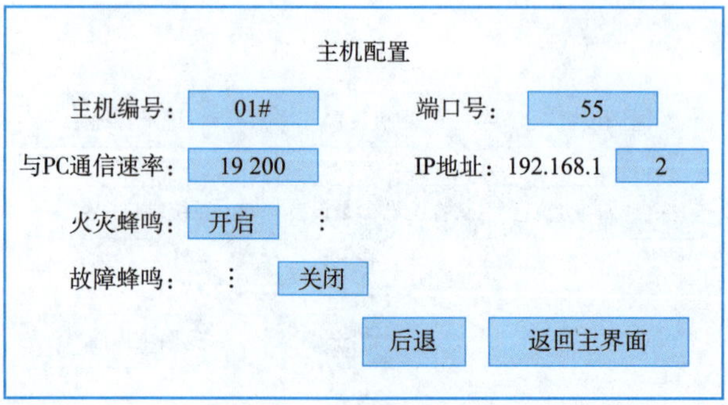

图 7-56　主机配置界面

“故障蜂鸣”:有开启/关闭两个选项,用于设定探测主机在检测到探测器故障时是否发出蜂鸣声音。默认值为“关闭”。

“端口号”:设定 TCMS 端口,通过点击相应右边栏填写 TCMS 端口号。

“IP 地址”:设定 TCMS 的 IP 地址,通过点击相应右边栏填写 TCMS 的 IP 地址。

以上参数在两端的烟温探测主机 FCU1 与 FCU2 分别保存,分别修改。即是说,修改其中一台探测主机,另一台探测主机的参数值不受影响。

3. 记录管理

在烟温探测主机处于正常监控状态下,点击“功能菜单”→“系统设置”→“记录管理”,进入如图 7-57 所示的记录管理界面,可对烟温探测主机历史记录进行管理。

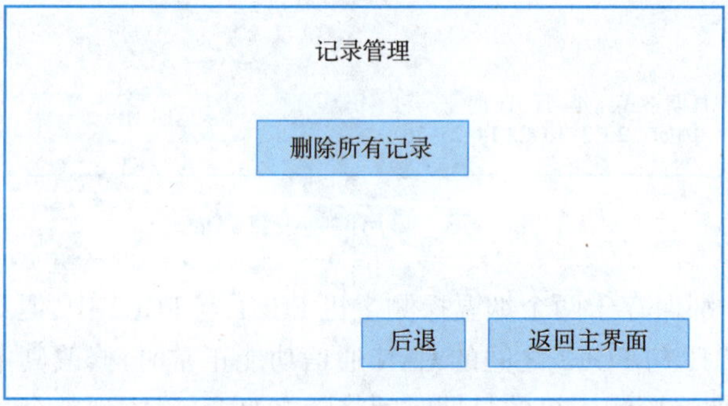

图 7-57　记录管理界面

4. 探测器编号

在烟温探测主机处于正常监控状态下,点击“功能菜单”→“系统设置”→“探测器自动编号”,进入如图 7-58 所示的探测器自动编号界面。

进行“探测器自动编号”操作之前,必须保证探测控制器与所管辖的探测器形成串行通信链的环路为闭环状态,同时与控制器的 CAN 通信也处于正常状态。

点击图 7-58 左下方“执行自动编号”按钮对烟温报警系统所有探测器进行自动编号。当图标出现  时,表示自动编号状态为等待输出;当图标出现  时,表示相应车厢的探测

器自动编号成功；当图标出现✖时，表示相应车厢探测器自动编号失败。

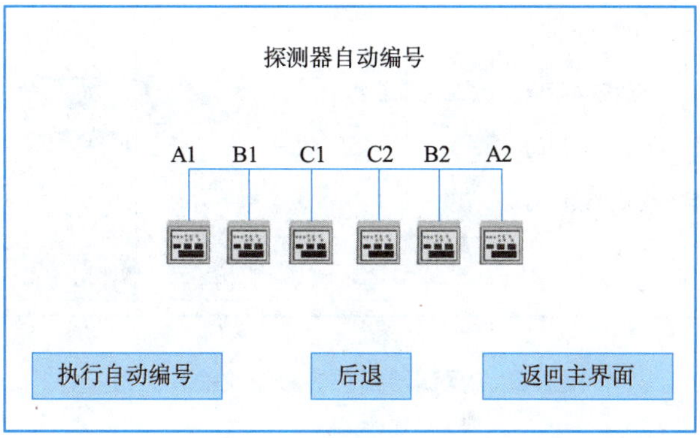

图 7-58　探测器自动编号界面

5. 探测器参数设置

在烟温探测主机处于正常监控状态下，点击“功能菜单”→“系统设置”→“探测器参数设置”，进入如图 7-59 所示的探测器参数设置界面。

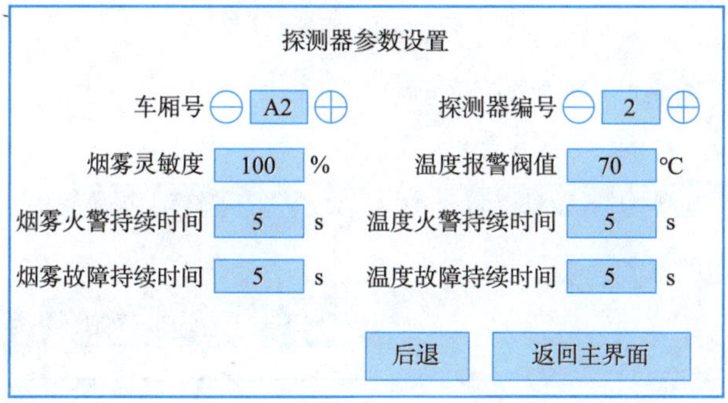

图 7-59　探测器参数设置界面

点击“车厢号”右边⊖、⊕ 键对车厢号进行选择（⊖、⊕中间为当前车厢号）。

点击“探测器编号”右边⊖、⊕ 键对该车厢管辖的探测器的相关参数进行设置（⊖、⊕中间为当前探测器）。

修改该探测器参数可通过点击相应参数右侧，将出现如图 7-60 所示探测器相关参数修改输入界面。输入数值后点击“确定”，点击“应用到探测器”对该探测器参数进行修改，也可点击“应用到车厢”对该车厢的所有探测器都按此参数进行修改。输入修改参数后未点击“应用到 × ×”而点击“后退”或“返回主界面”则不保存当前修改而退出运行参数设定功能。

当在某一台探测主机（如 FCU1）上完成“探测器参数设定”后，通常需要 15 s 的时间才能完整地实现所有探测器参数的更新，才能在另一台探测主机（如 FCU2）上查询“探测器参数”。

当控制器（FCU）检测到火灾危险进入“火警状态”时，在火警状态未检查确认之前，不要进行“探测器参数设定”操作。

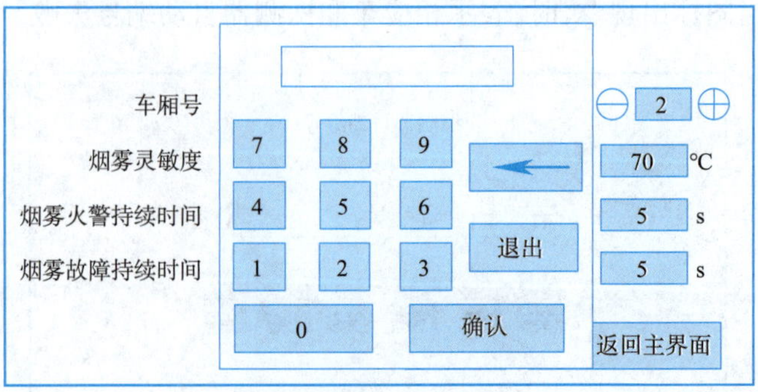

图 7-60　探测器相关参数修改输入界面

当探测器损坏或日常维护原因,需要更换探测器时,同样需要进行探测器编号操作;完成探测器自动编号后,还需要根据参数记录表检测新更换的探测器参数是否与记录表一致。

6. 系统端口配置

在烟温探测主机处于正常监控状态下,点击"功能菜单"→"系统设置"→"系统端口配置",进入如图 7-61 所示的系统端口配置界面。

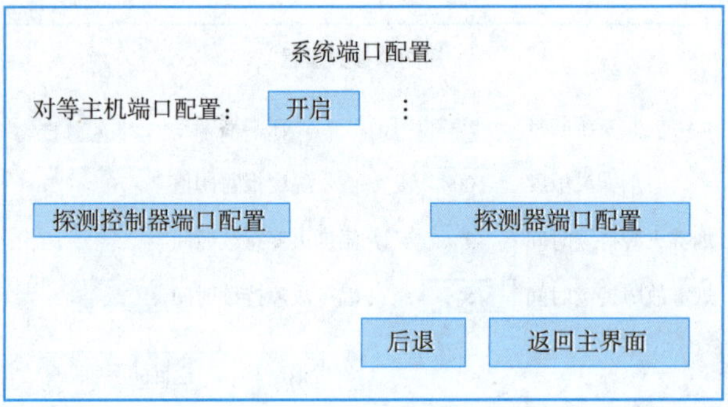

图 7-61　系统端口配置界面

对等主机端口配置:点击图 7-61 所示的"对等主机端口配置"右边的"(开启/关闭"按键,可对其进行操作。当按键显示"开启"时,表示对等控制器开启。当按键显示"关闭"时,对等控制器关闭(该控制器将屏蔽对等主机故障等信息)。

探测控制器端口配置:点击图 7-61 所示的"探测控制器端口配置"按键,进入如图 7-62 所示的探测控制器端口配置界面。

不要随意关闭探测控制器。在列车运行过程中,当某只探测控制器报故障(而又暂时无法立即查清故障源)时,可以临时性地将探测控制器内该编号探测器关闭(屏蔽该探测控制器的故障报警),并向上级报告和做好记录。但是,一旦停车检修必须重新开启被关闭的探测控制器,以免火灾隐患无法被及时发现。

注意:当某车厢探测控制器被关闭时,烟温探测主机将屏蔽该车厢的所有探测器的任何信息。

当在某一台烟温探测主机(如 FCU1)上完成"探测控制器端口配置"后,通常需要 10 s

的时间才能完整地实现对探测控制器端口配置的更新，然后才能在另一台烟温探测主机（如FCU2）上查询“探测控制器端口配置”信息。

探测控制器端口配置

探测控制器编号	位置	版本号	开启/关闭
FACC 1号	A1 车厢	V1.7	开启
FACC 2号	B1 车厢	V1.7	关闭
FACC 3号	C1 车厢	V1.7	开启
FACC 4号	C2 车厢	V1.7	开启
FACC 5号	B2 车厢	V1.7	关闭
FACC 6号	A2 车厢	V1.7	开启

后退　返回主界面

图 7-62　探测控制器端口配置界面

探测器端口配置：点击如图 7-61 所示的“探测器端口配置”按键，进入如图 7-63 所示的探测器端口配置界面。

探测器端口配置

位置	开启/关闭	位置	开启/关闭
B1-1号继电柜	开启	B1-6#低压空调柜	开启
B1-2号右侧墙1区域	开启		
B1-3号右侧墙3区域	开启		
B1-4号左侧墙4区域	开启		
B1-5号左侧墙2区域	关闭		

上一车厢　B1车厢　下一车厢　后退　返回主界面

图 7-63　探测器端口配置界面

不要随意关闭探测器。在列车运行过程中，当某只探测器报故障（而又暂时无法立即查清故障源）时，可以临时性地将该编号探测器关闭（屏蔽该探测控制器的故障报警），并向上级报告和做好记录。但是，一旦停车检修必须重新开启被关闭的控制器，以免火灾隐患无法被及时发现。

当某车厢探测器被关闭时，烟温探测主机将屏蔽该车厢的相应探测器的任何信息。

当在某一台烟温探测主机（如 FCU1）上完成“探测器端口配置”后，通常需要 10 s 的时间才能完整地实现对探测器端口配置的更新，然后才能在另一台烟温探测主机（如 FCU2）上查询“探测器端口配置”信息。

四、烟温探测系统报警

1. 火警报警

设置在防火区域的探测器感知到火灾隐患后，将火灾信号通过串行通信总线环路传送至烟温探测主机,烟温探测主机自动判断是否为本次火灾的首次报警。如果是首次报警,则首先对火警信号进行确认处理(避免外部干扰)。经循环检测确认后,若该部位仍有火警信号存在,则显示屏立即按如图 7-64 所示的格式显示火警信息,并同时启动蜂鸣器发出连续的火警笛声(嘀咕…嘀咕……)、自动开启液晶屏的背光源,“火警”指示灯常亮,同时,将对应的报警信息通过以太网上传至 HMI;并且将火警记录信息保存到永久存储器的相应存储区,以备日后查询。若在循环检测过程中,火警信号已消失,则火警状态自动取消。

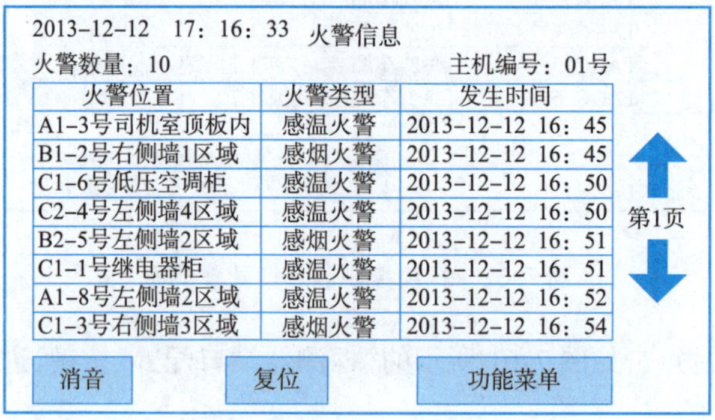

图 7-64 火警信息界面

在火警显示过程中,如果报警信息超过一屏(即 8 条),系统会每隔 5 s 自动地向上移动一页。或者人工点击右侧“↑”“↓”对其进行翻页。

当点击“消音”键后,在火警信息显示屏幕右上角增加显示“⊠”消音标志。同时,烟温探测主机将关闭声音,保持“火警”指示灯常亮状态。

火警音在手动消音后,其他探测器发生新的火警报警,蜂鸣器将自动重新开启,直至再次消音或复位。

2. 故障报警

当探测器、探测控制器、烟温探测主机发生开路、短路或接触不良等故障,或探测器与探测控制器、探测控制器与烟温探测主机或探测控制器之间通信连接失败,探测器内部故障(如温度传感器开路),烟温探测主机报故障音,黄色“故障”指示灯常亮,LCD 界面显示故障报警部位(探测器编号)及故障报警类型与时间。当火灾报警系统检测到发生故障时,显示屏立即按如图 7-65 所示的显示格式显示故障信息,并同时启动蜂鸣器发出断续的警笛声(呜…呜……)、自动开启液晶屏的背光源及故障指示灯,同时,将对应的报警信息通过以太网上传至 HMI;并且将记录信息保存到永久存储器的相应存储区,以备日后查询。

在故障报警显示过程中,如果报警信息超过一屏(即 8 条),系统会每隔 5 s 自动地向上移动一页。或者人工点击右侧“↑”“↓”对其进行翻页。

当点击“消音”键后,在故障报警屏幕右上角增加显示“⊠”消音标志。同时,烟温探测主机将关闭声音,保持“故障”指示灯常亮状态。

故障音在手动消音后,其他探测器发生新的故障报警,蜂鸣器将自动重新开启,直至再次消音或复位。

图 7-65　故障信息界面

烟温探测主机在探测控制器、探测器故障期间，将连续不断地检测探测控制器、探测器，只要排除相应的故障，烟温探测主机将自动恢复到监控状态。

若某部位已经存在故障报警，同时另一部位又有火警信号到来时，则“故障”指示灯显示保持，同时显示火警部位，火警音取代故障音，即火警优先。

烟温探测主机所报故障包括：缺少探测器故障、探测器感烟功能故障、感烟本底值、感温功能故障、断环故障以及探测器内部其他电路的故障，485 总线异常、探测控制器无应答，本机 CAN 故障、对等主机无应答等。

探测器长期工作于有粉尘环境，探测腔内（俗称烟室）必然积聚灰尘；当达到一定限度时，探测器将报“本底值”故障。探测腔内被污染（积聚足够的灰尘）是探测器报感烟本底值故障（SBG）的条件之一。当探测器故障由被污染的烟室引起时，可通过查看“探测器状态查询”显示界面的“烟雾采样值”和“本底值”来做出判断。

本底值由以下因素构成：①放大电路参数偏移；②烟室有尘积；③烟室漏光。

当本底值增大到一定程度时（通常显示值大于 100）探测器会报“本底值”故障，但故障原因有可能是上述因素的综合结果。一般地，本底值是一个长时间（6～8 h）累计的结果，对突发变化的因素不敏感，比如，当突然有大量的灰尘涌入烟室后，探测器可能会判断为“烟雾报警”，但如果烟室的尘积是长期慢慢地累积的，那么探测器会检测到灰尘的累积作用并以本体值故障的形式显示出来。

无论是上述哪种因素引起的本底值故障，故障出现后该探测器一定需要送厂维护。

3. CAN 通信总线故障报警

烟温探测主机与各探测控制器并联在 CAN 通信总线上，CAN 通信总线上的某一点（如探测控制器插头或者通信电缆的某一点）断开，烟温探测主机循环检测通信环路断开，当断环时间超过一定值（约 3 s）时，烟温探测主机则将显示“无应答”的故障，此时，面板“故障”指示灯将常亮。

此时，FCU1 只接收能与其通信的探测控制器，断开的后半部分将无法接收到。烟温探测主机将报探测控制器与 FCU2 的无应答故障，并生成故障记录，屏幕故障信息将如图 7-66 所示。

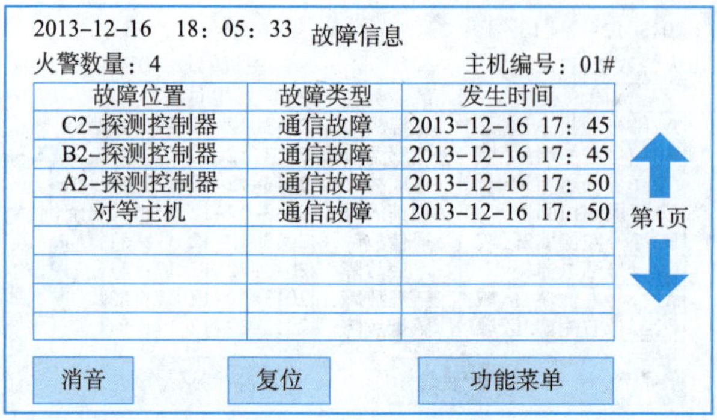

图 7-66　CAN 通信故障显示界面

也可通过“总线状态”查询功能查看总线环路断开的大概位置，如图 7-67 所示（需确认 C2/B2/A2 探测控制器以及 FCU2 已正常工作，检查 C1 车厢与 C2 车厢之间的 CAN 总线情况）。

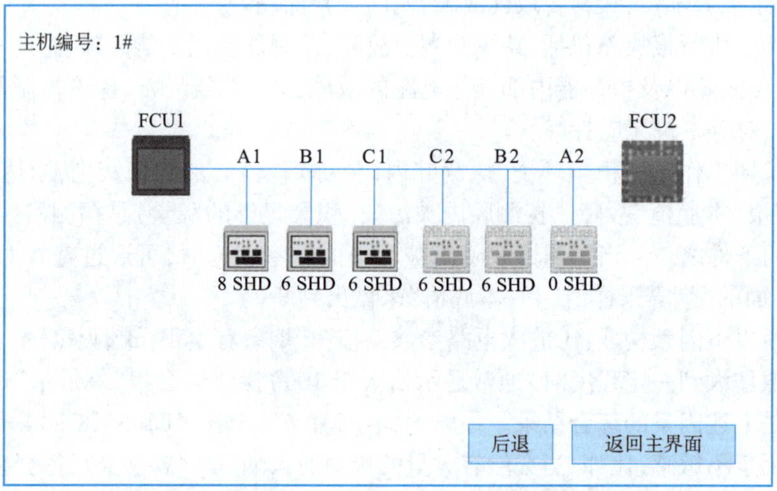

图 7-67　总线状态界面（控制器、探测控制器离线故障）

4. 探测器串行通信总线环路断开的故障报警

探测控制器与所管辖的探测器首尾相连（控制器与探测器都有 2 个互相独立的串行通信端口），从而形成闭合的通信环路；当串行通信总线环路上的某一点（如探测器插头或者通信电缆的某一点）断开，从而造成通信总线不再闭环；探测控制器循环检测通信环路，当断环时间超过一定值（约 10 s）时，烟温探测主机则将显示“断环”的故障，此时，面板“故障”指示灯将常亮。

“探测器总线环路断开”故障只是串行通信总线的一个非正常工作状态，火灾报警系统的整个通信环路上仅有一点断开（所有探测器都在线）时，探测控制器仍能与各探测器完成数据通信，只是降低了冗余的通信效果；因此必须尽快排除“断环”故障。

屏幕如图 7-68 所示，“A1 车探测控制器”出现 RS485 通信故障，位置为“A1-3#司机室顶板内”的探测器与上一探测器(A1-2 号)之间出现通信断开(当探测控制器只报出“485 总线异常”时,请检查最后一个编号的探测器与探测控制器间的线缆)。

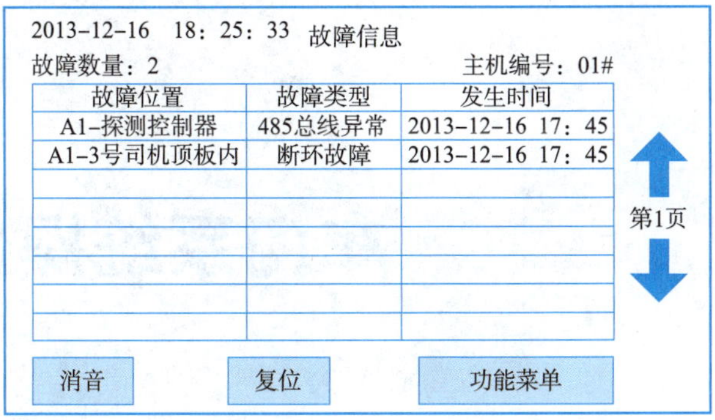

图 7-68　探测器断环故障显示界面

5. 报警复位

当烟温探测主机进入火警或故障报警状态时,点击“复位”按键,控制器进入复位操作,要求操作人员输入“密码”,确认复位操作。复位操作成功后,报火警或故障的控制器重新启动探测器,同时关闭所有报警指示及报警声,系统返回监控状态。

无论是火警,还是故障状态下,按“复位”键操作成功后控制器都将暂时关闭探测器的电源(大约 10 s)以使探测器内的烟雾扩散出来,同时也保证探测器相关功能的复位。关闭探测器电源结束后,控制器重新开启探测器并进入正常的监控状态。

烟温探测主机可通过 HMI 远程复位。

由于位于 A 车厢的 1 台烟温探测主机(FCU)与每节车厢的探测控制器并联,在某一台 FCU 进行“复位”操作(面板复位操作或远程复位)时,与之相连的另一台 FCU 也将进入同步复位状态(就如同另一台 FCU 也进行了“复位”操作一样)。也就是 FCU 复位操作具有同步性。

若烟温探测系统的 CAN 总线出现异常或断开,烟温探测主机将无法完成对另一部分(烟温探测主机、探测控制器、探测器)的复位。

思考与练习

1. 烟温报警系统由哪些部分构成?
2. 如何查询烟温报警系统记录的火警信息?
3. 如何设置烟温探测器参数?
4. 如何进行烟温报警系统火警报警和故障报警消声操作?
5. 如何进行烟温报警系统复位操作?
6. 探测器串行通信总线环路断开时如何检查处理?

项目八
车门系统操作与监控

能力目标

1. 掌握城市轨道交通车辆车门系统的构成。
2. 掌握客室车门的正常开关、紧急解锁和切除操作方法。
3. 能够根据电路图分析车门控制电路的可能故障及排除方法。
4. 掌握车门监视电路原理，以及紧急情况下的旁路操作。

任务一　认识车门控制系统

任务目标

1. 掌握车门控制电路的构成。
2. 掌握门控单元、车门控制网络构成与作用。

视频

车门控制系统构成

一、车门系统构成

客室车门是城轨车辆的一种重要设备，与运营安全有直接的关系。由于城轨车辆具有运载客流量大、乘客上下车频繁等特点，一般每列车的车门数量较多、开度大，开关门动作也比较频繁。

从客室车门的开关动力来划分，车门可分为采用压缩空气驱动的风动车门和采用电机驱动的电动车门两种。按照其开启及结构形式来划分，车门主要分为内藏式滑动移门、外挂式滑动移门、塞拉门等几种。

SZML1S 列车为 A 型车，采用康尼公司的电动式塞拉门，每节车有 10 对客室车门，左右各 5 对车门，对称布置，每对车门有 2 个门页，每页车门都有固定编号，如图 8-1 所示。左侧 5 对车门的编号由 1 位端数起为 1、3、5、7、9，右侧 5 对车门的编号由 1 位端数起为 2、4、6、8、10。

为了保证乘客安全，避免行车途中乘客因车门不慎打开而掉落，车门与牵引系统之间建立了一个互锁关系：车门必须在停车状态，并且收到 ATP 的允许开门信号时，才能被打开；而当列车需要启动时，必须在所有车门都关闭好，系统才允许列车进行牵引操作。

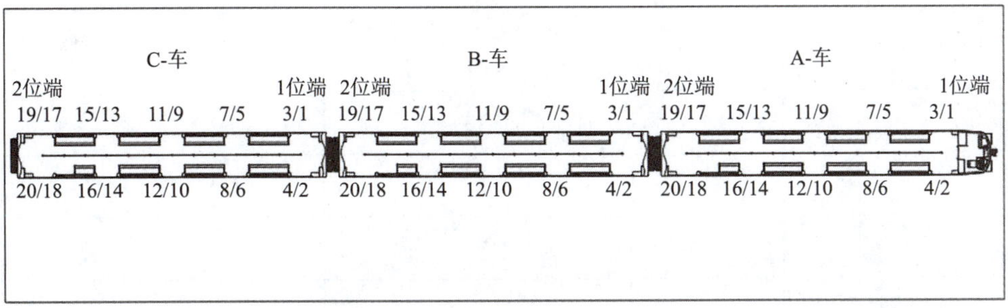

（a）门页编号

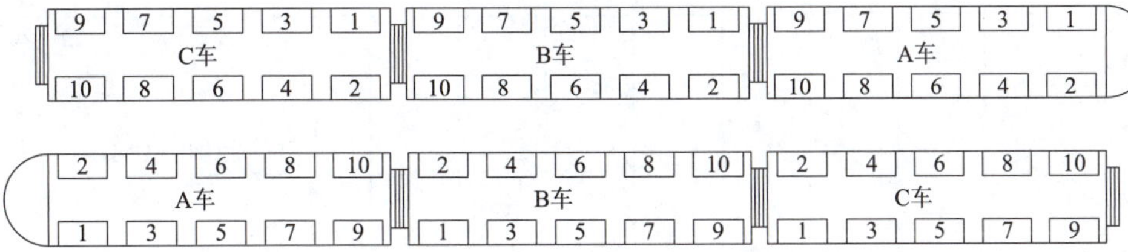

（b）客室车门及门控器编号

图 8-1　车门编号

二、门控单元的控制功能

每对客室车门的开关由一个独立的车门控制单元 EDCU 控制。所有的 EDCU 均带有 CAN 接口（也有些项目采用 RS485 接口），其中 1、2 号车门 EDCU 同时带有 CAN 接口和 MVB 接口，为主控单元（MDCU），可以进行 CAN 通信和 MVB 通信；3 ~ 10 号车门 EDCU 仅带 CAN 通信接口，为本地控制单元（LDCU）。

门控单元的主控部分的接线如图 8-2 所示（注：图 8-2 中 MDCU 单元给出的是插线号，而非门控单元的引脚号）。

1. EDCU 单元供电

A 车常规负载线（A 车）/常规负载线（B、C 车）负责向 EDCU 单元供电线（320541 线）提供 DC 110 V 供电，并由微型断路器进行分组供电保护，其中门控单元 1、3、5 为第一组，门控单元 2、4、6 为第二组，门控单元 7、8、9、10 为第三组。

2. 网络/硬线转换控制

网络/硬线转换控制功能由网络/硬线转换控制列车线（810111 线）控制。当网络/硬线转换控制列车线为高电平，且网络通信正常时，执行网络控制。当网络/硬线转换控制列车线为低电平或网络故障时，执行硬线控制。

3. “门零速”列车线

只有当“门零速”列车线（810281 线）有效（即高电平）时，才允许打开客室车门。当车速为 0 时，810281 线呈高电平，向 EDCU 发出门零速信号。EDCU 内部的安全继电器可直接由“零速列车线”信号（硬连线）激活，当“零速列车线”激活后，闭合电机供电电路，使 EDCU 软件可驱动门机构作开关门运动。

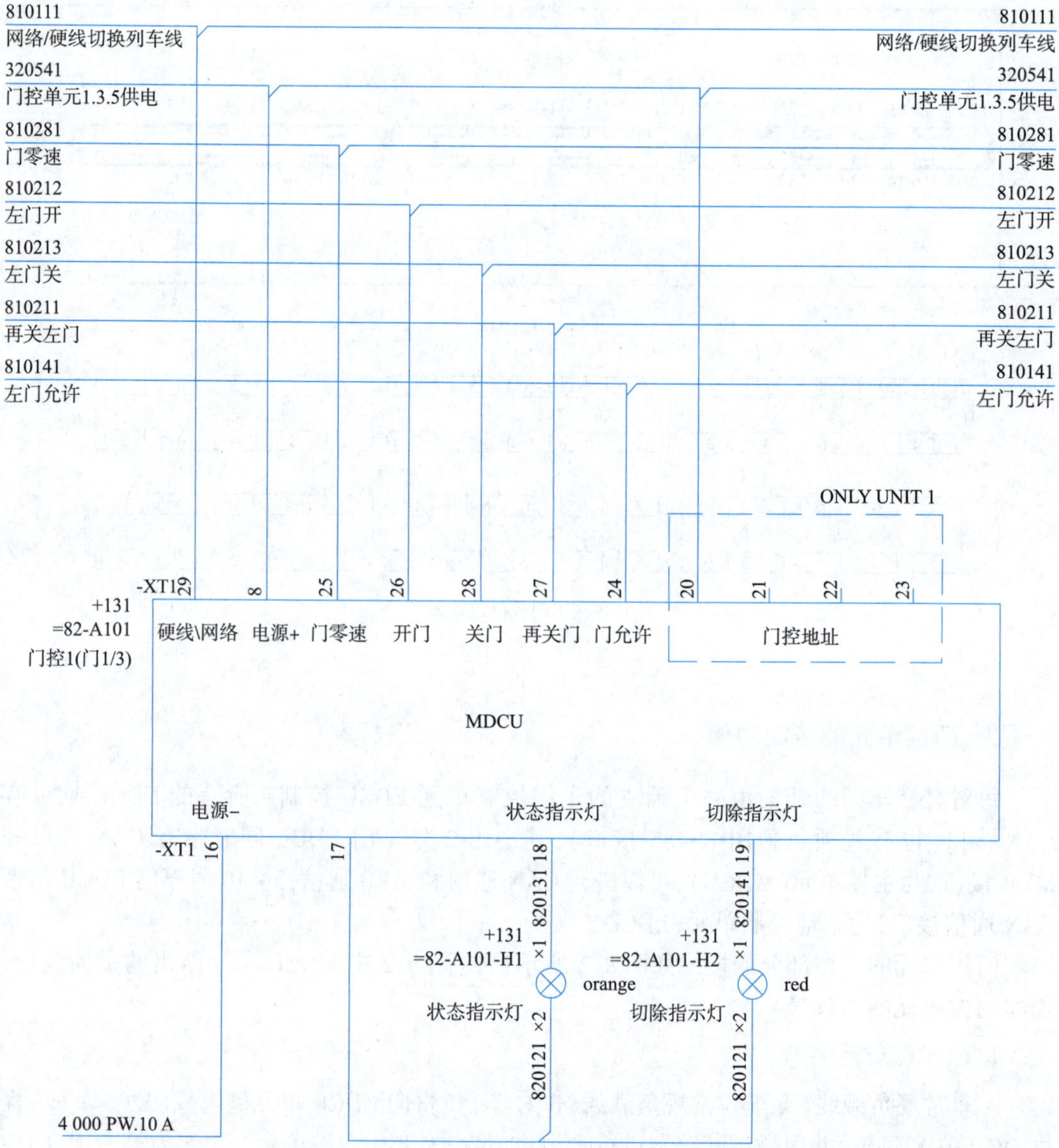

图 8-2　A 车左侧门控制电路(以门 1 为例)

①当网络/硬线转换列车线为高电平,且网络通信正常时,EDCU 采用网络传输的“网络开门指令”和“网络关门指令”。

- 当“零速列车线”信号有效,且“门允许列车线”信号有效时,允许执行“网络开门指令”的开门操作。
- 当“零速列车线”信号有效时,允许执行“网络关门指令”的关门操作。
- 如果撤销“零速列车线”信号,开着的门将立即开始关闭,这个时候,障碍检测功能仍有效。

②当网络/硬线转换列车线为低电平或网络出现故障时,EDCU 采用硬线传输的“开门列车线”和“关门列车线”。

- 当“零速列车线”信号有效，且“门允许列车线”信号有效时，允许执行“开门列车线”的开门操作。
- 当“零速列车线”信号有效时，允许执行“关门列车线”的关门操作。
- 如果撤销“零速列车线”信号，开着的门将立即开始关闭，这个时候，障碍检测功能仍有效。

③当同时满足开门条件和关门条件时，优先执行关门操作。

门允许信号、零速信号、开门信号、关门信号与车门状态逻辑关系见表8-1。

表8-1　门允许信号、零速信号、开门信号、关门信号与车门状态逻辑关系

门允许信号	零速信号	网络开门指令/开门列车线	网络关门指令/关门列车线	门的状态
0/1	0	0/1	0/1	关
0	1	0	0	保持
0	1	0	1	关
0	1	1	0	保持
0	1	1	1	关
1	1	0	0	保持
1	1	0	1	关
1	1	1	1	关
1	1	1	0	开

④当“零速列车线”信号有效时，操作紧急解锁装置，车门将释放，可以手动打开。

⑤当“零速列车线”信号无效时，操作紧急解锁装置，门将维持5 min关门力（不小于300 N），企图使门扇回到关锁到位位置。此时若将门扇强行打开，列车将产生紧急制动。

4. 门允许列车线

只有当门允许列车线（810141/810151线）有效（高电平）时，才允许打开车门。当满足下列所有条件时，才允许EDCU驱动电机执行开门操作：

①没有操作机械隔离装置。

②没有操作紧急解锁装置。

③“零速列车线”为高电平。

④网络“门允许列车线”有效。

⑤“关门列车线”为低电平。

⑥门处于非开到位位置。

⑦没有产生过锁到位开关故障。

⑧没有产生过关到位开关故障。

5. 开门功能

（1）开门列车线开门

在网络/硬线转换列车线为低电平或网络出现故障的情况下，EDCU采纳开门列车线（开左门为810212线，开右门为810242线）传递的硬线开门信号。

检测到“开门列车线”信号从低电平跳变到高电平，且保持高电平状态 200 ms 以上，认为“开门列车线”信号有效；若满足“允许开门”的条件，且“关门列车线”为低电平，则经过设定的延时时间后，车门开始开启。

车门开启到开门终点位置后保持在车门开门终点位置，直到再次接收到关门指令。如果在开门过程中，在满足“允许开门”的条件下，“开门列车线”信号从高电平跳变为低电平，门仍然会开启到开门终点位置。

维护人员可以通过 TCMS 通信将开门时间在 3 ~4 s 之间调整（出厂时为 3.5 s）；将开门延时时间在 0 ~5 s 之间进行调整（出厂时为 0 s）；而且设定的参数可以通过康尼公司的服务软件配置与查询。

若门控器接收到 MVB 网络发送的“紧急操作信号”，则整列车门将进行顺次开门，每节车单侧每 3 s 开 1 扇门。

（2）“网络开门指令”开门功能

在网络/硬线转换列车线为高电平且网络通信正常时，门控器采用网络传输的开门信号。检测到“网络开门指令”信号从 0 跳变到 1，认为“网络开门指令”信号有效，若满足“允许开门”的条件，且“网络关门指令”无效，则延时设定的时间后，车门开始开启。

车门开启到开门终点位置后保持在车门开到位位置，直到再次接收到关门指令。

“网络开门指令”应当保持“1 = 有效”状态 3 s 以上。如果在开门过程中，在满足“允许开门”的条件下，“网络开门指令”信号从 1 跳变为 0，门仍然会开启到开门终点位置。

维护人员可以通过 TCMS 通信将开门时间在 2.5 ~4 s 之间进行调节（出厂时为3.5 s）；将开门延时时间在 0 ~5 s 之间进行调节（出厂时为 0 s）；而且设定的参数可以通过康尼公司的服务软件配置与查询。

若门控器接收到网络发送的“紧急操作信号”，则整列车门将进行顺次开门，每节车单侧每 3 s 开 1 扇门。

6. 关门功能

（1）“关门列车线”关门功能

在网络/硬线转换列车线为低电平或网络出现故障的情况下，EDCU 采纳关门列车线（关左门为 810213 线，关右门为 810243 线）传递的硬线关门信号。检测到“关门列车线”信号从低电平跳变到高电平，且保持高电平状态 200 ms 以上，认为“关门列车线”信号有效，若满足下述所有“允许关门列车线关门”条件，则延时设定的时间（发出提醒声响）后，车门开始关闭：

①没有操作机械隔离装置；

②没有操作紧急解锁装置；

③“零速列车线”为高电平；

④门未关锁到位。

门关闭至“关到位”“锁到位”位置后保持在关门终点位置。

如果在关门过程中，在满足“允许关门列车线关门”条件下，“关门列车线”信号从高电平跳变为低电平，门仍然会关闭到关门终点位置。

如果在关门过程中关门列车线无效，同时开门列车线和零速列车线有效，门将执行开门动作。

再次激活“关门列车线”，已经关锁到位的门不动作，未关锁到位的门执行关门操作。

维护人员可以通过 TCMS 通信将关门时间在 3 ~4 s 之间进行调节（出厂时为 3.5 s）；将关门延时时间在 0 ~5 s 之间进行调节（出厂时为 3 s）；而且设定的参数可以通过康尼公司的服务软件配置与查询。

（2）“网络关门指令”关门功能

在网络/硬线转换列车线为高电平且网络通信正常时，门控器采用网络传输的关门信号。检测到“网络关门指令”信号从 0 跳变到 1，认为“网络关门指令”信号有效，若满足下述所有“允许网络信号关门”的条件，则延时设定的时间（发出提醒声响）后，车门开始关闭：

①没有操作机械隔离装置。

②没有操作紧急解锁装置。

③“零速列车线”为高电平。

④门未关锁到位。

门关闭至“关到位”“锁到位”位置后保持在关门终点位置。

如果在关门过程中，在满足“允许关门”的条件下，“网络关门指令”信号从 1 跳变为 0，门仍然会关闭到关锁到位位置。

“网络关门指令”应当保持“1 = 有效”状态 3 s 以上。

维护人员可以通过 TCMS 通信将关门时间（出厂时为 3.5 s）在 3 ~4 s 之间进行调节；将关门延时时间（出厂时为 3 s）在 0 ~5 s 之间进行调节；而且设定的参数可以通过康尼公司的服务软件配置与查询。

（3）丢失“零速列车线”信号的关门功能

没有操作机械隔离装置，若“零速列车线”信号从高电平跳变至低电平，且保持 200 ms 以上，则未关锁到位的门将立即执行关门操作。

在关门过程中，若检测到关门方向上有障碍物，停在当前位置，延时 2 s 后自动关闭，如果三次仍未关锁到位，激活持续 5 min 关门力功能。

（4）复位“紧急解锁装置”的关门功能

没有操作机械隔离装置的情况下，复位“紧急解锁装置”，未关锁到位的门将立即执行关门操作。

（5）安全互锁回路

车门安全互锁回路（车门安全回路）用于保证车门关好锁好时，才能允许列车牵引运行。车门安全互锁回路如图 8-3 所示，由门关到位开关 S4 常闭触点、锁到位开关 S1 常闭触点串联电路构成（有些车型的车门安全互锁回路还串入紧急解锁开关 S3 的常闭触点）。车门互锁回路与车门隔离开关 S2 常闭触点并联，执行车门隔离操作时，S2 常开触点将该车门的安全互锁回路旁路。

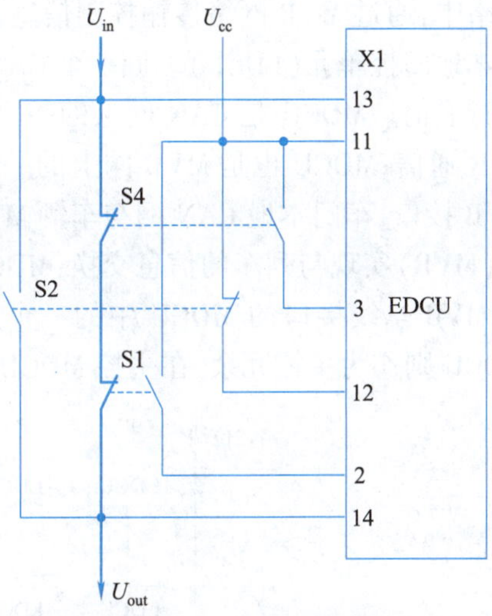

图 8-3　安全互锁回路

S1—门锁到位开关；S2—隔离开关；
S4—门关到位开关

锁到位、关到位、车门隔离信息也发送到 EDCU，进而通过控制网络将车门状态信息传递给

ATP/ATC 系统,供 ATP/ATC 系统监控车门状态。

(6)再关门列车线功能

在关闭客室车门后,发现安全互锁回路信号没有给出(关门按钮绿灯不亮),可通过按压“再关门”按钮激活再关门列车线(使再关左门列车线 810211/再关右门列车线 810241 呈高电平),使没有关到位的车门重新打开后再关闭,已关到位的车门不动作。

当满足下列所有条件时,才允许执行再关门操作:

①没有操作机械隔离装置。

②没有操作紧急解锁装置。

③“零速列车线”为高电平。

④“门允许列车线”为高电平。

⑤门处于非关到位位置。

检测到有效的“再关门列车线”信号,若满足“允许再关门操作”的条件,没有完全关闭的门会开到位后延时一定时间自动关闭。

三、车门控制网络

1. 车门控制网络

为了通过网络传递车门控制信息,所有 EDCU 都连接到列车控制网络中。列车通信控制系统采用 MVB 网络,所有设备都通过网络接口连接到 MVB 联网,为了节约 MVB 网络接口资源,车门系统与 MVB 网络之间采用了二层网络传输方式。

如图 8-4 所示,每个 EDCU 单元都具有 CAN 接口,一辆车内的 10 个 EDCU 单元通过 CAN 接口组成 CAN 总线局域网。门控 1 及门控 2 的 EDCU 单元除了具有 CAN 接口,还具有 MVB 接口,这两个 EDCU 单元称为主门控单元(MDCU),可以作为 MVB 单元连接到 MVB 网络中,通过 MVB 网络传输控制信息。门控 3 ~ 门控 10 的 EDCU 单元仅具有 CAN 接口,称为本地门控单元(LDCU)。同一个 CAN 网内的所有 LDCU 都可通过 CAN 总线接口与 MDCU 进行通信。MDCU 是 CAN 网上的一个节点,能与 CAN 网上的 LDCU 和另外的 MDCU 实现 CAN 通信;MDCU 也是 MVB 网上的一个节点,可与其他 MVB 设备通信。通过 MDCU 上的 MVB 接口,车门本地 CAN 网与车辆 MVB 总线实现通信互联,使各对门控单元能通过车辆总线(MVB)实现与列车的信息交换,MDCU 起到了 MVB/CAN 网关作用。正常情况下,两个带有 MVB 总线接口的 MDCU 中的一个用来执行与列车的通信任务,作为主控单元,另一个 MDCU 则作为主控冗余,在主控 MDCU 故障的情况下接管主控功能。

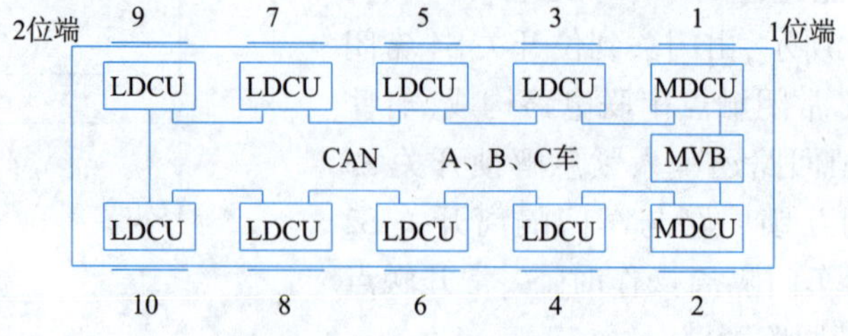

图 8-4 车门控制网络

2. 门地址

每个 EDCU 单元有唯一的网络地址，用于网络通信识别。图 8-2 中 XT1:20~23 即用于 EDCU 单元地址编码，XT1:20~23 分别代表位 1~位 4，图 8-2 所示的 MDCU(门控 1)单元的门地址编码为 0001。表 8-2、表 8-3 分别为 MDCU 单元和 LDCU 单元的门地址编码。

表 8-2　MDCU 门地址编码

车号	门号	MDCU 门地址编码			
		位 4(XT1.23)	位 3(XT1.22)	位 2(XT1.21)	位 1(XT1.20)
A1	1	0	0	0	1
A1	2	0	0	1	0
B1	1	0	0	1	1
B1	2	0	1	0	0
C1	1	0	1	0	1
C1	2	0	1	1	0
A2	1	0	1	1	1
A2	2	1	0	0	0
B2	1	1	0	0	1
B2	2	1	0	1	0
C2	1	1	0	1	1
C2	2	1	1	0	0

表 8-3　LDCU 门地址编码

门号	LDCU 门地址编码			
	位 4(XT1.23)	位 3(XT1.22)	位 2(XT1.21)	位 1(XT1.20)
3	0	0	1	1
4	0	1	0	0
5	0	1	0	1
6	0	1	1	0
7	0	1	1	1
8	1	0	0	0
9	1	0	0	1
10	1	0	1	0

思考与练习

1. 主控单元 MDCU 有哪些通信接口？
2. 本地单元 LDCU 有哪些通信接口？
3. 网络/硬线转换由哪条列车线控制？

4. 门零速信号丢失时,EDCU 内部安全继电器和驱动电机呈什么状态?
5. 门零速信号在什么时候给出?
6. 安全互锁电路起什么作用?
7. 再关门列车线的作用是什么?
8. 开门过程中,门零速信号丢失,车门如何动作?
9. 开门过程中,门允许信号丢失,车门如何动作?

视 频

车门控制电路

任务二 车门操作

任务目标

1. 掌握开关客室车门的条件和操作注意事项。
2. 掌握车门紧急解锁的操作方法和注意事项。

一、硬线/网络控制切换与开关门模式

1. 车门硬线/网络控制切换

司机发出的列车开关门指令同时通过 110 V 硬线(列车线)和 TCMS 控制网络传给门控单元(EDCU),由司机室继电器柜的“门开关控制切换”旋转开关(=81-S112)执行硬线/网络控制切换。

如图 8-5 所示,旋转开关 =81-S112 有“硬线”和“网络”两个位置,该开关的默认位置为“硬线”位(铅封)。此时, =81-S112 常开触点 13-14 断开,使“网络/硬线切换列车线”810111 失电,呈低电平,此信号传输给 A 车 DXMe1 单元及各门控单元(见图 8-2),命令门控单元执行硬线开关门指令。

在列车控制网络正常的条件下,也可采用网络控制指令进行车门的集中控制,此时,可将 =81-S112 开关旋转到“网络”位。此时,DC 110 V 由“车门控制”电源线 320531→“司机室占有”继电器 =22-K151 常开触点 53-54→810121 线→ =81-S112 常开触点 13-14→810113 线→“紧急牵引”开关 =22-S08 常闭触点 61-62→810110 线→“备用模式”继电器 =22-K105 常闭触点 61-62→810112 线→二极管 =81-V101→“网络/硬线切换列车线”810111 得电呈高电平,向 A 车 DXMe1 的-X3:B2 脚及各门控单元发出网络控制指令,列车根据网络信号执行开关门操作。

从图 8-5 中可看出,在紧急牵引模式、备用模式时,由于“紧急牵引”开关 =22-S08 或“备用模式”开关 =22-K105 常闭触点断开,不管 =81-S112 在“硬线”位还是“网络”位,810111 均呈低电平状态,列车执行硬线开关门指令。

综上所述,采用网络指令开门的前提条件是:

①列车网络正常;

②开关门控制切换开关在“网络”位;

③紧急牵引开关不在“合”位;

④备用模式开关不在“合”位。

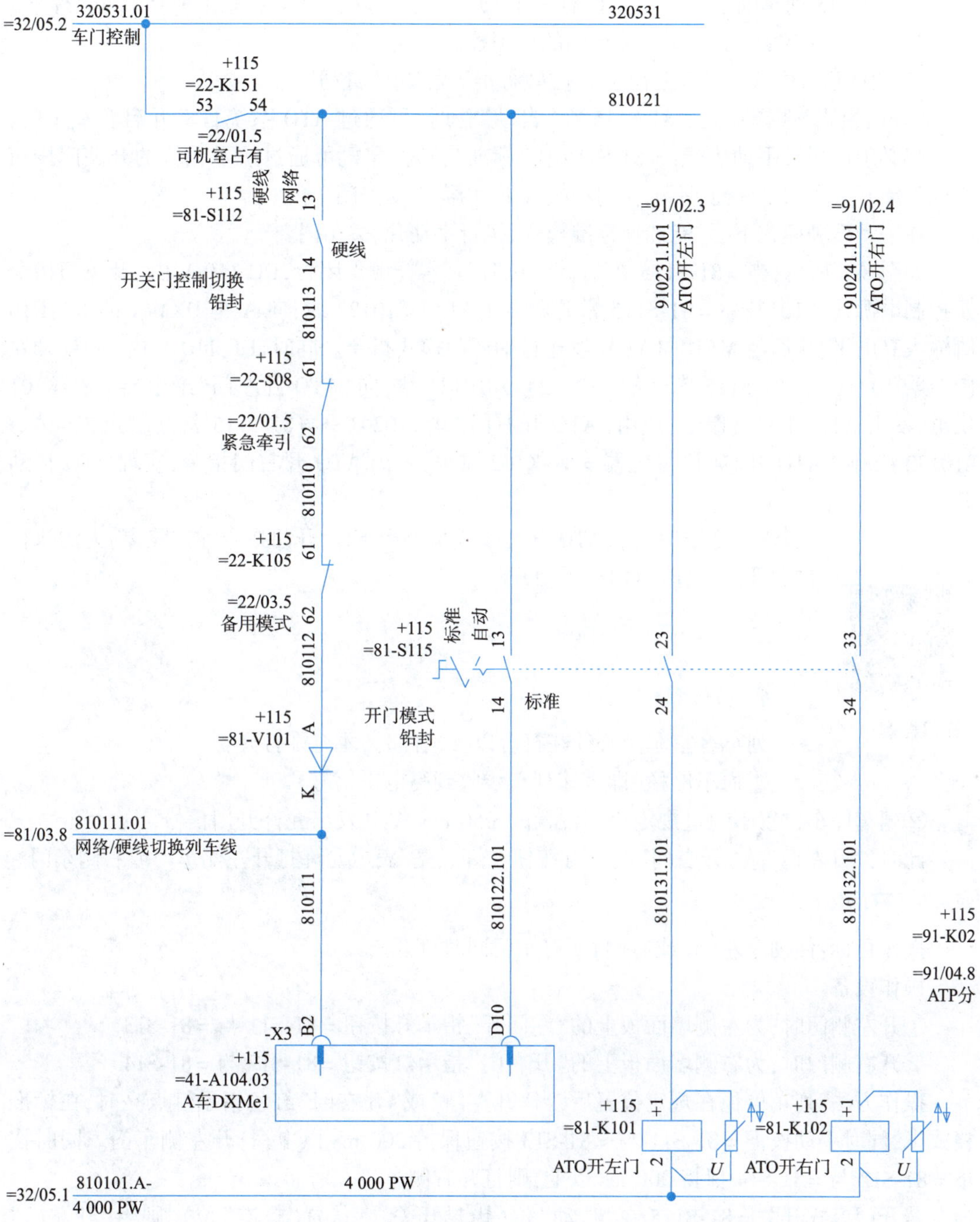

图 8-5　网络/硬线切换与开门模式

2. 开门模式选择

车门集中控制方式一般有三种模式：自动开门、手动关门；手动开门、手动关门；自动开门、自动关门。本车取消了自动关门模式，开门模式开关无论在“标准”位还是在“自动”位，都必须由司机手动按压相应的关门按钮，才能关闭打开的车门。

在 SZML1S 列车的主司机台上设有一个“开门模式”选择开关(=81-S115),分“标准”和“自动”两个位置,用于选择开关车门的集中控制方式。

在 ATO 运行模式下,客室车门可选择“标准”模式或“自动”模式。

“开门模式”选择开关 =81-S115 在“自动”位时,可通过 ATO 系统自动开启客室车门,但关门必须由司机手动执行;=81-S115 在“标准”位时,司机可通过按下相应的开关门按钮实现手动开关车门。注意,不论在何种模式下,均需手动关闭车门。

在手动驾驶模式下,只能选择标准模式,执行手动开、关车门。

如图 8-5 所示,当 =81-S115 在“自动”位时,其常开触点闭合,DC 110 V 由“开关门指令及控制电源线”810121→ =81-S115 常开触点 13-14→810122 线,向 A 车 DXMe1 的 X3:D10 脚输入高电平,从而经 MVB 向 VCM 发送自动开门模式指令。同时,DC 110 V 由“ATO 开左门”线 910231→ =81-S115 常开触点 23-24→810131 线,向“ATO 开左门”继电器 =81-K101 供电,发出 ATO 开左门指令,或由“ATO 开右门”线 910241→ =81-S115 常开触点 33-34→810132 线,向“ATO 开右门”继电器 =81-K102 供电,发出 ATO 开右门指令,实现 ATO 自动开门。

在“标准”位时,ATO 开门模式指令和 ATO 开门指令均被隔离,无法执行自动开门,只能由司机手动开门。

动画

开门控制

二、集中开门操作

1. 开门条件

列车客室车门必须在符合以下条件时,才允许打开:

①列车停稳(即零速列车线收到高电平信号)。

②列车停车位置不超过规定停车位置的 ±50 cm,ATP 发出允许开门信号。

此时,“开左门”或“开右门”指示灯按钮红灯点亮,表示允许打开左侧车门或右侧车门。

2. 开门操作

操作目标:使列车左侧(或右侧)所有车门同时打开。

操作设备:

①开左侧门时,为左侧墙面板上的“左门开”指示灯按钮 =81-S11 与 =81-S13。

②开右侧门时,为右侧墙面板上的“开右门”指示灯按钮 =81-S12 与 =81-S14。

操作方法:列车停稳在规定位置后,当“开左门”或“开右门”红色指示灯点亮时,在标准模式下,同时手动按下 =81-S11 与 =81-S13 按钮保持 200 ms 以上,打开左侧车门。同时按下 =81-S12 与 =81-S14 保持 200 ms 以上,则打开右侧车门。

若开门模式开关 =81-S115 在“自动”位(铅封开关,默认置“标准”位),则当“开左门”或“开右门”红色指示灯亮时,ATO 系统自动打开左侧或右侧车门。

3. 开门控制电路

(1)允许开门信号

①ATC 监控模式下的允许开门信号。

ATC 监控模式下,ATP 模式钥匙开关 =91-S01 在“合”位,“ATP 分”继电器 =91-K02 失电(见图 4-14)。当列车停稳在指定位置后,ATC 柜 =91-A01 的 K11:24 脚(左门允许)输出高电平，经 910722 线使“ATP 左门允许”继电器 =91-K07 得电。

如图 8-6 所示，=91-K07 得电后，DC 110 V 经“开关门指令及控制电源”线 810121→二极管 =81-V127→810149 线→ =91-K07 常开触点 3-11→4-12→ =91-K02 常闭触点 61-62→“左门允许”线 810141，向全列车所有左侧车门的 EDCU 发出允许开门指令。

同时，如图 8-7 所示，由“左门允许”线 810141→防迂回二极管 =81-V172→810721 线→“左门开”按钮灯 =81-S11// =81-S13，两个“左门开”红色指示灯同时点亮，给司机发出可以打开左侧车门的指示。

同样地，当 ATP 允许打开右门时，ATC 柜 =91-A01 的 K13:24 脚（右门允许）输出高电平，再经 910741 线使“ATP 右门允许”继电器 =91-K08 得电。DC 110 V 经“开关门指令及控制电源”线 810121→防迂回二极管 =81-V127→810149 线→ =91-K08 常开触点 3-11→4-12→ =91-K02 常闭触点 71-72→“右门允许”线 810151，向全列车所有右侧车门的 EDCU 发出允许开门指令。再由“右门允许”810151 线→防迂回二极管 =81-V174→810741 线→“右门开”按钮灯 =81-S12// =81-S14，两个“右门开”红色指示灯同时点亮，给司机发出可以打开右侧车门的指示。

②ATC 切除模式下的允许开门信号。

ATC 切除模式下，“ATP”开关 =91-S01 在“分”位，“ATP 分”继电器 =91-K02 得电，而“ATP 左门允许”继电器 =91-K07、“ATP 右门允许”继电器 =91-K08 均不会得电。

当列车停稳时，“速度 >0”继电器 =22-K118 失电，如图 8-6 所示，由 810121 线→二极管 =81-V107→810153 线→ =22-K118 常闭触点 51-52→810152 线→ =91-K02 常开触点 13-14→810141 线，发出左门允许指令。

同时，由 810152 线→ =91-K02 常开触点 43-44→810151 线，发出右门允许指令。

若“速度 >0”继电器故障，在试验或紧急情况时，可以将司机室继电器柜的“门零速旁路”铅封开关 =81-S109 置“合”位，DC 110 V 经 810121 线→防迂回二极管 =81-V102→810162 线→ =81-S109 常开触点 13-14→810152 线，向左门允许、右门允许列车线供电，发出允许开门信号。

注意，在 ATC 切除模式下，无法自动识别站台位置与开门方向，司机必须严格确认站台后，才能打开车门，以防止误开车门造成旅客受伤。

有些项目专门设置了左、右侧车门选择开关，选择开关设置好后，相应侧的开门按钮灯才会点亮。

在 ATC 监控模式下，由于“ATP 分”继电器失电，闭合“门零速旁路”开关时无法发出“允许开门”信号。

（2）门零速信号

当列车停稳后，“速度 >0”继电器 =22-K118 失电，DC 110 V 由“车门控制”线 320531→ =81-V108→810175 线→ =22-K118 常闭触点 81-82→“门零速”线 810171 得电，向全列车所有 EDCU 单元发送门零速信号。门零速信号还发送到 A 车 DXMe1 的 X3:D2 脚（见图 8-8），通过 TCMS 把门零速信号传递各 EDCU。

当速度检测故障，或“速度 >0”继电器故障时，可闭合“门零速旁路”开关 =81-S109，由 810121 线→ =81-V103→810174 线→ =81-S109 常开触点 33-34→810171 线，旁路门零速继电器，发出门零速信号。

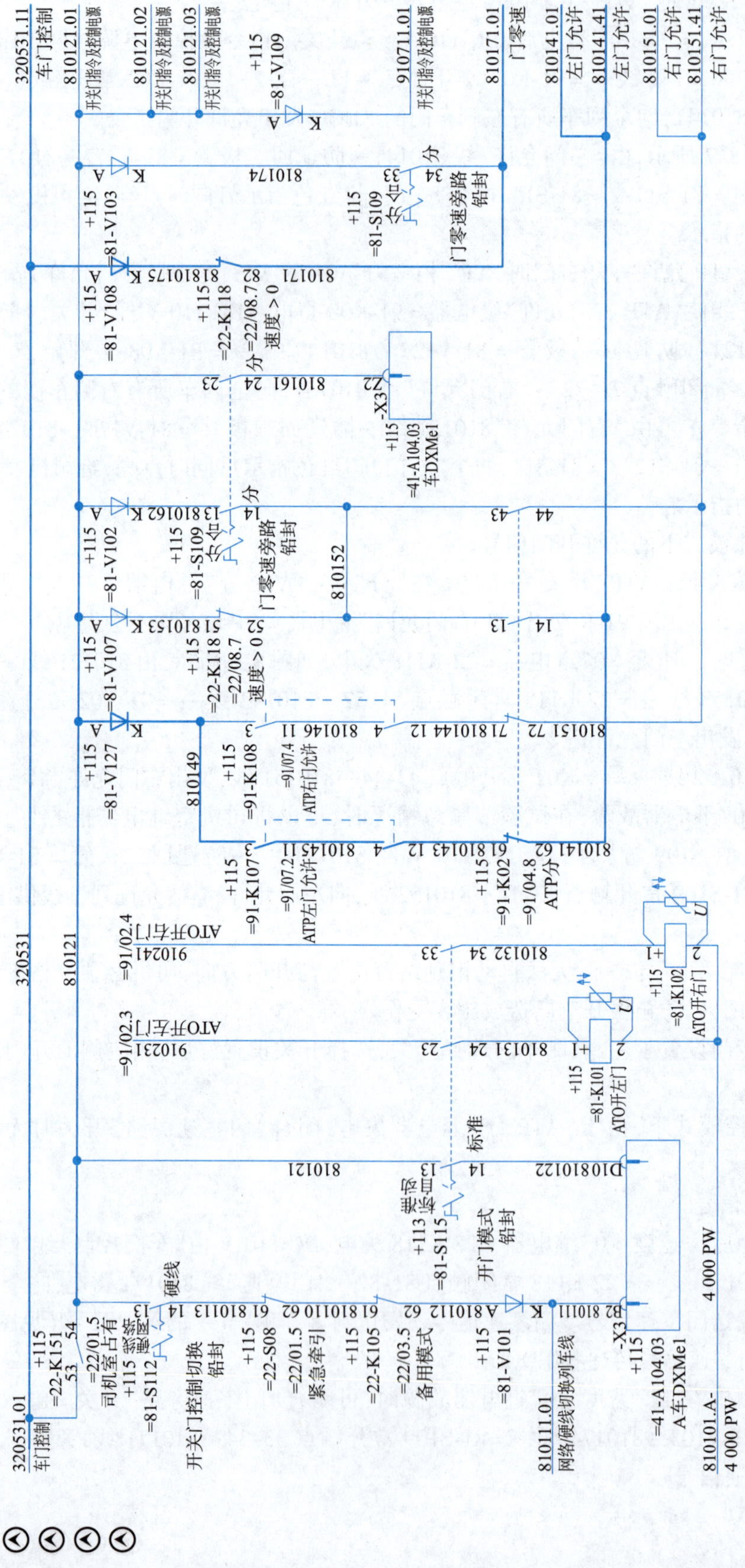

图 8-6　允许开门信号与门零速信号

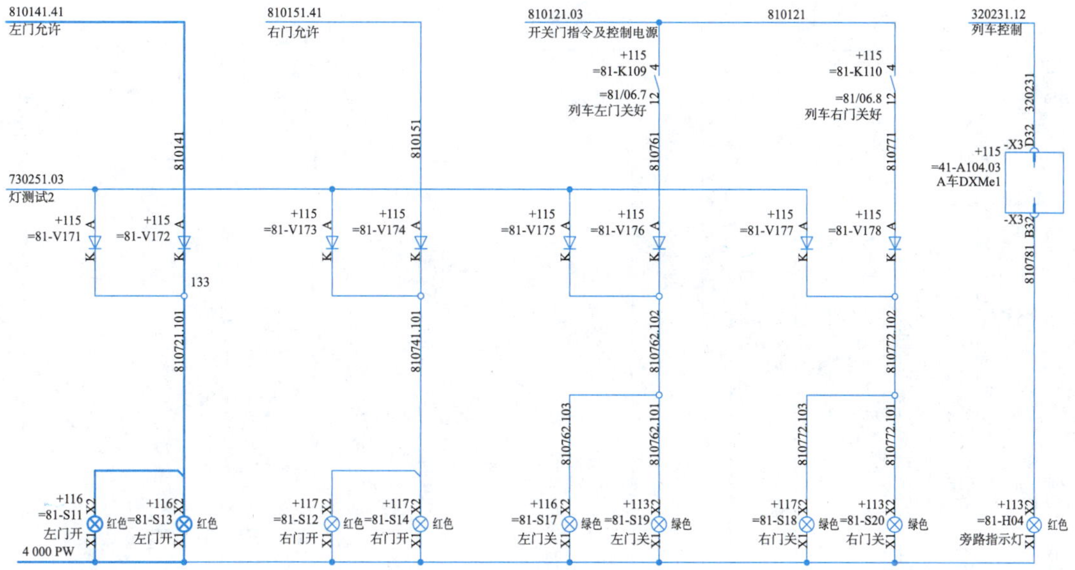

图 8-7　开门/关门按钮灯

闭合“门零速旁路”开关时，由 810121 线→＝81-S109 常开触点 23-24→810161 线，向 A 车 DXMe1 的 X3：Z2 脚发送高电平，向 TCMS 系统发送门零速旁路操作记录信号。

(3)开门信号

下面以开左侧门为例，说明列车开门控制过程。

①ATO 自动开门。

此时，司机台上的“开门模式”开关＝81-S115 在“自动”位。

以左门为例，列车停稳在站台指定位置后，ATC 机柜 K31：14 脚发出自动开门指令，使 910231 线呈高电平，由 910231 线→“开门模式”开关＝81-S115 常开触点 23-24→810131 线→“ATO 开左门”继电器＝81-K101 线圈得电(见图 8-5)。

如图 8-8 所示，＝81-K101 得电后，DC 110 V 由“开关门指令及控制电源”线 810121→二极管＝81-V104→810231 线→“左门关”按钮＝81-S19 常闭触点 21-22→“左门关”按钮＝81-S17 常闭触点 21-22→810232 线→“ATO 开左门”继电器＝81-K101 常开触点 11-3→“左门开”列车线 810212，一方面向 A 车 DXMe1 的-X3：B6 脚发送“左门开”指令，由 TCMS 网络把开门指令发送到各门控单元，另一方面通过 810212 线向全车所有左侧门控单元发送开门指令。

在执行硬线开/关门时，EDCU 执行 810212 线发送来的开门指令，进行开门操作；在执行网络开/关门时，EDCU 执行 TCMS 网络发送来的开门指令，进行开门操作。

EDCU 单元同时收到允许开门信号、门零速信号和开门信号时，执行开门操作。在开门过程中，在满足“允许开门”的条件下，若“网络开门信号”(执行网络开门时)或“开门列车线”(执行硬线开门时)信号由高电平跳变为低电平，客室车门仍会开启到“门开到位”位置。但若开门过程中，允许开门信号或零速信号由高电平跳变为低电平，或按下关门按钮，车门立即关闭。

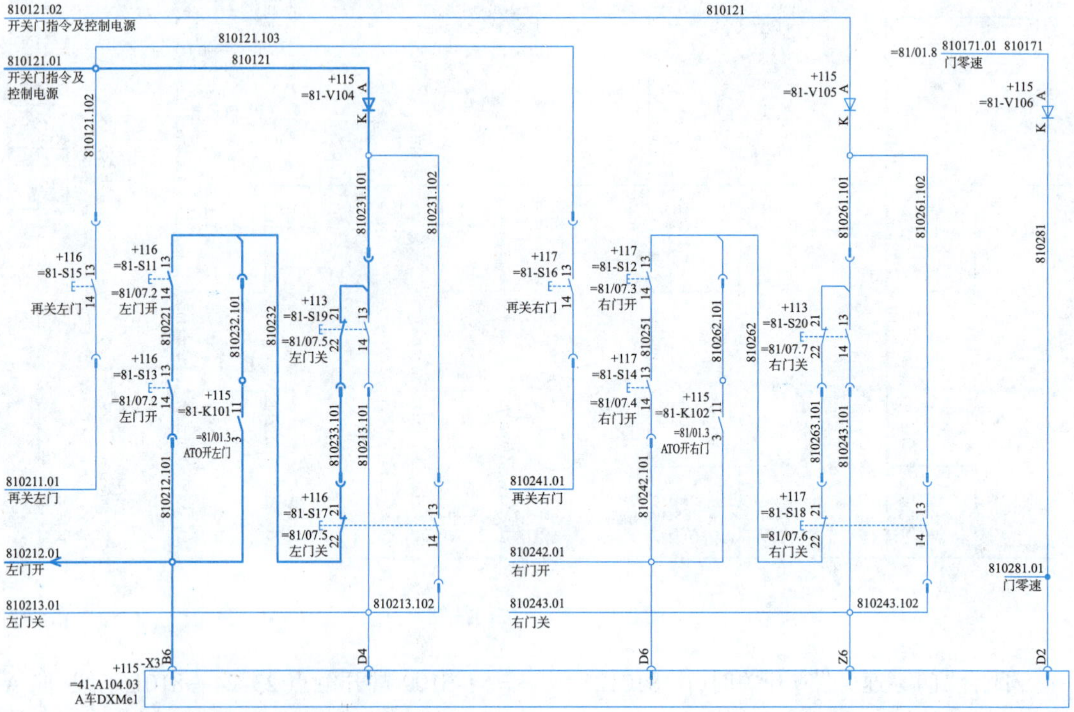

图 8-8　开关门命令

②手动开门。

当“开门模式”开关 =81-S115 在“标准”位时，在列车停靠在规定位置后，ATC 自动发出允许开门信号。此时，同时按下左侧墙面板上的开门按钮 =81-S11、=81-S13，同样能使“左门开”列车线得电，发出开门指令。

如图 8-8 所示，DC 110 V 电源由“开关门指令及控制电源”线 810121→二极管 =81-V104→810231 线→“左门关”按钮 =81-S19 常闭触点 21-22→“左门关”按钮 =81-S17 常闭触点 21-22→810232 线→“左门开”按钮 =81-S11 常开触点 13-14→“左门开”按钮 =81-S13 常开触点 13-14 →“左门开”列车线 810212，一方面向 A 车 DXMe1 的-X3：B6 脚发送“左门开”指令，由 TCMS 网络把开门指令发送到各门控单元，另一方面通过 810212 线向全车所有左侧门控单元发送开门指令。

需要注意的是，由于两个开门按钮构成串联电路，必须同时按下两个“左门开”按钮，才能发出开左门指令。由于 EDCU 单元在检测到“开门列车线”信号从低电平跳变到高电平，且保持高电平状态 200 ms 以上，认为“开门列车线”信号有效，司机执行手动开门时，建议按压开门按钮保持 3 s 以上，以确保 EDCU 能正确执行开门操作。

三、紧急解锁开门

1. 车内紧急解锁装置（紧急出口装置）

为了在紧急状态下能够手动打开车门，在每对车门的车内右侧的门立柱罩板上配备了一套紧急解锁装置（见图 8-9）。该装置有一个手柄，通过拉开透明罩板后旋转手柄。解锁时，手柄被拉到锁定点，经由钢丝绳释放门锁，并使锁闭装置处的紧急解锁开关 S3 动作。

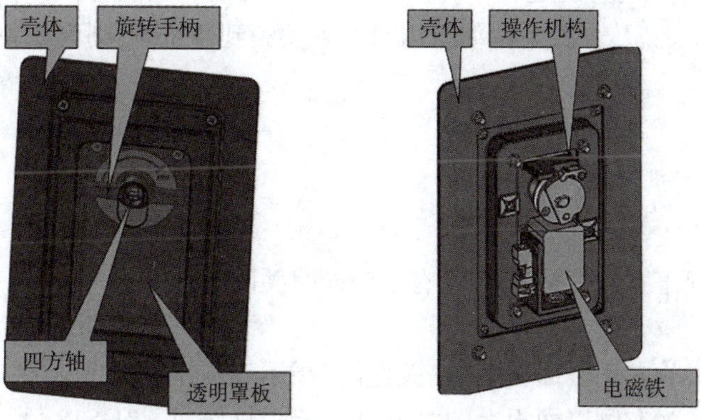

(a)正面　　(b)背面

图 8-9　紧急解锁装置

进行解锁操作后，解锁装置将被定位在操作状态，只能用方孔钥匙进行紧急解锁装置的复位操作，乘客无法将紧急解锁恢复到正常工作状态。

紧急解锁装置内部有一紧急解锁电磁铁，“允许开门列车线”且“零速列车线”有效时，紧急解锁电磁铁失电，此时可以操作内紧急解锁装置；“门使能列车线”或“零速列车线”无效时，紧急解锁电磁铁得电，此时无法操作内紧急解锁装置。若“门使能列车线”或“零速列车线”无效时，检测到紧急解锁信号，电机将执行 5 min 关门力(150 ~ 300 N 可调)。

没有操作机械隔离装置的情况下，复位“紧急解锁装置”，未关锁到位的门将立即执行关门操作。

2. 车外紧急解锁装置(紧急入口装置)

为使工作人员在紧急情况下可以通过方孔钥匙从车外打开车门，每节车还配备了两套紧急入口装置，位于 A、B、C 车二端(9 号门和 10 号门)靠贯通道的侧墙上，每侧各有一套。

外部紧急解锁装置解锁车门时不受“允许开门列车线”和“零速列车线”控制。

3. 紧急解锁手动开门

(1)在“零速列车线”信号为高电平的情况下紧急解锁车门

①通过钢丝绳操作锁闭装置，实现车门机械解锁，并打开一条缝；

②紧急解锁开关 S3 动作，将信号传递给 EDCU，解除电机关门力；

③在开门和关门方向上手动移动车门。

如果解锁了紧急解锁装置，必须在列车重新启动之前用方孔钥匙复位紧急解锁装置。复位紧急解锁装置后，车门立即关闭，且具有障碍物检测功能。

(2)在“零速列车线”信号为低电平的情况下紧急解锁车门

在没有操作隔离装置的情况下，EDCU 控制电机输出持续 5 min 的关门力，从而使强行被打开的车门重新关闭。关门过程中，关门防挤压功能将被禁止，作用于门扇的关门力将有如下变化：

①若门已经关锁到位，电机停在当前位置。

②若门未关锁到位,电机将试图驱动门扇回到关锁到位位置。

③若维持 5 min 关门力的过程中,门扇可以回到关锁到位位置,则门扇将停在关锁到位位置,电机锁死停。之后,若人为拉动门扇离开了关锁到位位置,则将重新激活维持 5 min 关门力功能。

四、车门关闭

1. 关门操作

操作目标:使列车左侧(或右侧)所有车门同时关闭。

操作设备:

①关左侧门时,为左侧墙面板上的"关左门"指示灯按钮 =81-S17。

②关右侧门时,为右侧墙面板上的"关右门"指示灯按钮 =81-S18。

操作方法:DTI 倒计时结束,司机检查无乘客上下车,按下 =81-S17 按钮,关闭左侧车门;按下 =81-S18,则关闭右侧车门。车门关闭后,关门按钮绿色指示灯亮。

2. 电路分析

如图 8-8 所示,司机按下司机台"左门关"按钮 =81-S19,或左侧墙"左门关"按钮 =81-S17,其常闭触点断开,确保"左门开"列车线失电。同时,DC 110 V 电源由"开关门指令及控制电源"线 810121→=81-V104→810231 线→=81-S19 常开触点 13-14|| =81-S17 常开触点 13-14→"左门关"列车线 810213。

一方面使 A 车 DXMe1 的-X3:D4 脚置高电平,通过 TCMS 网络向各 EDCU 发送网络关门指令,另一方面通过 810213 线向各 EDCU 发送列车线关门指令,使车门立即关闭。

EDCU 根据车门"网络/硬线切换列车线"810111 的状态及网络状态选择关门指令信号,当 810111 为高电平,且网络传输正常时,采用网络信号关门。在默认状态,或网络故障时,采用关门列车线信号关门。

如果在关门过程中,"关门"信号(硬线或网络)从高电平跳变为低电平,车门仍然会关闭到关锁到位位置。

思考与练习

1. 如何进行车门硬线/网络控制切换,开关门控制切换开关的默认位置是哪个位置?
2. 采用网络指令开门的前提条件是什么?
3. 车门集中控制一般有哪 3 种模式?
4. 如何选择手动开门方式?
5. 在满足哪些条件时才允许打开客室车门?
6. 允许开门信号是如何发出的?
7. 如何判断允许开门信号是否已经发出?
8. 门零速信号是如何发出的?如何旁路门零速信号?
9. 车内紧急解锁开门的条件是什么?如何进行车内紧急解锁开门?
10. 如何进行车外紧急解锁开门?

视频

车门监视

任务三　车门监控与保护

任务目标

1. 掌握车门监控电路的构成及作用。
2. 掌握车门隔离的操作方法。
3. 掌握安全回路的构成及保护作用。
4. 掌握车门安全回路的旁路操作方法及注意事项。

一、车门关闭状态监视

1. 一对车门关闭状态监视

客室车门关闭后，系统通过车门锁到位开关 S1(DLS)及车门关到位开关 S4(DCS)监视车门是否已经正常关闭。图 8-10 为一般的车门关闭状态监视电路(即安全互锁回路)。图中，S3 为车门紧急解锁装置联锁触点开关，S2 为车门隔离装置联锁触点。在车门关到位、锁到位、未隔离、未紧急解锁的默认状态下，S4、S1、S3 常闭触点构成的串联电路连通。在紧急解锁时，S3 常闭触点断开，该串联电路断开，发出车门未关好信号，中断列车牵引；在车门隔离时，S2 常开触点将该串联电路短接，不再监视此车门。

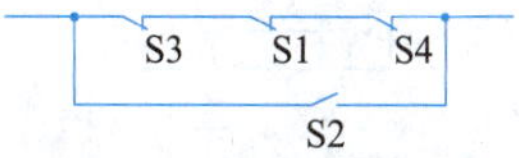

图 8-10　一般的车门关闭状态监视电路

如图 8-3 所示为 SZML1S 实际采用的单节车门监视电路。当车门锁闭到位后，车门锁到位开关 S1 及车门关到位开关 S4 的常闭触点均闭合，由 S4 常闭触点、S1 常闭触点所构成的串联回路导通，若在输入端输入 DC 110 V 信号，则可在输出端检测到高电平输出信号，即通过对电路输出点电平的监视，就可实时监视该车门是否已经关闭和锁闭。

同时，将 S1、S4 的常开触点信号通过 EDCU 单元的-X1:2 和-X1:3 脚输入 EDCU 单元，并通过网络将监控信息发送到 ATC 系统。当 S1 常开触点断开时，-X1:2 脚为低电平，系统判定该门已经锁闭；当 S4 常开触点断开，-X1:3 脚为低电平，系统判定该门已经关闭。这样，TCMS 系统可以监视每对车门的实时状态。

当车门未关闭或未锁闭时，S1、S4 常闭触点串联电路断开，而 S1 或 S4 常开触点闭合，检测信号通过 TCMS 系统传递 ATC，ATC 将禁止列车牵引，起到安全保护作用，因此该电路也叫安全互锁回路。

进行车门隔离(也称车门切除)操作时，车门隔离联锁开关 S2 常开触点闭合，将车门互锁回路短接，向-X1:13 和-X1:14 脚输入旁路信号，不管 S1、S4 是否闭合，都准许列车牵引运行。当 ATC 故障或 ATC 切除时，ATC 失去监控作用，此时，列车仅依靠安全互锁电路的导通信息进行牵引安全保护。

2. 单节车左(右)侧车门关闭状态监视

列车通过对单侧车门的所有“关到位”开关 S4 及“锁到位”开关 S1 常闭触点串联构成的安全互锁回路监视单节车门的关闭情况。将同一辆车左侧或右侧安全互锁回路串联，即可实现单节车左(右)侧车门的关闭状态监视,如图 8-11 所示为单节车门关闭状态监视原理图。

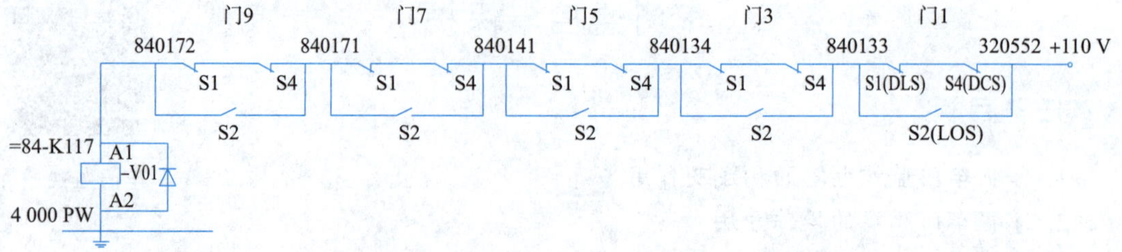

(1) A 车左门状态监视

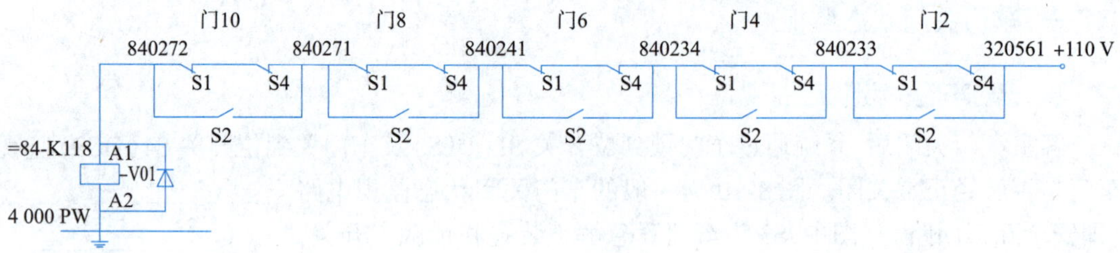

(2) A 车右门状态监视

图 8-11　单节车门关闭状态监视

动 画

车门安全环路

如图 8-12 所示为 SZML1S 列车实际采用的单节车门的状态监视电路。以 A 车例,当如 A 车左侧车门全部关闭后,所有车门的 S4 及 S1 常闭触点均关闭,DC 110 V 电源由 320552 线供电,经 A 车左侧 5 对车门的 S4、S1 安全互锁串联回路后,由 840172 线向“A 车左门状态监视”继电器 =84-K117 线圈供电,换言之,若继电器 =84-K117 得电,则说明 A 车所有左侧车门均已关到位且锁到位,处于安全状态,该电路也称为单节车门安全回路。

=84-K117 得电后,其常开触点闭合,由 840172 线→ =84-K117 常开触点 12-4→840169 线→A 车 DXMe1 模块-X3:D8 脚,向 TCMS 系统输入 A 车左侧所有车门已全部关闭信号。

3. 车门隔离操作

车门隔离又称为车门切除。当发现因某对车门安全互锁回路故障而导致列车无法牵引运行时,可在人工关好车门好,用 7 mm 方孔钥匙进行隔离操作。车门隔离后,S2 常开触点短接该对车门的 S4、S1 构成的安全互锁电路,使单节车门安全回路保持连通。同时,通过 S2 常闭触点向 EDCU 发送隔离操作信号,该信号通过 TCMS 送到 ATC 系统,ATC 忽略该车门的监视。

操作目标:隔离故障车门,使其不接受车门集中控制。

操作设备:7 mm 方孔钥匙。

操作方法:人工关闭车门并确认后,用四角钥匙将车门隔离装置打到隔离位。此时,车门上方“车门切除”红色指示灯 =82-A101-H2 点亮(见图 8-2)。

通过 7 mm 方孔钥匙实施客室车门隔离操作,该钥匙还可将紧急解锁手柄锁定在其正常位置,从而防止随后的机械解锁。客室车门隔离后,隔离装置把隔离信号(S2 常闭触点信号)传送到门控单元 EDCU,禁止车门电机转动,从而实现车门隔离。这样,当司机集中控制

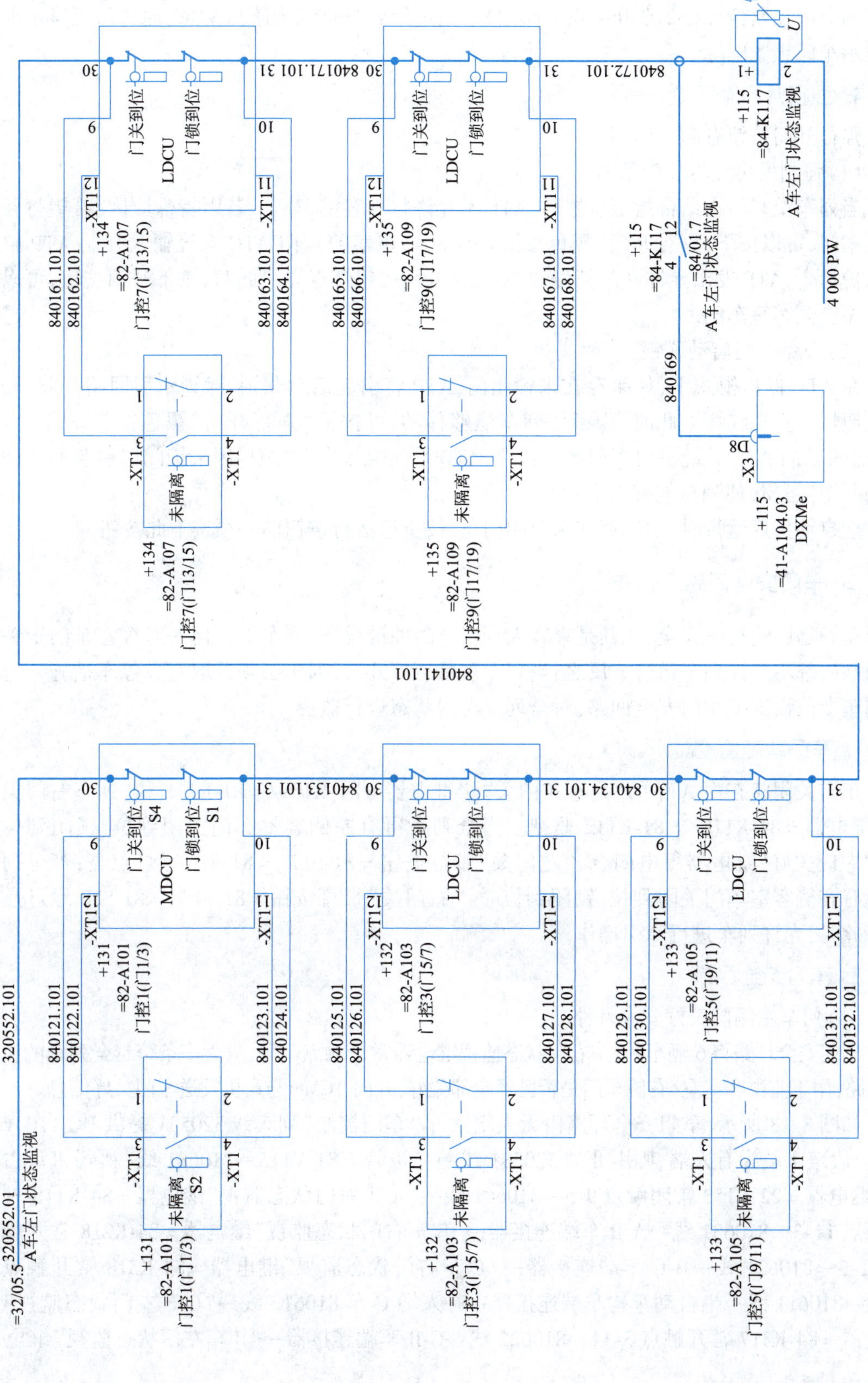

图 8-12　实际采用的单节车门状态监视电路

车门打开或关闭时,被隔离的车门不再动作,从而退出服务。同时,由门控单元 EDCU 将检测到的车门锁紧情况(S2 常开触点旁路信号)通过给列车总线传递到 VCU,通过司机显示屏上显示车门锁紧图标。

4. 强行开门操作

强行开门按钮有两个作用:

(1)强制发出允许开门信号

当列车没有停在站台指定位置时,ATP 不允许打开客室车门。若因特殊原因,希望打开客室车门,可以按下“强行开门”黑色按钮 =91-S04(覆盖的),向 ATC 系统输入强制 ATP 解除保护指令,ATP 发出允许开门信号,并使红色开门按钮灯点亮。此时,按下开门按钮,可以打开相应侧客室车门。

(2)旁路车门启动联锁

在 ATP 保护模式下,如果存在未锁闭门,ATP 将引起启动联锁,封锁牵引回路,同时开门按钮灯一直亮红灯。此时,为了使列车能够移动,可按下“强行开门”黑色按钮 =91-S04(覆盖的),向 ATC 系统发出车门旁路指令,ATP 系统内部执行“短接因未锁闭门引起的 ATP 启动联锁”逻辑,使列车能够牵引运行。

全自动折返运行时,如果存在未锁闭门,在按折返运行按钮前必须按下此按钮。

二、车门安全回路及保护

车门是影响行车安全,尤其是乘客人身安全的关键设备,列车上任何一对客室车门未关好、锁好,都不允许列车运行。反之,当列车被紧急打开时,列车必须采取紧急停车措施。地铁列车专门设置了车门安全回路,对全列车车门状态进行监控。

1. 车门状态监控

车门关闭状态由 A 车的“列车左门关好”继电器 =81-K109/ =81-K111 和“列车右门关好”继电器 =81-K110/ =81-K112 监视。当全列车所有左侧客室车门关闭到位、锁闭到位时,“左门关好”继电器得电闭合,“左门关”带灯按钮 =81-S17、=81-S19 绿灯点亮;当全列车所有右侧客室车门关闭到位、锁闭到位时,“右门关”带灯按钮 =81-S18、=81-S20 绿灯点亮。此时,允许列车进行牵引操作。

2. 车门安全回路

(1)列车左侧门关好安全环路

车门安全环路将 6 辆车的左/右门状态监视继电器常开触点串联,成为一条跨越全列车的监视电路,用于监视客室左/右侧车门是否已经全部关好,并向 TCMS 与司机发送车门关好信息。

如图 8-13 所示,车门安全环路由无人端 A 车“车门控制”列车线 320531 提供 DC 110 V 供电,假定Ⅰ端为有人端,则由Ⅱ端 320531 线→二极管 =81-V115→810681 线→“司机室占有”继电器 =22-K153 常闭触点 9-5→810661 线→“A 车右门状态监视”继电器 =84-K118 常开触点 11-3→810631 线→A-B 车端连接器→“B 车右门状态监视”继电器 =84-K218 常开触点 11-3→810621 线→B-C 车端连接器→“C 车右门状态监视”继电器 =84-K318 常开触点 11-3→810611 线→半自动车钩车端连接器→有人端 C 车 810612 线→“C 车左门状态监视”继电器 =84-K317 常开触点 3-11→810622 线→C-B 车端连接器→“B 车左门状态监视”继电

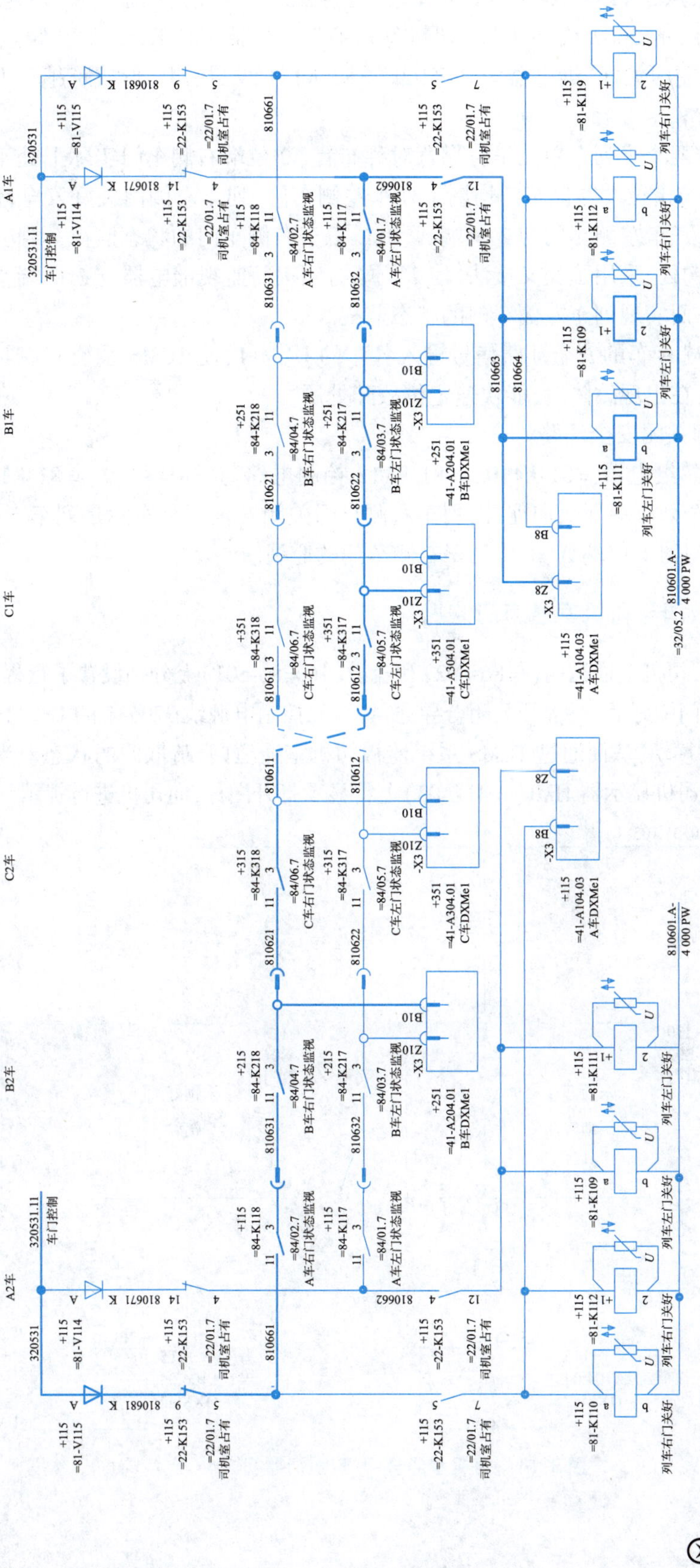

图 8-13　车门关闭安全环路

器 =84-K217 常开触点 3-11→810632→B-A 车端连接器→“A 车左门状态监视”继电器 =84-K117 常开触点 3-11→810662 线→Ⅰ端“司机室占有”继电器 =22-K153 常开触点 4-12→810663 线，向“列车左门关好”继电器 =81-K109、=81-K111 线圈供电，形成跨越全列车的列车左门关好安全环路。

需要注意，由于两个半列车单元呈背靠背对称布置，2 位端右侧车门实际上处于列车左侧，2 位端右侧车门与 1 位端左侧车门均属于列车左侧车门，列车左侧门关好安全环路实际是对 1 位端 A、B、C 三车左侧车门与 2 位端 A、B、C 三车右侧车门的状态监视，因此，列车安全环路在半自动车钩处，采用了交叉接法，使 2 位端右侧车门监视继电器与 1 位端左侧车门监视继电器串联，从而实现列车左侧车门的状态监视。

B、C 车与有人端 A 车的安全环路信号输入各车的 DXMe1，使 TCMS 系统实现对车门安全环路的多点监视，在出现故障时，能快速定位故障处所。

(2)列车右侧门关闭安全环路

“列车右门关好”继电器 =81-K110、=81-K112 控制电路与 =81-K109、=81-K111 电路原理相似。由于两个列车单元反向连挂，列车右侧车门关闭安全回路实际是列车 2 位端 A、B、C 车三车左侧车门与 1 位端 A、B、C 三车右侧车门的监视。

三、司机室疏散门与司机室通道门监视

如图 8-14 所示，司机室通道门(=86-S02)和疏散门(=86-S01)上分别设置了行程开关，当司机室通道门、疏散门锁好后，行程开关闭合导通，将车门控制电源线 320531 的 DC 110 V + 信号送入 A 车 DXMe2 模块，从而通过 TCMS 系统监视司机室通道门、疏散门的状态。当通道门或疏散门被打开时，司机显示器 HMI(=41-A03)上将显示打开图标，向司机进行提示。

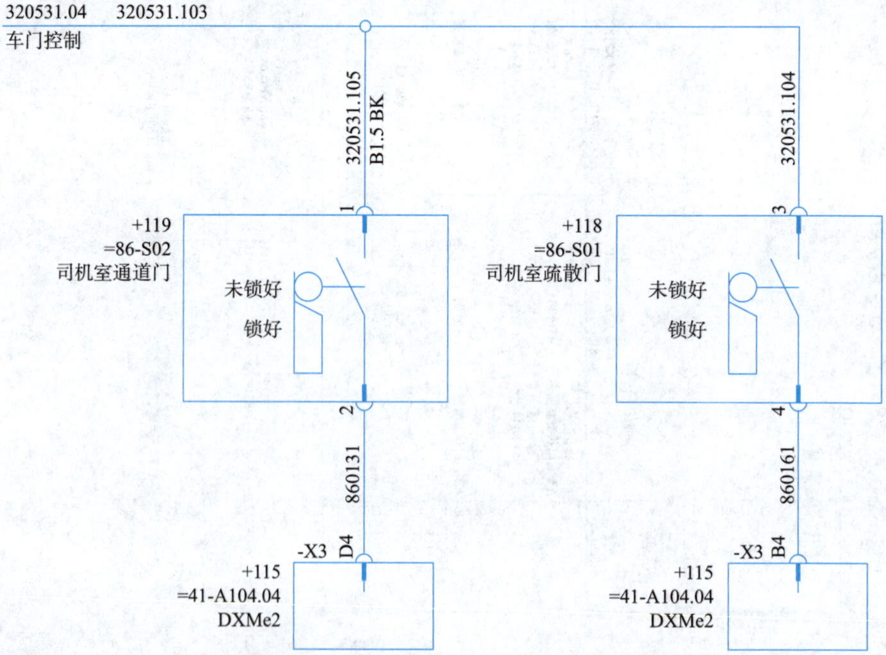

图 8-14　司机室通道门、疏散门监视

思考与练习

1. 开门按钮亮红灯的含义是什么？
2. 关门按钮亮绿灯的含义是什么？
3. 车门上有几个行程开关？各起什么作用？
4. 客室车门开关有哪些模式？
5. ATO 模式下，若采用人工开门，需要怎样设置？
6. ATP 模式下，列车在什么情况下会收到车门缓解信号？
7. 说明单节车门安全回路的构成。
8. 说明全列车车门安全回路的构成。
9. 怎样切除车门？
10. 如何紧急打开车门？
11. 车门切除时，车门上方显示灯显示什么信号？
12. 开门过程中，车门上方显示灯显示什么信号？
13. 关门过程中，车门上方显示灯显示什么信号？
14. 请根据电路图分析开门过程。
15. 请根据电路图分析关门过程。
16. 强行开门按钮起什么作用？
17. 车门解锁装置与车门切除装置之间有什么联系？
18. 车门紧急解锁后，应如何恢复？
19. 必须满足哪些条件，客室车门才能打开？
20. 开门过程中，零速信号丢失，车门会呈什么状态？
21. 开门过程中，允许开门信号丢失，车门会呈什么状态？
22. 开门过程中，开门信号丢失，车门会呈什么状态？

项目九
车辆段五防锁系统与静调电源柜

能力目标

1. 掌握车辆段五防锁系统的操作流程。
2. 了解静调电源柜的设备构成，掌握其操作要求。

任务一　车辆段五防锁系统

任务目标

1. 掌握车辆段五防锁系统的构成。
2. 掌握车辆段五防锁系统的操作程序与注意事项。

一、车辆段五防锁系统概述

在列车出、入库及库内作业过程中，必须确保检修人员的人身安全和设备安全。作业区是被隔离的无电区，应通过隔离开关将接触网断开并挂接接地线。在整个作业过程中，必须对库内的关键设备如检修作业平台作业状态、接触网高压隔离开关（见图 9-1）等进行安全联锁控制，同时，还应对隔离开关的开闭状态、检修平台作业状态进行全程安全监控。

车辆段“五防”安全联锁防护系统是针对车辆段检修安全联锁防护要求而设计的一套专用系统，专门用于车辆段进行车辆停电检修或整备作业时，防止工作人员在送电和办理安全措施操作程序中因发生错误而导致安全生产事故。系统按照事先设计好了的操作程序，通过防误逻辑判断，限制作业人员的操作流程，从而防止因操作程序错误而导致事故发生，保证安全生产。系统的防误操作要贯穿于整个检修作业全过程。

车辆段“五防”安全联锁防护系统与车辆基地管理措施配套，建立了一个程序化、网络化、可视化、标准化的作业管理自动化系统，实现车辆基地运用库、联合检修库保安全、高效率、低成本的运营目标。

车辆段五防安全联锁防护系统防误的五防规则如下：

①防止误分、误合隔离开关（只有操作指令与操作设备对应时，才能对被操作设备操作）。

②防止带地线或带接地刀合隔离开关（只有当无接地线和接地刀分闸状态时，才能对隔离开关执行合闸操作）。

图 9-1　接触网高压隔离开关

③防止带电接地线或合接地刀(只有隔离开关在分闸状态时,才能进行挂接地线或合上接地刀操作)。

④防止误入有电区域(只有隔离开关在分闸并且有接地线或接地刀在合闸状态时,才能对分间门进行打开操作)。

⑤防止有人滞留在带电区域内(只有间隔内无停留人员状态时,才能对分间门进行锁闭操作)。

二、系统结构

1. 系统构成

车辆段五防安全联锁防护系统结构如图 9-2 所示,主要包括 DCC 显示调度子系统、停车列检线子系统以及登顶检修平台安全联锁防误子系统。

(1) DCC 显示调度子系统

由系统服务器、系统工作站、刷卡器、智能钥匙、打印机及网络通信设备等组成,实现检修平台安全联锁防误及停车列检位微机防误的监控管理功能。

(2)停车列检线微机防误子系统

由防误锁具、接触网带电显示装置等组成。提供智能钥匙防误操作(股道停送电操作)和接触网带电显示功能。

(3)登顶检修平台安全联锁防误子系统

由智能终端机、可视化接地装置、隔开监控 RTU、智能门禁装置、红外检测器、LED 显示装置、视频装置及控制柜等组成。

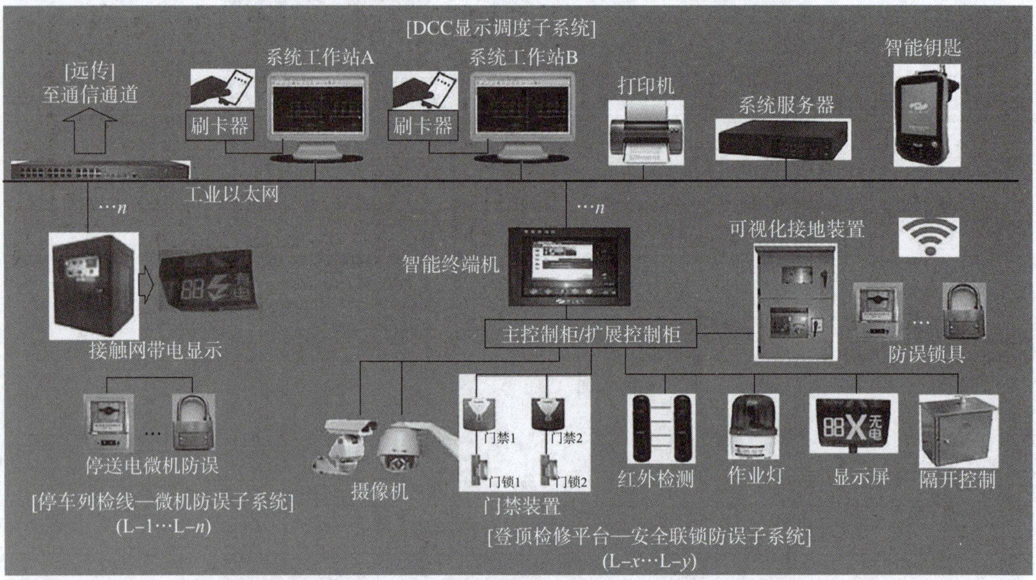

图 9-2　防锁系统构成

2. 车辆段“五防”安全联锁防护系统的主要功能

①集中防误操作功能(智能终端)。

②后备防误操作功能(智能钥匙)。

③可视化验电接地功能。

④股道隔开监控功能。

⑤智能门禁控制功能。

⑥LED 信息显示功能。

⑦安全语音提示功能。

⑧视频监控功能等。

3. 智能终端机

智能终端机操作界面如图 9-3 所示。主要设备包括:

①刷卡器:用于作业人员刷卡。

②电源开关:用于智能终端机重启。

③显示器:集触摸屏和显示屏一体,用于系统终端显示和智能操作。

④扬声器:用于系统语音提示。

信号灯指示:

①“隔离开关”指示灯:红灯亮表示隔离开关合位,绿灯亮表示隔离开关分位。

②“接地状态”指示灯:红灯亮表示接地开关合位,灯灭表示接地开关分位。

③“门禁启用”指示灯:黄灯亮表示门禁启用状态可刷卡通过,灯灭表示门禁禁用。

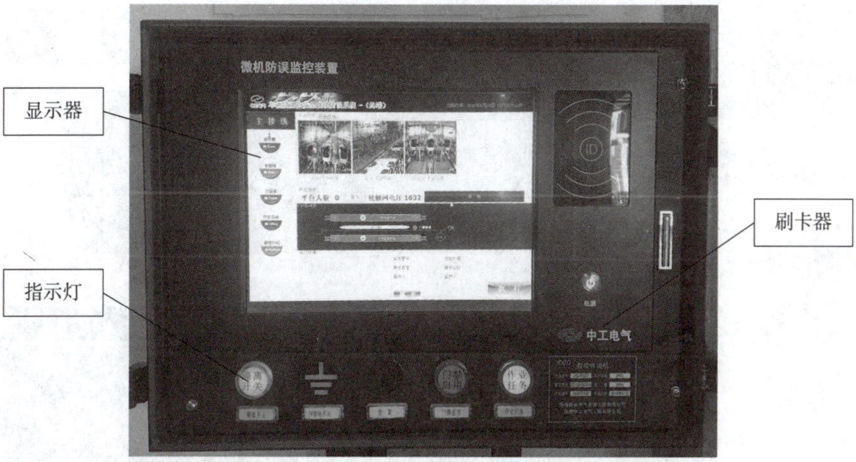

图 9-3　智能终端机操作界面

④“作业任务”指示灯:蓝灯亮显示该股道已下发操作票,灯灭表示无可执行的操作票。

三、五防锁系统操作流程

“五防”安全防护系统一键式操作主要通过智能终端机完成操作,操作流程如图 9-4 所示。

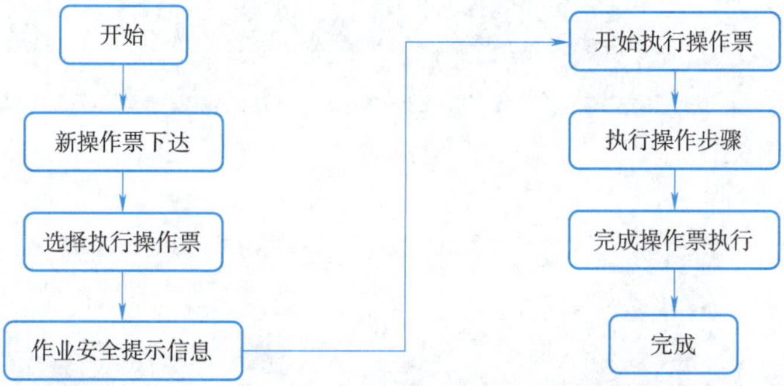

图 9-4　一键式操作流程

1. 系统启动

系统启动后进入如图 9-5 所示的主界面,显示包括股道视频、平台接线图、股道操作票情况等信息。

2. 选择操作票

如图 9-6 所示,点击“操作票”按钮,选中“待执行操作票”列表中的需要执行的操作票,然后点击“进入作业”按钮。进入作业后,阅读操作时的注意事项内容,阅读完成后,点击“继续”按钮。

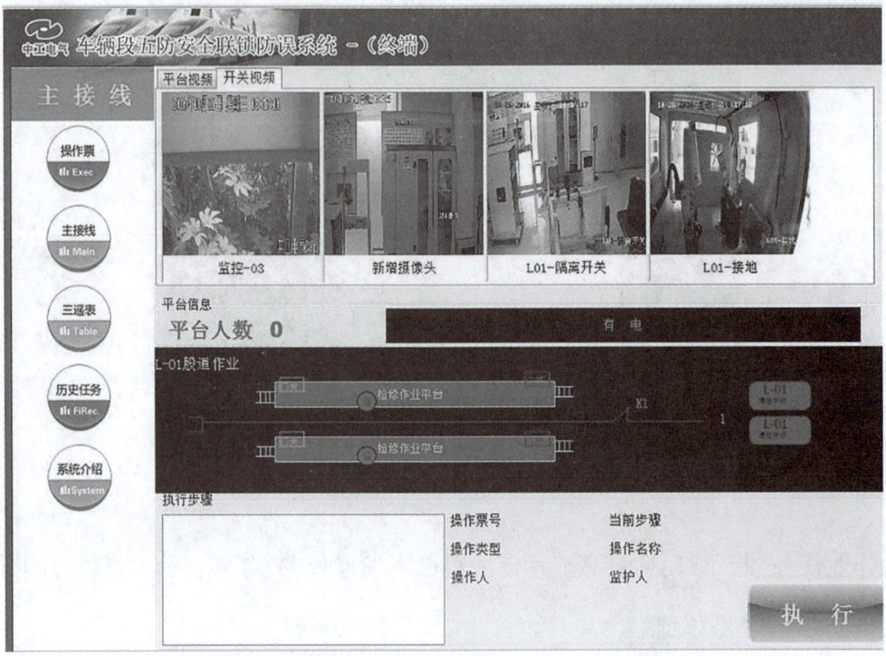

图 9-5　智能终端机主界面

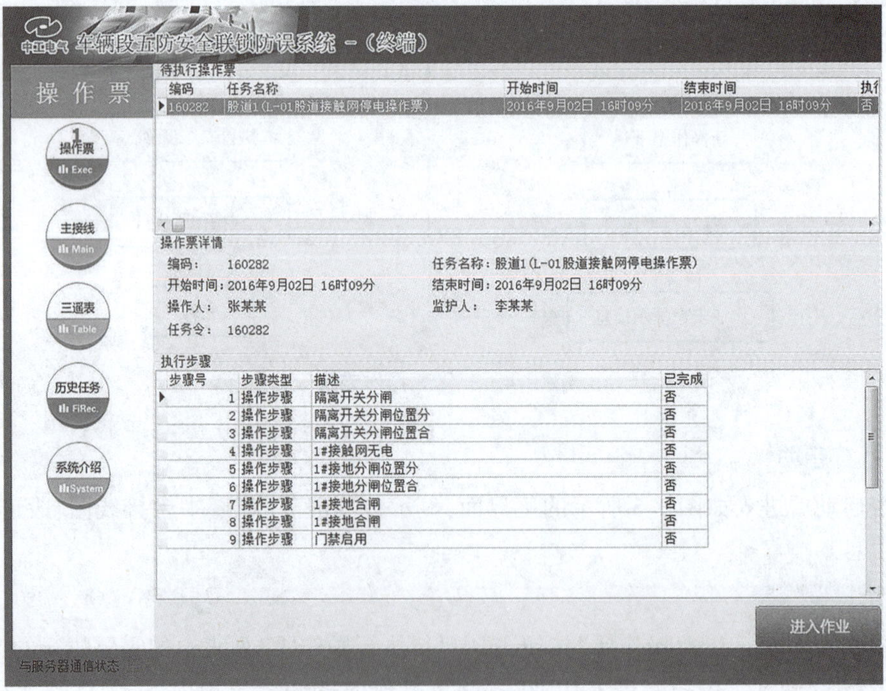

图 9-6　选择操作票

3. 操作人与监护人刷卡

操作员刷卡确认进入步骤操作，刷卡成功后进入如图 9-7 所示界面，然后点击“执行”按钮，将依次弹出操作人“刷卡”、监护人“刷卡”对话框，以确认执行该步骤。操作人和监护人必须和操作票创建时配置的人员一致才能通过审核，执行操作步骤如图 9-8、图 9-9 所示。

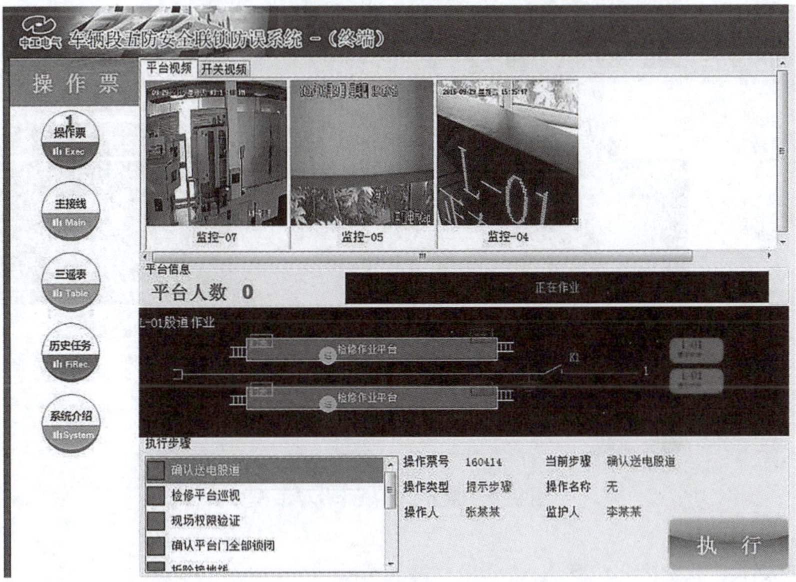

图 9-7　点击“执行”按钮

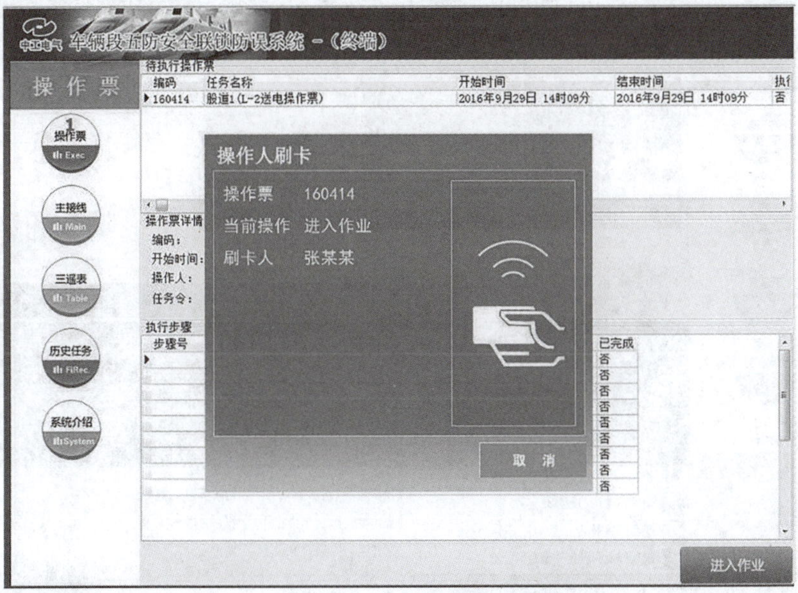

图 9-8　操作人“刷卡”对话框

图 9-9　监护人“刷卡”对话框

4. 执行操作

执行一键式操作，操作票执行完成后，点击“完成”按钮，结束操作，如图 9-10 所示。

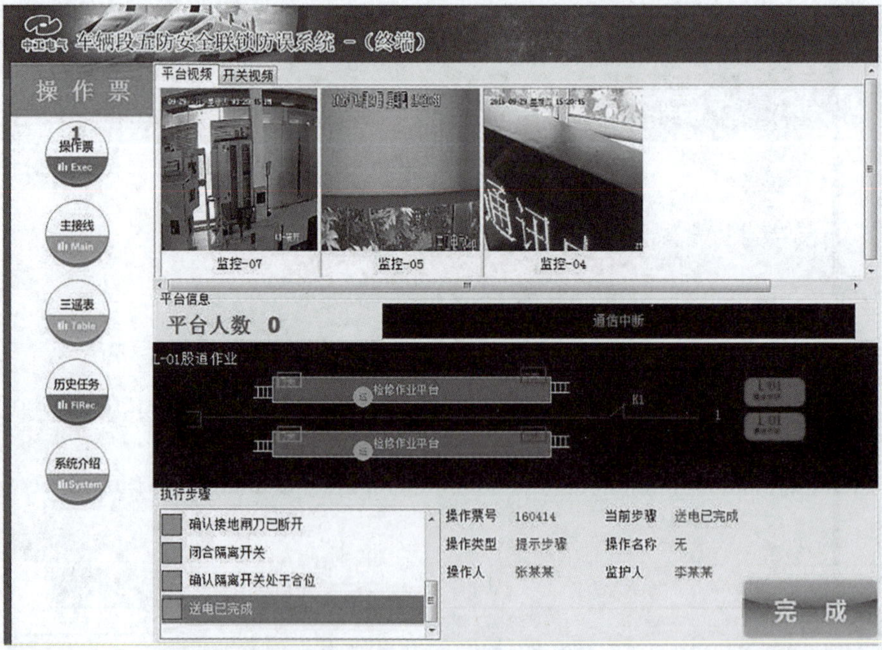

图 9-10　操作票执行完成

任务二　车间电源装置(静调电源柜)

任务目标

1. 了解静调电源柜的构成及主要设备。
2. 掌握静调电源柜的操作程序与安全注意事项。

一、静调电源柜的结构

静调电源柜用于在检修库内向处于降弓状态的静态列车提供 DC 1 500 V 电源，以满足列车静态检修或调试需要。

主要用于以下三种情况：

①地铁列车静态调试时；

②地铁列车无电无气时；

③地铁列车空调有电检修时。

静调电源柜的主要技术参数见表 9-1。

表 9-1　静调电源柜的主要技术参数

主电源	
额定输入电压	1 500 V (DC)
最高输入电压	1 800 V (DC),1 980 V(瞬时)
最低输入电压	1 000 V (DC)
额定电流	800 A(DC)
辅助电源	
额定输入电压	220 V (AC)
额定输出电压	110 V (DC)
控制电源	
交流控制电压	220 V(AC)
直流控制电压	220 V(DC)

二、静调电源柜的设备组成

静调电源柜主要由机械系统、电气系统、线缆及分布于车间内各处的急停控制单元等组成。

1. 机械系统

机械系统主要由电源柜体、车载电源插头、不锈钢绕线盘等组成。

电源柜外形如图 9-11 所示，长、宽、高尺寸为：950 mm × 550 mm × 1 500 mm。电源柜前、后门均采用单开式开门。

图 9-11　电源柜体

电源柜用优质钢板制作，采用酸洗、磷化、镀锌等除锈防锈措施，采用表面喷塑处理以提高抗蚀防锈性及美观性。

柜门关闭与开启具有电气联锁，当开门时需将柜门上的控制电源开关打至“关”位，按下电磁锁把手上红色小按钮，旋转把手，才能打开电源柜门。只有将电源柜的前后门关好后，打开电锁开关，电源柜才能启动合闸。

车载电源插头是电源柜与车辆电源插座的连接器，其外形如图 9-12 所示。只有当连接器完全连接好后，电源柜前门上的“110 V/OK”指示灯亮时，才能合闸，DC 1 500 V 高压直流电才能从电源柜输送到车辆。

绕线盘选用不锈钢材料制造，如图 9-13 所示。

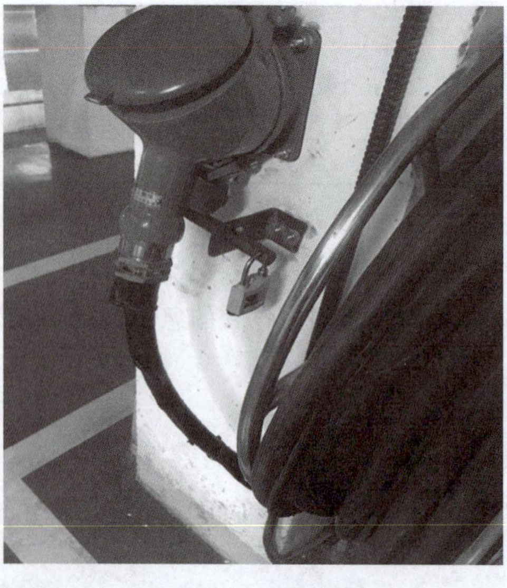

图 9-12　车载电源插头

图 9-13　绕线盘

2. 电气系统

电气系统由主回路、控制回路、可编程逻辑控制电路、安全保护与报警系统等组成。

(1)主回路

主回路用于从外部获得 DC 1 500 V 电源和 AC 220 V 电源，输出满足车辆要求的 DC 1 500 V和 DC 110 V 电源。

主回路由直流接触器、直流快速断路器实施 1 500 V 电源的供电和保护。直流快速断路器在负载过流、短路的情况下，可快速分断电源，避免对电网造成破坏。直流快速断路器分断短路电流能力≥30 kA。

在输入过压、欠压时，则由可编程逻辑控制器控制直流接触器和直流快速断路器分断。

电源柜前门安装了两个 2 000 V 直流电压表及一个 1 000 A 直流电流表，分别显示 1 500 V 直流输入、输出电压及输出电流。

由变压器、整流桥将输入的 AC 220 V 变换为 DC 110 V 直流电源，并通过电压表、指示灯显示。

(2)控制回路

控制回路电源来自输入的 AC 220 V。通过柜门上的控制电源开关进行控制，该开关在“开”位时，控制回路有电；该开关在“关”位时，控制回路失电。

DC 110 V 电源输出回路与库用插座连接器设有逻辑控制，只有库用插座连接器与车辆充电插座连接好后，且车辆受电弓在未升弓位时，DC 1 500 V 直流接触器、直流快速断路器的合闸线路才得电，保证了静调电源柜的安全供电。

(3)可编程逻辑控制电路

可编程逻辑控制器通过控制程序，完成以下逻辑控制：

①电磁接触器、直流快速断路器闭合条件是电源插头与车辆电源箱插座可靠连接，且 DC 110 V 正常输出时，才能闭合。

②DC 110 V 输出回路断开或无 DC 110 V 输出时，电磁接触器、直流快速断路器立即断开，且直流快速断路器应先于电磁接触器断开。

③合闸时，电磁接触器先于直流快速断路器闭合。

④在输入过压、欠压时，电磁接触器、直流快速断路器不能闭合。

⑤在设备运行中，输入电压过压、欠压时，电磁接触器、直流快速断路器立即断开，且直流快速断路器应先于电磁接触器断开。

⑥当输出电缆外皮绝缘破损时，电磁接触器、直流快速断路器立即断开，且直流快速断路器应先于电磁接触器断开。

⑦故障跳闸时，显示故障原因并保持，只有复位才能恢复。

三、静调电源柜的使用操作

1. 操作前的检查

操作前首先检查并确定设备外观是完好的，再将钥匙插入控制电源开关，然后旋到“开”位，检查输入主电压仪表的显示，是否显示 DC 1 500 V 左右；检查输出 110 V 电压仪表的显示，是否显示为 110 V 左右；检查指示灯是否正常工作。然后将钥匙插入静调电源空调控制开关,并旋到“开”位,检查空调是否正常工作,空调设定温度是否在规定值。静调电源柜送电、断电流程如图9-14、图9-15所示。

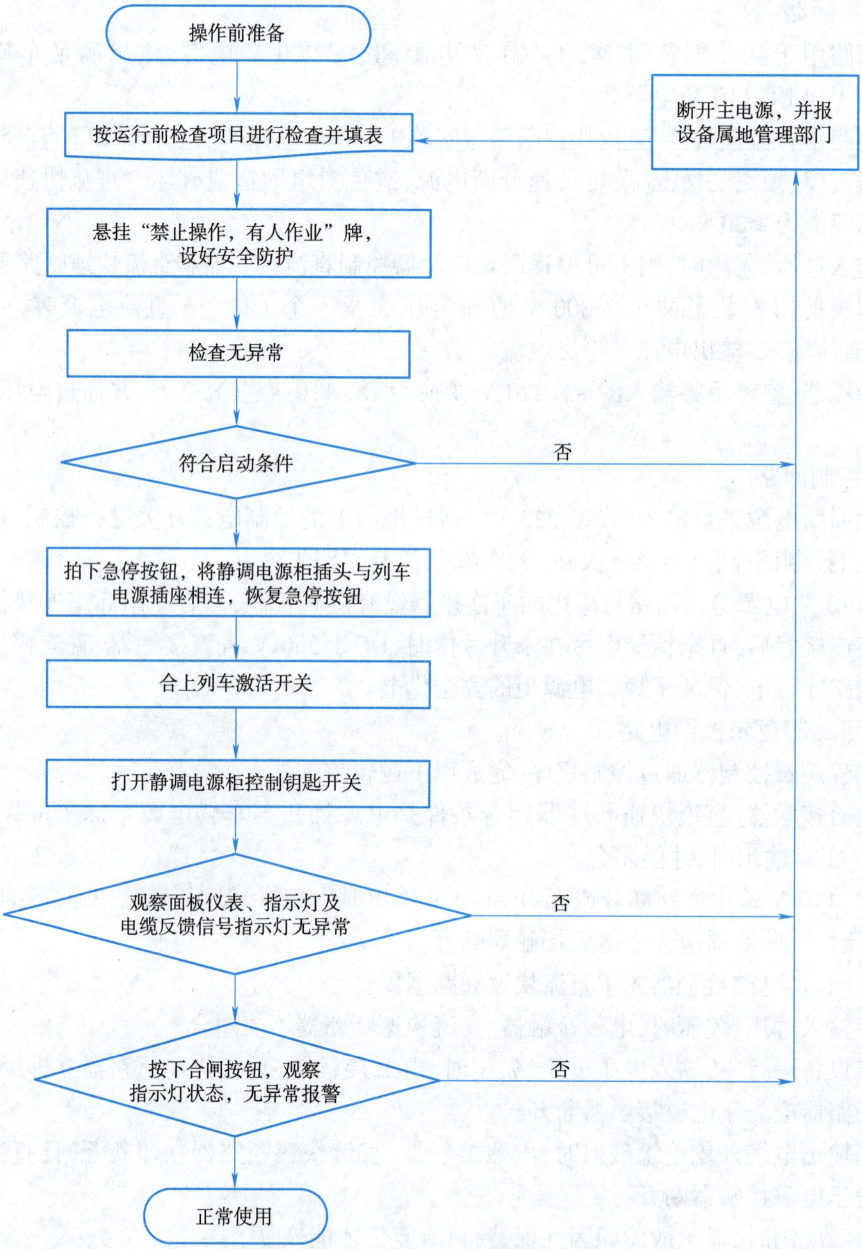

图9-14 静调电源柜送电流程图

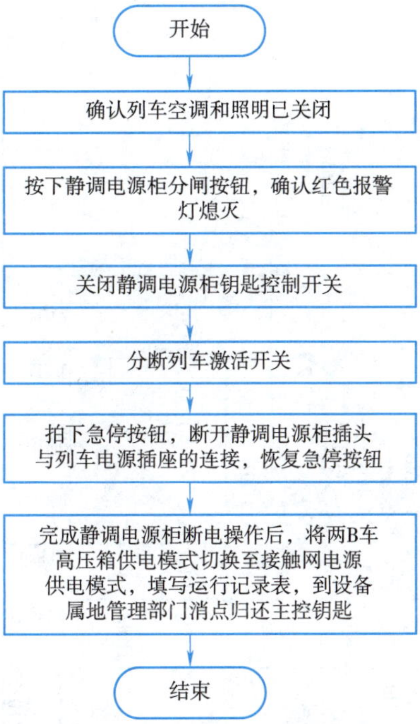

图 9-15　静调电源柜断电流程图

2. 车载电源插头的连接

确认控制电源钥匙开关旋到“关”位，并将钥匙拔出，静调电源柜处于未工作状态后，方能将车载电源插头、输出大线从绕线盘上取下，退出大线的长度能与车载电源插座轻松连接为宜，连接不要让大线有扭转的力度，如图 9-16 所示。

图 9-16　车载电源插头连接

3. 控制电源的操作

必须将电源柜的前后门完全关上，才能进行控制电源的操作，否则控制电源不会得电。

将静调电源柜操作面柜门上的控制电源开关的钥匙插入孔中，顺时针旋转到在“开”位时，控制回路得电，电源指示灯亮，输出 110 V 电压表有 110 V 的电压显示，连接插头状态指示灯“110 V 电源/连接 OK”灯亮。

若电源指示灯亮，输出 110 V 电压表有 110 V 的电压显示，连接插头状态灯“110 V 电源/连接 OK”灯不亮，原因：

①连接插头与车载插座连接不好。

②车载电源没有转换到车载位，提供的 110 V 电源没有反馈回电源柜。

③“110 V 电源/连接 OK”灯损坏。

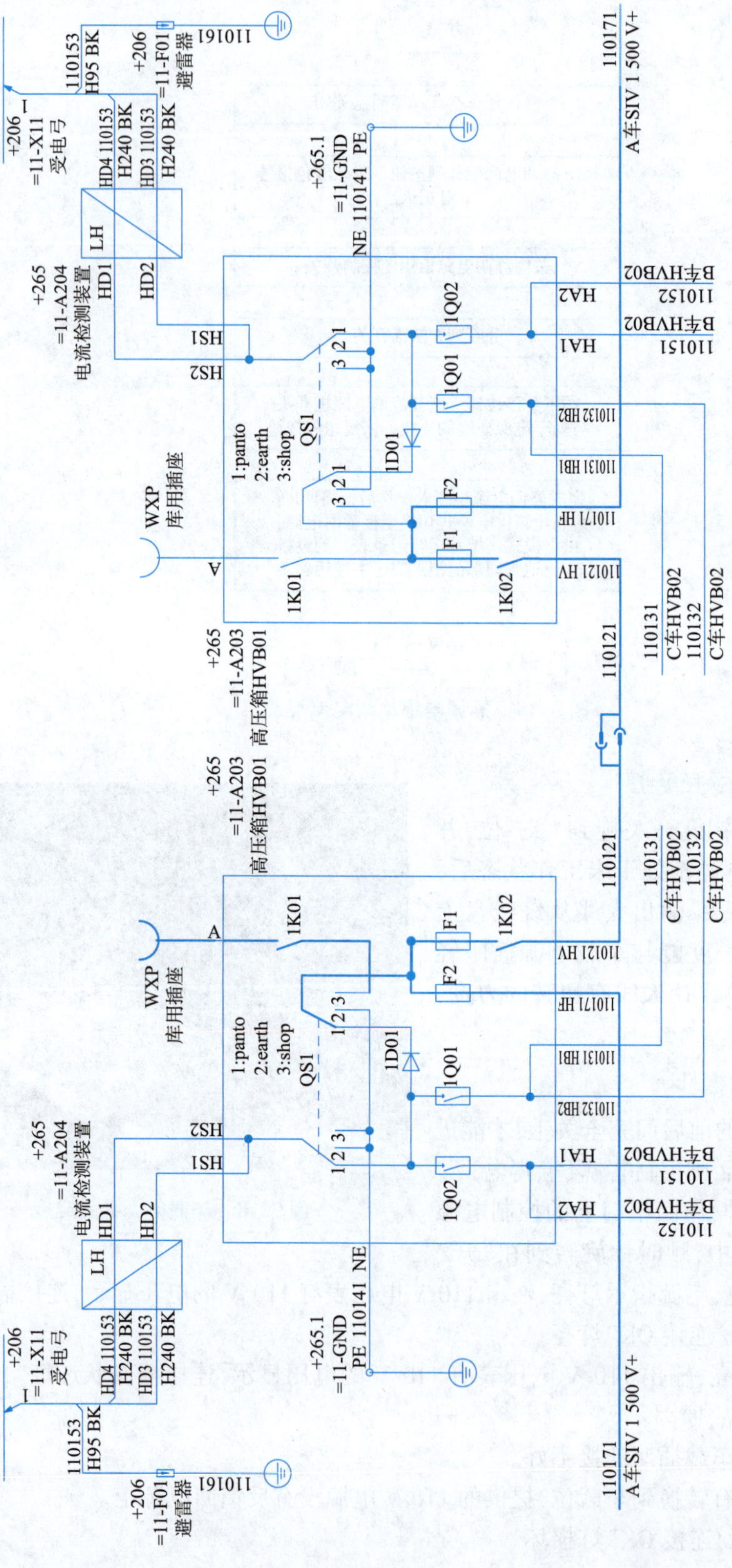

图 9-17　静调电源柜对列车的供电电路

检查“110 V 电源/连接 OK”指示灯是否损坏(或不亮)的最直接的方法:将电锁开关置“断”的位置,将边接器插头从车载插座取下,用中间带绝缘的短接线将插头的1脚与2脚短接完好,将电锁开关置“工作”位,观察“110 V 电源/连接 OK”灯是否亮,不亮,说明指示灯已经损坏,否则连接器连接不良或者是因车载没有转换到车载工作位,车载无 DC 110 V 信号反馈输出到静调电源柜。

4. 合闸操作

打开控制电源,连接插头状态灯“110 V 电源/连接 OK”灯亮,无任何故障指示灯亮时,按合闸开关,合闸指示灯亮,分闸指示灯熄灭,合闸完成,电气控制柜对列车进行 DC 1 500 V 的电源供电(见图9-17),供电警示灯工作。

5. 分闸操作

确保车辆负载设备(包括空调、照明)断开,按分闸开关,合闸指示灯熄灭,分闸指示灯点亮,分闸完成,电气控制柜停止对列车进行 DC 1 500 V 的电源供电。

在确保电源断开的情况下,将控制电源开关旋到“关”位,同时将锁开关的钥匙拔下,才能拆除列车连接器,将列车连接器安放回到固定的插座位置。

6. 应急处理操作

当电源柜对列车供电出现异常,而断路器没有分闸时,应及时到就近的急停开关的位置,按下急停开关,切断电源柜对列车的供电。

当电源柜需重新合闸送电,应先排出故障后,将对应的按下的急停按钮恢复到正常的工作位,方能进行再次合闸送电。

7. 注意事项

①操作人员需经专业培训合格后方可上岗。

②静调电源柜的使用按照“谁使用,谁申请,谁操作,谁恢复”的原则进行,需两人进行,一人作业,一人监护,操作过程穿戴绝缘防护用品。

③作业前,确认静调电源柜设备外观状态良好方可操作。

④静调电源柜合闸前必须确认车载连接插头与列车连接牢固,机械联锁机构卡在锁定位,无松动的现象,同时必须征得作业负责人员的允许方能进行电源柜的电源操作。

⑤分闸时确保列车无负载。

⑥车载电源插头需在静调电源柜处于未工作和列车断负载状态下方能操作。

思考与练习

1. 简述车辆段五防安全联锁防护系统防误的五防规则。
2. 车辆段五防安全联锁防护系统主要有哪些功能?
3. 车辆段五防安全联锁防护系统由几大系统构成?
4. 车辆段五防安全联锁防护系统操作流程是什么?
5. 简述静调电源柜设置组成是。
6. 简述静调电源柜送电流程。
7. 电源指示灯亮,输出110 V电压表有110 V的电压显示,连接插头状态灯“110 V电源/连接OK”灯不亮是什么原因?
8. 操作静调电源柜有哪些注意事项?

参考文献

[1] 徐安. 城市轨道交通电力牵引[M]. 北京:中国铁道出版社,2000.

[2] 华平,唐春林. 城市轨道交通车辆电气控制[M]. 北京:机械工业出版社,2011.

[3] 冯晓云. 电力牵引及其控制系统[M]. 北京:高等教育出版社,2009.

[4] 沈本荫. 现代交流传动及其控制系统[M]. 北京:中国铁道出版社,1997.

[5] 芦建明,罗闯. 城市轨道交通列车牵引与操纵[M]. 成都:西南交通大学出版社,2011.

[6] 上海申通地铁集团有限公司轨道交通培训中心. 城市轨道交通电动列车驾驶[M]. 北京:中国铁道出版社,2010.

[7] 王艳荣. 城市轨道交通车辆电气检修[M]. 上海:上海科学技术出版社,2010.

[8] 王兆安,黄俊, 电力电子技术[M]. 北京:机械工业出版社,2000.

[9] 彭有根. 广州地铁二号线车辆车门系统及其控制原理[J]. 电力机车与城轨车辆,2005,28(6):47-49.

[10] 杜求茂,陈中杰,彭驹. 城轨车辆辅助供电系统的比较分析[J]. 电力机车与城轨车辆,2011,34(4):53-55.

[11] 熊成林,冯晓云. 不同结构的列车辅助供电系统分析与比较[J]. 机车电传动,2008(2):15-23.

[12] 王爱武,苏红,胡文斌. 地铁车辆电气布线要点[J]. 城市轨道交通研究,2012(3):97-99.

[13] 陈勇,张俊哲. 深圳地铁1号线续建工程车辆高速断路器控制原理及故障分析[J]. 电力机车与城轨车辆,2012,35(2):80-82.

[14] 马喜成. 上海轨道交通4号线地铁车辆紧急制动功能分析与计算[J]. 电力机车与城轨车辆,2007,30(3):29-30,55.

[15] 李红伦,南玉才. 深圳地铁一期工程地铁车辆TRB模式分析[J]. 电力机车与城轨车辆,2009,32(6):13-14,26.

[16] 王长庚. 广州地铁二号线车辆车间电源控制电路的分析与改进[J]. 机电工程技术,2011,40(6):147-149.

[17] 顾松彬,罗信. 深圳地铁车辆客室车门电气控制电路的改进[J]. 机车电传动,2008(2):48-49,68.

[18] 傅思良,王志铭. 深圳地铁车辆充电机紧急启动控制电路及操作方法的改进[J]. 电力机车与城轨车辆,2007,30(3):65-67.

[19] 南玉才. 深圳地铁列车救援连挂电路的改进[J]. 电力机车与城轨车辆,2009,32(4):57-58.

[20] 康亚庆. 地铁车辆辅助系统两种供电网络的分析[J]. 现代城市轨道交通,2009(4):27-28,31.

[21] 彭驹,莫坚. 深圳地铁1号线续建工程车辆辅助系统设计[J]. 电力机车与城轨车辆,2009,32(4):11-13,56.

[22] 范晓云. 广州地铁三号线车辆3节与6节编组的列车控制分析[J]. 电力机车与城轨车辆,2007,30(6):14-18.

[23] 凌炜. 广州地铁2号线车辆电传动控制系统及其应用[J]. 机车电传动,2005(1):50-52,62.

[24] 耿明. 广州地铁二号线车辆的列车微机控制和网络系统[J]. 电力机车与城轨车辆,2004,27(3):15-17.

[25] 李瑞荣. 机车电力电子技术[M]. 北京:中国铁道出版社,2009.

[26] 深圳地铁有限公司. 地铁车辆结构与原理[Z]. 深圳:深圳地铁有限公司,2007.

[27] 周峰. 深圳地铁11号线车辆高速断路器控制原理及故障分析[J]. 技术与市场,2018,25(12):24-26.

[28] 李恩龙. 城市轨道交通车辆接地方案研究[J]. 交通世界,2018(36):172-173.

[29] 段玉玲. 地铁车辆车门控制原理及改进建议[J]. 现代城市轨道交通,2016(3):28-32.

[30] 李昌强. 广州地铁B8型车高速断路器与紧急牵引关系研究[J]. 机电信息,2018(18):67-68.

[31] 李瑞荣,童巧新. 城市轨道交通车辆电气故障分析与处理[M]. 2版. 北京:中国铁道出版社,2017.